高等学校经管类"十二五"规划精品教材

Guoji Jinrong

Jianming Jiaocheng

国际金融简明教程

（第二版）

岳桂宁　曾宪友　唐菁菁　编著

华中科技大学出版社
http://www.hustp.com
中国·武汉

图书在版编目(CIP)数据

国际金融简明教程/岳桂宁,曾宪友,唐菁菁编著. —2版. —武汉:华中科技大学出版社,
2016.3(2023.1重印)
高等学校经管类"十二五"规划精品教材
ISBN 978-7-5680-1592-9

Ⅰ. ①国… Ⅱ. ①岳… ②曾… ③唐… Ⅲ. ①国际金融-高等学校-教材 Ⅳ. ①F831

中国版本图书馆 CIP 数据核字(2016)第 048177 号

国际金融简明教程(第二版) 岳桂宁 曾宪友 唐菁菁 编著
Guoji Jinrong Jianming Jiaocheng

策划编辑:袁 冲
责任编辑:史永霞
封面设计:原色设计
责任监印:张正林
出版发行:华中科技大学出版社(中国·武汉)　　电话:(027)81321913
　　　　　武汉市东湖新技术开发区华工科技园　　邮编:430223
录　排:华中科技大学惠友文印中心
印　刷:广东虎彩云印刷有限公司
开　本:787mm×1092mm　1/16
印　张:22
字　数:576千字
版　次:2023年1月第2版第5次印刷
定　价:40.00元

本书若有印装质量问题,请向出版社营销中心调换
全国免费服务热线:400-6679-118　竭诚为您服务
版权所有　侵权必究

内 容 简 介

本书是在广西大学"十一五"期间第二批重点教材立项建设项目的基础上不断完善而成的。全书共6篇20章,分为基础篇(1~6章)、外汇交易篇(7~9章)、国际结算篇(10~11章)、融资方式篇(12~14章)、理论篇(15~17章)、管理篇(18~20章)。

与其他同类教材相比,本教材具有以下特色。

(1)体系新颖,采用"一问一答"的形式编写,便于自学和复习应试。

(2)逻辑性强,全书各章的排序经过精心安排和设计,有效避免了"讲前参后"现象的出现。

(3)注重实操,对汇率套算、套汇、套利、套期保值、计算实际汇率、计算购买力平价、计算利息率平价、计算汇水等实操部分给出了操作规则与具体案例,便于读者扎实掌握相关的知识与技能。

(4)纠错力强,纠正了同类教材中普遍存在的如下错误:将汇率完全混同于外汇汇率;将直接标价法、间接标价法当成汇率的标价方法;在计算实际汇率、相对购买力平价时,将物价指数与通货膨胀率相混同;将期权费率与期权费相混同;将欧洲货币市场与离岸金融市场相混同;将布雷顿森林国际货币体系与《国际货币基金协定》相混同;将牙买加协定与牙买加国际货币体系相混同。

(5)更新期长,把属于基础的、各国带有共性的、相对稳定的教学内容保留并安排在正文部分,把属于对中国具体国情进行分析、介绍的教学内容做了简化处理,并将这些内容安排在相关章节后的知识链接部分,有效延长了教材的适应性与更新周期。

本教材具有较宽的适用面,尤其适合本、专科教学及成人自学考试和国际金融基础业务培训。

主 编 简 介

岳桂宁(1961.07生),男,汉族,教授,广西大学商学院财政税务系主任,广西大学商学院金融理论专业、财政税收专业硕士生导师,广西大学商学院 MBA 国际金融方向暨财税方向硕士生导师,广西大学中国-东盟研究院泰国研究所所长。1978—1982 年就读于南开大学经济系政治经济学专业;1982—1995 年任教于广西经济管理干部学院;1995 年 6 月起,任教于广西大学商学院。合作出版教材 13 部(其中任主编 3 部、副主编 5 部),科研成果曾获广西社科优秀成果二等奖 4 项(集体)、全国高校优秀教材一等奖 2 项(集体)、广西高校优秀教材一等奖 2 项(集体)、省级学会优秀成果奖 5 项(集体 2 项、个人 3 项)、校级优秀教材二等奖 2 项。

曾宪友(1965.08生),男,汉族,货币银行学硕士,广西大学商学院讲师。主要从事国际金融理论与实务、国际结算、财经英语和商务英语的教学与研究。曾在中国工商银行广西分行从事国际业务 6 年。

唐菁菁(1979.12生),男,汉族,广西大学商学院金融保险系副教授,2005 年 1 月毕业于英国伦敦都市大学,获国际金融学硕士学位。曾在《国际金融研究》、《上海金融》、《南方金融》、《当代经济管理》、《财会通讯综合版》等多种核心期刊发表论文 10 余篇,曾参与国家社科基金重大项目、教育部人文社科青年项目、新世纪广西高等教育教学改革工程立项项目等多项课题研究。

前　言

这本《国际金融简明教程》，系 2009 年 6 月立项的广西大学"十一五"期间第二批重点教材立项建设项目的最终成果。目前市面上已经出版的国际金融同类教材不下百本，与之相比，本教材具有以下特色。

(一)体系新颖

全书采用"一问一答"的形式编写，是目前市面上同类教材中唯一一本以"复习参考书"式的体例编写出版的国际金融教材的正式课本，作为一种新的尝试，笔者认为有以下好处。

(1)思考题、练习题的数目大大减少。

(2)正、辅合一，不需要配套辅助教材，可节约学生的学习资料成本。

(3)便于自学。"一问一答"的形式使得读者的阅读过程，成为与书中的"老师"相互交流的互动过程，可极大地方便读者自学。

(4)便于复习应试。"一问一答"的体例把通常教材中大段大段的文字内容简化、拆分为小段小段的精简问答，既便于学习记忆，也便于复习应考。

(5)便于节约课时，提高教学质量。由于本教材通过"一问一答"的形式把相关的教学内容予以简明扼要的回答，教师可以节约大量的课时，或用于案例教学，或用于引导学生开展对社会热点、时政问题的讨论分析，从而有利于激发学生的学习兴趣和提高教学质量。

全书依基础篇、外汇交易篇、国际结算篇、融资方式篇、理论篇、管理篇的顺序展开，这样安排亦有以下好处：

(1)各部分主题相互独立，从而教学目的、重点不仅突出，而且鲜明；

(2)适用面广，基础篇、外汇交易篇、国际结算篇、融资方式篇、理论篇、管理篇的顺序，应合着专科、本科、研究生不同层次的递进教学要求，具有较宽的适用面。

(二)更新期长

为了避免国内同类教材较为普遍存在的，因我国对外改革开放的急剧变化所造成的教材内容很快过时的问题，本教材把属于基础的、各国带有共性的、相对稳定的教学内容保留并安排在正文部分，把属于对中国具体国情进行分析、介绍的教学内容(在以往的同类教材中，这些内容往往占有相当的篇幅)做了简化处理，并将这些内容安排在相关章节后的知识链接部分，供学生自学或由教师结合教学课时，机动指导学生进行课堂或课外讨论。这样的安排处理，有效地增强了教材的适应性并延长了更新周期。

(三)逻辑性强

全书 20 章的排序是经过精心安排和设计的，具有很强的逻辑递进关系，基本上避免了"讲前参后"现象的出现。

(四)注重实操

本教材中有许多内容是笔者近二十年国际金融教学实践的经验总结，针对同类教材中普遍存在的许多只交代概念，不交代如何具体操作(如汇率套算、套汇、套利、套期保值、计算实际汇率、计算购买力平价、计算利息率平价、计算汇水等)的缺陷，本教材不仅给出了操作规则，而且给出了具体的案例，便于学生扎扎实实地掌握相关的知识与技能。

(五)纠错力强

亦是基于笔者近二十年国际金融教学实践的经验,本教材纠正了许多同类教材中普遍存在的错误,如:将汇率完全混同于外汇汇率;将直接标价法、间接标价法当成汇率的标价方法;在计算实际汇率、计算相对购买力平价时,将物价指数与通货膨胀率相混同;将期权费率与期权费相混同;将欧洲货币市场与离岸金融市场相混同;将布雷顿国际货币体系与《国际货币基金协定》相混同;将牙买加协定与牙买加国际货币体系相混同。

(六)创新性

常言道"不破不立",本教材在弥补同类教材上述实操性不足之处,以及在纠正同类教材中上述普遍存在的错误的时候,给出了同道前辈们尚未发现或尚未给出或尚未归纳的解析,这些创新,无疑是笔者所希冀的对提高我国国际金融教材的建设水平与质量所作出的力所能及的微薄贡献。

全书分6篇,共20章,依以下顺序展开:基础篇(1~6章),外汇交易篇(7~9章),国际结算篇(10~11章),融资方式篇(12~14章),理论篇(15~17章),第六篇 管理篇(18~20章)。各章的编写分工为:岳桂宁编写第一、二、六、七、八、九章;曾宪友编写第三、十、十一、十九章;唐菁菁编写第十二、十三、十四章;潘永编写第十五、十六、十七、十八章;曾海舰编写第四、五章;谭春枝、王珍珍(广西师范学院)编写第二十章。

本教材的编写亦参考、引用了大量前辈和同行的优秀成果,在此谨向全体前辈、同行表示衷心的感谢!

对于未能一一列出的引用部分,恳请原著者海涵。

对于书中存在的疏漏及错误,恳请广大读者及诸同道友批评指正。

编 者

2012年3月18日于南宁

目 录

第一章　国际金融与国际收支平衡表 (1)

　　第一节　国际金融 (3)

　　第二节　国际收支与国际收支平衡表 (4)

第二章　外汇与汇率 (22)

　　第一节　外汇 (24)

　　第二节　汇率与外汇汇率 (26)

　　第三节　汇率的常用分类与计算 (31)

　　第四节　即期汇率、远期汇率在进出口报价中的应用 (42)

第三章　国际储备与外债 (55)

　　第一节　国际储备 (56)

　　第二节　外债 (59)

第四章　国际金融市场 (62)

　　第一节　国际金融市场 (63)

　　第二节　国际金融机构 (70)

　　第三节　国际商业银行 (78)

第五章　国际货币体系 (81)

　　第一节　国际货币体系概述 (82)

　　第二节　金本位国际货币体系 (83)

　　第三节　布雷顿森林国际货币体系 (85)

　　第四节　牙买加国际货币体系 (90)

　　第五节　欧洲货币体系 (93)

第六章　货币可兑换与外汇风险 (100)

　　第一节　货币可兑换与国际货币 (101)

　　第二节　外汇风险 (107)

　　第三节　国际资本流动 (113)

第七章　基础类外汇交易 (119)

　　第一节　外汇即期交易 (120)

　　第二节　外汇远期交易 (122)

　　第三节　黄金现货交易 (125)

第八章 衍生类外汇交易 (127)

- 第一节 外汇期货交易 (129)
- 第二节 外汇期权交易 (141)
- 第三节 外汇互换交易 (149)
- 第四节 黄金衍生交易 (152)

第九章 应用类外汇交易 (160)

- 第一节 保值类的外汇应用交易 (162)
- 第二节 投机类的外汇应用交易 (173)

第十章 国际结算工具 (188)

- 第一节 国际结算概述 (191)
- 第二节 汇票 (192)
- 第三节 本票 (197)
- 第四节 支票 (199)

第十一章 国际结算方式 (204)

- 第一节 汇款结算 (205)
- 第二节 托收结算 (211)
- 第三节 信用证结算 (216)
- 第四节 银行保函与备用信用证结算 (224)
- 第五节 国际保理结算 (230)
- 第六节 福费廷结算 (233)

第十二章 国际信贷融资方式 (238)

- 第一节 国际商业银行信贷融资 (239)
- 第二节 外国政府信贷融资 (244)
- 第三节 国际贸易融资方式中的国际信贷融资 (248)

第十三章 国际证券融资方式 (257)

- 第一节 国际债券融资 (258)
- 第二节 国际股票融资 (261)

第十四章 国际特殊融资方式 (264)

- 第一节 国际租赁融资 (265)
- 第二节 国际项目融资 (268)
- 第三节 国际 BOT 融资 (272)
- 第四节 国际风险投资 (274)

第十五章　国际收支理论 (276)

- 第一节　国际收支变动分析 (277)
- 第二节　弹性论 (278)
- 第三节　吸收论 (280)
- 第四节　货币论 (282)
- 第五节　政策搭配论 (284)

第十六章　汇率理论 (288)

- 第一节　汇率变动分析 (289)
- 第二节　铸币平价理论 (291)
- 第三节　购买力平价理论 (292)
- 第四节　利息率平价理论 (295)
- 第五节　资产市场理论 (298)
- 第六节　技术分析理论 (300)

第十七章　汇率制度与货币危机理论 (303)

- 第一节　汇率制度比较 (304)
- 第二节　适度通货区理论 (305)
- 第三节　货币危机理论 (307)

第十八章　外汇管理与国际收支管理 (312)

- 第一节　外汇管理概述 (313)
- 第二节　外汇管理的内容与方法 (314)
- 第三节　国际收支管理 (315)

第十九章　国际储备与外债管理 (318)

- 第一节　国际储备管理 (319)
- 第二节　外债管理 (324)

第二十章　汇率、利率风险管理 (328)

- 第一节　汇率风险管理 (329)
- 第二节　利率风险管理 (332)

参考文献 (342)

第一章
国际金融与国际收支平衡表

在开放的经济中,一国与他国之间的贸易、资本、经济、政治、文化和科技等方面的往来,通常会引起相互之间的债权债务关系及国际货币收付关系,从而产生国际收支问题。目前,有关国际收支的数据已经成为各国研究和分析本国经济发展状况和发展趋势的重要指标,国际收支研究也已成为国际金融学的一条主线。一国的国际收支状况反映在该国的国际收支平衡表上。国际收支平衡表是国家间经济联系的账面表现,是分析和了解一国与世界其他国家或地区之间各项经济交易的基本统计工具。通过本章内容的学习,你应该能够:

- 掌握区分国际、国内金融交易关系的依据；
- 叙述金融、国际金融的概念；
- 叙述国际收支的概念；
- 熟悉国际收支平衡表的构成及编制原理；
- 解读与分析国际收支平衡表。

 关键概念

居民、非居民、国际金融、国际收支、国际收支平衡表、经常账户、资本和金融账户、国际收支综合差额

 引导型问题

1. 以下等式的经济学意义有何不同？

(1) 经常账户差额＋资本和金融账户差额＋净误差与遗漏＝0；

(2) 净误差与遗漏＝－(经常账户差额＋资本和金融账户差额)；

(3) 储备资产＝－(经常账户差额＋资本账户差额＋非储备性质的金融账户差额＋净误差与遗漏)；

(4) 经常账户差额＝－资本和金融账户差额。

2. 以下经济交易中哪些属于国际金融的范畴？

(1) 中国国家开发银行在本国向本国企业发行美元债券；

(2) 美国花旗银行给予在美国设立的中资企业发放贷款；

(3) 中国政府向泰国政府提供 20 亿美元贷款；

(4) 跨国公司与其海外子公司之间的资金往来；

(5) 联合国向其雇员(在驻在国居住一年以上)支付工资和薪金；

(6) 某人到国外旅游 2 个月在国外的花费；

(7) 中国政府向其驻俄罗斯大使馆的人员汇款；

(8) 世界银行向中国发放项目贷款；

(9) 中国驻外人员在当地的消费；

(10) 外国留学生在中国学习期间的费用；

(11) 本国人与外国人发生的贸易往来。

3. 以下经济交易应属于国际收支平衡表的哪个账户？

(1) 将 100 万元借给境外外国人到期获得的 10 万元收益；

(2) 在外国购买了一块土地,价值 50 万元,这块土地每年可获得稳定租金收益 3 万元；

(3) 到国外旅游购买的物品和劳务；

(4) 某国银行向境外外国企业提供的银行服务；

(5) 定居外国以后,定期向本国的父母邮寄的生活费；

(6) 中国政府获得的美国(或日本)政府的赔款；

(7)中国政府向外国政府提供的贷款；

(8)中国境内的企业在日本发行的武士债券；

(9)中国中央银行把在美国的美元存款出售给美国中央银行；

(10)日本商人把其在泰国的存货卖给泰国商人；

(11)某公司买下外国的一座厂房及所需的原料和劳动力,以便开设子公司；

(12)驻外大使馆支付给雇用的当地工作人员的工资。

4. 登录中国国家外汇管理局网站(http://www.safe.gov.cn/model_safe/index.html),查阅近3~5年的中国国际收支平衡表,并对之进行简要分析。

第一节 国际金融

本节的内容,将帮助您了解国际金融、居民、非居民的概念,从而使您能够正确区分国际金融交易。

1. 对金融的理解有哪些角度?

人们对金融的理解,通常出自于以下四个角度。

(1)活动。如借贷、发行债券、发行股票、抵押、质押、担保、贴现、租赁、典当、汇兑、承保等。

(2)产品(或工具)。如存单、存折、银行卡、债券、股票、保险单、基金、期货合约、汇票、本票、支票等。

(3)机构。如银行、证券公司、投资基金、金融公司、财务公司、贴现公司、担保公司、信托投资公司、租赁公司、典当行、交易所、货币兑换所、保险公司等。

(4)行业。如银行业、证券业、保险业、基金业、担保业、信托业、租赁业、典当业等。

金融活动角度是人们理解金融最为常用的角度。

2. 对金融活动可以如何归类?

根据其性质的不同,可以把各种金融活动分为资金融通、汇兑结算、间接投资三个大类。

(1)资金融通类的金融活动。如借贷、发行债券、发行股票、抵押、担保、贴现、租赁、典当等。

(2)汇兑结算类的金融活动。如汇款、托收、货币兑换、支付结算等。

(3)间接投资类的金融活动。间接投资也称为金融投资,是指以通过买卖各种金融产品或金融工具为手段,以实现保值、增值为目的,所从事的各类金融交易活动。如债券投资、股票投资、基金投资、信托投资、外汇投资、期货投资、期权投资等。

3. 什么是金融?

金融是资金融通的简称,是人们所进行的资金融通、汇兑结算、间接投资等活动的统称。

4. 什么是居民?

"居民"与"非居民"是国际上用来区分本国国内关系和本国对外国际关系所使用的区分依据的概念。居民是指在某国家(或地区)的经济领土内连续居住或营业期限达1年或1年以上的人,包括自然人和法人。

5. 自然人居民如何分类？

自然人居民可以进一步细分为本国人、外国人和无国籍人士三类。

6. 自然人居民有哪些例外？

以下四类自然人无论其在现在的居住国连续居住或营业期多长时间，都被视为是现在居住国的非居民，是原来来源国的居民。

(1)外交人员及其家属；(2)军事人员及其家属；(3)留学人员及其家属；(4)疾患人员及其家属。

7. 法人居民如何分类？

法人居民可以进一步细分为政府(国家机关)、企业、事业单位、非营利社会团体、部队等。

8. 法人居民有哪些例外？

外交使领馆机构被视为派出国的居民，是派驻国的非居民。

国际组织(机构)没有居民的身份，被视为是任何国家的非居民。

9. 国际关系与国内关系是如何区分的？

凡是属于居民与居民之间的关系，即被界定为国内关系；凡是属于居民与非居民之间的关系，即被界定为国际关系。

区分自然人与自然人之间、法人与法人之间、自然人与法人之间、非居民与非居民之间的关系是属于国际关系，还是属于国内关系，必须先将其身份还原成两者之间是属于居民与非居民之间的关系，还是属于居民与居民之间的关系，才能进一步加以判断。

10. 什么是国际金融和国内金融？

国际金融是对居民与非居民之间所进行的资金融通、汇兑结算、间接投资等活动的统称。
国内金融是对居民与居民之间所进行的资金融通、汇兑结算、间接投资等活动的统称。

11. 什么是国际金融学？

国际金融学是指以居民与非居民之间所进行的资金融通、汇兑结算、间接(金融)投资等活动为研究对象，研究其活动的数量、结构、渠道、方式、手段，揭示其规律性，为指导平衡国际收支、管理金融风险提供对策建议的应用经济科学。

第二节 国际收支与国际收支平衡表

本节的内容将帮助您了解国际收支、国际收支平衡表的概念与构成，从而使您能够看懂和对国际收支平衡表进行相关的分析。

1. 什么是国际货币基金组织？

国际货币基金组织(International Monetary Found, IMF)是以会员国入股方式组成的国际企业性组织，其基本职能是向会员国提供短期信用，用于调节国际收支的逆差，维持汇率的稳定。该组织成立于1945年12月27日，总部设于美国华盛顿，1947年11月15日成为联合国的一个专门机构。

2. 什么是国际收支？

根据 IMF 的解释，国际收支（balance of payment，BOP）可以定义为：在一定时期（通常为一年）内，一国居民与非居民之间进行经济交易的货币的系统记录。

3. 如何理解国际收支所指的"经济交易"？

根据 IMF 的解释，国际收支所指的经济交易包括以下五类交易：
(1) 金融资产与商品（劳务）之间的交换，即指发生货币收付活动的商品（劳务）的交易；
(2) 商品（劳务）与商品（劳务）之间的交换，即指不发生货币收付活动的易货贸易等交易；
(3) 金融资产与金融资产之间的交换，即指资金融通、汇兑结算、间接投资等各种金融交易；
(4) 无偿的单方面的商品和劳务转移，即指国与国之间商品、劳务的捐赠与无偿援助活动；
(5) 无偿的单向的金融资产转移，即指国与国之间货币资金的无偿捐赠与债务减免活动。

国际收支所指的经济交易可能发生货币收付，也可能不发生货币收付（如易货贸易）；可能发生所有权的转移，也可能不发生所有权的转移（如资金借贷）。

4. 国际收支的经济内涵是什么？

国际收支的经济内涵其实是在一定时期（通常为一年）内，经济价值量在一国居民与非居民之间所发生的流动的规模与流向对比。当经济价值从非居民手中流动到本国居民手中的时候，该流量便构成了该国的国际收入；当经济价值从本国居民手中流动到非居民手中的时候，该流量便构成了该国的国际支出。

5. 如何理解国际收支所指的"货币的系统记录"？

只要发生了国际经济交易，不论其是否引起实际的货币收付，都要将与之相应的货币价值形式予以汇总计量。例如，易货贸易虽然不发生货币收付，但国际收支仍要计算其以货币形式表示的贸易额。由于国际经济交易在实践中分别是用不同的货币来计价结算的，因此，在统计汇总国际收支的价值流量时，就需要选用某种货币单位，对所发生的使用不同货币计价结算的经济交易的价值流量加以折算后才可进行合计汇总。由于美元的特殊地位，目前世界各国多以美元计量汇总。

6. 什么是国际收支平衡表？

简单地说，国际收支平衡表是指从适用于经济分析的需要出发，依据复式簿记原理，分账户对一定时期内一国国际收支的价值流量进行汇总统计的分析报表。

7. 国际收支平衡表中的账户是如何设计的？

国际收支的内容十分广泛，因而国际收支平衡表包含若干账户，每个账户反映性质各异的经济交易。各国国际收支平衡表具体账户的设置不完全一样，但是都是以国际货币基金组织制定的国际收支平衡表的标准组成部分为基础。因为国际货币基金组织要求会员国定期向其报送本国的国际收支资料，以便其逐年编制各会员国的国际收支平衡表，并编辑成年鉴出版，供研究分析使用。为了指导会员国的编报工作，国际货币基金组织编制了《国际收支手册》，对编制国际收支平衡表中所采用的概念、准则、惯例、分类方法及标准构成都作了统一的说明。目前的最新版本为 2009 年推出的《国际收支和国际投资头寸手册（第六版）》（以下简称《手册（第六版）》）。此前的一个版本为 1993 年的《国际收支手册（第五版）》。根据《手册（第六版）》

的规定，国际收支平衡表由经常账户、资本和金融账户、净误差与遗漏三大一级账户组成。

8. IMF 修订出台《国际收支和国际投资头寸手册（第六版）》的背景与过程是怎样的？

自1993年IMF推出《国际收支手册（第五版）》以来，经济全球化进一步推动各国经济发展。跨国公司通过整合全球的资源和生产要素、合理配置资本和劳动力成本，成为经济全球化的先行者和受益者；不同的经济体之间通过贸易和投资，促进了各经济体间的深入融合，尤其是推动了发展中国家的经济快速发展和科技进步，国家间的经济交往日益频繁，国际收支的交易规模和存量不断攀升。与此同时，金融交易类型和方式的日益多样化，金融衍生产品、跨境证券投资、电子银行等新产品、新业务的不断涌现，极大地扩大了金融市场和国际收支的交易规模。这些经济金融的发展变化都增大了相关信息掌握的复杂程度。此外，国际金融危机的频发，促使各国迫切地需要了解自身经济体的脆弱性和可持续性等对外风险状况，急需加强其对外金融资产负债风险敞口的相关信息。

为顺应这些变化，IMF统计部和国际收支统计委员会（以下简称委员会）组织全球的国际收支统计专家从2001年开始历时近八年，修订完成《手册（第六版）》。在此期间，委员会组建了四个专家组，细致审议了直接投资、储备等重要议题，加强了与相关宏观经济统计概念之间的联系，同时也多次向各成员国的国际收支统计负责部门征求意见。2007年3月，IMF在其互联网站上首次公布《手册（第六版）》草稿，并向全球征求意见。2008年期间，委员会举办了9次区域研讨会，对修订内容进行解释，进一步听取各方面的意见和建议，最终在2008年11月国际收支统计委员会第二十二次会议上一致通过《手册（第六版）》，作为指导IMF各成员国开展国际收支统计工作的最新国际统计标准，从2009年开始启用。

9.《国际收支和国际投资头寸手册（第六版）》与《国际收支手册（第五版）》对国际收支平衡表账户设置的规定有何差异？

《手册（第六版）》与《国际收支手册（第五版）》相比，主要变化如下。

(1) 调整了国际收支平衡表中金融账户的列示结构及编制方法，列示栏目由原来的"贷方"和"借方"调整为"金融资产的净获得"和"金融负债的净产生"，以显示金融资产和负债的获得和处置的交易净额，这样就更便于直观地比较其与国际投资头寸表中金融资产和负债存量的对应关系。

(2) 将金融衍生工具和雇员认股权调整为金融账户的二级子项目，而在《手册（第五版）》中则是证券投资账户的子项目。

(3) 调整机构部门分类。采用《国民账户体系（2008版）》的机构部门分类，如用"中央银行"取代"货币当局"，"除中央银行外的存款性公司"取代"银行"，"广义政府"取代"各级政府"，并且细化了其他金融公司的下级分类。

(4) 调整货物和服务贸易下的部分子项目。如将加工贸易由货物贸易调整至服务贸易，转手买卖由服务贸易调整至货物贸易且只记录差额增值部分，货物修理由货物贸易调整至服务贸易等。

(5) 调整个别服务贸易子项目分类的归属。如将"研发服务"记入服务贸易中的其他商业项目，而不再记入资本项目账户。

(6) 将"拖欠"和"移民转移"等原先在国际收支交易流量中统计的内容调整至国际投资头寸的存量统计范围。

10. 中国新版国际收支平衡表的编制有什么变化？

中国国家外汇管理局从2015年开始按照《手册(第六版)》的标准编制和公布国际收支平衡表和国际投资头寸表，报表表式及数据发生了如下变化。

(1) 储备资产并入金融账户下，不会再出现"双顺差"。中国先前公布的国际收支平衡表中，储备资产作为一级项目与经常账户、资本和金融账户并列列示。从《手册(第六版)》开始，按照国际标准将储备资产列于金融账户下。这种列示方法有助于还原经常账户与资本和金融账户的对应关系，即经常账户记录实际资源变化，资本和金融账户记录由此引起的净资产变化及资金流动。为兼顾公众的阅读习惯，在金融账户下设"非储备性质的金融账户"和"储备资产"两个大项，前者口径与目前公布表式的金融账户相同，之下再细分为直接投资、证券投资等。在新的表式下，如果不考虑误差与遗漏，经常账户呈现顺差时，资本和金融账户必然会呈现逆差，不会再出现经常账户与资本和金融账户的"双顺差"。

(2) 项目归属及分类变化，货物和服务贸易差额此消彼长。来料加工在《国际收支手册(第五版)》中按照进口和出口分别记录在货物贸易下；而《手册(第六版)》是按照工缴费净额记录在服务贸易下，转手买卖则由服务贸易调整至货物贸易下。由此，经常账户下货物贸易和服务贸易的借方、贷方和差额均将发生变化，但经常账户的总差额不变。另外，还有一些其他变化，如金融账户下原分为直接投资、证券投资和其他投资，现将"金融衍生工具和雇员认股权"从证券投资中单列出来，变为与证券投资并列的分类，增加了一个大类，等等。

(3) 项目名称变化。名称变化分为两种：一种是英文名称未变化，中文翻译变化，以使得中文翻译更准确，如"经常项目"修改为"经常账户"，"资本和金融项目"修改为"资本和金融账户"，"旅游"修改为"旅行"(包括商务旅行和私人旅行)，"建筑"修改为"建设"(主要考虑是"建筑"一词意义相对较窄，实际上该项服务不仅包括建筑物的建设，还包括道路、桥梁及水坝等的建设)等；另一种是项目的英文名称变化，主要目的是与国民账户体系等其他国际统计标准的相关概念进行协调，如经常账户下的"收益"修改为"初次收入"，"经常转移"修改为"二次收入"，"贸易信贷"修改为"贸易信贷与预付款"等。

(4) 金融账户按差额列示，不分别列示借方和贷方。主要原因是金融交易买卖往往非常频繁，规模非常大，分析资产和负债的净变化比总流量更有意义，同时总流量通常很难统计，很多时候需根据存量变化推算流量。如存款的存取笔数很多，短期外债的提款和还款频繁，通常最终只关心其净增加多少就可以满足分析需求，同时其余额也会在国际投资头寸表中记录。

(5) 使用一列方式列示数据，而非三列，同时借方记负值。先前公布的国际收支平衡表，按贷方、借方、差额三列列示数据，这有助于进行时间序列分析。在《手册(第六版)》中，按照国际标准，在国际收支平衡表中将以负值来表示借方数据。

11. 什么是经常账户？

经常账户或称往来账户，是国际收支平衡表的一级账户，用于记录实际资源在本国居民与非居民之间流动的交易，其下设有货物和服务、初次收入和二次收入三个子账户。

12. 什么是货物？

货物属于国际收支平衡表的三级账户、经常账户下的二级子账户，是货物和服务账户下的子账户，用于记录经济所有权在一国居民与非居民之间发生转移的货物交易。贷方记录货物出口，借方记录货物进口。货物账户数据主要来源于海关进出口统计，但与海关统计存在以下主要区别:一是国际收支中的货物只记录所有权发生了转移的货物(如一般贸易、进料加工贸易等贸易方式的货物),所有权未发生转移的货物(如来料加工或出料加工贸易)不纳入货物统计,而纳入服务贸易统计;二是计价方面,国际收支统计要求进出口货值均按离岸价格记录,海关出口货值为离岸价格,但进口货值为到岸价格,因此国际收支统计从海关进口货值中调出国际运保费支出,并纳入服务贸易统计;三是补充部分进出口退运等数据;四是补充了海关未统计的转手买卖下的货物净出口数据。

13. 什么是服务?

服务属于国际收支平衡表的三级账户、经常账户下的二级子账户,是货物和服务账户下的子账户,其下设有:加工服务,维护和维修服务,运输,旅行,建设,保险和养老金服务,金融服务,知识产权使用费,电信、计算机和信息服务,其他商业服务,个人、文化和娱乐服务,别处未提及的政府服务等子账户。贷方记录本国居民为非居民提供的服务。借方记录本国居民接受非居民提供的服务。

14. 什么是加工服务?

加工服务又称"对他人拥有的实物投入的制造服务",是指货物的所有权没有在所有者和加工方之间发生转移,加工方仅提供加工、装配、包装等服务,并从货物所有者处收取加工服务费用。贷方记录本国居民为非居民拥有的实物提供的加工服务。借方记录本国居民接受非居民提供的加工服务。

15. 什么是维护和维修服务?

维护和维修服务是指居民或非居民向对方所拥有的货物和设备(如船舶、飞机及其他运输工具)提供的维修和保养工作。贷方记录本国居民向非居民提供的维护和维修服务。借方记录本国居民接受非居民提供的维护和维修服务。

16. 什么是运输?

运输是指将人和物体从一地点运送至另一地点的过程以及相关辅助和附属服务,以及邮政和邮递服务。贷方记录本国居民向非居民提供的国际运输、邮政快递等服务。借方记录本国居民接受非居民提供的国际运输、邮政快递等服务。

17. 什么是旅行?

旅行是指旅行者在其作为非居民的经济体旅行期间消费的物品和购买的服务。贷方记录本国居民向在本国境内停留不足一年的非居民以及停留期限不限的非居民留学人员和就医人员提供的货物和服务。借方记录本国居民境外旅行、留学或就医期间购买的非居民货物和服务。

18. 什么是建设?

建设是指建筑形式的固定资产的建立、翻修、维修或扩建,工程性质的土地改良、道路、桥梁和水坝等工程建筑,相关的安装、组装、油漆、管道施工、拆迁和工程管理等,以及场地准备、测量和爆破等专项服务。贷方记录本国居民在本国经济领土之外提供给非居民的建设服务。借方记录本国居民在本国经济领土内接受非居民提供的建设服务。

19. 什么是保险和养老金服务?

保险和养老金服务是指各种保险服务,以及同保险交易有关的代理商的佣金。贷方记录本国居民向非居民提供的人寿保险和年金、非人寿保险、再保险、标准化担保服务以及相关辅助服务。借方记录本国居民接受非居民提供的人寿保险和年金、非人寿保险、再保险、标准化担保服务以及相关辅助服务。

20. 什么是金融服务？

金融服务是指金融中介和辅助服务，但不包括保险和养老金服务项目所涉及的服务。贷方记录本国居民向非居民提供的金融中介和辅助服务。借方记录本国居民接受非居民提供的金融中介和辅助服务。

21. 什么是知识产权使用费？

知识产权使用费是指居民和非居民之间经许可使用无形的、非生产/非金融资产和专有权以及经特许安排使用已问世的原作或原型的行为。贷方记录本国居民向非居民提供的知识产权相关服务。借方记录本国居民使用非居民提供的知识产权服务。

22. 什么是电信、计算机和信息服务？

电信、计算机和信息服务是指居民和非居民之间的通信服务以及与计算机数据和新闻有关的服务交易，但不包括以电话、计算机和互联网为媒介交付的商业服务。贷方记录本国居民向非居民提供的电信服务、计算机服务和信息服务。借方记录本国居民接受非居民提供的电信服务、计算机服务和信息服务。

23. 什么是其他商业服务？

其他商业服务是指居民和非居民之间其他类型的服务，包括研发服务，专业和管理咨询服务，技术、贸易相关等服务。贷方记录本国居民向非居民提供的其他商业服务。借方记录本国居民接受非居民提供的其他商业服务。

24. 什么是个人、文化和娱乐服务？

个人、文化和娱乐服务是指居民和非居民之间与个人、文化和娱乐有关的服务交易，包括视听和相关服务（电影、收音机、电视节目和音乐录制品），其他个人、文化娱乐服务（健康、教育等）。贷方记录本国居民向非居民提供的相关服务。借方记录本国居民接受非居民提供的相关服务。

25. 什么是别处未提及的政府服务？

别处未提及的政府服务是指在其他货物和服务类别中未包括的政府和国际组织提供和购买的各项货物和服务。贷方记录本国居民向非居民提供的别处未涵盖的货物和服务。借方记录本国居民向非居民购买的别处未涵盖的货物和服务。

26. 什么是初次收入？

初次收入属于国际收支平衡表的二级账户，是经常账户下的子账户，用于记录由于提供劳务、金融资产和出租自然资源而获得的回报，其下设有雇员报酬、投资收益和其他初次收入三个子账户。

27. 什么是雇员报酬？

雇员报酬是指根据企业与雇员的雇用关系，因雇员在生产过程中的劳务投入而获得的酬金回报。贷方记录本国居民个人从非居民雇主处获得的薪资、津贴、福利及社保缴款等。借方记录本国居民雇主向非居民雇员支付的薪资、津贴、福利及社保缴款等。

28. 什么是投资收益？

投资收益是指因金融资产投资而获得的利润、股息(红利)、再投资收益和利息,但金融资产投资的资本利得或损失不是投资收益,而是金融账户统计范畴。贷方记录本国居民因拥有对非居民的金融资产权益或债权而获得的利润、股息、再投资收益或利息。借方记录本国居民因对非居民投资者有金融负债而向非居民支付的利润、股息、再投资收益或利息。

29. 什么是其他初次收入？

其他初次收入是指将自然资源让渡给另一主体使用而获得的租金收入,以及跨境产品和生产的征税和补贴。贷方记录本国居民从非居民获得的相关收入。借方记录本国居民向非居民进行的相关支付。

30. 什么是二次收入？

二次收入属于国际收支平衡表的二级账户,是经常账户下的子账户,用于记录居民与非居民之间的经常转移,包括现金和实物。贷方记录本国居民从非居民处获得的经常转移,借方记录本国居民向非居民提供的经常转移。

31. 什么是资本和金融账户？

资本和金融账户是国际收支平衡表的一级账户,用于记录资产所有权在国际流动行为的交易,其下设有资本账户和金融账户两个子账户。

32. 什么是资本账户？

资本账户用于记录居民与非居民之间的资本转移,以及居民与非居民之间非生产非金融资产的取得和处置。贷方记录本国居民获得非居民提供的资本转移,以及处置非生产非金融资产获得的收入,借方记录本国居民向非居民提供的资本转移,以及取得非生产非金融资产支出的金额。

33. 什么是金融账户？

金融账户用于记录发生在居民与非居民之间、涉及金融资产与负债的各类交易。根据会计记账原则,当期对外金融资产净增加记录为负值,净减少记录为正值;当期对外负债净增加记录为正值,净减少记录为负值。其下设有非储备性质的金融账户和储备资产两个子账户。

34. 什么是非储备性质的金融账户？

非储备性质的金融账户是金融账户下的子账户,其下设有直接投资、证券投资、金融衍生工具和其他投资等四个子账户。

35. 什么是直接投资？

直接投资用于记录投资者寻求在本国以外运行企业获取有效发言权为目的的投资,包括直接投资资产和直接投资负债两部分。相关投资工具可划分为股权和关联企业债务。股权包括股权和投资基金份额,以及再投资收益。关联企业债务包括关联企业间可流通和不可流通的债权和债务。

36. 什么是直接投资资产？

直接投资资产是指本国作为直接投资者对在外直接投资企业的净资产,作为直接投资企业对直接投资者的净资产,以及对境外联属企业的净资产。

37. 什么是直接投资负债?

直接投资负债是指本国作为直接投资企业对外国直接投资者的净负债,作为直接投资企业对直接投资者的净负债,以及对境外联属企业的净负债。

38. 什么是证券投资?

证券投资用于记录本国居民与非居民之间的股本证券和债务证券交易,下设证券投资资产和证券投资负债,相关投资工具可划分为股权和债券。股权包括股权和投资基金份额,记录在证券投资项下的股权和投资基金份额均应可流通(可交易)。股权通常以股份、股票、参股、存托凭证或类似单据作为凭证。投资基金份额是指投资者持有的共同基金等集合投资产品的份额。债券是指可流通的债务工具,是证明其持有人(债权人)有权在未来某个(些)时点向其发行人(债务人)收回本金或收取利息的凭证,包括可转让存单、商业票据、公司债券、有资产担保的证券、货币市场工具以及通常在金融市场上交易的类似工具。

39. 什么是证券投资资产?

证券投资资产是指本国居民投资非居民发行或管理的股权、投资基金份额的当期净交易额。

40. 什么是证券投资负债?

证券投资负债是指非居民投资于本国居民发行或管理的股权、投资基金份额的当期净交易额。

41. 什么是金融衍生工具?

金融衍生工具又称金融衍生工具和雇员认股权,用于记录本国居民与非居民之间金融工具和雇员认股权交易的情况。

42. 什么是金融衍生工具资产?

金融衍生工具资产又称金融衍生工具和雇员认股权资产,用于记录本国居民作为金融衍生工具和雇员认股权资产方,与非居民的交易。

43. 什么是金融衍生工具负债?

金融衍生工具负债又称金融衍生工具和雇员认股权负债,用于记录本国居民作为金融衍生工具和雇员认股权负债方,与非居民的交易。

44. 什么是其他投资?

其他投资用于记录除直接投资、证券投资、金融衍生工具和储备资产外,居民与非居民之间的其他金融交易。其下设有其他股权、货币和存款、贷款、保险和养老金、贸易信贷和其他应收款/应付款等子账户。

45. 什么是其他股权?

其他股权是指不以证券投资形式(上市和非上市股份)存在的、未包括在直接投资项下的股权,通常包括:在准公司或非公司制企业中的、表决权小于10%的股权(如分支机构、信托、有限责任和其他合伙企业,以及房地产和其他自然资源中的所有权名义单位)、在国际组织中的股份等。资产项记录本国居民投资于非居民的其他股权。负债项记录非居民投资于本国居民的其他股权。

46. 什么是货币和存款？

货币包括由中央银行或政府发行或授权的，有固定面值的纸币或硬币。存款是指对中央银行、中央银行以外的存款性公司以及某些情况下其他机构单位的、由存单表示的所有债权。资产项记录我国居民持有外币及开在非居民处的存款资产变动。负债项记录非居民持有的人民币及开在我国居民处的存款变动。

47. 什么是贷款？

贷款是指通过债权人直接借给债务人资金而形成的金融资产，其合约不可转让。贷款包括普通贷款、贸易融资、透支、金融租赁、证券回购和黄金掉期等。资产项记录本国居民对非居民的贷款债权变动。负债项记录本国居民对非居民的贷款债务变动。

48. 什么是保险和养老金？

保险和养老金又称保险、养老金和标准化担保计划，主要包括非人寿保险技术准备金、人寿保险和年金权益、养老金权益以及启动标准化担保的准备金。资产项记录本国居民作为保单持有人或受益人所享有的资产或权益。负债项记录本国居民作为保险公司、养老金或标准化担保发行者所承担的负债。

49. 什么是贸易信贷？

贸易信贷又称贸易信贷和预付款，是因款项支付与货物所有权转移或服务提供非同步进行而与直接对手方形成的金融债权债务。如相关债权债务不是发生在货物或服务的直接交易双方，即不是基于商业信用，而是通过第三方或银行信用形式发生，则不纳入本项统计，而纳入贷款或其他项目统计。资产项记录本国居民与非居民之间因贸易等发生的应收款或预付款。负债项记录本国居民与非居民之间因贸易等发生的应付款或预收款。

50. 什么是其他应收款/应付款？

其他应收款/应付款是指除直接投资、证券投资、金融衍生工具、储备资产、其他股权、货币和存款、贷款、保险准备金、贸易信贷、特别提款权负债外的对非居民的其他金融债权或债务。资产项记录债权，负债项记录债务。

51. 什么是特别提款权负债？

特别提款权负债是指作为国际货币基金组织成员国分配的特别提款权，是成员国的负债。

52. 什么是储备资产？

储备资产属于国际收支平衡表的三级账户，是金融账户下的子账户，用于记录本国中央银行拥有的对外资产。其下设有货币黄金、特别提款权、在国际货币基金组织的储备头寸、外汇储备、其他储备资产等子账户。

53. 什么是货币黄金？

货币黄金用于记录本国中央银行作为国际储备持有的黄金。

54. 什么是特别提款权？

特别提款权是指国际货币基金组织根据会员国认缴的份额分配的，可用于偿还国际货币基金组织债务、弥补会员国政府之间国际收支赤字的一种账面资产。

55. 什么是在国际货币基金组织的储备头寸？

在国际货币基金组织的储备头寸又称普通提款权，是指在国际货币基金组织普通账户中会员国可自由提取使用的资产。

56. 什么是外汇储备？

外汇储备是指本国中央银行持有的可用作国际清偿的流动性资产和债权。

57. 什么是净误差与遗漏？

国际收支平衡表运用的是复式记账法，因此所有账户的借方总额与贷方总额必须相等。但是不同账户的统计资料来源不一、记录时间不同以及一些人为因素（如虚报出口）等原因，会造成经常账户与资本账户和金融账户不平衡，形成统计残差项，这时就需要人为设立一个抵消账户，称为净误差与遗漏，数目与上述余额相等而方向相反。

58. 什么是国际收支差额？

国际收支差额是指国际收支平衡表中某个账户的借方金额与该账户的贷方金额之间的差额，或者是某几个账户的借方金额之和与这几个账户的贷方金额之和之间的差额。当此差额为零时，即称该账户的国际收支为平衡；当此差额为正值时，即称该账户的国际收支为顺差（或盈余、入超）；当此差额为负值时，即称该账户的国际收支为逆差（或赤字、出超）。国际收支顺差和国际收支逆差是国际收支失衡的两种常见状态。

59. 重要的国际收支差额有哪些？

重要的国际收支差额主要有商品贸易差额、贸易差额、经常账户差额、资本流动差额、净误差与遗漏、综合差额等。

60. 什么是商品贸易差额？

商品贸易差额是指商品进出口流量的净差额，即狭义的国际贸易收支差额。由于商品贸易流量的资料每个季度（甚至每个月）都可以从海关迅速获得，而服务贸易流量资料的获得则要专门进行调查，比较困难和费时，因此，将商品贸易流量与服务贸易流量分开单列，对于了解一国国际收支状况的动向具有一定的参考作用。

61. 什么是贸易差额？

贸易差额是指包括商品与服务在内的进出口收支之间的差额，即广义的国际贸易收支差额。由于对于一些国家来说，贸易收支在全部国际收支中所占的比重相当大，而且该差额表现了一个国家创汇的能力，反映着该国的产业结构和产品在国际上的竞争力以及在国际分工中的地位，是一国对外经济交往的基础，影响和制约着其他账户的变化，因此，贸易差额在传统上经常作为整个国际收支的代表。

62. 什么是经常账户差额？

经常账户差额是商品贸易、服务贸易、收入等流量的借贷方净差额，反映着实际资源在一国与他国之间的转让净额。如果一国经常账户出现盈余，将意味着存在商品贸易、服务贸易、收入等的贷方总差额净额，即该国的海外资产净额增加了，换句话说，经常账户盈余相当于表示一国存在着对外净投资。经常账户赤字则意味着由于输入相对较多的商品、劳务和对外赠与等,该国正在减少对外投资,也可以说该国的资本形成利用了国外的储蓄。正是经常账户在宏观经济中的这种举足轻重的地位,使它在现代被视为是衡量国际收支状况的一个最重要的指标。

63. 什么是资本流动差额?

资本流动差额是指资本账户差额与非储备性质的金融账户差额之和,或资本和金融账户总差额减除储备资产后的余额。该项差额用于反映资本流动的规模及其对一国国际收支状况的影响,在国际资本流动日益成为重要的国际经济活动的当代,尤其是对于发生资本流动规模较大的国家来说,对此差额的分析已变得越发重要起来。

64. 净误差与遗漏有何作用?

国际收支统计中的净误差与遗漏,一般是由于统计技术方面的原因造成的,但有时是由于人为因素造成的。当一国国际收支账户持续出现同方向、较大规模的净误差与遗漏时,常常是人为因素造成的。净误差与遗漏的数额过大会影响到国际收支分析的准确性,因此对净误差与遗漏账户本身进行分析是必要的,往往可以从中发现实际经济中存在的某些问题。例如,对出口进行退税是国家鼓励出口的一种财政措施,如果企业为了骗取退税收入而虚报出口,就会形成出口数额过高而资本流入数额过低,由此造成国际收支借方余额小于贷方余额,从而相应形成净误差与遗漏账户的借方余额。再如,一国实行资本管制时,为躲避管制而形成的资本外逃也会假借各种合法名义流出国外,这会最终反映在净误差与遗漏账户中,因此,衡量资本外逃的常用方法之一就是将资本净流出额加上净误差与遗漏账户中的数额。可见,对净误差与遗漏账户进行分析是具有一定价值的。

65. 什么是国际收支综合差额?

根据研究对象的差异,存在着许多观察口径宽窄不同的国际收支差额,综合差额就是其中最宽口径的国际收支差额。通常为经常账户、资本账户和非储备性质的金融账户三者差额之和。

在实务中,对于未说明其具体账户名称的"国际收支差额"就是指综合差额。否则,就应当把该差额的具体账户名称或账户的具体范围标示清楚,以免产生误解。

66. 什么是中国的国际收支综合差额?

中国的国际收支综合差额是指经常账户差额、资本账户差额、非储备性质的金融账户差额以及净误差与遗漏的总和。公式为:

国际收支综合差额＝经常账户差额＋资本账户差额＋非储备性质的金融账户差额＋净误差与遗漏
　　　　　　＝(经常账户差额＋资本和金融账户差额＋净误差与遗漏)－储备资产

67. 综合差额的意义是什么?

综合差额的意义在于可用以衡量国际收支状况对一国国际储备持有所造成的压力,因为综合差额必然导致官方储备的反方向变动。在固定汇率制度下,它可作为衡量本国货币在外汇市场上遭受的压力或国际收支失衡程度的指标,用于反映为消除国际收支失衡和稳定外汇市场而必须增减的官方储备资产的变动情况。在浮动汇率制度下,一国政府原则上可以不动用储备而任由汇率变动来调节国际收支的失衡,或者主动介入外汇市场干预,从而变动这一储备。因此,现在主要不是用综合差额的变动来反映国际收支失衡的程度,而主要是用它来反映货币当局干预外汇市场、影响汇率水平及其变化的程度。

68. 国际收支平衡表中重要的局部差额之间有何关系?

国际收支平衡表中几个重要的局部差额之间的一般关系如表 1-1 所示。

表 1-1 国际收支局部差额的内容及其关系简表

差额名称	贷方(+)	借方(-)
	＋商品出口收入 －商品进口支出 ＝商品贸易(狭义国际贸易)差额 ＋服务收入 －服务支出 ＝贸易(广义国际贸易)差额	
	＋收入项收入 －收入项支出 ＝经常账户差额	
	＋资本账户流入 －资本账户流出 ＋直接投资流入 －直接投资流出 ＋证券投资流入 －证券投资流出 ＋其他投资流入 －其他投资流出 ＝综合差额	
	－储备增加(＋储备减少) ＋(－净误差与遗漏) ＝零	

69. 怎样理解"国际收支平衡表总是平衡的,而国际收支总是不平衡的"?

"国际收支平衡表总是平衡的"是相对于国际收支平衡表的全部而言的,说的是国际收支平衡表中所有账户的借方金额总和与所有账户的贷方金额总和总是相等的。

"国际收支总是不平衡的",是相对于国际收支平衡表的某个局部而言的,说的则是国际收支平衡表中某个账户或某局部账户的借方金额总和与该账户或该局部账户的贷方金额总和总是不相等的,要么存在净借方差额(逆差),要么存在净贷方差额(顺差)。

70. 重要的国际收支差额在宏观经济均衡分析中是如何应用的？

在开放的经济条件下，国际收支状况对国民收入均衡有一定的影响。国民收入均衡是指总需求（AD）与总供给（AS）平衡时的国民收入水平，即 AD＝AS。

1）不考虑资本流动条件下国际收支与国民收入均衡关系的分析

在不考虑资本流动的开放经济条件下，总需求包括家庭的消费需求（C）、企业的投资需求（I）、政府的需求即政府支出（G）和国外对本国商品的需求，即出口（X），从而有

$$AD=C+I+G+X$$

总供给既包括国内私人生产要素（即消费（C）和储蓄（S））和政府劳务的供给（税收（T）），也包括国外生产要素的供给，即进口（M），从而有

$$AS=C+S+T+M$$

由总供求平衡 AD＝AS 得

$$C+I+G+X=C+S+T+M$$

将上式整理得

$$I-S=(T-G)+(M-X)$$

由此得出：在不考虑资本流动的开放经济条件下，国民收入均衡的具体实现条件是投资储蓄差额等于政府收支差额与进出口贸易差额的和。这表明：在开放经济条件下，国民收入的不均衡既可能由国内经济因素（如投资、储蓄）的不平衡引起，也可能由政府收支不平衡引起，还可能由对外贸易往来的不平衡引起。因此，在开放经济条件下，国民收入均衡的恢复和维持就不能仅仅依赖于一定的国内经济政策来实现，还要依赖于一定的对外经济政策来实现。

2）考虑资本流动条件下国际收支与国民收入均衡关系的分析

在考虑资本流动的开放经济条件下，一国如果其总收入等于总支出，那么就有下列恒等式成立：

$$C+I+G+X+I_F+R_F=C+S+T+M+i_f+r_f$$

式中：I_F 表示外国在本国的投资；R_F 表示本国在外国投资的收益；

i_f 表示本国在外国的投资；r_f 表示外国在本国投资的收益。

将上式整理可得

$$I-S=(T-G)+(M-X)+(i_f+r_f)-(I_F+R_F)$$

如果再假定 $I=S,G=T$，则有

$$(i_f+r_f)-(I_F+R_F)=(X-M) \tag{1-1}$$

在这里，i_f+r_f 代表的是资本流出额，I_F+R_F 代表的是资本流入额。显然，要保持国际收支既无盈余又无赤字，或者说使国际收支差额等于零，其均衡条件可分以下三种情况进行讨论：

（1）假定只考察国际商品流动而不考察国际资本流动（等式（1-1）左边为零），那么，国际收支的均衡条件是进口支出等于出口收入；

（2）假定只考察国际资本流动而不考察国际商品流动（等式（1-1）右边为零），那么，国际收支的均衡条件是资本流出额等于资本流入额；

（3）假定同时考察国际商品流动和资本流动，并以 Q 代表净出口额（出口与进口的差额），以 Z 代表资本净流出额（资本流出与流入的差额），那么，此时的国际收支差额就为 $Q-Z$，如果要使国际收支差额 $Q-Z$ 为零，就必须有 $Z=Q$。

知识链接

知识链接1-1　两次"国际收支平衡表"的比较

中国"国际收支平衡表"在《国际收支手册(第五版)》与《国际收支和国际投资头寸手册(第六版)》中的表式及数据比较(以2013年BOP为例),如表1-2所示。

表1-2　两次"国际收支平衡表"的比较

第五版表式		第六版表式	
一、经常项目差额	1 828	一、经常账户	1 828
贷方	26 637	贷方	26 003
借方	24 809	借方	−24 809
A.货物和服务差额	2 354	A.货物和服务	2 354
贷方	24 250	贷方	23 626
借方	21 896	借方	−21 896
a.货物差额	3 599	a.货物	3 518
贷方	22 190	贷方	21 475
借方	18 591	借方	−18 591
b.服务差额	−1 245	b.服务	−1 164
贷方	2 060	贷方	2 151
借方	3 305	借方	−3 305
B.收益差额	−438	B.初次收入	−435
贷方	1 855	贷方	1 855
借方	2 293	借方	−2 293
C.经常转移差额	−87	C.二次收入	−87
贷方	532	贷方	532
借方	619	借方	−619
二、资本和金融项目差额	3 262	二、资本和金融账户	−1 052
贷方	17 271		
借方	14 009		
A.资本账户差额	31	A.资本账户	31
贷方	45	贷方	45
借方	14	借方	−14
B.金融账户差额	3 232	B.金融账户	−1 082
贷方	17 226	资产	−6 465
借方	13 995	负债	5 383
		1.非储备性质的金融账户	3 232
1.直接投资差额	1 850	1.1直接投资	1 850
1.1我国在外直接投资差额	−732	1.1.1资产	−732
1.2外国在华直接投资差额	2 582	1.1.2负债	2 582
2.证券投资差额	605	1.2证券投资	605
2.1资产差额	−54	1.2.1资产	−54
2.2负债差额	659	1.2.2负债	659
		1.3金融衍生工具和雇员认股权	0
3.其他投资差额	776	1.4其他投资	776
3.1资产差额	−1 365	1.4.1资产	−1 365
3.2负债差额	2 142	1.4.2负债	2 142
三、储备资产	−4 314	2.储备资产	−4 314
四、净误差与遗漏	−776	三、净误差与遗漏	−776

知识链接 1-2　国际收支平衡表记账实例

对具体交易记账方法的分析有助于正确掌握国际收支账户中的记账原理和理解各账户之间的关系,因此,以某国为例,列举6笔交易来说明国际收支账户的记账方法。

【例 1-1】 某国的企业出口价值 100 万美元的设备,导致该企业在海外银行的存款相应增加。

对于出口行为来说,它意味着本国拥有的资源的减少,因此应记入贷方;对于资源流出这一行为而言,它意味着本国在外国的资产的增加,应记入借方。如果不考虑账户的具体内容,可简单记为

借:资本流出 100 万美元
　　贷:商品出口 100 万美元

但进一步来看,这一资本流出实际上反映在该企业在海外银行的存款增加中,而这属于金融账户中的其他投资账户。因此,这一笔交易更准确的记录是

借:本国在外国银行的存款 100 万美元
　　贷:商品出口 100 万美元

在以下的分析中,均用比较准确的方式进行记录。

【例 1-2】 某国的居民到外国旅游共花销 30 万美元,这笔费用从该居民的海外存款账户中扣除。

这笔交易可以记为

借:服务进口 30 万美元
　　贷:在外国银行的存款 30 万美元

【例 1-3】 外商以价值 1 000 万美元的设备投入某国,兴办合资企业。

这笔交易可以记为

借:商品进口 1 000 万美元
　　贷:外国对某国的直接投资 1 000 万美元

【例 1-4】 某国的政府动用外汇库存 40 万美元向外国提供无偿援助,另提供相当于 60 万美元的粮食药品援助。

这笔交易可以记为

借:经常转移 100 万美元
　　贷:官方储备 40 万美元
　　　　商品出口 60 万美元

【例 1-5】 某国的某企业在海外投资所得利润 150 万美元。其中 75 万美元用于当地的再投资,50 万美元购买当地商品运回国内,25 万美元调回国内,结售给政府以换取本国货币。

这笔交易可以记为

借:商品进口 50 万美元
　　官方储备 25 万美元
　　对外长期投资 75 万美元

贷:海外投资利润收入 150 万美元

【例 1-6】 某国的居民动用其在海外存款 40 万美元,用以购买外国某公司的股票。这笔交易可以记为

借:证券投资 40 万美元

　　贷:在外国银行的存款 40 万美元

可将以上例 1 到例 6 的 6 笔交易编制成一个完整的国际收支账户表格,如表 1-3 所示。

表 1-3　6 笔交易构成的国际收支账户　　　　　　　单位:万美元

项　　目	借方	贷方	差额
商品贸易	1 000+50	100+60	−890
服务贸易	30	—	−30
收入	—	150	+150
经常转移	100	—	−100
经常账户合计	1 180	310	−870
直接投资	75	1 000	+925
证券投资	40	—	−40
其他投资	100	30+40	−30
官方储备	25	40	+15
资本和金融账户合计	240	1 110	+870
总计	1 420	1 420	0

知识链接 1-3　2013 年版《国际收支统计申报办法》条款节选

　　第二条　国际收支统计申报范围为中国居民与非中国居民之间发生的一切经济交易以及中国居民对外金融资产、负债状况。

　　第三条　本办法所称中国居民,是指:

(一)在中国境内居留 1 年以上的自然人,外国及香港、澳门、台湾地区在境内的留学生、就医人员、外国驻华使馆领馆外籍工作人员及其家属除外;

(二)中国短期出国人员(在境外居留时间不满 1 年)、在境外留学人员、就医人员及中国驻外使馆领馆工作人员及其家属;

(三)在中国境内依法成立的企业事业法人(含外商投资企业及外资金融机构)及境外法人的驻华机构(不含国际组织驻华机构、外国驻华使馆领馆);

(四)中国国家机关(含中国驻外使馆领馆)、团体、部队。

知识链接 1-4 2008 年版《中华人民共和国外汇管理条例》条款节选

第四条 境内机构、境内个人的外汇收支或者外汇经营活动,以及境外机构、境外个人在境内的外汇收支或者外汇经营活动,适用本条例。

第五十二条 本条例下列用语的含义:

(一)境内机构,是指中华人民共和国境内的国家机关、企业、事业单位、社会团体、部队等,外国驻华外交领事机构和国际组织驻华代表机构除外。

(二)境内个人,是指中国公民和在中华人民共和国境内连续居住满 1 年的外国人,外国驻华外交人员和国际组织驻华代表除外。

知识链接 1-5 国际投资头寸表编制原则与指标说明

国际投资头寸表编制原则

根据《手册(第六版)》制定的标准,国际投资头寸表是反映特定时点上一个国家或地区对世界其他国家或地区金融资产和负债存量的统计报表。国际投资头寸的变动是由特定时期内交易、价格变化、汇率变化和其他调整引起的。国际投资头寸表在计价、记账单位和折算等核算原则上均与国际收支平衡表保持一致,并与国际收支平衡表共同构成一个国家或地区完整的国际账户体系。

中国国际投资头寸表是反映特定时点上我国(不含中国香港、澳门和台湾,下同)对世界其他国家或地区金融资产和负债存量的统计报表。

国际投资头寸表主要指标解释

根据国际货币基金组织的标准,国际投资头寸表的项目按对外金融资产和对外负债设置。资产细分为直接投资、证券投资、金融衍生工具、其他投资、储备资产五部分;负债细分为直接投资、证券投资、金融衍生工具、其他投资四部分。净头寸是指对外金融资产减去对外负债。具体项目的含义如下。

1. 直接投资:以投资者寻求在本国以外运营企业获取有效发言权为目的的投资,包括直接投资资产和直接投资负债两部分。相关投资工具可划分为股权和关联企业债务。股权包括股权和投资基金份额,以及再投资收益。关联企业债务包括关联企业间可流通和不可流通的债权和债务。

2. 证券投资:包括证券投资资产和证券投资负债,相关投资工具可划分为股权和债券。

(1)股权:包括股权和投资基金份额,记录在证券投资项下的股权和投资基金份额均应可流通(可交易)。股权通常以股份、股票、参股、存托凭证或类似单据作为凭证。投资基金份额是指投资者持有的共同基金等集合投资产品的份额。

(2)债券:包括可流通的债务工具,是证明其持有人(债权人)有权在未来某个(些)时点向其发行人(债务人)收回本金或收取利息的凭证,包括可转让存单、商业票据、公司债券、有资产担保的证券、货币市场工具以及通常在金融市场上交易的类似工具。

3. 金融衍生工具:全称为金融衍生工具和雇员认股权,包括金融衍生工具资产和金融衍生工具负债。金融衍生工具是一种金融工具,该金融工具与另一特定的金融工具、指标或商品相联系,可以独立在金融市场上针对特定金融风险(例如,利率风险、外汇风险、股权和商品价格风险、信用风险等)进行交易;雇员认股权是指向公司雇员提供的一种购买公司股权的期权,通常作为公司对其雇员的一种报酬。

4. 其他投资:除直接投资、证券投资、金融衍生工具和储备资产之外的所有金融资产/负债,包括其他投资资产和其他投资负债。相关投资工具可划分为其他股权、货币和存款、贷款、贸易信贷、其他应收/付款、特别提款权等形式。

(1) 其他股权:不以证券投资形式(上市和非上市股份)存在的、未包括在直接投资项下的股权,通常包括:在准公司或非公司制企业中的、表决权小于10%的股权(如分支机构、信托、有限责任和其他合伙企业,以及房地产和其他自然资源中的所有权名义单位)、在国际组织中认缴的股本金等。

(2) 货币和存款:货币包括由中央银行或政府发行或授权的,有固定面值的纸币或硬币。存款是指对中央银行、中央银行以外的存款性公司以及某些情况下其他机构单位的、由存单表示的所有债权。

(3) 贷款:通过债权人直接借给债务人资金而形成的金融资产,其合约不可转让。贷款包括普通贷款、贸易融资、透支、金融租赁、证券回购和黄金掉期等。

(4) 保险准备金:全称为保险、养老金和标准化担保计划,主要包括非人寿保险技术准备金、人寿保险和年金权益、养老金权益以及启动标准化担保的准备金。

(5) 贸易信贷:又称贸易信贷和预付款,是因款项支付与货物所有权转移或服务提供非同步进行而与直接对手方形成的金融债权债务。如相关债权债务不是发生在货物或服务的直接交易双方,即不是基于商业信用,而是通过第三方或银行信用形式发生,则不纳入本项统计,而纳入贷款或其他项目统计。

(6) 其他应收/付款:除其他股权、货币和存款、贷款、保险准备金、贸易信贷、特别提款权以外的其他应收、应付款等。

(7) 特别提款权:作为基金组织成员国分配的特别提款权,是成员国的负债。

5. 储备资产:我国中央银行可随时动用和有效控制的对外资产,包括货币黄金、特别提款权、在国际货币基金组织的储备头寸和外汇。

(1) 货币黄金:我国中央银行作为储备持有的黄金。

(2) 特别提款权:国际货币基金组织根据会员国认缴的份额分配的,可用于偿还国际货币基金组织债务、弥补会员国政府之间国际收支逆差的一种账面资产。

(3) 在国际货币基金组织的储备头寸:我国在国际货币基金组织普通账户中可自由动用的资产。

(4) 外汇:我国中央银行持有的可用作国际清偿的流动性资产和债权。

第二章
外汇与汇率

世界上绝大多数国家都发行和使用本国货币，如中国是人民币，美国是美元，英国是英镑，日本是日元。由于在通常情况下一国货币不能在另一国流通，因此，当需要清偿由国际经济交易引起的对外债权债务时，人们便需要把本国货币兑换成外国货币，或者把外国货币兑换成本国货币，由此便产生外汇与外汇交易。而在外汇交易中，又必然要涉及货币兑换的数量比率关系，从而又产生了汇率问题。进一步，汇率的变动，不仅会影响每笔进口和出口交易的盈利与亏损，影响出口商品的价格竞争能力，而且会通过各种传导机制对一国的国内经济和国际经济产生影响。所以，对外汇和汇率的研究历来都是国际金融领域最基本和最重要的内容。通过本章内容的学习，你应该能够：

- 了解外汇与汇率的基本概念和外汇汇率的标价方式；
- 具备汇率行情解读的能力；
- 熟练掌握正确的汇率计算和换算方法。

关键概念

外汇、汇率、外汇汇率、直接标价法、间接标价法、买入价(汇率)、卖出价(汇率)、即期汇率、远期汇率、升水、贴水、实际汇率、关键货币、基本汇率、套算汇率

引导型问题

1. 设期初美元/人民币汇率为 1/8.110 0，期末汇率为 1/7.612 0。求：
(1) 美元/人民币汇率的变动幅度；
(2) 人民币/美元汇率的变动幅度。

2. 已知 GBP/USD = 1.612 5/35，AUD/USD = 0.712 0/30。求 GBP/AUD 或 AUD/GBP。

3. 在外汇交易中，经常会碰到客户委托银行，按照规定的汇率成交。在这种情况下，银行要根据市场汇率的变化，根据客户的指定汇率，不断进行测算，以便在市场汇率达到客户要求时成交。

例：有一客户委托银行买入 100 万港币，卖出英镑，其指定汇率水平为
HKD/GBP=0.084 6，而外汇市场开盘时：

    USD/HKD 7.745 2/62
    USD/GBP 0.673 2/40

(1) 根据这时的汇率，是否可以达到客户的要求？
(2) 如果 USD/GBP 汇价保持不变，USD/HKD 汇价变化到什么程度可以达到客户的要求？
(3) 如果 USD/HKD 汇价保持不变，USD/GBP 汇价变化到什么程度可以达到客户的要求？

4. 假设银行同业间的美元/港币报价为 7.890 5/35。某客户向你询问美元兑港币的报价，如你需要赚取 2~3 个点作为银行收益，你应如何报出买入价和卖出价？

5. 如果你以电话向中国银行询问英镑/美元（英镑兑美元，斜线"/"表示"兑"的汇价），中国银行答道："1.690 0/10。"请问：
(1) 中国银行以什么汇价向你买进美元？
(2) 你以什么汇价从中国银行买进英镑？
(3) 如果你向中国银行卖出英镑，使用什么汇率？

6. 某银行询问美元兑新加坡元的汇价，你答复道："1.640 3/10。"请问，如果该银行想把美元卖给你，汇率是多少？

7. 如果你是银行员工，你向客户报出美元兑港币汇率为 7.805 7/67，客户要以港币向

你买进 100 万美元。请问：

(1) 你应给客户什么汇价？

(2) 如果客户以你的上述报价向你购买了 500 万美元，卖给你港币。随后，你打电话给一经纪人想买回美元平仓。几家经纪人的报价是：

经纪人 A：7.805 8/65

经纪人 B：7.806 2/70

经纪人 C：7.805 4/60

经纪人 D：7.805 3/63

你同哪一家经纪人交易对你最为有利？汇价是多少？

8. 中国某设备出口商对外出口设备的原报价为 1 200 美元/台，现国外进口商要求其改用瑞士法郎报价。经查询相关外汇银行的汇率报价为美元 1＝瑞士法郎 4.435 0/550。该出口商用瑞士法郎报出价格应改为多少瑞士法郎/台？

9. 某日，纽约外汇市场英镑兑美元的行市如下：

即期汇率　GBP 1＝USD 1.551 0/60；

远期汇水为　1 个月 10/20　2 个月 30/40　3 个月 30/20　6 个月 50/40。

求美元兑英镑的 2 个月、6 个月的远期汇率。

10. 年末伦敦外汇市场即期汇率为 GBP1＝USD1.460 8，该年英国的物价上涨了 7%，美国年末的物价水平是年初的 1.2 倍，试求英镑兑换美元的实际汇率。

11. 登录中国国家外汇管理局网站（http://www.safe.gov.cn/model_safe/index.html），查阅近 3～5 年的人民币汇率数据资料，并分析其变动特征。

第一节　外汇

本节的内容，将帮助您了解外汇的概念，从而使您能够正确区分外汇的不同形态。

1. 什么是外汇？

外汇（foreign exchange）是国际汇兑的简称，是把一国货币兑换成另一国货币的兑换活动，是指"以外币表示的可以用作国际清偿的支付手段和资产"。

2. 外汇产生和存在的条件是什么？

外汇产生和存在的条件是各国货币主权的相互独立性和国际交往。在各国货币主权相互独立和国际交往并存的条件下，就必然会产生把一国货币兑换成另一国货币的兑换活动，从而产生外汇，否则，国际交往就难以开展。只要世界各国放弃货币主权的独立，或是世界各国不相往来，外汇就会消失。

3. 外汇的本质是什么？

外汇的本质就是在各国货币主权相互独立和国际交往并存的条件下，可以用作国际清偿的支付手段和资产。

4. 外汇的具体形态有哪些？

根据 2008 年 8 月 1 日通过的《中华人民共和国外汇管理条例》的解释，外汇的具体形态有：

(1) 外币现钞，包括纸币、铸币；
(2) 外币支付凭证或者支付工具，包括票据、银行存款凭证、银行卡等；
(3) 外币有价证券，包括债券、股票等；
(4) 特别提款权；
(5) 其他外汇资产。

5. 什么是现汇外汇？

现汇外汇是指由境外汇入或携入的、以外汇票据形式存在的外汇或者以托收、信用证等国际结算方式取得并形成银行存款的外汇。

6. 什么是现钞外汇？

现钞外汇是指以外币的钞票和硬币或者以钞票、硬币存入银行所生成的外汇存款。

7. 什么是自由外汇？

自由外汇是指不需要经过货币发行国批准，可以自由兑换成其他国家或地区的货币，或者可以向第三国办理支付的外币及其支付手段。

8. 什么是记账外汇？

记账外汇又称协定外汇，是指未经货币发行国批准，不能自由兑换成其他货币或不能向第三国支付的外汇，是经两国政府协商在双方各自开立专门账户记载使用的外汇。

9. 什么是狭义外汇？

狭义外汇是指外币或以外币表示的、能够进行偿付的国际债权。它排除任何形式的具有货币职能的对外本币债权。

10. 什么是广义外汇？

广义外汇是指以不同形式表示的、能够进行偿付的国际债权。它不仅限于外币债权，也包括具有货币职能的对外本币债权。

11. 外汇有什么特征？

外汇具有外币性、兑换性、偿付性三项特征，这些特征是用来衡量某样物品是否能够成为外汇的尺度。

12. 什么是外汇的"外币性"特征？

外汇的"外币性"特征是指外汇必须首先是外国货币或以外国货币来表示的支付手段或资产，凡是本国货币或以本国货币表示的支付凭证和有价证券，即便其可用作国际清偿和国际结算，相对于本国而言，不能算是外汇。

13. 什么是外汇的"兑换性"特征？

外汇的"兑换性"特征是指外汇必须是为各国普遍接受从而可以自由兑换的外国货币，不能够自由兑换成其他货币或者其他形式资产的外国货币，也不能算是外汇。

14. 什么是外汇的"偿付性"特征？

外汇的"偿付性"特征是指作为外汇的外国货币，必须可以切实履行偿付国际债务、完成国际清偿的职能,否则,仍然不能算是外汇。

第二节 汇率与外汇汇率

本节的内容,将帮助您了解汇率和外汇汇率的概念,从而使您能够正确地解读汇率,正确地区分汇率和外汇汇率之间的异同,正确地计算汇率的变动。

1. 什么是汇率?

汇率(exchange rate)也称汇价,是泛指两个不同国家货币之间兑换的数量比率,是用一国货币(折算货币)来表示的另一国货币(基准货币)的价格。汇率包括本国货币与外国货币之间兑换的数量比率和外国货币与另一个外国货币之间兑换的数量比率。

2. 什么是基准货币?

基准货币也被称为单位货币,它是相互兑换的两个货币中处于前面的货币,在兑换率的计算式子中处于等号的左端,是换算的标准,在外汇买卖中充当交易的标的。例如,在1美元=6.567 8人民币元的汇率中,美元即是基准货币,是交易的标的。按照市场惯例,基准货币的数量单位通常为1或100。

3. 什么是折算货币?

折算货币也被称为计价货币或报价货币,它是相互兑换的两个货币中处于后面的货币,在兑换率的计算式子中处于等号的右端,是外汇买卖中给付的对价物。汇率的变动是通过折算货币金额的变动来表示的。例如,在1美元=6.567 8人民币元的汇率中,人民币即是折算货币。按照市场惯例,折算货币的数量单位通常由五位(少数情况下由六位)有效数字组成。比如,欧元/美元=1/1.101 1,该汇率式子表示欧元兑换美元的汇率为每1欧元兑换1.101 1美元;又比如,美元/日元=100/12 055,该汇率式子表示美元兑换日元的汇率为每100美元兑换12 055日元。

4. 什么是基本点?

基本点(basic point,BP)简称"点",通常指0.01%,代表0.000 1。换言之,基本点是指给出的折算货币的五位(或六位)数字中的最后一位数,即从右边向左边数过去,第一位称为"×个点",它是构成汇率变动的最小单位,第二位数称为"×十个点",其余以此类推。例如:如果欧元兑美元的汇率从1.101 1变动为1.101 5,则称欧元兑美元的汇率上升了4个(基)点;如果美元兑日元的汇率从12 055变动为12 000,则称美元兑日元的汇率下跌了55个(基)点。基本点是用来表述外汇交易的收益差价或汇价自身差额的专用概念。

5. 什么是汇率中的小数,什么是汇率中的大数?

汇率中的小数是指给出的折算货币的五位数字中的最后两位数,在浮动汇率条件下,汇率的日均波动通常发生在这两位小数上。汇率中的大数是指给出的折算货币的五位数字中的前面三位数。比如,在欧元/美元=1/1.101 1的汇率中,1.101 1中的前三位数1.10为大数,最后两位数11为小数。

6. 什么是外汇汇率?

外汇汇率(foreign exchange rate)也称外汇汇价,是特指外国货币与本国货币之间兑换的数量比率,通常是用本国货币来表示的外国货币的价格,是汇率的部分存在形态。

7. 什么是直接标价法?

直接标价法(direct quotation)又称应付标价法,是指以外国货币充当基准(或单位)货币,以本国货币充当折算(或计价)货币,汇率的变动是由本国货币金额的变动来表示的外汇汇率的标价方法。

8. 直接标价法下如何解读汇率的变动?

在直接标价法下,外国货币的数额固定不变,汇率的变动是通过本国货币数量的变动来表示的。如果一定单位的外国货币折算成本国货币的数量增多,就表示外国货币的汇率上升,外国货币相对于本国货币升值,本国货币相对于外国货币贬值;反之,如果一定单位的外国货币折算成本国货币的数量减少,就表示外国货币的汇率下跌,外国货币相对于本国货币贬值,本国货币相对于外国货币升值。外汇汇率的涨跌变动与本国货币数额的增减变动呈正相关关系,本币汇率的涨跌变动与本国货币数额的增减变动呈负相关关系。

9. 什么是间接标价法?

间接标价法(indirect quotation)又称应收标价法,是指以本国货币充当基准(或单位)货币,以外国货币充当折算(或计价)货币,汇率的变动是由外国货币金额的变动来表示的外汇汇率的标价方法。

10. 间接标价法下如何解读汇率的变动?

在间接标价法下,本国货币的数额固定不变,汇率的变动是通过外国货币数量的变动来表示的。如果一定单位的本国货币折算成外国货币的数量增多,就表示外国货币的汇率下降,外国货币相对于本国货币贬值,本国货币相对于外国货币升值;反之,如果一定单位的本国货币折算成外国货币的数量减少,就表示外国货币的汇率上升,外国货币相对于本国货币升值,本国货币相对于外国货币贬值。外汇汇率的涨跌变动与外国货币数额的增减变动呈负相关关系,本币汇率的涨跌变动与外国货币数额的增减变动呈正相关关系。

11. 在汇率与外汇汇率之间的关系问题上,常常存在着哪些误解?

在目前出版的国际金融教材中,普遍存在着以下错误:不加区分地把汇率与外汇汇率混为一谈,把汇率看成是外汇汇率的简称;把直接标价法和间接标价法当成是汇率的标价方法。这些错误常常会导致学生在进行许多汇率换算操作时出现困惑与错误。

12. 汇率与外汇汇率之间有什么异同?

汇率与外汇汇率是两个既有密切联系,但又不完全相同的概念,两者之间的异同主要表现在如下几方面。

(1)汇率概念的边界大于外汇汇率的边界,并且把外汇汇率包含在其中,也就是说,外汇汇率一定都是汇率,但汇率并不都是外汇汇率。

(2)汇率是泛指两个不同国家货币之间兑换的数量比率,外汇汇率是特指外国货币与本国货币之间兑换的数量比率。

(3)直接标价法和间接标价法是外汇汇率特有的两个基本表示方法,任何一个外汇汇率,要么是通过直接标价法来表示,要么是通过间接标价法来表示,二者必居其一。对于汇率而言,则无所谓什么直接标价法和间接标价法。

例如，观察以下(a)、(b)、(c)、(d)四个汇率式子。

北京：美元/人民币＝1/6.567 8 　　　　　　　　　　　　　　　　　(a)

纽约：美元/人民币＝1/6.567 8 　　　　　　　　　　　　　　　　　(b)

东京：美元/人民币＝1/6.567 8 　　　　　　　　　　　　　　　　　(c)

美元/人民币＝1/6.567 8 　　　　　　　　　　　　　　　　　　　　(d)

可以发现，以上四个式子的相同之处在于它们都是汇率，即都是美元与人民币这两个不同国家货币之间折算的数量比率，而且都是用人民币来表示美元的汇率。但其中只有式子(a)和式子(b)同时又是外汇汇率。而式子(a)和式子(b)的区别又在于式子(a)是用直接标价法来表示的外汇汇率，而式子(b)是用间接标价法来表示的外汇汇率。对于式子(c)，根据给定的地点东京来判断，式子(c)是两个外国货币之间兑换的数量比率，它虽然也是汇率，但它不是外汇汇率；对于式子(d)，没有给出地点，无从判断相互兑换的两个货币是本币还是外币，因此，式子(d)也仅仅是个汇率，而不是外汇汇率。可见，式子(c)和式子(d)均不是外汇汇率，并且，此两者既不是用直接标价法来表示的汇率，也不是用间接标价法来表示的汇率。直接标价法和间接标价法是外汇汇率的基本标价方法，而不是汇率的基本标价方法。

13. 如何正确计算汇率变动的绝对量？

正确计算基准货币汇率变动的绝对量和正确计算折算货币汇率变动的绝对量应当使用不同的计算公式。

设 R_0 为基期汇率，R_1 为报告期汇率，ΔR 为汇率变动的绝对量，则

基准货币汇率变动的绝对量

$$\Delta R = R_1 - R_0 \tag{2-1}$$

折算货币汇率变动的绝对量

$$\Delta R = \frac{1}{R_1} - \frac{1}{R_0} \tag{2-2}$$

例如，基期汇率为美元/人民币＝1/6.567 8，报告期汇率为美元/人民币＝1/6.556 0，则：

(1) 美元汇率变动的绝对量

$$\Delta R = R_1 - R_0 = 6.556\,0 - 6.567\,8 = -0.011\,8$$

即美元汇率变动的绝对量为美元对人民币汇率下跌了118个基本点；

(2) 人民币汇率变动的绝对量

$$\Delta R = \frac{1}{R_1} - \frac{1}{R_0} = \frac{1}{6.556\,0} - \frac{1}{6.567\,8} = 0.152\,5 - 0.152\,3 = 0.000\,2$$

即人民币汇率变动的绝对量为人民币对美元汇率上升了2个基本点。

14. 如何正确计算汇率变动率？

正确计算基准货币的汇率变动率和正确计算折算货币的汇率变动率应当使用不同的计算公式。

设 R_0 为已知基期汇率，R_1 为报告期汇率，$\Delta R'$ 为汇率变动率，则

基准货币的汇率变动率

$$\Delta R' = \frac{R_1 - R_0}{R_0} \times 100\% \tag{2-3}$$

折算货币的汇率变动率

$$\Delta R' = \frac{R_0 - R_1}{R_1} \times 100\% \tag{2-4}$$

例如,基期汇率为美元/人民币=1/6.570 0,报告期汇率为美元/人民币=1/6.500 0,则:

(1)美元汇率的变动率

$$\Delta R' = \frac{R_1 - R_0}{R_0} \times 100\% = \frac{6.500\ 0 - 6.570\ 0}{6.570\ 0} \times 100\% = \frac{-0.070\ 0}{6.570\ 0} \times 100\% = -1.07\%$$

即美元汇率变动率为下跌了1.07%;

(2)人民币汇率的变动率

$$\Delta R' = \frac{R_0 - R_1}{R_1} \times 100\% = \frac{6.570\ 0 - 6.500\ 0}{6.500\ 0} \times 100\% = \frac{0.070\ 0}{6.500\ 0} \times 100\% = 1.08\%$$

即人民币汇率变动率为上升了1.08%。

15. 计算汇率变动率时经常会出现什么错误?

在计算汇率变动率时,经常出现的错误是将外汇汇率的变动幅度与本币汇率的变动幅度相互混淆。比如,认为"外汇汇率上涨100%,即是本币汇率下跌100%",该错误之所以会经常出现,主要原因在于人们习惯思维定式的偏差,即从"外汇汇率上涨,即是本币汇率下跌"的正确结论,而"顺理成章"地得出"外汇汇率上涨的幅度,即是本币汇率下跌的幅度"的似是而非的错误判断,这属于"真理向前多走一步便成谬误"的错误类型。

例如,设R_0(期初的汇率)为1美元=5.7人民币元,R_t(期末的汇率)为1美元=8.7人民币元,则根据变动率的计算公式(2-3)有:

(1)美元对人民币汇率的变动幅度为

$$\frac{R_t - R_0}{R_0} \times 100\% = \frac{8.7 - 5.7}{5.7} \times 100\% = 52.6\%$$

即美元对人民币汇率上涨了52.6%;

(2)人民币对美元汇率的变动幅度为

$$\frac{\frac{1}{R_t} - \frac{1}{R_0}}{\frac{1}{R_0}} \times 100\% = \frac{\frac{1}{8.7} - \frac{1}{5.7}}{\frac{1}{5.7}} \times 100\% = -34.5\%$$

即人民币对美元汇率下跌了34.5%。

因此,认为人民币汇率下跌了52.6%,或者认为美元汇率上涨了34.5%,都是错误的。

可见,虽然外汇汇率的上涨等于本币汇率的下跌,但是外汇汇率上涨的幅度却一定不等于本币汇率下跌的幅度。在计算或者在描述汇率变动幅度时,一定要分清所要描述的究竟是甲国货币对乙国货币汇率的变动,还是乙国货币对甲国货币汇率的变动。

16. 什么是"单位美元"标价法?

"单位美元"标价法又称美元标价法,是在国际商业银行之间的外汇交易市场上,买卖美元时以美元为基准货币来表示各国货币的价格。世界各主要外汇市场银行间的交易,多数货币的汇率都是以美元为基准货币,即每1美元等于若干数额其他货币。美元以外的两种货币之间的汇率可通过各自货币与美元的汇率进行套算。美元标价法的出现,主要是因为美元在国际上处于主导地位,以及外汇银行和外汇交易商为了简化报价,方便交易所致。

17. 什么是"单位镑"标价法?

"单位镑"标价法又称非美元标价法,是以英镑、爱尔兰镑、澳元、新西兰元等货币为基础货币所表示的汇率,即每1英镑、每1爱尔兰镑、每1澳元、每1新西兰元等于若干数额美元的标价法。在国际金融市场上,用英镑、爱尔兰镑、澳元、新西兰元等货币作为基础货币对外报价是历史或习惯的原因造成的。

18. 汇率具有哪些职能?

汇率具有以下五项职能,其中前三项为汇率的基本职能,后两项为汇率的派生职能:
(1)汇率是不同国家货币之间兑换活动的折算标准;
(2)汇率是表现不同国家货币相对价值大小的尺度;
(3)汇率是不同国家市场上用各国货币表示的价格之间的转换器;
(4)汇率是调节各国国际收支活动的经济杠杆;
(5)汇率是各国对外经济运行状况的指示器。

19. 如何理解"汇率是不同国家货币之间兑换活动的折算标准"?

汇率作为两个不同国家货币之间兑换的数量比率,是不同国家货币之间兑换活动的折算率标准,有了这种折算标准,就能将不同名称、不同计算单位、不同价格标准的各国货币,按照一定的兑换比率进行相互折算,从而使国际汇兑能够顺利地进行。

20. 如何理解"汇率是表现不同国家货币相对价值大小的尺度"?

在同一种货币制度下,即从一国国内范围来看,货币只有通过自身购买力的变动来表现其价值,币值的变动与物价的变动呈反方向关系。当经济交往涉及不同的国别或不同的货币制度时,借助于外汇汇率,一国货币价值的大小就可以通过另一种方式,即与另一国货币交换的数量来得到表现,这样,外汇汇率就成为一种表现外国货币与本国货币相对价值大小的特殊度量标尺。因此,在汇率关系中,处于计价货币位置的货币,就是被用来作为表现处于单位货币位置的货币价值大小的材料,汇率由此可以被定义为"用一国货币表示的另一国货币的价格",准确地说,汇率"是用计价货币来表示的单位货币的价格"。同理,对于直接标价法下的外汇汇率,可以被定义为"用本国货币来表示的外国货币的价格",而对于间接标价法下的外汇汇率,则可以被定义为"用外国货币来表示的本国货币的价格"。比如,欧元/美元=1/1.101 1的汇率就是用美元来表示的欧元的价格,从中不难看出,单位欧元的价值比单位美元的价值要大,即1欧元的价值相当于1.101 1美元的价值。

21. 如何理解"汇率是不同国家市场上用各国货币表示的价格之间的转换器"?

通过本国货币与外国货币之间的汇率,可以把用本国货币表示的国内商品和劳务的价格,转换成用外国货币表示的价格;相反,也可以把用外国货币表示的外国商品和劳务的价格,转换成用本国货币表示的价格。这样,通过外汇汇率这一换算媒介,在本国的物价水平与外国的物价水平或与世界市场的价格水平之间就可以建立起某种联系,进而使相互之间的比较成为可能。比如,假定欧元对美元的汇率为1/1.101 1,某种品牌的轿车在美国市场的售价为35 000美元/辆,在德国市场的售价为31 000欧元/辆,该轿车在美国市场的销售价格是比在德国市场的销售价格昂贵呢,还是比在德国市场的销售价格便宜呢?解决这一问题,就要借助汇率这个"转换器"工具。如果用欧元价格来衡量,则35 000美元/辆的价格相当于31 786.4欧元/辆(35 000÷1.101 1=31 786.4),因此,该轿车在美国市场的销售价格比在德国市场的销售价格昂贵,差额为786.4欧元。如果用美元价格衡量,则31 000欧元/辆的价格相当于

34 134.1美元/辆(31 000×1.101 1=34 134.1),因此,该轿车在美国市场的销售价格比在德国市场的销售价格昂贵,差额为865.9美元。

22. 如何理解"汇率是调节各国国际收支活动的经济杠杆"?

如同工资是劳动力商品的"价格"、利息率是资本的"价格"一样,汇率是外国货币的"价格",作为"价格",其上、下变动自然会对相关的"供求"产生影响,因此,价格可以被用来充当调节供求关系的"杠杆"。汇率定得是否合理,是偏高还是偏低,往往会对一国的进出口贸易、生产布局、收入再分配、利率、货币供应、消费水平等产生直接的影响。例如:一国货币汇率的下降,就有利于该国商品的出口,而不利于进口;反之,一国货币汇率的上升,则有利于该国商品的进口,而不利于出口。因此,当前世界各国都把外汇汇率作为调节本国经济的一种经济杠杆,通过外汇汇率的制定和变动,来达到一定的经济政治目的。

23. 如何理解"汇率是各国对外经济运行状况的指示器"?

由于价格与供求是相互发生作用的,因此,从另一个方面来看,"价格"的变动往往也是"供求"变动的"晴雨表",因此汇率也常常被人们用作观察一国内、外部经济运行是否均衡、是否稳定的综合指标。一般说来,如果一国货币的汇率呈现持续上涨或呈现稳定的趋势状态,即是该国经济日趋繁荣的良好征兆;反之,则是该经济日趋衰退的不良表象。

第三节 汇率的常用分类与计算

本节的内容,将帮助您了解汇率和外汇汇率的常用种类,从而使您能够正确地进行汇率的计算与换算。

1. 汇率有哪些常用种类?

汇率的种类划分有多种方法,其中较为常用的类型有:
(1)依据银行买卖外汇的角度,可将汇率划分为买入价(汇率)、卖出价(汇率)、中间价(汇率)和现钞买入价(汇率);
(2)依据交割期的不同,可将汇率划分为即期汇率和远期汇率;
(3)依据换算的依据关系,可将汇率划分为挂牌汇率和套算汇率;
(4)依据某种经济分析的需要,可将汇率划分为名义汇率、实际汇率和有效汇率。

2. 什么是买入价(汇率)?

买入价是指在外汇交易中银行买入现汇外汇时所使用的交割结算汇率,同时亦是银行的交易对手卖出现汇外汇时所使用的交割结算汇率。

3. 什么是卖出价(汇率)?

卖出价是指在外汇交易中银行卖出现汇外汇和现钞外汇时所使用的交割结算汇率,同时亦是银行的交易对手买入现汇外汇和现钞外汇时所使用的交割结算汇率。

4. 什么是中间价(汇率)?

中间价是指银行买入价和银行卖出价的简单算术平均价,即中间价=(银行买入价+银行卖出价)÷2。

中间价通常在计算远期升、贴水率和套算汇率中使用,各国政府规定和公布的官方汇率以及经济理论著作中或者报道中出现的汇率一般也是中间价。有些银行同业之间买卖外汇也使用中间价,但更多的是使用银行同业汇率(inter-bank rate),由买卖双方共同商定成交价,一般比银行同客户的买卖差价要小。因此,在绝大多数情况下,中间价并不是外汇买卖业务中使用的实际成交价,而仅仅是核算参考价。

5. 什么是现钞买入价(汇率)?

现钞买入价是指在外汇交易中银行买入现钞外汇时所使用的交割结算汇率,同时亦是银行的交易对手卖出现钞外汇时所使用的交割结算汇率。

现钞买入汇率低于现汇买入汇率。这是因为:①在银行各种货币买卖中,现钞的交易量十分小,而其交易所负担的成本与银行间大宗交易的成本几乎相同;②要进行现钞交易,银行必须持有一定数量的各种货币的现钞,以便随时提供给客户,这些现钞是没有利息的,使银行承担了机会成本、储存成本及因各种货币汇率变动而产生的外汇风险;③银行贮存和运送现钞还需要承担运输费和保险费。因此,现钞买入价要比现汇买入价低,在实践中,其差幅通常在 2%～3% 之间。

6. 什么是汇率的双向报价法?

在一般的商品交易中,交易的报价方式采用的是单向报价法,即只报出卖出价格或只报出买入价格。卖出价格(selling price 或 offer price,在国际贸易结算中,将 offer price 称为"发盘")是由卖方报出的价格;买入价格(buying price 或 bid price,在国际贸易中,将 bid price 称为"递盘")是由买方报出的价格。交易要么是按照卖出价格成交,要么是按照买入价格成交,再不就是经过讨价还价(在国际贸易结算中,将之称为"还盘")之后,按照买卖双方妥协达成一致的价格成交。

在金融类的交易中,交易的报价方式则是采用双向报价法进行的,即交易的报价是由两个并且总是按照前小后大的次序排列的价格所组成的。前面小的价格称为买入价格,它是报价方(价格制定者)买入标的资产的报价,在不同的金融交易中有着不同的习惯称谓,在外汇交易中称为买入价或买入汇率,在信贷交易中称为借入利率或拆入利率,在互换交易中称为换入价或换入利率;后面大的价格称为卖出价格,它是报价方卖出标的资产的报价,在外汇交易中称为卖出价或卖出汇率,在信贷交易中称为贷出利率或拆放利率,在互换交易中称为换出价或换出利率。

例如,1998 年 10 月 9 日,某家银行报出的美元兑人民币的交易价格为 USD/CNY＝8.265 3/8.290 1 或简写成 USD/CNY＝8.265 3/901。(在书写汇价时,对于第一个汇价,要写出它的全部有效数字,而对于第二个汇价,习惯上把它与第一个汇价中相同的、前面的有效数字予以省略,只写出其与第一个汇价有差异的后面部分的有效数字。)

在此双向报价法中,处于基准货币地位的美元是买卖的标的物,前面小的 8.265 3 元人民币的价格是报价银行方买入 1 美元的买入报价,也即是受价方(价格的接受者,即报价银行的交易对手)卖出 1 美元的交易价格;后面大的 8.290 1 元人民币的价格是报价银行方卖出 1 美元的卖出报价,也即是受价方买入 1 美元的交易价格。同理,在信贷交易中,如果报价银行方报出的 5 年期人民币的利率为 5.25%/80,则:在该双向利率报价中,前面小的 5.25% 的利率就是报价银行方借(拆)入 5 年期人民币所将支付的利率,是受价方将 5 年期的人民币贷给该银行所能收到的存款利率;后面大的 5.80% 的利率就是报价银行方贷(拆)出 5 年期人民币所将收取的利率,是受价方从报价银行方手中借入 5 年期的人民币将要支付给报价银行方的贷款利率。其他类型的金融交易中的双向报价的原理皆与此相同。

7. 双向报价法在外汇交易中如何解读?

双向报价法运用在外汇交易中时,对于直接标价法下的外汇汇率而言,前面小的汇价就是报价银行方买入外汇的价格(也即是该银行的交易对手卖出外汇的价格,在国际贸易结算中,将外汇卖给银行的当事人通常是出口商,故该汇率亦被称为出口商汇率);后面大的汇价就是报价银行方卖出外汇的价格(也即是该银行的交易对手向该银行购买外汇的价格,在国际贸易结算中,向银行购买外汇的当事人通常是进口商,故该汇率亦被称为进口商汇率)。与此相反,对于间接标价法下的外汇汇率而言,前面小的汇价是报价银行方买入本币、卖出外币的外汇卖出价,后面大的汇价则是报价银行方卖出本币、买入外币的外汇买入价。此差异读者应予以注意,善于辨别。

例如,某日纽约外汇市场上,银行所挂出的欧元和英镑的汇价是

USD/EUR 0.810 0~0.812 0

GBP/USD 1.587 0~1.588 0

在欧元的汇价中,前面的数字为欧元的卖出汇率,即银行卖出 0.810 0 欧元收进 1 美元,后面的数字为欧元的买入汇率,即银行买入 0.812 0 欧元付出 1 美元,其间的买卖差价为每美元 0.002 0 欧元。而在英镑的牌价中,前面的数字为英镑的买入汇率,即银行买入 1 英镑付出 1.587 0 美元,后面的数字为卖出汇率,即银行卖出 1 英镑收进 1.588 0 美元,其间的买卖差价为每英镑 0.001 0 美元。

8. 双向报价法在非外汇汇率的条件下如何解读?

在无法知道或无须知道所给出的汇率是属于直接标价法还是属于间接标价法的条件下,可以比照直接标价法处理:前面小的价格称为买入价,它是报价方买入(受价方卖出)标的资产(基准货币)的汇率;后面大的价格称为卖出价,它是报价方卖出(受价方买入)标的资产(基准货币)的汇率。

例如,对于给定汇率 USD/EUR=0.821 0/30,美元是基准货币,欧元是折算货币。前面小的汇率金额 0.821 0 是报价方买入(受价方卖出)美元的汇率,即报价方买入 1 美元愿意支付 0.821 0 欧元;后面大的汇率金额 0.823 0 是报价方卖出(受价方买入)美元的汇率,即报价方卖出 1 美元愿意收取 0.823 0 欧元。在交易中,当事人是处于报价方的地位还是仅次于受价方的地位,应予以注意。

9. 买入价和卖出价之间的差额是如何表示的?

买入价和卖出价之间的差额就是银行买卖外汇的价差收益,也可以把它看成是银行从事外汇交易时,从交易对方手中收取的手续费用。价差通常有以下三种表示方法。

(1)直接以折算货币的单位来表示。在直接标价法下,卖出价−买入价=用折算货币(本币)单位所表示的差额;在间接标价法下,买入价−卖出价=用折算货币(外币)单位所表示的差额。

例如,USD/CNY=8.2653/901。美元兑人民币的价差为

$$8.290\ 1 - 8.265\ 3 = 0.024\ 8\ 元人民币$$

(2)以分数来表示。在直接标价法下,价差为 $\dfrac{卖出价-买入价}{买入价} \times 100\%$;在间接标价法下,

价差为 $\dfrac{买入价-卖出价}{卖出价}\times 100\%$。

仍以上例数字为例，美元兑人民币的价差为 $\dfrac{8.290\ 1-8.265\ 3}{8.265\ 3}\times 100\%=0.30\%$。

各国外汇买卖的价差一般为 $1‰\sim 5‰$，由于交易币种的不同和市场供求的变化，也有不在此范围之内的，如美元兑英镑的买卖差价一般为万分之五（$0.5‰$）。

(3)用点数来表示，即用"基本点"数表示。

仍以上例数字为例，美元兑人民币的价差为 $8.290\ 1-8.265\ 3=0.024\ 8$，即 248 点。

10. 什么是关键货币？

关键货币是指一国国际经济交往中使用最多、在其外汇储备中所占比重最大的可以自由兑换的外国货币。由于美元在国际支付中使用最多，美元便成为许多国家的"关键货币"。

11. 什么是基本汇率？

基本汇率（basic rate）是指一国的本国货币与关键货币之间的汇率。由于许多国家都把美元作为关键货币，因此，对于许多国家而言，其本国货币与美元之间的汇率，即是该国的基本汇率。在一国的外汇市场上，基本汇率必定是市场上的挂牌汇率。

12. 什么是套算汇率？

套算汇率是根据已挂牌的汇率换算出来的未挂牌的两个货币之间的汇率，它通常是根据基本汇率套算出来的本国货币与未挂牌的其他外国货币之间的汇率。

例如，根据美元兑人民币的挂牌汇率 USD $1=$ CNY $8.300\ 0$ 和日元兑美元的挂牌汇率 JPY $1=$ USD $0.009\ 5$，可以进一步换算出来人民币兑日元的汇率或者日元兑人民币的汇率。

13. 套算汇率是如何分类的？

套算汇率可以分为三种类型：①基准货币之间的套算；②折算货币之间的套算；③基准货币与折算货币之间的套算。

14. 什么是基准货币之间的套算？

基准货币之间的套算是指两个挂牌汇率中基准货币之间的套算。

例如，已知美元兑人民币的挂牌汇率和日元兑人民币的挂牌汇率，需要进一步换算出来的美元兑日元的汇率或者日元兑美元的汇率。

15. 怎样进行基准货币之间的套算？

基准货币之间的套算规则可以归纳为：交叉相除、新基为子、小大排列。

所谓"交叉相除"，是指分别用一个挂牌汇率中的买入价与另一个挂牌汇率中的卖出价之间相除所得到的商作为新的套算汇率的买入价和卖出价。

所谓"新基为子"，是指在分别用一个挂牌汇率中的买入价与另一个挂牌汇率中的卖出价之间进行交叉相除的操作时，将新的基准货币原先挂牌汇率的买入价和卖出价作为分子（被除数）使用。

所谓"小大排列"，是指将交叉相除所得到的最终计算结果按照前小后大的顺序排列。

基准货币之间套算的计算方法如下。

设 a_1、a_2 分别为 A 币/B 币挂牌汇率的买入价、卖出价，c_1、c_2 分别为 C 币/B 币挂牌汇率

的买入价、卖出价,则:

(1)A币/C币套算汇率的买入价/卖出价分别为

$$\left(\frac{a_1}{c_2}\right) \Big/ \left(\frac{a_2}{c_1}\right) \tag{2-5}$$

(2)C币/A币套算汇率的买入价/卖出价分别为

$$\left(\frac{c_1}{a_2}\right) \Big/ \left(\frac{c_2}{a_1}\right) \tag{2-6}$$

例如,GBP/USD=1.612 5/35,AUD/USD=0.712 0/30,求:

(1)GBP/AUD 的套算汇率;

(2)AUD/GBP 的套算汇率。

解:(1)GBP/AUD=(1.612 5/0.713 0)/(1.613 5/0.712 0)=2.261 6/2.266 2=2.261 6/62;

(2)AUD/GBP=(0.712 0/1.613 5)/(0.713 0/1.612 5)=0.441 3/0.442 2=0.441 3/22。

16. 什么是折算货币之间的套算?

折算货币之间的套算是指两个挂牌汇率中折算货币之间的套算。

例如,已知美元兑人民币的挂牌汇率和美元兑日元的挂牌汇率,需要进一步换算出来的人民币兑日元的汇率或者日元兑人民币的汇率。

17. 怎样进行折算货币之间的套算?

折算货币之间的套算规则可以归纳为:交叉相除、新基为母、小大排列。

所谓"交叉相除",是指分别用一个挂牌汇率中的买入价与另一个挂牌汇率中的卖出价之间相除所得到的商作为新的套算汇率的买入价和卖出价。

所谓"新基为母",是指在分别用一个挂牌汇率中的买入价与另一个挂牌汇率中的卖出价之间进行交叉相除的操作时,将新基准货币原先挂牌汇率的买入价和卖出价作为分母(除数)使用。

所谓"小大排列",是指将交叉相除所得到的最终计算结果按照前小后大的顺序排列。

折算货币之间套算的计算方法如下。

设 a_1、a_2 分别为 A币/B币挂牌汇率的买入价、卖出价,d_1、d_2 分别为 A币/D币挂牌汇率的买入价、卖出价,则:

(1)B币/D币套算汇率的买入价/卖出价分别为

$$\left(\frac{d_1}{a_2}\right) \Big/ \left(\frac{d_2}{a_1}\right) \tag{2-7}$$

(2)D币/B币套算汇率的买入价/卖出价分别为

$$\left(\frac{a_1}{d_2}\right) \Big/ \left(\frac{a_2}{d_1}\right) \tag{2-8}$$

例如,USD/DEM=1.842 1/28,USD/HKD=7.808 5/95,求:

(1)DEM/HKD 的套算汇率;

(2)HKD/DEM 的套算汇率。

解:(1)DEM/HKD=(7.808 5/1.842 8)/(7.809 5/1.842 1)=4.237 3/4.239 5=4.237 3/95;

(2)HKD/DEM=(1.842 1/7.809 5)/(1.842 8/7.808 5)=0.235 9/0.236 0=0.235 9/60。

18. 什么是基准货币与折算货币之间的套算?

基准货币与折算货币之间的套算是指挂牌汇率中的基准货币与另一个挂牌汇率中的折算

货币之间的套算。

例如,已知美元兑人民币的挂牌汇率和人民币兑日元的挂牌汇率,需要进一步换算出来的美元兑日元的汇率或者日元兑美元的汇率。

19. 怎样进行基准货币与折算货币之间的套算?

基准货币与折算货币之间的套算规则可以归纳为"同边相乘"和"同边相乘的倒数换位排列"。

所谓"同边相乘",是指当基准货币未变(新的基准货币在原先的挂牌汇率中也是基准货币)时,用挂牌汇率中的两个买入价相乘,将得到的乘积作为新的套算汇率的买入价,用挂牌汇率中的两个卖出价相乘,将得到的乘积作为新的套算汇率的卖出价。

所谓"同边相乘的倒数换位排列",是指当基准货币改变(挂牌汇率中的折算货币成为新的套算汇率中的基准货币)时,分别用挂牌汇率中两个买入价之间的乘积和两个卖出价之间的乘积作为除数去除1,并将得到的最终计算结果前后相互换位,按照前小后大的顺序排列。

基准货币与折算货币之间套算汇率的计算方法如下。

设 a_1、a_2 分别为 A 币/B 币挂牌汇率的买入价、卖出价,e_1、e_2 分别为 B 币/E 币挂牌汇率的买入价、卖出价,则:

(1) A 币/E 币套算汇率的买入价/卖出价分别为

$$(a_1 e_1)/(a_2 e_2) \tag{2-9}$$

(2) E 币/A 币套算汇率的买入价/卖出价分别为

$$\left(\frac{1}{a_2 e_2}\right)\Big/\left(\frac{1}{a_1 e_1}\right) \tag{2-10}$$

例如,AUD/USD=0.712 0/30,USD/DEM=1.845 0/60,求:

(1) AUD/DEM 的套算汇率;
(2) DEM/AUD 的套算汇率。

解:(1)基准货币未变 AUD/DEM =(0.712 0×1.845 0)/(0.713 0×1.846 0)
$$= 1.313\ 6/1.316\ 2 = 1.313\ 6/62;$$

(2)基准货币改变 DEM/AUD $= \dfrac{1}{(0.713\ 0 \times 1.846\ 0)} \Big/ \dfrac{1}{(0.712\ 0 \times 1.845\ 0)}$
$$= 0.759\ 8/0.761\ 2 = 0.759\ 8/612。$$

20. 什么是外汇即期交易和即期汇率?

外汇即期交易简称即期交易,是指需要在成交日后的 2 个银行营业日内完成货币交割行为的外汇交易。

即期汇率(spot rate)就是进行即期交易时所使用的交割结算汇率。外汇市场汇率和官方外汇牌价中凡未注明字样者,通常都是即期汇率。

21. 什么是外汇远期交易和远期汇率?

外汇远期交易简称远期交易,是指需要在从成交日后第 3 个银行营业日起算的未来的某个营业日完成货币交割的外汇交易。

远期汇率(forward rate)就是进行远期交易时所使用的交割结算汇率。

22. 什么是远期升水?

远期升水简称升水,是指远期汇率高于即期汇率的正差额,表示远期汇率比即期汇率昂贵。

23. 什么是远期贴水？

远期贴水简称贴水，是指远期汇率低于即期汇率的负差额，表示远期汇率比即期汇率便宜。

24. 什么是远期平价？

远期平价简称平价，是指远期汇率与即期汇率之间的零差额，表示远期汇率与即期汇率持平。

25. 什么是远期汇水？

远期汇水简称汇水，是升水和贴水的统称，是远期汇率与即期汇率之间的正差额或负差额，习惯上也将汇水称为远期差价或掉期率。

26. 什么是远期汇率的"差额标价法"或"点数标价法"？

在外汇交易实务中，报价银行通常只报出即期汇率和远期汇水，并不直接给出远期汇率，这便是所谓的远期汇率的"差额标价法"或"点数标价法"。因此，熟练地利用银行报出的即期汇率和远期汇水来计算相应的远期汇率，是计算远期汇率的基本技能。

27. 如何判断汇水是升水还是贴水？

在直接标价法下，银行报出的汇水如果呈现前小后大的顺序排列，则汇水为升水；银行报出的远期汇水如果呈现前大后小的顺序排列，则远期汇水为贴水。

在间接标价法下，银行报出的汇水如果呈现前小后大的顺序排列，则汇水为贴水；银行报出的远期汇水如果呈现前大后小的顺序排列，则远期汇水为升水。

在无从判断直接标价法或间接标价法的情况下，对汇水属性的判断应比照直接标价法来处理。

例如，即期汇率为 英镑/美元＝1.870 5/825
　　　　　远期差价（汇水）1 个月为 35/32；
　　　　　　　　　　　　3 个月为 86/89

则应将 1 个月的汇水 35/32 判断为贴水，将 3 个月的汇水 86/89 判断为升水。

28. 如何利用已知的即期汇率和汇水计算远期汇率？

（1）在直接标价法下，① 远期汇率＝即期汇率＋升水，在此情形下，要按照"前加小数、后加大数"的原则来计算远期外汇汇率，即分别用即期外汇汇率的买入价加上前面小的升水，用即期外汇汇率的卖出价加上后面大的升水，从而计算出相应远期外汇汇率的买入价和卖出价；② 远期汇率＝即期汇率－贴水，在此情形下，要按照"前减大数、后减小数"的原则来计算远期外汇汇率，即分别用即期外汇汇率的买入价减去前面大的贴水，用即期外汇汇率的卖出价减去后面小的贴水，从而计算出远期外汇汇率的买入价和卖出价。

（2）在间接标价法下，① 远期汇率＝即期汇率－升水，在此情形下，要按照"前减大数、后减小数"的原则来计算远期外汇汇率，即分别用即期外汇汇率的买出价减去前面大的升水，用即期外汇汇率的卖入价减去后面小的升水，从而计算出远期外汇汇率的买出价和卖入价；② 远期汇率＝即期汇率＋贴水，在此情形下，要按照"前加小数、后加大数"的原则来计算远期外汇汇率，即分别用即期外汇汇率的买出价加上前面小的贴水，用即期外汇汇率的卖入价加上后面大的贴水,从而计算出远期外汇汇率的卖出价和买入价。

在无从判断直接标价法或间接标价法的情况下,应比照直接标价法来处理。

例如,即期汇率为 英镑/美元＝1.870 5/825

远期差价(汇水)1 个月为 35/32;

3 个月为 86/89

比照直接标价法处理,将 1 个月的汇水 35/32 判断为贴水,将 3 个月的汇水 86/89 判断为升水,则

1 个月英镑/美元的远期汇率＝(1.870 5－0.003 5)/(1.882 5－0.003 2)

＝1.867 0/1.879 3＝1.867 0/793

3 个月英镑/美元的远期汇率＝(1.870 5＋0.008 6)/(1.882 5＋0.008 9)

＝1.879 1/1.891 4＝1.879 1/914

29. 什么是名义汇率?

名义汇率(normal exchange rate),是指在外汇市场上挂牌报出的交易汇率。各外汇银行和各种传媒所报道的汇率通常都是名义汇率。

30. 什么是实际汇率?

实际汇率(real exchange rate),也称为真实汇率,是指对名义汇率进行调整,剔除了物价变动影响之后的汇率。在经济分析活动中,当碰到需要将物价变动的影响予以剔除的时候,就需要对名义变量进行某种调整,经调整得到的结果即为实际变量,如实际工资、实际收入、实际货币需求量、实际利率等。同理,对名义汇率进行某种调整,剔除物价变动对汇率变动的影响所得到的结果,即为实际汇率。

31. 什么是实际汇率的基本计算公式?

设:

R_A、R_a 分别代表甲国货币对乙国货币的名义汇率和实际汇率;

R_B、R_b 分别代表乙国货币对甲国货币的名义汇率和实际汇率;

P_A、P_B 分别代表甲国的物价指数和乙国的物价指数;

I_A、I_B 分别代表甲国的通货膨胀率和乙国的通货膨胀率。

根据名义汇率及实际汇率的定义,可得以下公式:

$$R_B = \frac{1}{R_A} \tag{2-11}$$

$$R_a = R_A \cdot \frac{P_B}{P_A} = R_A \cdot \frac{1+I_B}{1+I_A} \tag{2-12}$$

$$R_b = R_B \cdot \frac{P_A}{P_B} = \frac{1}{R_A} \cdot \frac{P_A}{P_B} = \frac{1}{R_A} \cdot \frac{1+I_A}{1+I_B} \tag{2-13}$$

其中,公式(2-12)为实际汇率的基本计算公式,可用文字描述为:甲国货币兑乙国货币的实际汇率等于甲国货币兑乙国货币的名义汇率与乙国物价指数除以甲国物价指数之商的乘积。因为实际汇率有其他变化公式,因此,在未作其他说明的情况下,应当首先选用该公式计算实际汇率。

例如,设美元兑人民币的名义汇率 R_A 为 1∶8.7,报告期美国的通货膨胀率 I_A 为 15%,中国的通货膨胀率 I_B 为 8%,则根据公式(2-11),人民币兑美元的名义汇率 R_B 为

$$1\text{人民币} = \frac{1}{8.7}\text{美元} = 0.114\ 9\text{美元}$$

根据公式(2-12),美元兑人民币的实际汇率 R_a 为

$$1\text{美元} = 8.7 \times \frac{1+8\%}{1+15\%}\text{人民币元} = 8.170\ 4\text{人民币元}$$

根据公式(2-13),人民币兑美元的实际汇率 R_b 为

$$1\text{人民币元} = \frac{1}{8.7} \times \frac{1+15\%}{1+8\%}\text{美元} = 0.122\ 4\text{美元}$$

32. 计算实际汇率时,通常会出现哪些错误?

(1)将计算实际汇率方法与计算实际利率方法相混同,直接用名义汇率减去通货膨胀率来计算实际汇率。

(2)将物价指数与通货膨胀率相混淆,未将通货膨胀率还原为物价指数,直接使用通货膨胀率来计算实际汇率。

(3)将甲国货币对乙国货币的名义汇率(R_A)与乙国货币对甲国货币的名义汇率(R_B)相混淆。

(4)将基准货币国的物价指数(或通货膨胀率)与折算货币国的物价指数(或通货膨胀率)换错位置。

33. 在计算实际汇率时,为什么不能直接用名义汇率减去通货膨胀率的方法来计算实际汇率?

在计算实际汇率时,如果直接用名义汇率减去通货膨胀率的方法来计算实际汇率,就会犯把计算实际汇率的方法与计算实际利率的方法相混同的错误。

仍以上例为例,以下的计算均为错误的计算:

R_a 为

$$1\text{美元} = (8.7 - 8\%)\text{人民币元} = 8.62\text{人民币元}$$

或

$$1\text{美元} = (8.7 - 15\%)\text{人民币元} = 8.55\text{人民币元}$$

R_b 为

$$1\text{人民币元} = \left(\frac{1}{8.7} - 15\%\right)\text{美元} = 0.035\ 1\text{美元}$$

或

$$1\text{人民币元} = \left(\frac{1}{8.7} - 8\%\right)\text{美元} = 0.034\ 9\text{美元}$$

出现此错误的原因在于不了解各个经济变量的内在属性是不同的,消除物价变动对不同名义变量的影响采取的方式方法也并不完全一样。基于实际利率等于名义利率减去通货膨胀率,或者名义利率等于实际利率加上通货膨胀率的实际利率计算方法已为社会大众所熟知,不明就里的人就会由此产生联想,认为实际汇率的计算也是如此,实际汇率也等于名义汇率减去通货膨胀率,或者名义汇率等于实际汇率加上通货膨胀率,从而直接用名义汇率减去通货膨胀率来计算实际汇率,产生出将计算实际汇率方法与计算实际利率方法相混同的错误。

34. 在计算实际汇率时,为什么要把通货膨胀率还原为物价指数,而不能直接使用通货膨胀率来计算实际汇率?

在计算实际汇率时,未把通货膨胀率还原为物价指数而直接使用通货膨胀率来计算实际汇率,把通货膨胀率与物价指数相混同也是目前出版的许多国际金融教材中常见的错误。

物价指数与通货膨胀率虽然均是人们用来测算物价水平变动的两个指标,但两者是两个既有联系又不相同的概念。前者是指报告期的物价与基期的物价之比,所反映的内容是物价变动的倍数关系,用公式表达为 $P=\dfrac{P_t}{P_0}$;后者是指物价的变动量与基期物价之比,所反映的内容是物价变动的幅度,用公式表达为 $I=\dfrac{\Delta P}{P_0}\times 100\%=\dfrac{P_t-P_0}{P_0}\times 100\%$。因此,物价指数与通货膨胀率之间的关系为 $I=P-1$ 或者 $P=I+1$。

在实际汇率的具体计算中,可以直接使用物价指数,但不能直接使用通货膨胀率,需要将通货膨胀率调整还原为物价指数(即给通货膨胀率加上1)后,方可代入算式进行计算。之所以要如此规定,是因为当报告期的物价水平与基期的物价水平持平(即物价水平没有发生变动)时,通货膨胀率为零。如果直接使用通货膨胀率进行计算,将会得出实际汇率为零的不合理的结论。而如果使用的是物价指数,那么即使是在通货膨胀率为零的情形下(此时物价指数为1),仍然可以保证实际汇率的计算公式是有意义的。因此,在计算实际汇率时,正确的计算公式为 $R_a=R_A\cdot\dfrac{P_B}{P_A}=R_A\cdot\dfrac{1+I_B}{1+I_A}$,错误的计算公式为 $R_a=R_A\cdot\dfrac{I_B}{I_A}$。

35. 在计算实际汇率时,为什么要留意甲国货币对乙国货币的名义汇率(R_A)与乙国货币对甲国货币的名义汇率(R_B)的区别?

在计算实际汇率时,如果不留意甲国货币对乙国货币的名义汇率(R_A)与乙国货币对甲国货币的名义汇率(R_B)的区别,常常会导致计算错误的发生。

在计算实际汇率时,名义汇率的标价法必须与所要计算的实际汇率的标价法保持一致,如果计算甲国货币对乙国货币的实际汇率,就要直接使用甲国货币对乙国货币的名义汇率。换言之,计算直接标价法下的实际汇率,就要直接使用直接标价法的名义汇率;计算间接标价法下的实际汇率,就要直接使用间接标价法的名义汇率。

仍以上例为例,以下的计算为错误的计算:

人民币兑美元的实际汇率 R_b 为 1 人民币元 $=8.7\times\dfrac{1+15\%}{1+8\%}$ 美元 $=9.2639$ 美元。

36. 在计算实际汇率时,为什么要留意基准货币国物价指数(或通货膨胀率)与折算货币国物价指数(或通货膨胀率)的区别?

在计算实际汇率时,如果不留意基准货币国物价指数(或通货膨胀率)与折算货币国物价指数(或通货膨胀率)的区别,常常会导致计算错误的发生。

在计算实际汇率时,折算货币国的物价指数应当作为分子使用,基准货币国的物价指数应当作为分母使用。换言之,在直接标价法下,本国的物价指数应当作为分子使用,外国的物价指数应当作为分母使用;在间接标价法下,外国的物价指数应当作为分子使用,本国的物价指数应当作为分母使用。

仍以上例为例,以下的计算为错误的计算:

美元兑人民币的实际汇率 R_a 为 1 美元 $=8.7\times\dfrac{1+15\%}{1+8\%}$ 人民币元 $=9.2639$ 人民币元;

人民币兑美元的实际汇率 R_b 为 1 人民币元 $=\dfrac{1}{8.7}\times\dfrac{1+8\%}{1+15\%}$ 美元 $=0.1079$ 美元。

37. 什么是"无效汇率"?

在外汇市场上,一国货币价值的升降对于不同的货币来说是不一样的,当一国货币对某种外币的汇率上升时,它对另一种外币的汇率却可能下降。即便同是上升或同是下降,但上升的幅度或下降的幅度也会有所不同。在这种情况下,如果仅仅使用单一的汇率,即仅仅使用本国货币与某一种外国货币的汇率变动,来反映本国货币汇率对外的总体变动状况,其结果就会因为所选择的参照汇率的不同而得出不同的,甚至是相反的结论,从而使得出的结果失去公正性。换言之,在考察一国货币对外价值总体变动趋势时,单一的、两两对比的汇率便是"无效汇率"。

38. 什么是有效汇率?

有效汇率(effective exchange rate)是指考察一国货币对外价值总体变动趋势时所使用的某种加权平均汇率,即一国货币对经过挑选出来的一组外国货币汇率的加权平均数,用于反映一国货币对该组外国货币汇率总体平均值的变化情况。这些挑选出来的样本货币通常是在本国对外经济交往中占有重要地位的货币。

39. 什么是贸易加权有效汇率?

贸易加权有效汇率(trade weighted rate),是以各样本货币国对本国的贸易额占本国对外贸易总额的比重为权数计算出来的有效汇率。

目前,国际货币基金组织定期公布17个工业发达国家的若干种有效汇率指数(即报告期的有效汇率与基期有效汇率之比),包括贸易、劳动力成本、消费物价、批发物价等为权数的经过加权平均得出的不同类型的有效汇率指数。其中,以贸易量比重为权数计算的有效汇率,即是贸易有效汇率,贸易有效汇率是用来反映一国在国际贸易中的总体竞争力和该国货币对外价值总体波动状况的指标。

40. 如何计算贸易加权有效汇率?

贸易加权有效汇率的计算公式是 $EER = \sum_{i=1}^{n} E_i W_i$。式中:EER 表示甲国货币的贸易加权有效汇率;$E$ 表示甲国货币对样本货币的名义汇率;W 表示甲国对样本货币国的进出口贸易额占甲国进出口贸易总额的比重;n 表示样本货币的总数;i 表示样本货币的序号。

设甲国货币贸易加权有效汇率的相关信息如表 2-1 所示。

表 2-1 贸易加权有效汇率计算示意表

样本货币国 ($n=5$)		甲国货币对样本货币的名义汇率 (E)		甲国对样本货币国的进出口贸易额占甲国进出口贸易总额的比重(W)	
序号(i)	国别				
1	德国	E_1	1.955 83	W_1	0.30
2	法国	E_2	6.559 57	W_2	0.25
3	意大利	E_3	1 936.27	W_3	0.20
4	西班牙	E_4	166.386	W_4	0.18
5	荷兰	E_5	2.203 71	W_5	0.07

将表 2-1 中的有关数据代入公式 $EER = \sum_{i=1}^{n} E_i W_i$,得

甲国货币的贸易加权有效汇率 $= E_1 W_1 + E_2 W_2 + E_3 W_3 + E_4 W_4 + E_5 W_5 = (1.955\ 83 \times 0.30) + (6.559\ 57 \times 0.25) + (1\ 936.27 \times 0.20) + (166.386 \times 0.18) + (2.203\ 71 \times 0.07) =$

0.586 75＋1.639 89＋387.254＋29.949 5＋0.154 26＝419.584 4

经过一段时间以后，如果该有效汇率上升了，则表示甲国在国际贸易中的总体竞争力和甲国货币总体的对外价值上升了；反之，则表示甲国在国际贸易中的总体竞争力和甲国货币总体的对外价值下降了。样本货币的选择是否合理、基期与报告期的选择是否合理、名义汇率的变动、加权权数比重的变动等因素，均会对有效汇率的计算及其合理性产生影响。

41. 什么是出口加权有效汇率？

如果对贸易加权有效汇率的计算公式 $EER = \sum_{i=1}^{n} E_i W_i$ 中的 W 加以改动，将其定义为甲国对样本货币国的出口贸易额占甲国出口贸易总额的比重，其余各项保持不变，则计算得到的结果即为甲国货币的出口加权有效汇率。

42. 什么是进口加权有效汇率？

如果对贸易加权有效汇率的计算公式 $EER = \sum_{i=1}^{n} E_i W_i$ 中的 W 加以改动，将其定义为甲国对样本货币国的进口贸易额占甲国进口贸易总额的比重，其余各项保持不变，则计算得到的结果即为甲国货币的进口加权有效汇率。

第四节　即期汇率、远期汇率在进出口报价中的应用

本节的内容，将帮助您了解即期汇率、远期汇率在进出口报价中的基本应用。

1. 直接标价法的外汇汇率如何与间接标价法的外汇汇率相互换算？

在进行汇率的有关计算时，常常需要把给定的直接标价法表示的外汇汇率换算成间接标价法表示的外汇汇率，或是相反，需要把给定的间接标价法表示的外汇汇率换算成直接标价法表示的外汇汇率。两者之间的换算关系是互为倒数的关系。

设 R_F、R_D 分别代表直接标价法和间接标价法的外汇汇率，R_{F1}、R_{F2} 分别代表直接标价法的外汇买入汇率和卖出汇率，R_{D1}、R_{D2} 分别代表间接标价法的外汇卖出汇率和买入汇率，则根据汇率的定义，可得以下换算公式：

$$R_F = \frac{1}{R_D} \quad 或 \quad R_D = \frac{1}{R_F} \tag{2-14}$$

$$R_F = R_{F1}/R_{F2} = \frac{1}{R_{D2}} \Big/ \frac{1}{R_{D1}} \tag{2-15}$$

$$R_D = R_{D1}/R_{D2} = \frac{1}{R_{F2}} \Big/ \frac{1}{R_{F1}} \tag{2-16}$$

例如，根据 USD/CNY＝8.265 3/901，可得 CNY/USD＝$\frac{1}{8.290\ 1} \Big/ \frac{1}{8.265\ 3}$＝0.120 6/0.121 0＝0.120 6/10。

2. 即期汇率在进出口报价应用中应当遵循哪些原则？

由于汇率的买入价与卖出价之间一般存在着 0.1%～0.5% 的差幅，因此，在国际贸易中，如果进出口商在对外报价时，不能正确、合理地运用汇率的买入价与卖出价，就会遭受不应有

的损失。为了避免这些损失,应当注意遵循以下折算原则。

(1)将本币报价改为外币报价时,应该使用买入价进行折算。

例如,某港商出口机床的原报价为 100 000 港元/台,现在外国进口商要求改用美元向其报价,如果查询当日美元对港元的汇率为 7.789 0/910,则该出口商应使用美元兑港元的买入价将港元原报价折算成 100 000 港元/台÷7.789 0 港元/美元=12 838.62 美元/台对外报出。如果使用卖出价折算,则只能报出 100 000 港元/台÷7.791 0 港元/美元=128 35.32 美元/台。出口商将本币报价折成外币报价应使用买入价折算的道理在于:出口商原来收取的是本币,现在改为收取外币,则需要将所收取的外币卖给银行,换回的本币金额至少不能少于原来所能收取的本币金额,出口商卖出外币,即为银行买入外币,因此应当使用买入价来折算。

(2)将外币报价改为本币报价时,应该使用卖出价进行折算。

例如,香港某服装厂商生产每套西装的原报价为 100 美元/套,现在外国进口商要求改用港元对其报价,如果汇率水平同上例,则该服装厂商应当使用美元兑港元的卖出价将 100 美元/套的原报价折算成 100 美元/套×7.791 0 港元/美元=779.1 港元/套对外报出。如果使用买入价折算,则仅能报 778.9 港元/套。出口商将外币报价折成本币报价应当使用卖出价折算的道理在于:出口商原来收取的是外币,现在改为收取本币,则需要用所收取的本币向银行购买外币,换回的外币金额至少不能少于原来所能收取的外币金额,出口商买入外币,即为银行卖出外币,因此应当使用卖出价来折算。

(3)用一种外币报价改为用另一种外币报价时,应当使用国际外汇市场的牌价来折算。

在使用国际外汇市场的牌价来折算时,均应把外汇市场所在国家的货币视为本币。如果报价的改动属于将外币报价改为本币报价的类型,则应使用卖出价进行折算;如果报价的改动属于将本币报价改为外币报价的类型,则应使用买入价进行折算。

例如,×年×月×日,苏黎世外汇市场美元兑瑞士法郎的牌价为 4.435 0/550,同日纽约外汇市场美元兑瑞士法郎的牌价为 4.440 0/50,则美元与瑞士法郎相互折算的方法如下。①根据苏黎世外汇市场的牌价:1 美元折合 4.455 0 瑞士法郎(1×4.455 0=4.455 0),1 瑞士法郎折合 0.225 5美元(1÷4.435 0=0.225 5)。②根据纽约外汇市场的牌价:1 瑞士法郎折合 0.225 2 美元(1÷4.440 0=0.225 2),1 美元折合 4.445 0 瑞士法郎(1×4.445 0=4.445 0)。

上述买入价、卖出价的折算原则,不仅适用于即期汇率,也同样适用于远期汇率。买入价与卖出价的换算运用是一个外贸工作者应当掌握的一项基本技能,在实际业务中,需要结合具体情况加以灵活运用。例如,如果出口商品的竞争能力较差、库存较多、款式陈旧而市场又较呆滞,这时出口报价也可以使用中间价进行折算,甚至还可以给进口商适当的折让,以便扩大商品销售。

3. 如何计算远期升(贴)水年率?

为了便于同汇率所涉及的两国的利率差异相比较,通常需要把远期升(贴)水换算成年率来表示。

远期升(贴)水年率=(远期汇率−即期汇率)÷即期汇率×(12/远期合约期限)×100%。

例如,设英镑/美元的即期汇率(中间价)=1/1.533 5,3 个月英镑/美元的远期汇率(中间价)=1/1.522 5,则英镑/美元 3 个月的升(贴)水年率为

$$(1.522\ 5-1.533\ 5)\div 1.533\ 5\times 12/3\times 100\% = -2.87\%$$

4. 如何将已知的甲国货币兑乙国货币的远期汇水，换算成乙国货币兑甲国货币的远期汇水？

设：

P_1、P_2 分别代表甲国货币兑乙国货币的远期买入汇水和远期卖出汇水；

P_1^*、P_2^* 分别代表乙国货币兑甲国货币的远期买入汇水和远期卖出汇水；

S_1、S_2 分别代表甲国货币兑乙国货币的即期买入汇率和卖出汇率；

F_1、F_2 分别代表甲国货币兑乙国货币的远期买入汇率和卖出汇率。

则有如下换算公式：

$$P_1^* = \frac{P_2}{S_2 \times F_2} \tag{2-17}$$

$$P_2^* = \frac{P_1}{S_1 \times F_1} \tag{2-18}$$

例如，已知纽约外汇市场，美元/瑞士法郎的即期汇率为 1.603 0/40，3 个月远期汇水为 140/135。求：瑞士法郎/美元 3 个月远期汇水。

$$P_1^* = \frac{P_2}{S_2 \times F_2} = \frac{0.013\ 5}{1.604\ 0 \times (1.604\ 0 - 0.013\ 5)} = \frac{0.013\ 5}{1.604\ 0 \times 1.590\ 5} = 0.005\ 3$$

$$P_2^* = \frac{P_1}{S_1 \times F_1} = \frac{0.014\ 0}{1.603\ 0 \times (1.603\ 0 - 0.014\ 0)} = \frac{0.014\ 0}{1.603\ 0 \times 1.589\ 0} = 0.005\ 5$$

瑞士法郎/美元的 3 个月远期汇水为升水，升水额为 53/55。

5. 如何利用远期汇率测算延期收款的最低报价标准？

远期汇率有升水的货币即为升值货币，有贴水的货币即为贬值货币。在出口贸易中，国外进口商在延期付款的条件下，进口商如果要求出口商改用贴水货币报价，出口商应按贴水后的远期汇率报出，以避免贴水的损失。

例如：某日本的出口公司向美国出口机床，原先按照即期付款条件成交，出口报价为 2 000 美元/台，现美国进口商要求该日本公司改用瑞士法郎报价，并于货物发运后 3 个月付款，日本公司应如何报出新的价格？

处理此问题的程序如下。

(1) 查阅当日纽约外汇市场的汇价行情。纽约外汇市场，美元/瑞士法郎的即期汇率为 1.603 0/40，3 个月远期汇水为 140/135。

(2) 计算美元兑瑞士法郎的 3 个月远期汇率，得

美元/瑞士法郎 = (1.603 0 − 0.014 0)/(1.604 0 − 0.013 5) = 1.589 0/1.590 5

(3) 考虑到 3 个月后方能收款，应当将 3 个月后瑞士法郎贴水的损失加在货价上。

(4) 考虑到根据纽约外汇市场汇价行情来套算，应将美元视为本币，将瑞士法郎视为外币，根据本币报价改外币报价应当使用买入价折算的原则，瑞士法郎的新报价＝美元的原报价×3 个月期美元/瑞士法郎的远期买入汇率，即 2 000 美元/台×1.590 5 瑞士法郎/美元＝3 181 瑞士法郎/台。

6. 如何利用贴水年率，作为测算延期收款条件下的最低报价标准？

如果出口商品原来是用硬(升水)币报价的，后应国外进口商的要求改用软(贴水)币报价，则出口商还可以利用贴水年率进行折算，将贴水损失加到报价中去，以避免不必要的损失。

例如:某食品公司冻猪肉出口的原报价为 1 150 英镑/吨,该笔业务从成交到收汇需要 6 个月的时间,现应客户的请求改用瑞士法郎报价,该公司应报多少瑞士法郎/吨?

处理此问题的程序如下。

(1)查阅当日伦敦外汇市场的汇价行情。即期汇率英镑/瑞士法郎＝9.454 5/75,6 个月的远期汇水折合年率为 3.17％。

(2)将每吨冻猪肉的英镑价换算为瑞士法郎价。因为根据伦敦外汇市场的汇价行情计算,所以应将英镑视为本币,将瑞士法郎视为外币。根据本币折算外币应使用买入价的原则,每吨冻猪肉的瑞士法郎价应为

$$1\ 150\ 英镑/吨 \times 9.457\ 5\ 瑞士法郎/英镑 = 10\ 876.125\ 瑞士法郎/吨$$

(3)由于该笔业务从成交到收汇需要 6 个月,而在这 6 个月内瑞士法郎对英镑贴水(贬值),其贴水年率为 3.17％,把该年率折算为 6 个月的贴水率,则为

$$3.17\% \times (6 \div 12) = 1.585\%$$

(4)将 6 个月瑞士法郎对英镑的贴水率 1.585％附加于货价之上,以抵补瑞士法郎在 6 个月内价值下降的损失,则改用瑞士法郎最终报出的价格应为

$$10\ 876.125\ 瑞士法郎/吨 \times (1 + 1.585\%) = 11\ 048.511\ 瑞士法郎/吨$$

7. 在一软一硬两种货币的进口报价中,如何利用远期汇率作为确定接受软货(贴水货币)最高加价幅度的根据？

在进口业务中,如果从合同签订到外汇付出大约需要一段时间,国外出口商如果分别以升水货币、贴水货币两种货币报价,则其以软币报价的加价幅度,不能超过该货币与相应货币的远期汇率,否则,进口商应接受升水货币的报价。

例如,某个进口公司准备从瑞士进口机械零件,3 个月后付款,每个零件瑞士出口商的报价原为 100 瑞士法郎,现在进口商要求瑞士出口商改用美元报价。如果当日苏黎世外汇市场美元兑瑞士法郎即期汇率的中间价为 2.000 0 瑞士法郎,3 个月远期汇率的中间价为 1.950 0 瑞士法郎,则该进口商可以接受的用美元报价的最高水平不能超过瑞士法郎对美元的 3 个月的远期汇率水平,即 100 瑞士法郎÷1.950 0 瑞士法郎/美元＝51.28 美元。如果超过该水平,进口商不能接受此报价,而应接受原来每个零件 100 瑞士法郎的报价。因为如果接受瑞士法郎硬币报价后,作为套期保值的措施,可以立即与银行进行 3 个月期的买入瑞士法郎的外汇远期交易,以防止瑞士法郎上涨的损失,其成本不会超过 51.28 美元。

知识链接

知识链接 2-1　2008 年版《中华人民共和国外汇管理条例》节选

第三条　本条例所称外汇,是指下列以外币表示的可以用作国际清偿的支付手段和资产：

(一)外币现钞,包括纸币、铸币；

(二)外币支付凭证或者支付工具,包括票据、银行存款凭证、银行卡等；

(三)外币有价证券,包括债券、股票等；

(四)特别提款权；

(五)其他外汇资产。

知识链接 2-2　世界各国(地区)的货币名称及符号

亚洲

国别	货币名称		货币符号	
	中文	英文	原有旧符号	标准符号
中国香港	港元	HongKong Dollars	HK$	HKD
中国澳门	澳门元	Macao Pataca	PAT.；P.	MOP
中国台湾	中国台湾元	TAIWAN,CHINA DOLLAR		TWD
中国	人民币元	Renminbi Yuan	RMB¥	CNY
朝鲜	圆	Korean Won		KPW
越南	越南盾	Vietnamese Dong	D.	VND
日本	日元	Japanese Yen	¥;J.¥	JPY
老挝	基普	Laotian Kip	K.	LAK
柬埔寨	瑞尔	Camboddian Riel	CR.；J Ri.	KHR
菲律宾	菲律宾比索	Philippine Peso	Ph. Pes.；Phil. P.	PHP
马来西亚	马元	Malaysian Dollar	M.$；Mal.$	MYR
新加坡	新加坡元	Ssingapore Dollar	S.$	SGD
泰国	泰铢	Thai Baht (Thai Tical)	BT.；Tc.	THP
缅甸	缅元	Burmese Kyat	K.	BUK
斯里兰卡	斯里兰卡卢比	Sri Lanka Rupee	S. Re.（复数；S. Rs.）	LKR
马尔代夫	马尔代夫卢比	Maldives Rupee	M. R. R；MAL. Rs.	MVR
印度尼西亚	盾	Indonesian Rupiah	Rps.	IDR
巴基斯坦	巴基斯坦卢比	Pakistan Pupee	Pak. Re.；P. Re.（复数；P. Rs.）	PRK
印度	卢比	Indian Rupee	Re.（复数；Rs.）	INR
尼泊尔	尼泊尔卢比	Nepalese Rupee	N. Re.（复数；N. Rs.）	NPR
阿富汗	阿富汗尼	Afghani	Af.	AFA
伊朗	伊朗里亚尔	Iranian Rial	RI.	IRR
伊拉克	伊拉克第纳尔	Iraqi Dinar	ID	IQD
叙利亚	叙利亚镑	Syrian Pound	£.Syr.；£.S.	SYP
黎巴嫩	黎巴嫩镑	Lebanese Pound	£L.	LBP

续表

国别	货币名称		货币符号	
	中文	英文	原有旧符号	标准符号
约旦	约旦第纳尔	Jordanian Dinar	J. D.；J. Dr.	JOD
沙特阿拉伯	亚尔	Saudi Arabian Riyal	S. A. Rls.；S. R.	SAR
科威特	科威特第纳尔	Kuwaiti Dinar	K. D.	KWD
巴林	巴林第纳尔	Bahrain Dinar	BD.	BHD
卡塔尔	卡塔尔里亚尔	Qatar Riyal	QR.	QAR
阿曼	阿曼里亚尔	Oman Riyal	RO.	OMR
阿拉伯也门	也门里亚尔	Yemeni Riyal	YRL.	YER
民主也门	也门第纳尔	Yemeni Dinar	YD.	YDD
土耳其	土耳其镑	Turkish Pound (Turkish Lira)	£T.（TL.）	TRL
塞浦路斯	塞浦路斯镑	Cyprus Pound	£C.	CYP

欧洲

国别	货币名称		货币符号	
	中文	英文	原有旧符号	标准符号
欧洲货币联盟	欧元	Euro	EUR	EUR
冰岛	冰岛克朗	Icelandic Krona	I. Kr.	ISK
丹麦	丹麦克朗	Danish Krona(复数；Kronur)	D. Kr.	DKK
挪威	挪威克朗	Norwegian Krone(复数；Kronur)	N. Kr.	NOK
瑞典	瑞典克朗	Swedish Krona(复数；Kronor)	S. Kr.	SEK
芬兰	芬兰马克	Finnish Markka (or Mark)	MK.；FM.；FK.；FMK.	FIM
俄罗斯	卢布	Russian Ruble (or Rouble)	Rbs. Rbl.	SUR
波兰	兹罗提	Polish Zloty	ZL.	PLZ
捷克和斯洛伐克	捷克克朗	Czechish Koruna	Kcs.；Cz. Kr.	CSK
匈牙利	福林	Hungarian Forint	FT.	HUF
德国	马克	Deutsche Mark	DM.	DEM
奥地利	奥地利先令	Austrian Schilling	Sch.	ATS
瑞士	瑞士法郎	Swiss Franc	SF.；SFR.	CHF
荷兰	荷兰盾	Dutch Guilder(or Florin)	Gs.；Fl.；Dfl.；Hfl.；fl.	NLG
比利时	比利时法郎	Belgian Franc	Bi.；B. Fr.；B. Fc.	BEF
卢森堡	卢森堡法郎	Luxembourg Franc	Lux. F.	LUF
英国	英镑	Pound, Sterling	£；£ Stg.	GBP
爱尔兰	爱尔兰镑	Irish pound	£. Ir.	IEP
法国	法郎	French Franc	F. F.；Fr. Fc.	FRF
西班牙	比塞塔	Spanish Peseta	Pts.；Pes.	ESP

续表

国别	货币名称		货币符号	
	中文	英文	原有旧符号	标准符号
葡萄牙	埃斯库多	Portuguese Escudo	ESC.	PTE＊＊
意大利	里拉	Italian Lira	Lit.	ITL
马耳他	马耳他镑	Maltess Pound	£.M.	MTP
南斯拉夫	南斯拉夫新第纳尔	Yugoslav Dinar	Din. Dr.	YUD
罗马尼亚	列伊	Rumanian Leu(复数:Leva)	L.	ROL
保加利亚	列弗	Bulgarian Lev(复数:Lei)	Lev.	BGL
阿尔巴尼亚	列克	Albanian Lek	Af.	ALL
希腊	德拉马克	Greek Drachma	Dr.	GRD

美洲

国别	货币名称		货币符号	
	中文	英文	原有旧符号	标准符号
加拿大	加元	Canadian Dollar	Can. $	CAD
美国	美元	U.S. Dollar	U.S. $	USD
墨西哥	墨西哥比索	Mexican Peso	Mex. $	MXP
危地马拉	格查尔	Quatemalan Quetzal	Q	GTQ
萨尔瓦多	萨尔瓦多科朗	Salvadoran Colon	¢	SVC
洪都拉斯	伦皮拉	Honduran Lempira	L.	HNL
尼加拉瓜	科多巴	Nicaraguan Cordoba	CS	NIC
哥斯达黎加	哥斯达黎加科朗	Costa Rican Colon	¢	CRC
巴拿马	巴拿马巴波亚	Panamanian Balboa	B.	PAB
古巴	古巴比索	Cuban Peso	Cu. Pes.	CUP
巴哈马联邦	巴哈马元	Bahaman Dollar	B. $	BSD
牙买加	牙买加元	Jamaican Dollars	$.J.	JMD
海地	古德	Haitian Gourde	G. ;Gds.	HTG
多米尼加	多米尼加比索	Dominican Peso	R.D. $	DOP
特立尼达和多巴哥	特立尼达多巴哥元	Trinidad and Tobago Dollar	T.T. $	TTD
巴巴多斯	巴巴多斯元	Barbados Dollar	BDS. $	BBD
哥伦比亚	哥伦比亚比索	Colombian Peso	Col $	COP
委内瑞拉	博利瓦	Venezuelan Bolivar	B	VEB
圭亚那	圭亚那元	Guyanan Dollar	G. $	GYD
苏里南	苏里南盾	Surinam Florin	S. Fl.	SRG
秘鲁	新索尔	Peruvian Sol	S/.	PES
厄瓜多尔	苏克雷	Ecuadoran Sucre	S/.	ECS

续表

国别	货币名称		货币符号	
	中文	英文	原有旧符号	标准符号
巴西	新克鲁赛罗	Brazilian New Cruzeiro G	Gr. $	BRC
玻利维亚	玻利维亚比索	Bolivian Peso	Bol. P.	BOP
智利	智利比索	Chilean Peso	P.	CLP
阿根廷	阿根廷比索	Argentine Peso	Arg. P.	ARP
巴拉圭	巴拉圭瓜拉尼	Paraguayan Guarani	Guars.	PYG
乌拉圭	乌拉圭新比索	New Uruguayan Peso	N. $	UYP

非洲

国别	货币名称		货币符号	
	中文	英文	原有旧符号	标准符号
埃及	埃及镑	Egyptian Pound	£E. ;LF.	EGP
利比亚	利比亚第纳尔	Libyan Dinar	LD.	LYD
苏丹	苏丹镑	Sudanese Pound	£S.	SDP
突尼斯	突尼斯第纳尔	Tunisian Dinar	TD.	TND
阿尔及利亚	阿尔及利亚第纳尔	Algerian Dinar	AD.	DZD
摩洛哥	摩洛哥迪拉姆	Moroccan Dirham	DH.	MAD
毛里塔尼亚	乌吉亚	Mauritania Ouguiya	UM	MRO
塞内加尔	非共体法郎	African Financial Community Franc	C. F. A. F.	XOF
上沃尔特	非共体法郎	African Financial Community Franc	C. F. A. F.	XOF
科特迪瓦	非共体法郎	African Financial Community Franc	C. F. A. F.	XOF
多哥	非共体法郎	African Financial Community Franc	C. F. A. F.	XOF
贝宁	非共体法郎	African Financial Community Franc	C. F. A. F.	XOF
尼泊尔	非共体法郎	African Financial Community Franc	C. F. A. F.	XOF
冈比亚	法拉西	Gambian Dalasi	D. G.	GMD
几内亚比绍	几内亚比索	Guine-Bissau peso	PG.	GWP
几内亚	几内亚西里	Guinean Syli	CS.	GNS
塞拉里昂	利昂	Sierra Leone Leone	Le.	SLL
利比里亚	利比里亚元	Liberian Dollar	L. $ £;Lib. $	LRD
加纳	塞地	Ghanaian Cedi	₡	GHC
尼日利亚	奈拉	Nigerian Naira	N	NGN
喀麦隆	中非金融合作法郎	Central African Finan-Coop Franc	CFAF	XAF
乍得	中非金融合作法郎	Central African Finan-Coop Franc	CFAF	XAF
刚果	中非金融合作法郎	Central African Finan-Coop Franc	CFAF	XAF
加蓬	中非金融合作法郎	Central African Finan-Coop Franc	CFAF	XAF

续表

国别	货币名称		货币符号	
	中文	英文	原有旧符号	标准符号
中非	中非金融合作法郎	Central African Finan-Coop Franc	CFAF	XAF
赤道几内亚	赤道几内亚埃奎勒	Equatorial Guinea Ekuele	EK.	GQE
南非	兰特	South African Rand	R.	ZAR
吉布提	吉布提法郎	Djibouti Franc	DJ. FS;DF	DJF
索马里	索马里先令	Somali Shilling	Sh. So.	SOS
肯尼亚	肯尼亚先令	Kenya Shilling	K. Sh	KES
乌干达	乌干达先令	Uganda Shilling	U. Sh.	UGS
坦桑尼亚	坦桑尼亚先令	Tanzania Shilling	T. Sh.	TZS
卢旺达	卢旺达法郎	Rwanda Franc	RF.	RWF
布隆迪	布隆迪法郎	Burnudi Franc	F. Bu	BIF
扎伊尔	扎伊尔	Zaire Rp Zaire	Z.	ZRZ
赞比亚	赞比亚克瓦查	Zambian Kwacha	KW. ;K.	ZMK
马达加斯加	马达加斯加法郎	Franc de Madagasca	F. Mg.	MCF
塞舌尔	塞舌尔卢比	Seychelles Rupee	S. RP(S)	SCR
毛里求斯	毛里求斯卢比	Mauritius Rupee	Maur. Rp.	MUR
津巴布韦	津巴布韦元	Zimbabwe Dollar	ZIM. $	ZWD
科摩罗	科摩罗法郎	Comoros Franc	Com. F.	KMF

大洋洲

国别	货币名称		货币符号	
	中文	英文	原有旧符号	标准符号
澳大利亚	澳大利亚元	Australian Dollar	$ A.	AUD
新西兰	新西兰元	New Zealand Dollar	$ NZ.	NZD
斐济	斐济元	Fi ji Dollar	F. $	FJD
所罗门群岛	所罗门元	Solomon Dollar.	SL. $	SBD

知识链接 2-3　常用外汇简介

（一）美元

货币符号：USD，以前常简写为 U.S. $

英文名称：United States Dollar

发行机构：美国联邦储备银行

辅币进位制：1USD＝100 cent（分）

(二)日元

货币符号：JPY，以前常简写为￥；J.￥

英文名称：Japanese Yen

发行机构：日本银行

辅币进位制：1JPY＝100 sen(钱)

(三)英镑

货币符号：GBP，以前常简写为£；£ Stg.

英文名称：Pound, Sterling

发行机构：英格兰银行

辅币进位制：1GBP＝100 new pence(新便士)

(四)瑞士法郎

货币符号：CHF，以前常简写为 SF.；SFR.

英文名称：Swiss Franc

发行机构：瑞士国家银行

辅币进位制：1CHF＝100 centimes(分)

(五)欧元

货币符号：EUR

英文名称：Euro

发行机构：欧洲中央银行

辅币进位制：1EUR＝100 euro cents(生丁)

知识链接 2-4 特殊类型的实际汇率

在未作特别说明的情况下，公式 $R_a = R_A \times \dfrac{P_B}{P_A} = R_A \times \dfrac{1+I_B}{1+I_A}$ 就是计算实际汇率的标准的、首选的基本公式。出于某些其他特殊方面的需要，人们可以对实际汇率的基本计算公式进行某些局部的调整和改动，从而得出许多具有特殊形式和用途的实际汇率。

(1)用本国贸易产品的国际市场价格指数(以外币表示) P_B^* 替代 $R_a = R_A \times \dfrac{P_B}{P_A}$ 中的 P_A，其余各项保持不变，则计算的结果所要考察的是本国贸易产品的国际价格水平变动与本国国内物价水平变动的差异对实际外汇汇率的影响。

(2)用本国的工资增长指数 W_B 替代 $R_a = R_A \times \dfrac{P_B}{P_A}$ 中的 P_B，其余各项保持不变，则计算的结果所要考察的是本国劳动力成本竞争力变化与外国物价水平变动之间的差异对实际外汇汇率的影响。

(3)考虑到关税、财政补贴等因素对出口商及进口商的影响，可以对 $R_a = R_A \times \dfrac{P_B}{P_A}$ 中的 R_A 进行调整，其余各项保持不变，调整后的公式为

$$(R_a)_x = R_A(1-t_x) \times \frac{P_B}{P_A} \quad \text{或} \quad (R_a)_m = R_A(1+t_m) \times \frac{P_B}{P_A}$$

式中,$(R_a)_x$ 和 $(R_a)_m$ 分别代表出口商和进口商面临的实际汇率。如果 t_x 和 t_m 分别代表出口商和进口商面临的关税税率(均以单位进、出口产品的关税额占其到岸价格的百分比率表示),则从式 $(R_a)_x = R_A(1-t_x) \times \frac{P_B}{P_A}$ 中可以看出,纳税使出口商收入减少,这意味着出口商所赚取的外汇折合成本国货币的数量减少了,所面临的实际外汇汇率水平下降了。同理,从式 $(R_a)_m = R_A(1+t_m) \times \frac{P_B}{P_A}$ 中可以看出,进口纳税使得进口商支出的本币成本增加,这意味着其所购买的外汇升值了,所面临的实际外汇汇率水平上升了。

如果 t_x 和 t_m 分别代表出口商和进口商面临的财政补贴率(均以单位进、出口产品的财政补贴额占其到岸价格的百分比率表示),t_x 和 t_m 应取负值计算,则从式 $(R_a)_x = R_A(1-t_x) \times \frac{P_B}{P_A}$ 中可以看出,财政补贴可以增加出口商的收入,这意味着出口商所赚取的外汇折合成本国货币的数量增加了,所面临的实际外汇汇率水平上升了。同理,从式 $(R_a)_m = R_A(1+t_m) \times \frac{P_B}{P_A}$ 中可以看出,财政补贴使得进口商支出的本币成本减少,这意味着其所购买的外汇便宜了,所面临的实际外汇汇率水平下降了。

知识链接 2-5 以外汇汇率形式出现的实际汇率

对于外汇汇率而言,在直接标价法下,外币对本币的实际汇率等于外币对本币的名义汇率与本国物价指数除以外国物价指数之商的乘积;在间接标价法下,本币对外币的实际汇率等于本币对外币的名义汇率与外国物价指数除以本国物价指数之商的乘积。

设:

R_F、R_f 分别代表直接标价法(外币对本币)下的名义汇率和实际汇率;

R_D、R_d 分别代表间接标价法(本币对外币)下的名义汇率和实际汇率;

P_D、P_F 分别代表本国的物价指数和外国的物价指数;

I_D、I_F 分别代表本国的通货膨胀率和外国的通货膨胀率。

则:

在直接标价法下,

$$R_f = R_F \times \frac{P_D}{P_F} = R_F \times \frac{1+I_D}{1+I_F}$$

在间接标价法下,

$$R_d = R_D \times \frac{P_F}{P_D} = \frac{1}{R_F} \times \frac{P_F}{P_D} = \frac{1}{R_F} \times \frac{1+I_F}{1+I_D}$$

知识链接 2-6　可一般了解的其他形式的外汇汇率

（一）固定汇率和浮动汇率

根据汇率制度类型的不同，汇率可以分为固定汇率和浮动汇率。

固定汇率(fixed exchange rate)，是指一国货币同另一国货币的汇率基本固定，汇率的波动被限定在规定的幅度之内，当汇率的波动超出规定的界限时，中央银行有义务进行干预和维持。

浮动汇率(floating exchange rate)，是指一国货币当局不规定本国货币与其他国家货币的比价，而是由市场供求关系来决定的汇率。

（二）官方汇率和市场汇率

根据汇率形成方式的不同，汇率可以分为官方汇率和市场汇率。

官方汇率(official exchange rate)，又称为法定汇率，是指由一国政府机构（财政部、中央银行或外汇管理机构）制定和公布的汇率，并规定外汇交易都以此汇率为准，在外汇管制比较严格的国家，禁止外汇自由市场的存在，官方汇率就是外汇交易中使用的汇率。

市场汇率(market rate)，是指由外汇市场上的供求关系自发决定的汇率，它随着外汇市场供求关系的变化而上下波动，通常能够比较真实地反映本国货币的对外价值。在外汇管制较松的国家，官方汇率往往只是一种形式，有行无市，实际的外汇交易都是按照市场汇率进行的。习惯上，一国货币当局制定并公布的汇率称为法定汇率或外汇牌价，外汇市场上自由波动的汇率一般称为外汇行情或外汇行市(exchange quotation)。

（三）电汇汇率、信汇汇率和票汇汇率

根据国际汇款结算方式的不同，汇率可以分为电汇汇率、信汇汇率和票汇汇率。

电汇汇率(telegraphic transfer rate, T/T rate)，是经营外汇业务的本国银行，在卖出外汇后，以电报委托其国外分支机构或代理行付款给受款人所使用的一种汇率。目前国际支付绝大多数使用电讯传递，因此电汇汇率是外汇市场的基本汇率，其他汇率都以电汇汇率作为计算标准。一般外汇市场上所公布的汇率，多为电汇买卖汇率。在电汇方式下，银行在国内收进本国货币，在国外付出外汇的时间相隔不过一两日。由于银行不能利用顾客的汇款，而国际电报费又较贵，所以电汇汇率最高。各国公布的外汇牌价，如无特别说明，均指电汇汇率。在国际金融市场上，由于汇率很不稳定，各国的进出口商为了避免外汇风险，一般都会在贸易合同中规定交易采用电汇汇率。

信汇汇率(mail transfer rate, M/T rate)，是以信函方式买卖外汇时所用的汇率。银行卖出外汇后，通过信函通知分支行或代理行支付。由于这种付款方式所需的邮程较长，银行可以在一定时间内占用顾客的资金，因此信汇汇率比电汇汇率要低一些。信汇汇率除香港和东南亚以外，其他地区很少采用。

票汇汇率(draft transfer rate, D/D rate)，是指银行卖出外汇收到本币后，开立以其国外分行或代理行为付款人的银行汇票，交给汇款人，由汇款人自行寄给或亲自携带交给国外收款人，收款人凭该银行汇票向汇入行提取款项，这种方式下所使用的汇率称为票汇汇率。因汇票有即期和远期之分，所以票汇汇率可分为即期票汇汇率和远期票汇汇率。即期票汇汇率一般等于信汇汇率，但是低于电汇汇率。对于远期汇票而言，票汇支付期限越长，票汇汇率越低。这是因为收款人未从汇入行提取汇款之前，汇出行都可以利用汇款人的资金获取利息收益，期限越长,获得的收益也就越多。

(四)开盘汇率、收盘汇率、最高汇率和最低汇率

根据当日外汇交易市场交易时间和价格水平的不同,汇率可以分为开盘汇率、收盘汇率、最高汇率和最低汇率。

开盘汇率,是指当日外汇交易市场开始交易时,第一笔成交交易的汇率。

收盘汇率,是指当日外汇交易市场结束交易时,最后一笔成交交易的汇率。

最高汇率,是指当日外汇交易市场所有成交交易中,成交价格水平最高的汇率。

最低汇率,是指当日外汇交易市场所有成交交易中,成交价格水平最低的汇率。

第三章
国际储备与外债

当国际收支不平衡超出某种限度时，会对该国的汇率、货币供求、国际贸易、物价水平乃至经济发展产生严重影响。为了避免这种情况的发生，各国都准备一定数量的资产作为国际储备，用于调节国际收支、干预外汇市场，把国际收支失衡及汇率波动幅度限制在某一可接受的范围内，使其不至于对经济的正常运行产生不利的影响。当国际储备数量不足的时候，往往可以通过举借国际债务的途径，以资本账户的顺差来弥补经常账户的逆差，从而维持国际收支综合差额的平衡。因此，国际储备和外债，是一国重要的自有的和借入的金融资产。通过本章内容的学习，你应该能够：

- 了解国际储备、国际清偿能力、外债的含义；
- 了解国际储备、外债的种类与结构；
- 掌握国际储备、外债的来源与用途。

 关键概念

国际储备、外汇储备、在基金组织的储备头寸、特别提款权、外债

 引导型问题

1. 中国居民欠非中国居民的以人民币计价的债务是否应当计入中国的外债？
2. 登录中国国家外汇管理局网站（http://www.safe.gov.cn/model_safe/index.html），查阅近3～5年中国国际储备数据资料，分析其总量及结构变动的特征。
3. 登录中国国家外汇管理局网站（http://www.safe.gov.cn/model_safe/index.html），查阅近3～5年中国外债数据资料，分析其总量及结构变动的特征。

第一节 国际储备

本节的内容，将帮助您理解国际储备的概念和特点，掌握国际储备的构成和作用，了解国际储备的供给与需求。

1. 什么是国际储备？

国际储备（international reserve）也称官方储备，是一国货币当局持有的，用于弥补国际收支逆差、支持本国货币汇率和应付紧急国际支付的国际普遍接受的对外资产。

2. 国际储备具有哪些特征？

一般认为，国际储备具备以下三个特征：
(1) 可得性，它能随时、方便地被一国货币当局获得；
(2) 流动性，它能容易变成现金或转换成其他资产；
(3) 普遍接受性，它能够在外汇市场上或在政府间清算国际收支差额时为世界各国普遍接受。

3. 国际储备由哪些资产构成？

根据国际货币基金组织的统计口径，一国的国际储备包括以下四个部分。
(1) 黄金储备。黄金储备是一国央行持有的黄金资产。
(2) 外汇储备。外汇储备是货币当局持有的外国可自由兑换货币以及用它们表示的有价证券和支付手段。它是当今国际储备中的主体，是一国最重要的储备资产，其流动性最强，在实际中使用得最多。
(3) 在国际货币基金组织（IMF）的储备头寸（reserve position in fund）。在国际货币基金组织（IMF）的储备头寸也被称为普通提款权，是IMF的成员国在IMF的普通账户中可以自

由提取使用的资产,包括成员国向IMF缴纳份额中的可自由兑换货币和IMF用去的本币两部分。

(4)特别提款权(special drawing rights,SDRs)。特别提款权是IMF分配给成员国的在原有普通提款权之外的一种使用资金的权利,供成员国用以归还基金组织贷款和成员国政府之间偿付国际收支赤字的一种账面资产。

4. 国际储备有什么作用?

国际储备的作用主要如下。

(1)弥补国际收支逆差。

如果一国的国际收支逆差是短期的、轻微的,则可通过使用国际储备予以弥补,而不必采取影响国内经济的财政政策、货币政策来调节。如果国际收支逆差是长期的、巨额的,或根本性的,则国际储备可以起到一种缓冲作用,它使政府有时间渐进地推进其财政和货币调节政策,避免因猛烈的调节措施可能带来的国内经济震荡。

(2)干预外汇市场,支持本国货币汇率稳定。

本国货币汇率在外汇市场上发生较大波动,会对本国经济产生不良影响。当本国货币的汇率在外汇市场上将要下降或下降过快时,该国货币当局通过出售外汇储备购入本币,增加外汇供给,从而支持本国货币汇率,不让其下跌。受各国货币当局持有的国际储备的数量限制,动用国际储备干预外汇市场对汇率往往只能产生短期、有限的影响。

(3)信用保证。

国际储备的信用保证作用包含两层意思:一是可以作为政府向外借款的信用保证;二是可以用来支持对本国货币价值稳定性的信心。比较充足的国际储备有助于提高一国的债信和货币稳定性的信心。

(4)赢得竞争利益。

一国持有比较充分的国际储备,政府就有力量使其货币高估或低估,争取国际竞争的优势。如果是储备中心国家,这对于支持其关键货币的国际地位,是至关重要的。

(5)应付突发事件的需要。

如果一国发生如自然灾害、金融危机及战争等突发事件,就会导致一国临时对外支付的增加,需要动用较多的国际储备。

5. 国际储备的来源渠道有哪些?

一国国际储备的来源有以下渠道。

(1)国际收支顺差。

国际收支顺差是非储备货币发行国最主要的国际储备来源。而经常账户,特别是贸易账户顺差是一国国际储备最主要和最稳定的来源。

(2)干预外汇市场所得外汇。

当一国国际收支顺差或其他原因导致本币升值时,为避免本币升值过快给本国经济和出口带来不良影响,该国的中央银行就会在外汇市场上进行抛售本币,购进外汇,从而增加本国的国际储备。

(3)购买黄金。

一国中央银行用本币购买并持有黄金可增加该国的黄金储备,从而增加该国的国际储备。一国中央银行用外币购买并持有黄金也可增加该国的黄金储备,并改变该国的国际储备结构,但不能增加该国的国际储备。

(4)国际货币基金组织分配的特别提款权。

国际货币基金组织根据成员国缴纳的份额向其分配特别提款权,也会增加该国的国际储备。

(5)在国际货币基金组织的超储备档头寸的增加。

在国家货币基金组织的储备头寸分为储备档头寸和超储备档头寸,只有超储备档头寸的增加才会增加其储备总额。

6. 国际储备的运用场所有哪些?

国际储备主要运用于以下方面:

(1)弥补国际收支逆差;

(2)干预外汇市场,支持本币汇率;

(3)突发事件引起的紧急国际支付。

7. 什么是国际清偿力?

国际清偿力(international liquidity)是指一国为平衡国际收支、稳定汇率或对外清偿所具有的国际支付能力。

8. 国际清偿力由哪些资产构成?

国际清偿力由自有储备(即国际储备)、借入储备和诱导储备三部分构成。

9. 什么是借入储备?

借入储备是指一国向外筹措资金的能力,主要包括备用信贷、互惠信贷协议和其他信贷。

(1)备用信贷。备用信贷是指国际货币基金组织成员国在国际收支发生困难或将要出现困难时,与基金组织签订的一种备用借款协议。

(2)互惠信贷协议。互惠信贷协议也称货币互换协议,是指两个国家间签订的相互借用对方国家货币的协议。在这种协议下,当其中一国发生国际收支困难时,该国便可以按协议规定的条件借用对方的货币,然后在规定的期限内偿还。

(3)其他信贷。一国还可以向其他外国政府或中央银行、其他国际金融组织和商业银行借款,用来平衡国际收支和稳定汇率等。

10. 什么是诱导储备?

诱导储备主要包括本国商业银行和个人持有的对外短期可兑换货币资产、其他国家希望持有该国资产的数量、该国提高利率时可以引起资金流入的数量等。这些资产的流动性和投机性很强,对政策的反应十分灵敏,政府可以通过政策的、道义的和新闻的手段来诱导其流向,从而达到间接调节国际收支、稳定汇率的作用。

11. 国际清偿力、国际储备、外汇储备三者之间有何关系?

国际清偿力、国际储备与外汇储备的关系表现在:

第一,国际清偿力是国际储备、借入储备、诱导储备资产的总和,其中,国际储备是国际清偿力的主体;

第二,外汇储备是国际储备的主体,因而也是国际清偿力的主体;

第三,可自由兑换资产可作为国际清偿力的一部分,或者说包含在广义国际清偿力的范畴内,但不一定能成为国际储备货币。只有那些币值相对稳定,在经贸往来及市场干预方面被广泛使用,并在世界经济与货币体系中地位特殊的可兑换货币,才能成为储备货币。

12. 国际清偿力与国际储备有何差异?

国际清偿力与国际储备的区别在于:

(1) 国际清偿力的含义比国际储备广,它既包括一国现有的国际储备,也包括一国可能的向外借款能力,它是一国能够利用的一切外汇资源的总和;

(2) 国际储备由一国货币管理当局持有,其使用是直接的和无条件的,而国际储备以外的、不由货币管理当局直接持有的国际清偿力(借入储备)的使用通常是有条件的;

(3) 国际储备衡量的是一国货币管理当局干预外汇市场的部分能力,而国际清偿力衡量的是一国货币管理当局干预外汇市场的总体能力。

第二节 外债

本节的内容,将帮助您理解外债的定义,了解外债的结构。

1. 什么是外债?

根据国际货币基金组织、世界银行、经济合作与发展组织和国际清算银行等国际金融组织的定义,外债(external debt)是指在任何特定的时间点上,一国居民对非居民承担的已使用但尚未清偿的具有契约性偿还责任的全部债务。

2. 如何理解外债的含义?

外债这一概念包括以下四个要素:

(1) 外债是居民欠非居民的债务,这里的居民和非居民都包括自然人和法人;

(2) 必须是具有契约性偿还义务的外债,通过具有法律效力的文书明确偿还责任、偿还条件、偿还期限等,不包括由口头协议或意向性协议所形成的债务;

(3) 是截止到某一个时点已使用但尚未清偿的债务余额;

(4) 全部债务的含义是指外债既可以是由货币构成的债务,也可以是由实物构成的债务,既可以是以外币表示的债务,也可以是以本币表示的债务。

3. 目前中国的外债统计口径有什么特点?

目前中国外债的统计口径比国际通行的统计口径要小,中国的外债统计只是指中国居民对非中国居民承担的已使用但尚未清偿的具有契约性偿还责任的外币表示的债务。实物构成的债务、以本币表示的债务尚未计入外债范畴。

4. 外债的种类是如何划分的?

外债的种类可以从以下不同角度进行划分:

(1) 按债务期限;

(2) 按债务人身份;

(3) 按债权人身份;

(4) 按债务利率种类;

(5) 按债务币种;
(6) 按融资方式;
(7) 按债务用途。

5. 按债务期限的不同,外债可以分为哪些类型?

按债务期限的不同,外债可以分为短期债务(期限在 1 年以内)、中期债务(期限在 1~5 年以内)和长期债务(期限在 5 年以上)。

6. 按债务人身份的不同,外债可以分为哪些类型?

按债务人身份的不同,外债可以分为国家债务(也称为主权债务)与非国家债务(也称为非主权债务)。具体可细分为政府机构借款、金融机构借款、企业单位借款和其他机构借款。

7. 按债权人身份的不同,外债可以分为哪些类型?

按债权人身份的不同,外债可以分为外国政府贷款(又称双边贷款)、国际金融组织贷款(又称多边贷款)、外国商业银行和金融机构贷款及外国企业或私人贷款。

8. 按债务利率种类的不同,外债可以分为哪些类型?

按债务利率种类的不同,外债可以分为固定利率债务与浮动利率债务。

9. 按债务币种的不同,外债可以分为哪些类型?

按债务币种的不同,外债可以分为外币债务、本币债务。外币债务可以根据具体的国别进一步细分。

10. 按融资方式的不同,外债可以分为哪些类型?

按融资方式的不同,外债可以分为贷款债务、债券债务、融资租赁债务、或有债务(由对外担保形成的债务)。

11. 按债务用途的不同,外债可以分为哪些类型?

按债务用途的不同,外债可以分为贸易融资债务和项目融资债务。其中贸易融资债务可以进一步细分为延期付款、买方出口信贷(包括进口商买方出口信贷和进口地银行买方出口信贷)、补偿贸易债务等。

 知识链接

知识链接 3-1 中国《外债管理暂行办法》节选

为规范举借外债行为,提高外债资金使用效益,防范外债风险,特制定《外债管理暂行办法》,现予以发布,自 2003 年 3 月 1 日起施行。

第二条 本办法所称"外债",是指境内机构对非居民承担的以外币表示的债务。

第三条 本办法所称"境内机构",是指在中国境内依法设立的常设机构,包括但不限于政府机关、金融境内机构、企业、事业单位和社会团体。

第四条 本办法所称"非居民",是指中国境外的机构、自然人及其在中国境内依法设立的非常设机构。

第五条　按照债务类型划分,外债分为外国政府贷款、国际金融组织贷款和国际商业贷款。

(一)外国政府贷款,是指中国政府向外国政府举借的官方信贷;

(二)国际金融组织贷款,是指中国政府向世界银行、亚洲开发银行、联合国农业发展基金会和其他国际性、地区性金融机构举借的非商业性信贷;

(三)国际商业贷款,是指境内机构向非居民举借的商业性信贷。包括:

1. 向境外银行和其他金融机构借款;

2. 向境外企业、其他机构和自然人借款;

3. 境外发行中长期债券(含可转换债券)和短期债券(含商业票据、大额可转让存单等);

4. 买方信贷、延期付款和其他形式的贸易融资;

5. 国际融资租赁;

6. 非居民外币存款;

7. 补偿贸易中用现汇偿还的债务;

8. 其他种类国际商业贷款。

第六条　按照偿还责任划分,外债分为主权外债和非主权外债。

(一)主权外债,是指由国务院授权机构代表国家举借的、以国家信用保证对外偿还的外债。

(二)非主权外债,是指除主权外债以外的其他外债。

第七条　本办法所称"对外担保",是指境内机构依据《中华人民共和国担保法》,以保证、抵押或质押方式向非居民提供的担保。对外担保形成的潜在对外偿还义务为或有外债。

第八条　国家对各类外债和或有外债实行全口径管理。举借外债、对外担保、外债资金的使用和偿还须符合国家有关法律、法规和本办法的规定。

第九条　国家发展计划委员会、财政部和国家外汇管理局是外债管理部门。

第四章

国际金融市场

金融市场是筹集、动员与再分配资本的重要场所。信息技术的发展及各国金融市场的开放,使得金融市场全球一体化发展的深度和广度都得到了加强。一方面,有力地促进了世界经济贸易的发展;另一方面,也使得不时发生的金融动荡与危机在各国市场间迅速传递。国际金融市场已经成为当代国际经济体系的重要组成部分,也是国际金融学科研究的重要领域。通过本章内容的学习,你应该能够:

- 理解国际金融市场的概念、类型和作用;
- 了解欧洲货币市场形成的原因;
- 掌握传统国际金融市场与新兴国际金融市场的差异;
- 了解 IMF、IBRD 等国际金融机构的职能与作用;
- 了解美国等发达国家银行制度的主要特点。

关键概念

国际金融市场、国际外汇市场、国际货币市场、国际资本市场、欧洲货币市场、欧洲债券、外国债券、熊猫债券、离岸金融市场、国际货币基金组织、国际复兴开发银行、国际开发协会、国际金融公司、国际清算银行、亚洲开发银行、世界银行集团

引导型问题

1. 国际金融市场对中国经济发展有什么关系?
2. 上海证券交易所、深圳证券交易所是国际金融市场吗?
3. 中国应当如何发展人民币离岸金融市场?

第一节 国际金融市场

本节的内容,将帮助您理解国际金融市场、国际货币市场、国际资本市场的概念和内容,特别是理解欧洲货币市场的概念和特点。

1. 什么是国际金融市场?

国际金融市场是居民和非居民之间进行资金融通、货币汇兑结算以及投资买卖各种票据和有价证券的场所、方式、关系的总和。

2. 国际金融市场具有什么作用?

(1)积极作用:促进贸易和投资的发展;调节各国国际收支,促进经济平衡发展;推动生产和资本的国际化。

(2)消极作用:金融交易日益与实际经济脱节,加大金融风险;金融市场一体化使金融风险随全球化而扩展;巨额的国际资本流动增大了国际投资风险。

3. 国际金融市场的发展趋势是什么?

(1)金融衍生产品市场发展迅猛;
(2)私人资本逐步成为国际金融市场资本流动的主导力量;
(3)机构投资者在国际金融市场中的影响力越来越大;
(4)网络金融逐步普及;
(5)国际金融危机频频爆发。

4. 国际金融市场是如何分类的？

国际金融市场通常可从以下角度进行分类：

(1) 从市场涵盖范围大小的角度，可分为狭义国际金融市场和广义国际金融市场；

(2) 从市场交易标的的角度，可分为国际外汇市场、国际信贷市场、国际证券市场、黄金市场；

(3) 从融通资金期限的角度，可分为国际货币市场和国际资本市场；

(4) 从交易币种的角度，可分为传统的国际金融市场和新兴的国际金融市场；

(5) 从交易币种及交易者身份的角度，可分为离岸金融市场和在岸金融市场。

其中国际外汇市场、国际信贷市场、国际证券市场、黄金市场是最为常用的划分类别。

5. 什么是狭义国际金融市场和广义国际金融市场？

狭义国际金融市场是指从事国际资金融通的市场；广义国际金融市场是指包括从事国际货币汇兑结算以及投资买卖各种票据和有价证券的市场。

6. 什么是国际外汇市场？

国际外汇市场是指在国际上从事外汇买卖、调节外汇供求交易的国际金融市场。它的职能是经营货币商品，即不同国家的货币。外汇市场有狭义和广义之分。狭义的外汇市场是指从事外汇买卖的有形的固定场所，即由一些外汇买卖银行、外汇经纪人和客户组成的外汇交易所；广义的外汇市场是指有形与无形外汇买卖场所的总和。

7. 什么是国际信贷市场？

国际信贷市场是指在国际上主要通过银行从事的存、贷款交易的国际金融市场。

8. 什么是国际证券市场？

国际证券市场是指在国际上从事有价证券交易的国际金融市场，主要有国际债券市场和国际股票市场。国际证券市场分为一级市场和二级市场，一级市场是指股票和债券发行的市场，二级市场是指股票和债券流通的市场。

9. 什么是黄金市场？

黄金市场是指在国际上从事黄金买卖交易的国际金融市场，主要分布在伦敦、苏黎世、纽约、芝加哥和香港等地。黄金市场的分类如下：

(1) 按市场交易有无固定地点，分为无形市场和有形市场；

(2) 按市场的作用大小，分为主导性黄金市场和地区性黄金市场；

(3) 按市场交易管制程度，分为自由交易市场和有限制交易市场；

(4) 按交易产品的性质，分为黄金现货市场、黄金远期市场、黄金期货市场及黄金期权市场。

10. 什么是国际货币市场？

国际货币市场是指在国际上从事期限在1年以内(含1年)的短期资金融通活动的国际金融市场，也称为国际短期资金市场。该市场的参与者主要是商业银行、票据交易商和证券经纪商等。国际货币市场可进一步细分为国际短期信贷市场、国际短期证券市场、国际贴现市场等。

11. 什么是国际资本市场？

国际资本市场是指在国际上从事期限在1年以上的国际资金借贷以及其他金融交易活动

的国际金融市场,又分为国际信贷市场和国际证券市场。

12. 什么是传统的国际金融市场?

传统的国际金融市场是指从事以市场所在国的本币为交易对象或以市场所在国的本币为计价结算货币的国际金融市场。如在英国市场上从事英镑的国际借贷,在美国市场上从事美元的国际借贷等。

13. 什么是新兴的国际金融市场?

新兴的国际金融市场也被称为欧洲货币市场,是指从事以市场所在国的外币为交易对象或以市场所在国的外币为计价结算货币的国际金融市场。

14. 什么是欧洲货币市场的"欧洲货币"?

欧洲货币市场经营的是"欧洲货币",所谓"欧洲货币"不单指欧洲国家的货币,而是泛指在货币发行国境外流通的货币。欧洲货币市场也不单是欧洲区域内的市场,在新加坡、香港和纽约等地也都存在欧洲货币市场。欧洲货币市场上进行的金融活动既有短期的资金融通业务,也有长期的借贷和证券交易业务。

15. 什么是离岸金融市场?

离岸金融市场是指在非居民与非居民之间从事的、以市场所在国的外币为交易对象或以市场所在国的外币为计价结算货币的国际金融市场。

16. 什么是在岸金融市场?

在岸金融市场是指在非居民与非居民之间从事的、以市场所在国的本币为交易对象的国际金融市场,以及在居民与非居民之间从事的、以市场所在国的本币或外币为交易对象的国际金融市场。

17. 欧洲货币市场与在岸金融市场、离岸金融市场是什么关系?

(1)在岸金融市场中,居民与非居民之间从事的、以市场所在国的本币为交易对象的国际金融市场属于传统国际金融市场的范畴,不属于欧洲货币市场的范畴。

(2)在岸金融市场中,居民与非居民之间从事的、以市场所在国的外币为交易对象的国际金融市场属于欧洲货币市场的范畴。

(3)在岸金融市场中,非居民与非居民之间从事的、以市场所在国的本币为交易对象的国际金融市场属于传统国际金融市场的范畴,不属于欧洲货币市场的范畴。

(4)离岸金融市场,是非居民与非居民之间从事的、以市场所在国的外币为交易对象或以市场所在国的外币为计价结算货币的国际金融市场,因此,离岸金融市场属于欧洲货币市场的范畴。

可见,欧洲货币市场包含有部分在岸金融市场和全部离岸金融市场;从实践中看,离岸金融市场是欧洲货币市场的主体构成部分。

18. 什么是国际金融衍生产品市场?

金融衍生产品是指从原生资产派生出来的金融产品,其价值取决于原生资产的价值变化。金融衍生产品具有以下三个主要功能:

(1)金融衍生产品可以用于套期保值,以降低风险;

(2) 金融衍生产品具有价格发现功能;
(3) 金融衍生产品本身也可以用于投资。

国际金融衍生产品市场就是在国际上从事金融衍生产品交易的市场,如国际金融期货市场、国际期权市场和国际互换市场等。

19. 外汇市场的参与者有哪些?

外汇市场的参与者有外汇银行、外汇经纪人、外汇交易商、中央银行或外汇管理机构。外汇银行是指有资格进行外汇买卖的银行,是外汇市场的主体;外汇经纪人是外汇买卖的中间人;外汇交易商是外汇市场上外汇的供给者和需求者;中央银行或外汇管理机构通过外汇买卖以维持汇率稳定。

20. 国际信贷市场的主要业务有哪些?

在国际信贷市场上,一国银行向另一国借款人提供中长期的资金融通业务。国际中长期贷款的主要类型有:

(1) 双边贷款,即发生在国际银行与借款人之间一对一的资金融通业务,具有灵活方便、利率低和费用少等特点,适用于借贷金额比较少的情况;

(2) 银团贷款,也称辛迪加贷款,由若干家银行共同组成银行集团,联合向借款人提供巨额信贷资金的贷款方式。银团贷款金额高,期限长,贷款成本高。银团贷款方主要由牵头银行(leader bank)、代理银行(agent bank)和参与银行(participating bank)组成。

21. 什么是 LIBOR?

LIBOR 是英文 London inter-bank offered rate 的缩写,中文译为伦敦银行同业拆放利率,这是国际金融市场上一种起基准作用的浮动的市场拆放利率。

22. 国际中长期信贷的信贷条件通常有哪些?

在国际中长期信贷市场上,信贷条件是指贷款利率、贷款期限和贷款币种的确定。其中,贷款利率主要是:

(1) 浮动利率,即 LIBOR + 利率加成,贷款期间贷款利率随伦敦同业拆借市场利率的变动而变动;

(2) 固定利率,借出国基准利率 + 利率加成。

贷款期限是指贷款人借入贷款到本息全部清偿为止的整个期限。

23. 在国际中长期信贷中,应当如何选择贷款的币种?

在国际中长期信贷中,应当按照以下原则选择贷款的币种:

(1) 借款人应选择贷款到期时看跌的货币,即软币,以减轻还本付息的负担;

(2) 贷款人应选择贷款到期时看涨的货币,即硬币,以增加收回本息的收益。

一般以软币计值的贷款成本要高于以硬币计值的贷款成本,因为货币贬值的风险要由利率加成弥补。

24. 国际银团贷款的特点是什么?

(1) 国际银团贷款可以避免同业竞争,有效分散贷款风险,增加参与银团贷款的各家银行的收益。

(2) 通过国际银团贷款,对该项目贷款感兴趣的多家银行可以一起参与提供贷款,使不同规模和特点的银行都能充分发挥各自的比较优势,为资金需求方提供灵活多样的各种信贷服务,信贷业务更加富有效率。

(3)一家银行往往难以承受项目所需的巨额资金,国际银团贷款为这类项目的借款人提供了合适的融资方式。

(4)由于国际银团贷款多采用浮动利率、对借款人附有契约约束、贷款风险由各家银行共同分担等特点,因而对银行有利;同时,对于借款人来说,进入国际银团贷款市场不需要信用评级,市场准入门槛较低,也便利了借款人。

25. 国际债券市场上外国债券和欧洲债券有何区别?

外国债券是指筹资者在国外债券市场发行的以市场所在国货币为面值的债券,如在美国发行的"扬基债券"、在英国发行的"猛犬债券"、在日本发行的"武士债券"以及国外筹资者在中国发行的人民币面值的"熊猫债券"。

欧洲债券是指筹资者在国外债券市场发行的不以市场所在国货币为面值,而是以其他可兑换货币为面值的债券。

26. 欧洲债券市场的特征是什么?

欧洲债券市场的特征是:基本不受任何一国金融法令和税收条例等的限制;发行期限和发行数量没有限制;发行前不需要在市场所在国提前注册,也没有披露信息资料的要求,发行手续简便,自由灵活;欧洲债券的利息一般免税;债券币种多样;欧洲债券通常不计名,有充分的流动性。

27. 什么是国际股票?

国际股票是指外国公司在本国发行的、以本国货币为面值、由本国居民购买的股票。20世纪70年代以来,发达国家的机构投资者,如共同基金、养老保险基金及对冲基金等相继进入国际股票市场,同时,跨国公司为海外扩张需要,也积极利用国际股票市场融资,这些因素促使国际股票市场开始加速发展。

28. 全球存托凭证是什么?

全球存托凭证(global depository receipts,GDRs)是指上市公司根据存托协议将公司股份寄存在国外的银行,由后者发出单据作为寄存证明,这些单据即为全球存托凭证。通过买卖这些凭证,国际投资者可以间接投资该公司的股票。全球存托凭证是存托凭证按其发行或交易地点之不同,被冠以的不同名称。当一家公司在本国以外的市场上发行股票,并且所发行的股票很大一部分是在国外市场上交易时,一般都会采用全球存托凭证这种形式。

29. 欧洲货币市场形成的原因是什么?

欧洲货币市场形成于20世纪50年代,有以下几个原因。

(1)冷战的结果。冷战期间苏东国家的出口美元收入不能存回美国,大量留存在欧洲,因此欧洲各大银行开始进行美元贷款,由此开始出现"欧洲美元"一词。

(2)英镑危机是欧洲美元形成的主要原因之一。英国政府为了维持英镑的稳定加强了外汇管制,禁止英国银行向战前英镑区以外的居民发放英镑贷款。于是,英国的各大商业银行为逃避外汇管制,纷纷转向经营美元业务,吸引美元存款并向海外发放贷款,从而造就了一个在伦敦大规模经营美元存款和借贷业务的境外美元资金市场。

(3)美国的国际收支逆差和相应的国内政策。20世纪60年代后,美国的国际收支开始出现持续性赤字,促使美元大量外流,为欧洲美元市场的形成提供了条件。大量的美元外流,迫使美国政府采取一系列措施限制国内资本外流。如1963年7月,美国政府开征的"利息平衡税",1965年颁发的"自愿对外贷款指导方针"。它们在限制美国银行的对外贷款能力的同时,也加强了美国银行海外分行的借贷活动,促成了欧洲美元存贷款业务迅速扩张。

(4)西欧国家取消外汇管制,扩大了欧洲市场。20世纪60年代,西欧主要国家先后放弃了外汇管制,资金自由流动使欧洲货币交易不断繁荣。

(5)石油美元为欧洲货币市场注入了资金。两次石油危机使石油输出国获得巨额石油美元,这些石油美元成为欧洲美元市场的主要资金来源。

30. 国际货币市场的主要业务有哪些?

国际货币市场的主要业务有以下三类:
(1)国际短期信贷业务;
(2)国际短期证券业务;
(3)商业票据及其贴现业务。

31. 什么是国际短期信贷业务?

国际金融机构对客户提供一年或一年以内的短期贷款,目的在于作为临时性的资金需要和风险管理需要的头寸调剂,主要在银行间进行,贷款的期限最短为一天,最长为一年。国际短期信贷市场的利率以伦敦同业拆放利率(LIBOR)为基准,LIBOR每日变动,短期资金借贷金额在几十万到上百万美元之间,基本不需抵押担保,手续简便,通过电话、电报、电子邮件等通信工具即可完成。

32. 什么是国际短期证券业务?

国际短期证券业务即指期限为一年以内的短期证券,主要是短期国库券和可转让大额定期储蓄存单。短期国库券是西方国家财政部门为筹集季节性资金需要或进行短期经济和金融调控而在国际金融市场上发放的短期债券,期限一般为三个月或半年。可转让大额定期储蓄存单(CD),是存户在国际金融机构的定期存款凭证,可以转让和流通,存单的利率与LIBOR相似,到期后可向发行银行提取本息。

33. 什么是商业票据及其贴现业务?

商业票据是指在商品和劳务交易的基础上签发的一种债权债务凭证,主要有本票和汇票两种。其中银行承兑汇票是一种经银行承兑后可"背书"转让,可到期持票向付款人要求付款的商业汇票。由于银行违约的可能性很小,因此银行承兑汇票在国际货币市场上被广泛接受。所谓商业票据的贴现,是指对未到期的信用凭证(短期国库券、存单、汇票和本票等)按一定的贴现率转让给银行或其他金融机构,实现短期资金融通的一种方式。贴现业务是国际货币市场上资金融通的一种重要形式,贴现率一般略高于银行利率。在国际贴现市场上,跨国公司、国际银行和其他国际金融机构是贴现交易的主要参与者。

34. 传统的国际金融市场的特点是什么?

以市场所在国货币为国际金融交易的币种;所需资金大都由市场所在国提供;市场所在国一般具有较强的经济实力,拥有巨额剩余资金;国际金融业务在居民与非居民之间进行;其业务要受到该国政策、法规限制；主要为市场所在国政治经济服务。

35. 欧洲货币市场的主要业务有哪些？

欧洲货币市场上的主要业务有三项：①期限在1年以内的欧洲货币存贷业务；②欧洲中长期信贷业务；③欧洲债券业务。

36. 欧洲货币市场的特点是什么？

欧洲货币市场有如下特点。

(1)资金来源和币种多样化。欧洲货币市场的资金来源于多个国家政府、金融机构和企业，资金来源多样，币种繁多。

(2)欧洲货币市场是一个批发市场，每笔交易额一般都在10万美元以上，多则几亿甚至几十亿美元。

(3)欧洲货币市场的管制非常宽松，不受所在国货币政策和各项法规的限制，没有存款利率最高限和法定准备金等制度，可以自由确定存贷款利率。一般而言，欧洲货币市场上存款利率略高于货币发行国的存款利率，贷款利率则略低于货币发行国的贷款利率。

(4)市场风险较高。欧洲货币市场不存在中央银行，也没有存款保险制度，这意味着如果经营欧洲货币业务的银行发生问题引起倒闭或发生清偿困难时，客户存款难以得到保障，也没有中央银行作为最后贷款者出面支持。

37. 离岸金融市场主要有几种类型？

离岸金融市场主要有三种类型：①混合型，这是最早出现的离岸金融市场，如伦敦和香港的离岸金融市场；②分离型，如纽约、东京和新加坡的离岸金融市场；③避税港型，如中北美加勒比海的开曼群岛、百慕大群岛和巴哈马等处。

38. 什么是混合型离岸金融市场？

混合型离岸金融市场是指该市场的业务和国内金融市场的业务不分离，目的在于发挥两个市场资金和业务的相互补充和相互促进作用。

39. 混合型离岸金融市场有什么特征？

混合型离岸金融市场的主要特征有：
(1)市场的主体包括居民和非居民；
(2)交易的币种是除东道国货币以外的可自由兑换货币；
(3)该市场的业务经营非常自由，不受东道国国内金融法规的约束，国际和国内市场一体化。

40. 什么是分离型离岸金融市场？

分离型离岸金融市场是指专门为进行非居民交易而创建的金融市场，具有同国内金融市场相分离的特征，表现为境外资金的流入不受东道国国内金融法规的约束，但离岸业务必须与国内(在岸)账户严格分离，其目的是将离岸金融活动与东道国国内(在岸)货币活动隔绝开来。

41. 什么是避税港型离岸金融市场？

避税港型离岸金融市场又称簿记型离岸金融市场，这种市场实际上不进行实际的金融交易，各银行只是在这个不征税的地区(国家)建立"空壳"分行，通过这种名义上的机构在账簿上走账境外与境外的交易,以逃避税收和管制。

第二节 国际金融机构

国际金融机构是国际金融市场上特殊的一类活动主体,对国际金融活动有重大的影响。本节的内容,将帮助您理解和区分各种国际金融机构(特别是国际货币基金组织和世界银行集团)的起源、资金来源、宗旨和主要业务。

1. 什么是国际金融机构?

国际金融机构是处理国际金融活动、保证国际金融体系正常运行、由多国共同建立的国际组织,其设立的宗旨是积极地协调国家之间的金融关系,解决国际收支问题,促进国际经济合作。

2. 主要的国际金融机构有哪些?

目前世界上主要的国际金融机构有国际货币基金组织、世界银行、国际清算银行、亚洲开发银行、非洲开发银行、泛美开发银行及阿拉伯货币基金组织等。

3. 国际金融机构的特点和作用有哪些?

国际金融机构的特点是:
(1)国际金融机构是多国联合设立的金融组织;
(2)国际金融机构由会员国共同出资,按照股份公司的模式进行运作;
(3)国际金融机构的权力划分以国家的经济实力为基础。
国际金融机构的作用是:
(1)加强各国经济和金融交往,组织各国商议各项重要的国际金融事务,推动全球经济一体化进程;
(2)维护和协调各国汇率稳定,确保国际经济贸易的顺利进行;
(3)在发生金融危机或国际支付危机时,对出现危机的国家提供金融援助,帮助受援国渡过危机。

4. 国际金融机构贷款具有哪些共同特点?

国际金融机构贷款具有以下共同特点:
(1)不以盈利为目的,具有开发、援助性质,并视受贷建设项目性质、受贷国发展水平和资金成本等因素综合确定优惠程度;
(2)贷款利率低、期限长;
(3)贷款的申请、审批和贷后管理严格,通常与特定建设项目挂钩,通过项目审批确定贷款规模和放贷期限,并按项目建设进度分期发放信贷资金。

5. 什么是国际货币基金组织?

国际货币基金组织(International Monetary Fund,IMF)是根据1944年7月在美国新罕布什尔州举行的布雷顿森林会议及其所通过的《国际货币基金协定》(International Monetary Fund Agreement)建立的全球性国际金融机构。它于1945年10月正式成立,并于1947年3

月1日开始营业,1947年11月15日成为联合国的一个专门机构,总部设在华盛顿。中国是创始会员国之一,于1980年4月17日恢复在国际货币基金组织的合法席位。

6. IMF 的宗旨是什么?

(1)通过建立一个常设机构,为开展有关国际货币问题的磋商与协作提供机制,从而促进国际货币领域的合作。

(2)促进国际贸易的扩大和平衡发展,从而有助于各会员国提高和保持高水平的就业和实际收入,以及开发生产性资源,并以此作为经济政策的首要目标。

(3)促进汇率的稳定,保持会员国之间有秩序的汇兑安排,避免竞争性通货贬值。

(4)协助在会员国之间建立经常性交易的多边支付体系,取消阻碍国际贸易发展的外汇限制。

(5)在具有充分保障的前提下,保证会员国可以暂时使用基金组织的普通资金,以增强会员国的信心,使其能有机会在无须采取有损本国和国际经济繁荣的措施的情况下,平衡国际收支。

(6)根据上述宗旨,缩短会员国国际收支失衡的时间并减轻失衡的程度。

7. IMF 的资金来源于哪几个方面?

IMF 的资金来源主要有以下三个方面:

(1)会员国缴纳的份额。其性质相当于股份公司的入股金,所缴份额的大小通常根据会员国的经济规模、国民收入、在全球国际经济贸易中的比重以及外汇储备等因素来确定。会员国所缴纳的份额越高,在 IMF 中的投票权也越多。份额单位原为美元,1969年后改为特别提款权;所缴份额中25%规定以黄金缴纳,另外的75%以会员国的本币缴纳,存放在本国(地区)中央银行,在 IMF 需要时可以随时动用。1976年牙买加会议后,25%的黄金缴纳份额改为以特别提款权或指定的外汇缴纳。

(2)向 IMF 会员国的借款。IMF 与会员国政府和相关金融机构达成两项固定的借款安排,分别是1962年的借款总安排和1997年的新借款安排,并在此框架下,IMF 还与沙特阿拉伯达成了特别借款安排,三项借款安排共获得资金355亿特别提款权,约合460亿美元。尽管 IMF 有权以借款方式扩大资金来源,但是 IMF 规定了借款的限额,即未偿还的借款额一般不得超过份额的60%,而且 IMF 如果想从一国借入另一国的货币,必须得到货币发行国的认可。

(3)出售黄金所得,建立信托基金。IMF 于1976年1月将其所持有的黄金的一部分按市价分4年出售,用所得利润的一部分建立一笔信托基金,用于向发展中国家发放优惠贷款。

8. IMF 的业务活动主要有哪些?

(1)汇率监督。虽然会员国可以自主调整本国汇率,但 IMF 有权对会员国的汇率政策进行监督和评估。

(2)磋商与协调。IMF 与会员国定期进行磋商,互相交换对会员国经济金融政策、国际收支状况及汇率政策的看法,并处理会员国的贷款需求。IMF 还有责任与有关国家协商相应政策,协调国际合作,以维持国际金融秩序的稳定。

(3)贷款。IMF 的贷款仅限于会员国政府,而且只能用于国际收支调节,主要有如下几种类型的贷款:①普通贷款;②中期贷款;③出口波动补偿贷款;④缓冲库存贷款;⑤石油贷款;

⑥信托基金贷款;⑦补充贷款;⑧结构调整贷款;⑨制度转型贷款。

9. 国际货币基金组织的贷款方式有什么特点?

与一般金融机构的贷款方式相比,国际货币基金组织的贷款方式有以下不同:会员国需要向基金组织借入特别提款权或其他会员国货币时,要交付等值的本国货币,被称为"购买";借款到期时,用原借入的货币或特别提款权换回本币,被称为"购回"。

10. IMF 的贷款条件有哪些?

IMF 在贷款给会员国时,通常会附加一些贷款条件,主要内容是要求借款的会员国同意 IMF 的专家提出的经济调整计划。IMF 定期检查会员国执行经济调整计划的情况,如果认为会员国没有履行经济调整计划,则 IMF 可以终止贷款的发放。IMF 提出的经济调整计划目标是确保借款会员国国际收支恢复平衡,要求借款会员国汇率贬值以增加出口,实行紧缩性的货币政策以控制通货膨胀,压缩政府财政开支以减少进口需求,平衡政府财政预算等。从实际效果看,IMF 贷款所附加的经济调整计划存在很大争议,一方面借款会员国的国际收支状况得到了一定的改善,另一方面紧缩性的财政政策和货币政策也使已经发生危机的借款会员国的产出和就业进一步下滑,经济雪上加霜。

11. 近年来对 IMF 的改革建议有哪些?

20 世纪 90 年代以来频频发生的金融危机,体现出 IMF 在国际金融监管、化解金融危机和维持国际金融稳定方面存在着比较大的缺陷,需要进一步改革。对 IMF 改革的建议主要有:

(1)建立一种新的筹资机制,充实资金实力;
(2)改革 IMF 现有的投票制度;
(3)增强 IMF 在全球发挥的预警作用;
(4)强化 IMF 的监管职能;
(5)完善国内金融体系;
(6)建立汇率制度和汇率水平的监测机制;
(7)审慎对待资本账户的可兑换性;
(8)建立全方位的沟通与协调机制。

12. 什么是国际复兴开发银行?

国际复兴开发银行(International Bank for Reconstruction and Development,IBRD),又称世界银行,是根据 1944 年 7 月在美国新罕布什尔州举行的布雷顿森林会议及其所通过的《国际复兴开发银行协定》建立的全球性的国际金融机构,1945 年 12 月 27 日正式成立。1946 年 6 月开始运营,次年 11 月成为联合国的一个专门机构,总部设在美国首都华盛顿。中国是创始会员国之一,于 1980 年 5 月 15 日恢复在世界银行的合法席位。

13. IBRD 的宗旨是什么?

IBRD 的宗旨如下:

(1)通过对生产事业的投资,协助会员国经济的复兴与建设,鼓励不发达国家对资源的开发;
(2)通过担保或参加私人贷款及其他私人投资的方式,促进私人对外投资,当会员国不能

在合理条件下获得私人资本时,可运用该行自有资本或筹集的资金来补充私人投资的不足;

(3)鼓励国际投资,协助会员国提高生产能力,促进会员国国际贸易的平衡发展和国际收支状况的改善;

(4)在提供贷款保证时,应与其他方面的国际贷款配合。

14. IBRD 的资金来源有哪些?

(1)会员国缴纳的股金。

(2)发行债券取得的借款。

(3)留存的业务净收益和其他资金来源。

15. IBRD 的主要业务有哪些?

IBRD 的主要业务是向会员国提供中长期贷款,协助会员国的生产和资源开发。主要的贷款种类有如下几种:

(1)项目贷款;

(2)部门贷款;

(3)技术援助贷款;

(4)结构调整贷款;

(5)联合贷款;

(6)第三窗口贷款。

16. IBRD 对我国的援助重点是哪些方面?

我国目前是 IBRD 最大的借款国,也是执行 IBRD 项目最好的国家。IBRD 对我国援助的重点包括以下三个方面:

(1)改善投资环境,建立稳定有效的宏观经济和公共财政管理体系;

(2)促进中西部贫困地区发展,消除极端贫困化现象,缩小地区间收入分配差距;

(3)减少污染,推进可持续发展的发展模式。

17. IFC 的宗旨是什么?

国际金融公司(International Finance Corporation,IFC)于 1956 年 7 月成立,1957 年成为联合国的一个专门机构。IFC 的宗旨是:为发展中国家的私人企业提供没有政府机构担保的各种投资;促进外国私人资本在发展中国家的投资;促进发展中国家资本市场的发展。

18. IFC 的资金来源有哪些?

IFC 的资金来源主要有以下三个方面:

(1)会员国认缴的股本;

(2)从世界银行和国际金融市场获得的借款;

(3)业务净收益。

19. IFC 的主要业务是什么?

IFC 的主要业务是向发展中国家的私人企业提供贷款和投资,此外 IFC 还帮助发展中国家建立资本市场和提供咨询。

20. IDA 的宗旨是什么?

国际开发协会(International Development Association,IDA)是在 1960 年 9 月正式成立

的,作为世界银行的一个附属机构,其宗旨是专门向低收入发展中国家提供比世界银行贷款条件更为优惠的贷款,以此作为世界银行贷款的补充,从而促进世界银行目标的实现。

21. IDA 的资金来源有哪些?

国际开发协会的资金来源主要有以下四个方面:
(1)会员国认缴的股本;
(2)各国提供的补充资金和特别捐赠;
(3)世界银行每年从其业务净收入中拨出部分款项捐赠给国际开发协会;
(4)国际开发协会的业务收益,但数额很小。

22. IDA 的主要业务是什么?

IDA 的主要业务是向低收入的发展中国家提供优惠贷款,按照 1999 年的标准,人均收入在 1997 年低于 925 美元的会员国都有资格获得 IDA 提供的优惠贷款。IDA 贷款对象为会员国政府,主要用于电力、交通、水利等公共工程部门和农业、文化教育方面。IDA 贷款被称为开发信贷(credit),又叫软贷款,以区别于世界银行提供的硬贷款(loan)。IDA 贷款的优惠条件表现在无息和长期两个方面。贷款不计利息,只收 0.75% 的手续费;贷款期限为 50 年,且有 10 年宽限期,第二个 10 年起每年还本 1%,其余年份每年还本 3%,其中可部分或全部用本国货币来偿还。

23. 什么是世界银行集团?

世界银行集团(World Bank Group)是联合国系统下的多边发展机构,目前由以下五个机构组成:国际复兴开发银行、国际开发协会、国际金融公司、多边投资担保机构和国际投资争端解决中心。其中前三个机构为世界银行集团的老成员和主要机构。

24. 什么是多边投资担保机构?

多边投资担保机构(Multilateral Investment Guarantee Agency,MIGA)成立于 1988 年,是世界银行集团中的最新成员,是一个独立于世界银行的实体,有自己的业务人员和法律人员。

25. MIGA 的宗旨是什么?

MIGA 的宗旨是减少商业性投资障碍,通过提供担保以及技术支持等服务,来促进会员国之间相互以生产为目的的投资,特别是对不发达国家的投资。

26. MIGA 的主要业务是什么?

MIGA 的主要业务为:为外国投资者担保由于非商业性风险所造成的损失;为发展中国家建立和改善投资环境提供咨询服务,以引导更多的外资流入,帮助发展中国家更有效地吸引私人投资。它通过对投资促进活动的直接支持(如组织投资会议、初级培训课程、战略研讨会)、传播投资机会的信息(如开发一个投资机会全球电子信息交换与通信网络)和促进投资机构的能力建设,来帮助发展中国家最大限度地提高吸引外国直接投资计划的效果。

27. MIGA 主要对哪些投资风险提供担保？

MIGA 主要对以下四类非商业性投资风险提供担保：
(1)由于投资所在国政府对货币兑换和转移的限制而造成的转移风险；
(2)由于投资所在国政府的法律或行动而造成投资者丧失其投资的所有权、控制权的风险；
(3)在投资者无法进入主管法庭，或这类法庭不合理地拖延或无法实施这一项已作出的对投资者有利的判决时，政府撤销与投资者签订的合同而造成的风险；
(4)武装冲突和国内动乱造成的风险。

28. 什么是国际投资争端解决中心？

国际投资争端解决中心(International Center for Settlement of Investment Disputes，ICSID)是世界银行集团的一个通过提供仲裁投资争端服务的方式来促进国际投资的国际性机构，成立于1966年10月，总部设在华盛顿。

国际投资争端解决中心的组织机构有：①理事会，为最高权力机构，由各会员国派1名代表组成，每年举行一次会议，世界银行行长为理事会主席；②秘书处，由秘书长负责，处理日常事务。其成员包括世界银行成员和其他被邀请国。

29. ICSID 的宗旨和业务是什么？

ICSID 的宗旨是：制定调解或仲裁投资争端规则，受理调解或仲裁投资纠纷方的请求，处理投资争端等问题，为解决会员国和外国投资者之间的争端提供便利，促进投资者与东道国之间的互相信任，从而鼓励国际私人资本向发展中国家流动。

ICSID 的业务分为调停和仲裁两种。

30. BIS 何时建立？其宗旨是什么？

国际清算银行(Bank for International Settlement，BIS)是根据1930年1月20日签订的海牙国际协定(Hague Agreement)，由英国、法国、意大利、德国、比利时、日本等六国中央银行以及美国摩根银行、纽约花旗银行和芝加哥花旗银行等三家商业银行组成的银行集团，于1930年5月在瑞士的巴塞尔成立。它是世界上成立最早的国际性金融组织。

目前BIS的宗旨是促进各国中央银行之间的合作，并为国际银行业务提供新的便利；根据有关当时各方签订的协定，在金融清算方面充当受托人或代理人。BIS被称为"中央银行的银行"。

31. BIS 的资金来源有哪些？

(1)股本金。
(2)会员国中央银行存款。
(3)向会员国中央银行的借款。

32. BIS 的主要业务是什么？

(1)接受各国中央银行存款，发放贷款。

(2)参与国际金融市场,买卖外汇和债券。
(3)代理各国中央银行的国际清算业务。
(4)为各国政府间贷款充当执行人或受托人。
(5)定期举办各国中央银行行长会议,组织和协调国际合作。

33. ADB 的宗旨是什么?

亚洲开发银行(Asian Development Bank,ADB),简称亚行,是模仿世界银行建立的、面向亚洲及太平洋地区各国的区域性政府间的金融开发机构。ADB 的宗旨是:向其会员国或地区成员提供贷款和技术援助,帮助协调各会员国在经济、贸易和发展方面的政策,与联合国及其专门机构进行合作以促进亚洲及太平洋地区的经济发展。

34. ADB 的资金来源有哪些?

ADB 的资金来源有以下四个方面。

(1)普通资金。由以下几部分组成:①会员国认缴的股本;②借款;③普通储备金(即净收益的一部分);④特别储备金(即对发放的未偿还普通资金贷款收取一定数量的佣金);⑤业务净收益(即由提供贷款收取的利息和承诺费);⑥预缴股本(即会员国在法定认缴日期之前缴纳的股本)。

(2)亚洲开发基金。主要由亚洲开发银行发达会员国捐赠,专门对亚太地区最贫穷的会员国发放优惠贷款。

(3)技术援助特别基金。用于提高发展中会员国的人力资源素质和加强执行机构的建设,具体项目包括资助发展中国家聘请专家、培训人员、购置设备、从事部门研究等。

(4)日本特别基金。该基金创建于 1988 年,由日本政府出资建立,用于支持亚洲发展中国家工业化、开发自然资源和人力资源以及与引进技术有关的活动。

35. ADB 的主要业务是什么?

ADB 的业务主要是发放贷款和提供技术援助两个方面。

(1)贷款业务。ADB 的贷款分软贷款和硬贷款。软贷款仅提供给人均 GNP 低于 670 美元(1983 年价格)的贫困会员国或地区,贷款期限可达 40 年,含 10 年的宽限期,不收利息,仅收 1% 的手续费。硬贷款发放给高收入的发展中会员国或地区,期限一般为 10~30 年,含 2~7 年的宽限期,利率随金融市场状况每半年调整一次。ADB 的贷款方式与世界银行相似,主要有项目贷款、规划贷款、开发金融机构贷款、联合融资等。

(2)技术援助。技术援助目的是帮助会员国有效地执行项目,优化项目实施过程。其主要形式有项目准备技术援助、项目执行技术援助、咨询性技术援助以及区域活动技术援助等,主要用于与贷款项目有关的项目准备、项目咨询和执行等方面。技术援助项目一般采用贷款方式、赠款方式或联合融资方式提供。

36. 国际货币基金组织、国际复兴开发银行、国际金融公司、国际开发协会、国际清算银行、亚洲开发银行之间有何差异?

国际货币基金组织、国际复兴开发银行、国际金融公司、国际开发协会、国际清算银行、亚洲开发银行之间的差异可参见表 4-1、表 4-2 和表 4-3。

表 4-1 主要国际金融机构差异对照简表(1)

机构名称	英文缩写	成立宗旨	资金来源	主要业务
国际货币基金组织	IMF	平衡国际收支、稳定汇率	缴纳份额、借款和信托基金	贷款、汇率监督与协调
国际复兴开发银行	IBRD	协助发展中国家的经济发展	股本、借款和净收益	贷款、政策咨询、技术援助
国际金融公司	IFC	促进发展中国家民营经济的发展	股本、借款和投资收益	贷款、提供咨询
国际开发协会	IDA	为低收入发展中国家提供更为优惠的贷款	股本、补充资金和捐赠	贷款
国际清算银行	BIS	促进和协调各国中央银行的合作	股本、各国中央银行存款、借款	存款、贷款、证券买卖、代理国际清算、举办年会
亚洲开发银行	ADB	促进亚太地区经济发展	股本、借款和捐赠	贷款、技术援助

表 4-2 主要国际金融机构差异对照简表(2)

机构名称	国际性质	成立时间	总部所在地
IMF	联合国属下的全球性国际金融机构	1945.10.27	美国华盛顿
IBRD	联合国属下的全球性国际金融机构	1945.12.27	同上
IFC	IBRD属下的全球性国际金融机构	1956.07.24	同上
IDA	IBRD属下的全球性国际金融机构	1960.09.24	同上
BIS	区域转全球性国际金融机构	1930.05.17	瑞士巴塞尔
ADB	亚洲的区域性国际金融机构	1966.08.22	菲律宾马尼拉

表 4-3 主要国际金融机构差异对照简表(3)

机构名称	贷款对象	贷款用途	中国加入或恢复时间
IMF	会员国政府(财政部、央行、外汇平准基金)	弥补经常账户的国际收支逆差	1980.04.17
IBRD	会员国政府及其担保的公营、私营机构	工业、农业、能源、运输、教育等基础设施项目建设	1980.05.15
IFC	会员国的民营企业	固定资产更新融资	1980.05.15
IDA	会员国中的低收入国家	工业、农业、能源、运输、教育等基础设施项目建设	1980.05.15
BIS	会员国央行	央行结算业务	1996.11.01
ADB	会员国及其担保的公营、私营机构	工业、农业、能源、运输、教育等基础设施项目建设	1986.03.10

第三节 国际商业银行

国际商业银行是国际金融市场上的主要活动主体。本节的内容,将帮助您理解美国、英国、德国和日本等国的商业银行的基本情况和业务特点。

1. 目前世界上主要的跨国银行有哪些?

美洲银行(Bank of America)、摩根大通(JPMorgan)、花旗银行(Citigroup)、皇家苏格兰银行(Royal Bank of Scotland)、汇丰银行(HSBC)、富国银行(Wells Fargo)、中国工商银行(ICBC)、法国巴黎银行(BNP Paribas)、桑坦德银行(Banco Santander)以及巴克莱银行(Barclays Bank)等。

2. 美国的商业银行制度有什么特点?

20世纪80年代之前,美国一直实行的是单一银行制,即禁止或限制商业银行在州内设立分支机构,也禁止或限制商业银行跨州设立分支机构。20世纪80年代后,金融自由化浪潮逐渐兴起,对商业银行设置分支机构的限制随之逐步放松。1994年美国国会通过《瑞格-尼尔跨州银行与分支机构有效性法案》,取消了商业银行跨州设立分支机构的限制,1995年起,商业银行可以不受限制地跨州收购银行以及设立分支机构。从20世纪90年代开始,经过数次银行并购风潮,美国目前的商业银行集中度较之以前显著提高了。

3. 英国的商业银行制度有什么特点?

在英国,清算银行实际上等于商业银行,因为小银行和金融机构只能通过规模比较大的商业银行来完成清算,所以这些规模大的商业银行被称为清算银行。英国的商业银行基本属于股份公司性质的组织,采用分支行制。英国目前主要的商业银行是巴克莱银行、国民西敏寺银行、米德兰银行及劳埃德银行等。

4. 德国的商业银行制度有什么特点?

德国的商业银行基本属于私营性质的商业银行,采用分支行制度,主要分以下三种类型。

(1)大型商业银行:主要有6家,其中有3家可称为全国性的银行,即德意志银行、德累斯顿银行和德国商业银行,采取股份公司的形式,在全国各地有众多的分支机构。

(2)区域性银行:其业务集中于某一地区,拥有少量分支机构,采用股份公司或有限责任公司的形式,目前大概有100多家。

(3)私人银行:是最古老的德国商业银行形态,多采用无限公司的形式,资本规模较小。

5. 日本的商业银行制度有什么特点?

日本商业银行制度也采用分支行制,其商业银行基本上属于股份公司性质的组织。日本的商业银行称为普通银行,又分为都市银行和地方银行两类。都市银行是以东京、大阪等大城市为基础,在国内设立众多分支机构的全国性的大银行。它基本是由旧财阀体系的银行和过去的特殊银行、地方银行发展而成的,从明治维新至今一直是日本金融业的核心力量。地方银行是区域性经营的中小银行,其总部设在日本都、道、府、县的中心城市,融资对象也以本地中小企业居多。

6. 美国商业银行的业务特点是什么？

美国商业银行的主要业务是负债业务、资产业务和中间业务。

（1）美国商业银行的负债业务主要是活期存款和定期存款业务。自从20世纪80年代以来，为了规避金融管制，美国银行业的金融创新活动逐步兴起，可转让支付命令、货币市场存款账户、大额可转让存单及自动转账服务账户等新的存款业务相继出现，这些存款业务兼具活期存款的灵活性和定期存款的收益性，极大地促进了美国商业银行负债业务的发展。

（2）美国商业银行的资产包括现金资产、贷款和投资三类。美国商业银行贷款主要有四类，即商业贷款、不动产贷款、农业贷款和消费贷款。为了减少银行资金的风险，美国银行监管当局规定商业银行的投资只限于联邦证券、地方及政府机构证券和特定的一些债券，但是近年来这一限制逐步放宽。

（3）近年来美国商业银行中间业务收入比重逐步增加。中间业务指商业银行从事的那些没有列入资产负债表的业务活动，美国商业银行的中间业务主要是托管、结算、代理、咨询等。

7. 英国商业银行的业务特点是什么？

英国商业银行的负债业务主要是传统的活期和定期存款业务，近年来非英镑存款的比重越来越大。英国商业银行的资产业务主要集中在短期工商业贷款。与美国商业银行的贷款方式不同，英国商业银行对企业的贷款主要是以票据贴现、借款账户或透支账户等短期信用的形式实现的。近年来由于银行业市场竞争日益激烈，英国的商业银行也逐步增加了对工商企业的中长期贷款，同时在积极开展个人消费贷款和抵押贷款业务。

8. 德国商业银行的业务特点是什么？

德国法律对银行的业务范围没有限制，银行与企业之间的关系十分密切。德国商业银行通常在企业中拥有大量股权和投票权，银行对企业的经营管理具有很大的影响力。德国商业银行通过参与企业的人事安排，间接或直接控制企业融资，并在企业治理中发挥重要作用。

9. 日本商业银行的业务特点是什么？

日本商业银行与英国商业银行的业务特点类似，传统上一直以向企业提供短期工商业贷款为主，而中长期贷款则由专门成立的长期信用机构承担。日本银企之间实行主办银行制度，也称"主银行体制"，是指以信贷为中心的、维系一个企业与一个固定银行之间的长期稳定关系的一系列非正式的惯例、行为和制度安排，是一种半市场半企业性的银企关系制度。主银行就是与企业保持长期关系、按企业融资顺序被列为第一位的银行（相对于其他副银行）。主银行要尽力满足其企业的贷款需求，并持有企业股份，监督企业的经营运作，必要时可以干预企业经营管理和人事变动。

知识链接

知识链接 4-1　其他国际金融机构简介

1. 非洲开发银行

非洲开发银行（African Development Bank，ADB），是非洲国家在联合国非洲经济委员会的帮助下于 1964 年 9 月正式成立(1966 年 7 月正式营业)的一个面向非洲的区域性政府间国际金融组织,总部设在科特迪瓦(象牙海岸)首都阿比让。非洲发展银行的宗旨是为非洲国家的经济发展提供资金和其他帮助。

2. 欧洲投资银行

欧洲投资银行(European Investment Bank,EIB)是根据 1957 年 3 月 25 日在罗马签订、1958 年 1 月 1 日生效的关于建立欧洲经济共同体条约而创建的,是欧洲经济共同体的一个金融机构。其会员国均为欧洲经济共同体会员国,总部设在卢森堡。欧洲投资银行的宗旨是,利用国际资本市场和欧洲经济共同体内部的资金,对欧洲经济共同体内部经济较落后地区的发展计划提供长期贷款或担保,以促进这些地区的经济发展,同时也对与欧洲经济共同体有联系或订有合作协定的国家和地区提供资金上的帮助。

3. 泛美开发银行

1959 年,美国与 19 个拉美国家签订了设立泛美开发银行(Inter-American Development Bank,IDB)的协定。1960 年 10 月该行正式营业,其总部设在华盛顿。美洲的国家和国际货币基金组织会员国均可成为该行的会员国。泛美开发银行的宗旨是:集中会员国的力量,通过提供贷款和技术援助,帮助各会员国或各国家集团发展经济,促进泛美体制的发展。

4. 阿拉伯货币基金组织

阿拉伯货币基金组织(Arab Monetary Fund,AMF)成立于 1977 年 2 月 2 日,总部原设在开罗,后迁至阿布扎比。主要会员国都是阿拉伯联盟的会员国。阿拉伯货币基金组织的宗旨是:通过制订会员国金融合作的方针和方式,稳定会员国之间的汇率;取消彼此之间的经常性支付限制,促进各会员国经济和贸易的发展,调整国际收支的失调;推广使用作为记账单位的阿拉伯第纳尔,为发行统一的阿拉伯货币创造条件;促进阿拉伯经济一体化的进程和各会员国的经济发展。

5. 亚洲基础设施投资银行

亚洲基础设施投资银行(Asian Infrastructure Investment Bank,AIIB)简称亚投行,是一个由中国政府倡议发起组建的政府间性质的亚洲区域多边开发机构,重点支持基础设施建设,法定资本 1000 亿美元,总部设在北京,金立群为首任行长。亚洲基础设施投资银行于 2015 年 12 月 25 日在北京成立,首批意向创始成员国包括中国、印度、新加坡等在内的 21 个国家财长和授权代表。截至 2015 年 4 月 15 日,经现有意向创始成员国同意,瑞典、以色列、南非、阿塞拜疆、冰岛、葡萄牙、波兰正式成为亚洲基础设施投资银行意向创始成员国,亚洲基础设施投资银行意向创始成员国全部确定,为 57 个,其中域内国家 37 个,域外国家 20 个。2015 年 6 月 29 日,亚投行"基本大法"《亚洲基础设施投资银行协定》在北京举行签署仪式,中国成第一大股东。2016 年 1 月 16 日,亚投行正式开始营业。

第五章
国际货币体系

国际金融活动往往都是在一定的规制约束下进行的，由这种规制形成的制度架构即是国际货币体系或称为国际金融体系。国际货币体系随着历史的发展不断演变，并构成了国际金融领域的重要研究内容。通过本章内容的学习，你应该能够：

- 了解国际货币体系的概念与框架构成；
- 掌握布雷顿森林体系、牙买加体系形成的原因及主要内容，并对其作出评述；
- 通过研究货币本位制度的变迁，找出其规律性，并展望货币本位制度的发展前景；
- 理解欧洲货币体系形成的原因与欧元启动对于国际金融市场的影响；
- 对未来亚洲国际货币体系的发展方向提出自己的看法。

关键概念

国际货币体系、国际金本位体系、金币本位制、布雷顿森林体系、牙买加体系、特里芬难题、欧洲货币体系

引导型问题

1. 人民币国际化之路是否也会遇到"特里芬难题"？
2. 如何看待亚洲国际货币体系未来发展的趋势？
3. 如何看待国际货币体系未来发展的趋势？
4. 如何看待欧元未来发展的趋势？

第一节 国际货币体系概述

本节的内容，将帮助您了解国际货币体系的概念、内容和类型。

1. 什么是国际货币体系？

国际货币体系，又称国际货币制度，是指为了适应国际经济贸易和国际支付的需要，对国际收支、储备货币、汇率制度、国际金融政策及其协调等以法律或法规形式加以明确，形成一整套各国政府共同遵守的规则和制度安排。国际货币体系既包括成文的正式规则和制度，也包括不成文的非正式惯例和做法。

2. 国际货币体系一般包括哪些方面的内容？

国际货币体系一般包括五个方面的内容：①汇率制度安排；②国际储备资产确定；③国际收支及其调节机制；④国际清算安排；⑤国际金融合作与协调。

3. 国际货币体系是如何分类的？

按照形成的时间先后顺序，国际货币体系可分为国际金本位体系、布雷顿森林体系、牙买加体系、欧洲货币体系等。

按照形成的方式不同，国际货币体系可分为经过漫长的时间自发演化形成的惯例式的国际货币体系（如国际金本位体系）和在较短的时间内通过协商谈判产生的规制式的国际货币体系（如布雷顿森林体系、牙买加体系、欧洲货币体系）。

按照国际范围宽窄的不同，国际货币体系可分为全球性的国际货币体系（如国际金本位体系、布雷顿森林体系、牙买加体系）和区域性的国际货币体系（如欧洲货币体系）。

第二节 金本位国际货币体系

本节的内容,将帮助您了解国际金本位制度、金币本位制、金块本位制及金汇兑本位制的概念和主要内容,并理解国际金本位制度发展演变和崩溃的内在原因。

1. 什么是金本位制度?

金本位制度是以黄金为本位货币的货币制度。在金本位制度下,通过政府法令的规定,流通中的货币与黄金之间有着直接或间接的联系。金本位制度的主要形式有三种:金币本位制、金块本位制和金汇兑本位制。其中金币本位制是金本位制的典型与基本代表。

2. 金币本位制的主要内容是什么?

金币本位制是金本位制度的最初形态。在金币本位制下,货币是黄金铸币,国家以法令规定金币的重量和含金量。金币本位制的主要内容是:
(1)以法律规定货币的含金量;
(2)金币可以自由铸造、自由熔化;
(3)流通中其他货币和金币之间可以按法定比率自由兑换,也可以兑换与金币等量的黄金;
(4)黄金可以自由地输出或输入本国。

3. 金块本位制的主要内容是什么?

金块本位制的主要内容有:
(1)金币仍作为本位货币,但不在市场上流通和使用,而是以纸币为流通中的货币;
(2)政府不需要铸造金币,而是储存金块,作为发行纸币的储备;
(3)以法律形式规定纸币的含金量;
(4)纸币不能自由兑换金币;
(5)在国际支付或工业用金时,可按规定的限制数量用纸币向中央银行购买金块(如英国在1925年规定一次至少购买400盎司,约值1 700英镑)。

4. 金汇兑本位制的主要内容是什么?

金汇兑本位制也被称为虚金本位制。第一次世界大战以后,那些黄金储备匮乏的国家无力实行金块本位制,只能选择金汇兑本位制。金汇兑本位制的主要内容是:
(1)国家规定货币的含金量;
(2)国家不再储备黄金;
(3)市场上不再流通金币,只流通纸币或银行券;
(4)纸币不能兑换黄金,但可以兑换实行金币或金块本位制国家的货币,而这些外汇在国外可以兑换成黄金;
(5)实行金汇兑本位制的国家使其货币与另一实行金币或金块本位制国家的货币保持固定汇率,并在该国存放大量外汇和黄金,以便随时干预外汇市场,维持本国货币币值的稳定。

5. 金块本位制和金汇兑本位制出现的原因是什么?

第一次世界大战爆发后,西方各国因战争需要预算赤字大增,而受到战争的影响经济也陷入困境。在这种情况下,西方各国开始放弃金币本位制,发行纸币以应付日益庞大的军费开支,并立法禁止黄金外流,这标志着金币本位制度的消亡。战争过后,纸币的流通已经普遍,为了稳定纸币的币值,防止通货膨胀,西方各国逐渐确立起金块本位制和金汇兑本位制。在这两种制度下,国家的法定货币是纸币,以法律的形式规定了纸币的含金量,但是纸币不能自由兑换成黄金。第一次世界大战以后,除美国还能实行完整的金币本位制外,英国和法国开始实行金块本位制,而德国、意大利、奥地利和丹麦等三十几个国家则实行金汇兑本位制。

6. 什么是国际金本位体系?

国际金本位体系是指在金本位制度的基础上形成的各国之间相应的汇率制度安排、国际储备资产确定、国际收支调节机制、国际清算安排、国际金融合作与协调等国际货币金融关系,这些关系的总和,即构成了国际金本位体系。

7. 国际金本位体系是如何形成的?

17世纪到18世纪,英、法、意、美等主要西方国家实行的还是以黄金和白银同时作为流通货币的金银复本位制。这期间白银产量增加很快,导致白银价格持续下跌,银币的币值难以维持,金银复本位制度渐渐趋于消解。1816年英国率先颁布《黄金本位制法案》,规定一盎司黄金等于3英镑17先令,银币只是辅币,这标志着金本位制的正式实施。德国、法国、瑞士、意大利、比利时、美国等国家纷纷仿效,也宣布实行金本位制,到1879年,世界上大多数国家都实行了以黄金作为本位货币的制度。实行金本位制的国家在国际经济往来中所遵循的各种货币规则基本一致,逐步形成了国际比较统一的货币制度,这意味着国际金本位体系的形成。

8. 国际金(币)本位体系的主要内容是什么?

国际金(币)本位体系的主要内容可参见表5-1。

表5-1 国际金(币)本位体系的主要内容简表

汇率制度安排	以铸币平价为基础,在黄金输送点之间上下波动的固定汇率制度
国际储备资产确定	黄金一元化的国际储备资产结构
国际收支调节机制	国际收支失衡的自动调节机制——休谟提出来的"价格-铸币自动调节机制"
国际清算安排	允许货币自由兑换
国际金融合作与协调	不存在国际管理与协调机构的"无为而治"的监管模式

9. 在国际金本位制度下,黄金的作用是什么?

在国际金本位制度下,黄金是国际金本位体系的基础,各国货币都与黄金存在着直接或间接的联系,即使是实行金汇兑本位制度的国家,其货币也规定了含金量,并与实行金币和金块本位制国家的货币挂钩。黄金充当国际支付中的最后清偿手段。

10. 什么是铸币平价?

铸币平价是指在国际金币本位制的条件下,两国货币法定含金量之比。其计算公式为
甲国货币对乙国货币的铸币平价=甲国货币的法定含金量÷乙国货币的法定含金量

11. 什么是黄金输送点?

黄金输送点是对国际金币本位制条件下一国黄金输入点和黄金输出点的统称。其计算公

式为

$$黄金输送点 = 铸币平价 \pm 两国间黄金运输费用$$

其中,

$$黄金输出点 = 铸币平价 + 两国间黄金运输费用$$
$$黄金输入点 = 铸币平价 - 两国间黄金运输费用$$

12. 什么是价格-铸币自动调节机制?

价格-铸币自动调节机制是指在国际金本位制度下,如果一国国际收支发生逆差,意味着出现黄金外流,由于在金本位制度下黄金是铸币材料或发行纸币的储备,因此黄金外流也意味着该国货币量减少,货币量减少将导致该国商品价格水平下降,因此出口需求随之增加,国际收支逆差减少直至消除。国际收支发生顺差的情况刚好相反,最终会导致国际收支顺差消失。因此,国际金本位制度下,各国的国际收支失衡会由市场的自发力量使之恢复平衡。

由于这一机制最先是由休谟提出来的,因此,也常常被简称为休谟机制。

13. 国际金本位制度的"基因缺陷"是什么?

国际金本位制度的"基因缺陷"就在于黄金的数量有限性与分配的不平衡性之间的矛盾,当这一矛盾的尖锐化发展到不可调和的程度时,就会导致该制度的消亡。

一方面,在国际金本位制度下,国际清算和支付完全依赖于黄金或以黄金为本位的货币,货币供给主要依赖黄金产量,货币数量的增长主要取决于黄金产量的增长,而世界黄金产量有限,其增长越来越难以跟上世界经济的增长,这就使国际金本位制度的物质基础不断削弱。另一方面,第一次世界大战以后,世界黄金存量不足,黄金集中在少数几个国家,缺乏弹性的金本位制度难以适应大多数国家经济发展和汇率稳定的需要,金本位制度越来越难以维持,大多数国家便放弃金币本位制改为实施金块本位制或金汇兑本位制,纸币开始成为流通中的法定货币,货币与黄金的联系逐渐减弱,黄金的自由兑换和输出受到严格限制。由于军备竞赛和对外扩张,一些国家大量印刷纸币弥补财政赤字,纸币通货膨胀,进一步削弱了金本位制度的基础。当20世纪30年代世界性的经济危机来临时,各国便纷纷放弃了不同形式的金本位制度,导致国际金本位制度的彻底崩溃。

第三节 布雷顿森林国际货币体系

本节的内容,将帮助您了解布雷顿森林体系的创建、核心内容、特点、影响及解体的原因。

1. 布雷顿森林国际货币体系是如何形成的?

1944年7月,在美国新罕布什尔州的布雷顿森林镇,44个国家300多名代表在此召开了一次国际货币金融会议,主要是商讨第二次世界大战后国际金融秩序的重建,会议通过了《国际货币基金协定》和《国际复兴开发银行协定》,总称布雷顿森林协议。会后为了落实《国际货币基金协定》和《国际复兴开发银行协定》,先后成立了国际货币基金组织(IMF)和国际复兴开发银行(IBRD)这两个国际金融机构。其中基于国际货币基金组织的成立与运作,在国际货币基金组织成员国之间便形成了相应的汇率制度安排、国际储备资产确定、国际收支调节机制、国际清算安排、国际金融合作与协调等国际货币金融关系,这些关系的总和,即构成了新的国际货币体系——布雷顿森林体系。

2. 布雷顿森林会议中英国和美国分别提出了哪些方案？

在布雷顿森林会议中，美国财政部长助理哈里·怀特提出了"国际稳定基金方案"，称"怀特计划"；英国的经济学家凯恩斯代表英国政府提出了"国际清算联盟方案"，称"凯恩斯计划"。

3. 怀特计划的主要内容是什么？

怀特计划的主要内容是：

(1)由各国按照一定比例分摊认缴份额，以黄金、本国货币或政府债券缴纳，筹集50亿美元资金以建立基金组织；

(2)各国的投票权取决于各国缴纳份额的多少；

(3)基金组织发行一种叫"尤尼塔"(unita)的国际货币作为计价单位，一个尤尼塔的含金量相当于10个美元的含金量；

(4)各国要以法律规定其货币与尤尼塔的固定比价，并不得任意更改和变动；

(5)基金组织的主要任务是稳定汇率，一国可以通过向基金组织购买所需外汇和申请贷款，以解决国际收支不平衡问题。

4. 凯恩斯计划的主要内容是什么？

凯恩斯计划的主要内容是：

(1)成立一个"国际清算联盟"作为世界性中央银行；

(2)由国际清算联盟发行不可兑现的货币"班柯"(bancor)作为结算单位，各成员国规定本国货币与班柯的固定比价，但允许适当调整比价；

(3)各国可以用黄金换取班柯，但不能使用班柯换取黄金；

(4)各国中央银行在国际清算联盟开设班柯存款账户，来清算彼此的债权债务关系；

(5)当某一成员国国际收支出现逆差时，通过该账户支付逆差，如果账户余额不够，可以申请一定额度的透支，当出现顺差时，顺差收入将存入该账户。

5. 布雷顿森林体系以哪个方案为基础？

怀特计划和凯恩斯计划分别代表了美国和英国的利益，美国要单独主导国际货币体系，英国则希望通过凯恩斯计划与美国共同主导国际货币体系。由于当时美国政治经济实力处于绝对优势地位，因此会议最终通过了以怀特计划为基础的布雷顿森林协定。

6.《国际货币基金协定》的主要内容是什么？

《国际货币基金协定》的主要内容如下。

(1)建立一个长久性的国际金融机构（即IMF），处理国际货币金融事务。IMF的基本职能是：在汇率政策、经常账户的支付和货币的可兑换性等问题上，确定行为规则；向会员国融通资金以帮助会员国保持国际收支平衡；为会员国提供场所进行国际货币金融事务的磋商与协调。

(2)确立了黄金-美元本位制。在布雷顿森林体系下，美元与黄金建立了固定的比价关系，即1盎司黄金=35美元，各国货币与美元保持固定比价，从而与黄金间接发生联系，这就是"双挂钩"，即美元与黄金挂钩、各国货币与美元挂钩。各国政府可以使用美元向美国政府按照这个固定比价自由兑换黄金，因此美元成为各国的主要储备货币和通用的国际结算货币，因而也将布雷顿森林体系下的汇率制度称为黄金-美元本位制。

(3)实行可调整的钉住汇率制。布雷顿森林体系下各国货币与美元保持固定比价,因此相互之间也保持了固定的比价,从而形成一个固定汇率的货币体系。这个货币体系下汇率并不是绝对不变的,而是实行可调整的钉住汇率制。各国汇率应该维持与美元的固定比价,也就是"钉住"美元,当市场汇率超过固定比价的上下1%幅度时,各国政府有义务干预市场,维持本币与美元汇率的稳定。一国只有在国际收支发生"根本性不平衡"时,才允许其货币贬值或升值,各国货币与美元固定比价的任何变动都要经过国际货币基金组织批准。

(4)国际收支的调节机制。布雷顿森林体系关于国际收支的调节机制有两个方面的内容。①逆差国可以向IMF申请贷款以弥补逆差。贷款的资金来源是会员国向IMF缴纳的份额,贷款的数量也与份额的大小相联系。贷款附带一定的条件,而且要求在3~5年内改变逆差状况,归还贷款。②可以通过汇率的调整,来纠正国际收支的基本不平衡。

(5)建立国际性的资金融通机制。会员国份额的25%,以黄金或可兑换货币缴纳,其余部分则以本国货币缴纳。会员国在需要贷款时,可用本国货币向IMF按规定程序购买一定数额的外汇,归还时要以黄金或可兑换货币购回本国货币,通过这种方式来偿还所借用的外汇款项。会员国所能获得的贷款额,同其缴纳的基金份额相当,认缴份额越大,能得到的贷款也就越多。

(6)取消对经常账户的外汇管制。《国际货币基金协定》第8条规定会员国不得限制经常账户的支付,但是可以对资本账户下的资金流动采取管制措施。

7. 布雷顿森林体系的主要内容是什么?

布雷顿森林体系的主要内容可参见表5-2。

表5-2 布雷顿森林体系的主要内容简表

汇率制度安排	以"美元与黄金挂钩、各国货币与美元挂钩"为基础的钉住美元的可调整的固定汇率制
国际储备资产确定	黄金、美元二元化的国际储备资产结构
国际收支调节机制	政府调节为主、市场调节为辅的国际收支失衡调节机制,逆差国与顺差国都应承担国际收支失衡的调节责任
国际清算安排	取消经常账户下的汇兑限制,允许货币自由兑换;鼓励取消资本账户下的汇兑限制
国际金融合作与协调	由国际货币基金组织充当国际货币关系的管理与协调机构

8. 布雷顿森林体系下的固定汇率制度的主要内容是什么?

布雷顿森林体系下的固定汇率制度安排是以"美元与黄金挂钩、各国货币与美元挂钩"为基础的钉住美元的可调整的固定汇率制。其具体内容是:

(1)各国货币当局有义务干预汇率市场,使本币与美元的市场汇率水平维持在固定比价的±1%的幅度(后期扩大到±2.25%)之内;

(2)一国只有在国际收支发生"根本性不平衡"时,才允许其货币贬值或升值,在新的固定比价的基础上,货币当局仍有义务干预汇率市场,使本币与美元的市场汇率水平维持在上述规定的幅度内;

(3) 一国在其国际收支发生"根本性不平衡"时,允许其货币贬值或升值,幅度小于或等于10%的贬值或升值,各国可自行决定,幅度大于10%的贬值或升值,则需经过国际货币基金组织的批准。

9. 布雷顿森林体系具有什么积极作用?

布雷顿森林体系具有以下方面的积极作用:

(1) 美元成为主要的国际储备货币,弥补了世界黄金不足对经济的不利影响,促进了世界经济的发展;

(2) 布雷顿森林体系建立了一个统一的货币体系,结束了金本位崩溃之后国际金融领域里的混乱局面,有利于促进世界经济的繁荣;

(3) 在布雷顿森林体系下,各国汇率基本保持相对稳定,为国际经济贸易往来的发展创造了有利的条件;

(4) 布雷顿森林体系建立了各国在国际货币金融领域协商和合作的长期机制,有助于各国消除国际收支不平衡,保持各国经济的稳定。

10. 布雷顿森林体系具有什么不足?

布雷顿森林体系具有以下方面的不足。

(1) 布雷顿森林体系削弱了各国的货币政策自主权。布雷顿森林体系下的汇率体制实质是固定汇率制度,各国有义务维持本国货币和美元或其他国家货币的比价,这使得国际收支顺差和逆差直接影响到货币量的收放,各国难以运用货币政策调控经济,削弱了货币政策的自主权。

(2) 布雷顿森林体系难以真正调整各国国际收支的失衡。由于国际收支失衡的调整涉及各国自身利益,国际货币基金组织在平衡国际收支的国际合作上难以发挥实质作用。

(3) 布雷顿森林体系下可调整的固定汇率制度缺乏弹性。当出现国际收支根本性失衡时,需要调整汇率,但是在布雷顿森林体系下,各国基于自身利益考虑汇率贬值或升值问题,顺差国不愿意汇率升值,逆差国不愿意汇率贬值。特别是当美元币值发生变化时,美元与黄金比价、美元与其他国家货币比价的调整更是矛盾重重。因此,布雷顿森林体系下的固定汇率制度的调整面临重重困难,缺乏足够的弹性。

11. 什么是"特里芬难题"?

"特里芬难题"是由美国经济学家罗伯特·特里芬教授发现并提出来的"悖论",意指一国货币作为国际储备货币所存在着的,在充分满足其他国家对国际储备的需求与保持该储备货币币值稳定之间的内在矛盾。

美国经济学家特里芬认为,在布雷顿森林体系下,美元既作为美国的货币,同时又作为国际储备货币,因此:美国若要稳定美元币值而又保持国际收支顺差,就不能充分满足其他国家对国际储备货币的需求;美国若要充分满足其他国家得到充足外汇储备的要求,就须以国际收支逆差为代价,这又会使美元币值下跌,危及体系的稳定。

某国货币如果同时又充当国际储备货币,都会面临特里芬难题。在布雷顿森林体系下,特里芬难题所揭示的矛盾便成为布雷顿森林体系内在的"基因缺陷",布雷顿森林体系的消亡正是这一矛盾最终尖锐到不可调和的结果。

12. 什么是第一次美元危机?

20世纪60年代初,美元大量外流,美国黄金储备也迅速减少,市场对美国能否维持黄金美元固定比价产生怀疑,对美元的信心开始动摇。1960年10月,英国伦敦市场上爆发了抛售美元抢购黄金的投机风潮,当时的金价暴涨到每盎司41.5美元,高出官价的20%,形成了布雷顿森林体系建立后的第一次美元危机。

13. 面对第一次美元危机,各国是如何应对的?

各国采用了以下拯救措施应对第一次美元危机。

(1) 稳定黄金价格(君子)协定。欧洲主要国家中央银行达成一项"君子协议",共同约定以不超过1盎司黄金=35.2美元(等于美国出售1盎司黄金的价格)的价格相互购买黄金,以稳定黄金和美元的价格。

(2) 黄金总库。1961年10月,美国联合欧洲七国(英国、法国、西德、意大利、荷兰、比利时、瑞士)共拿出2.7亿美元建立了黄金总库。建立黄金总库的目的是平抑金价,并由英格兰银行作为黄金总库的代理机构,负责在伦敦黄金市场买卖黄金,将金价维持在1盎司黄金=35.2美元的水平上。

(3) 借款总安排。1961年11月,IMF与美国、英国、西德、法国、日本、加拿大、瑞典、比利时、荷兰、意大利十国(即十国集团)达成一项"借款总安排"协议。当国际货币基金组织需要时,可以从十国集团借入资金用于贷款给发生危机的成员国以稳定汇率。

(4) 货币互换协定,又称互惠信贷协议。其主要内容是两国中央银行彼此间相互提供对等的短期信贷资金,在规定的期限和规定的金额幅度内利用对方货币来干预外汇市场,维持汇率的稳定。

14. 什么是第二次美元危机?

20世纪60年代中期,美国陷入越南战争,财政赤字增加,美元通货膨胀,美国国际收支恶化,导致美元贬值压力大增。为了防止储备资产贬值,法国等西欧国家纷纷用美元向美联储提取黄金,致使美黄金储备急剧下降,从1950年的250亿美元降至1968年的121亿美元。市场对美元的信心再次下滑,导致第二次美元危机的爆发。法国巴黎的黄金价格一度暴涨到1盎司黄金=44美元,美国黄金储备流失了14亿美元。伦敦黄金市场被迫关闭,解散黄金总库,各国不再以官价买卖黄金,黄金价格由市场自由决定。

15. 面对第二次美元危机,各国是如何应对的?

各国采用了以下拯救措施应对第二次美元危机。

(1) 黄金双价制。虽然市场上黄金价格随行就市,但同时各国的中央银行仍能以官价用美元向美联储兑换黄金,即形成了"黄金双价制"。

(2) 创立特别提款权。IMF于1969年创设了被称为"纸黄金"的特别提款权,特别提款权价格为1盎司黄金=35特别提款权,国际货币基金组织的成员国之间可以用特别提款权替代黄金和美元,以解决国际收支逆差和稳定汇率。

16. 什么是第三次美元危机?

20世纪70年代初,美国对外美元负债增加到700亿美元,而同期的黄金储备仅有100亿美元,国际收支和国内经济进一步恶化,到1971年5月爆发了第三次美元危机。同年8月15日尼克松政府不得不宣布实行"新经济政策",将美元的官价调整到1盎司黄金=42美元,并不再承诺按官价用黄金兑换美元,正式关闭了"黄金窗口",意味美元和黄金正式脱钩,也意味着布雷顿森林体系开始瓦解。

17. 面对第三次美元危机,各国是如何应对的?

各国采用了以下拯救措施应对第三次美元危机。

(1)美国实行新经济政策。主要内容包括:①在国内冻结工资和物价90天(三个月);②对外停止履行外国政府或中央银行可以用美元向美国兑换黄金的义务;③对进口商品征收10%的进口附加税;④削减对外经济援助10%。

(2)史密森协议。十国集团于1971年12月在华盛顿史密森学会大厦举行会议,达成史密森协议,主要内容包括:①美元对黄金的官价贬值7.89%,即从每盎司35美元提高到38美元,这是第二次世界大战后美元第一次正式贬值;②美元对一些国家的货币贬值;③将市场汇率的允许波动幅度从黄金平价上下各1%扩大到黄金平价上下各2.25%;④美国取消新经济政策中10%的进口附加税。

18. 什么是第四次美元危机?

1973年2月,由于美国经济持续恶化,国际收支逆差严重,美元信用猛烈下降,国际金融市场上美元再度遭到持续的抛售,美国政府不得不在同年2月12日宣布美元兑黄金的官价贬值10%,即从每盎司38美元再度提高到42.22美元。此举并未能够阻止市场抛售美元的狂潮,以至于西欧和日本外汇市场被迫关闭达17天之久。

19. 第四次美元危机有什么后果?

经过前三次美元危机的冲击,布雷顿森林体系已经名存实亡,面对第四次美元危机,经过西方各国协商,最终宣布放弃固定汇率制度,实行浮动汇率制度,从而导致了布雷顿森林体系的最终消亡。

20. 布雷顿森林体系的演变过程可以划分为几个阶段?

布雷顿森林体系的演变过程大致可以划分为以下几个阶段:

(1)"美元荒"期:1947年12月—1950年初;
(2)平稳运行期:1950年初—1960年10月;
(3)动摇期:1960年10月—1971年5月;
(4)崩溃期:1971年5月—1973年3月。

第四节 牙买加国际货币体系

本节的内容,将帮助您了解牙买加体系的创建、核心内容、特点和不足之处,并对国际货币体系的改革建议有基本的认识。

1. 什么是牙买加国际货币体系?

牙买加国际货币体系简称牙买加体系,在布雷顿森林体系解体后,国际货币基金组织对《国际货币基金协定》进行了第二次修订,通过了牙买加协议。牙买加协议的实施使得在国际货币基金组织成员国之间形成了新的相应的汇率制度安排、国际储备资产确定、国际收支调节机制、国际清算安排、国际金融合作与协调等方面的国际货币金融关系,这些新关系的总和,构成了作为布雷顿森林体系继承物的新的国际货币体系——牙买加体系。

2. 牙买加体系是何时产生的?

布雷顿森林体系解体后,美国等西方主要国家放弃了钉住汇率,转而实行浮动汇率制度,其他国家仍然实行各种调控程度的钉住汇率制度,国际货币体系混乱无序,国际金融市场动荡不安,给世界各国经济发展造成了严重的负面影响。这促使国际社会积极努力寻求建立新的稳定统一的国际货币体系。1976年1月,国际货币基金组织国际货币制度临时委员会在牙买加首都金斯顿签订了牙买加协议。同年4月,国际货币基金理事会通过了《国际货币基金协议第二次修正案》(第一次修正案是1968年授权IMF发行特别提款权SDRs)。1978年4月1日,经修改的IMF协定获得法定60%以上的会员国和80%以上多数票的通过,从而正式生效。

3. 牙买加协议的主要内容是什么?

牙买加协议增强了国际货币基金组织的作用,同时放弃了布雷顿森林体系下的双挂钩制度。牙买加协议的主要内容如下。

(1)浮动汇率制度合法化。国际货币基金组织成员可以根据本国的实际情况,自由选择浮动汇率或固定汇率的汇率制度,国际货币基金组织将对其汇率制度进行监督,以避免汇率操纵和不公平竞争,维持各国汇率稳定。

(2)黄金非货币化。废除黄金官价,允许黄金价格随市场供求变化自由浮动,各成员国中央银行之间可以在黄金市场上自由买卖;取消成员国之间,以及成员国与国际货币基金组织之间用黄金清算债权债务的义务。各成员国原来需以黄金交纳基金份额的部分(25%)改由以外汇交纳。黄金从此退出流通,彻底与货币脱钩,这意味着成员国货币不能与黄金挂钩,黄金不再是官方平价的基础。

(3)提高特别提款权的国际储备地位。牙买加协议认为特别提款权是将来国际货币体系中的主要储备资产,成员国可用特别提款权履行国际货币基金组织的义务,成员国之间可以相互借贷特别提款权,用于平衡国际收支和稳定汇率。为增强国际货币基金组织的作用,国际货币基金组织的份额从原有的290亿特别提款权扩大到390亿特别提款权。

(4)扩大信贷额度,以增加对发展中国家的资金融通。国际货币基金组织用出售黄金所得建立面向发展中国家的"信托基金",以优惠条件提供贷款;同时扩大了信用贷款的总额,有利于发展中国家的资金融通。

4. 牙买加体系的主要内容是什么?

牙买加体系的主要内容可见表5-3。

表5-3 牙买加体系的主要内容简表

汇率制度安排	以浮动汇率制度为主的多种形式的汇率制度安排
国际储备资产确定	多元化的国际储备资产结构
国际收支调节机制	市场调节为主、政府调节为辅的多样化的国际收支失衡调节机制,逆差国与顺差国都应承担国际收支失衡的调节责任
国际清算安排	取消经常账户下的汇兑限制,允许货币自由兑换;鼓励取消资本账户下的汇兑限制
国际金融合作与协调	国际货币基金组织仅仅充当国际货币关系的协调机构

5. 为什么说牙买加体系下的汇率制度安排是"以浮动汇率制度为主的多种形式的汇率制度安排"？

1973年主要发达国家实行浮动汇率制后，发展中国家根据各自的国情需要，自由选择不同的汇率制度，形成了多样化的汇率制度安排。根据1978年国际货币基金组织协议修正案，成员国可以自行决定其汇率制度。当今汇率制度的趋势是实行固定汇率制度的国家越来越少，实行灵活的汇率制度的国家不断增多，大多数国家的汇率制度介于完全固定的汇率制度与完全浮动的汇率制度之间。

6. 为什么说牙买加体系下的国际储备资产确定是"多元化的国际储备资产结构"？

在牙买加体系下，美元仍是主导货币，是国际最重要的计值单位和国际支付手段，也是最主要的国际贮藏手段。但特别提款权的地位得到提升，是重要的国际储备资产。德国马克、日元和英镑也成为国际储备货币。欧元诞生后，欧元成为美元强有力的竞争对手，在国际储备中的地位越来越重要。与此同时，黄金因为其本身的特殊性，仍然在国际储备资产中占据一席之地。

7. 为什么说牙买加体系下的国际收支调节机制是"市场调节为主、政府调节为辅的多样化的国际收支失衡调节机制"？

在牙买加体系下，国际收支调节方式日趋多样化，主要有如下几种：
(1) 利用国内财政政策和货币政策消除国际收支不平衡；
(2) 利用汇率机制的灵活性，通过汇率调整来调节国际收支；
(3) 通过融资来调节国际收支；
(4) 加强国际的协调与合作。

8. 牙买加体系有哪些积极作用？

牙买加体系在维持国际金融秩序稳定、促进世界经济发展方面起到了积极作用。主要表现如下：
(1) 多元化的储备结构摆脱了布雷顿森林体系下各国货币间的僵硬关系，为国际经济提供了多种清偿货币，缓解了储备货币供不应求的矛盾，在一定程度上解决了特里芬难题；
(2) 多样化的汇率安排适应了多样化的、不同发展水平的各国经济，为各国维持经济发展与稳定提供了灵活性与独立性，同时有助于保持国内经济政策的连续性与稳定性；
(3) 多种国际收支调节手段的存在，使国际收支的调节更为有效与及时。

9. 牙买加体系有哪些缺点？

牙买加体系的缺点有以下几个。
(1) 在多元化国际储备格局下，储备货币发行国仍享有"铸币税"等多种好处，同时，在多元化国际储备下，缺乏统一的稳定的货币标准，这本身就可能造成国际金融的不稳定。
(2) 汇率大起大落，变动不定，汇率体系极不稳定。其消极影响之一是增大了外汇风险，从而在一定程度上抑制了国际贸易与国际投资活动，对于发展中国家而言，这种负面影响尤为突出。
(3) 国际收支调节机制并不健全，各种现有的渠道都有各自的局限，牙买加体系并没有消除全球性的国际收支失衡问题。

10. 发展中国家的"蓝皮书"计划和《阿鲁沙协议》对国际货币体系的改革要求是什么？

(1)加强国际货币基金组织的作用和权威，并增强发展中国家在基金组织的地位和作用。

(2)建立稳定兼具灵活性的汇率制度，设立汇率目标区，基金组织应该加强对发达国家汇率政策的监督。

(3)国际收支调节机制要公平、对称和有效，不能让发展中国家单独承担国际收支失衡的调节责任。

(4)削弱美元的作用，加强和扩大特别提款权的作用，使今后国际清偿力的增长能逐步摆脱一国的影响，这有利于建立公正合理的国际经济新秩序。

(5)扩大特别提款权的分配和基金的份额，重新安排和减免发展中国家的债务。

11. 关于牙买加体系下国际储备资产改革的主要建议有哪些？

关于本位货币和储备货币问题的改革建议有：

(1)建立世界中央银行；

(2)恢复金本位制度；

(3)实行美元本位制；

(4)改进金汇兑本位制，实行以黄金为基础的多种储备货币制度；

(5)实行商品性储备通货本位制。

12. 关于牙买加体系下汇率制度改革的主要建议有哪些？

(1)英国学者威廉姆逊建议实行爬行钉住汇率制度。爬行钉住汇率制度实际上是一种短期稳定、长期灵活的汇率制度，可以避免汇率的短期剧烈波动，又可以长期对汇率进行调整。由此延伸出来的滑动钉住汇率制度和微调的汇率制度，都属于这一制度的范畴。

(2)英国学者威廉姆逊等人还提出了两个介于固定汇率和浮动汇率之间的汇率制度改革建议：一是汇率目标区方案，指通过协商规定主要货币之间汇率波动的目标幅度(幅度可达10%)，当汇率波动超越目标区时就实行干预；二是宽幅波动方案，即允许各国将汇率波动的幅度从原来的平价上下各1%扩大到更大的幅度(比如10%)。这两个建议都旨在既扩大汇率的灵活性、增加汇率在调节国际收支和储备需求方面的作用，又保持汇率的相对稳定性，在一定程度上维持汇率对各国国际收支和财政货币政策的约束力，以保证世界货币金融领域的稳定。

(3)诺贝尔经济学奖获得者蒙代尔提出了"最适度通货区理论"，认为在政治经济条件基本相同的几个国家和地区之间可以形成一个货币区，区域内发行统一的货币，执行统一的货币政策，以此消除汇率波动的不利影响。

第五节 欧洲货币体系

本节的内容，将帮助您了解欧洲货币体系的建立、欧元区形成的过程、欧元区带来的影响以及欧元区的缺陷。

1. 货币一体化的含义是什么？

根据区域内各国货币合作的程度，可将货币一体化的含义分成三个层次：一是区域货币合作；二是区域货币联盟；三是通货区。

2. 什么是通货区？

通货区（currency area）所指的区域是：区内各成员国货币相互间保持钉住汇率制，对区外各种货币实行联合浮动。理论上说，任何一个国家都会面临最适度货币区的问题，即本国是适宜单独组成一个货币区，还是与其他某些国家共同组成一个货币区。如果对于某一国家而言，本国单独组成一个货币区，那么就意味着本国实行的是浮动汇率制或弹性汇率制。问题的关键在于：究竟依据什么准则来确定什么样的国家之间适合共同组成一个货币区。不同的学者所强调的准则存在明显的差异。

3. 什么是欧洲货币体系？

欧洲货币体系（European Monetary System, EMS）是由欧洲共同体的成员国，于1979年3月13日正式建立的区域性的国际货币体系，是在欧洲共同体成员国的范围内复活的缩小版的布雷顿森林体系，它既是欧洲货币区域一体化发展进程中的一个重要阶段的产物，同时又是欧元及欧洲央行演化的前身。

4. 欧洲货币体系的主要内容是什么？

(1) 创设欧洲货币单位（European Currency Unit, ECU, 也称"埃居"）；
(2) 建立稳定汇率机制（Exchange Rate Mechanism, ERM）——双重的中心汇率制；
(3) 建立欧洲货币基金（European Monetary Fund, EMF）。

5. 什么是欧洲货币单位？

欧洲货币单位是欧洲货币体系的核心，也是欧元的前身，是按"一篮子"原则由共同市场国家货币混合构成的货币单位。其定值办法是根据成员国的国民生产总值和在共同市场内部贸易所占的比重大小，确定各国货币在"欧洲货币单位"中所占的权重，并用加权平均法逐日计算欧洲货币单位的币值。每5年调整一次权数，但若其中任何一种货币比重的变化超过25%，可随时对权数进行调整。各种货币在ECU中的比重确定之后，就可以计算一个ECU等于多少美元、日元等。

6. 欧洲货币单位有什么作用？

欧洲货币单位有以下作用：
(1) 作为决定成员国货币的中心汇率的标准；
(2) 作为各成员国与欧洲货币基金之间的信贷制度；
(3) 作为成员国货币当局之间的结算工具，以及整个共同体的财政预算的结算工具；
(4) 随着欧洲货币基金的建立，欧洲货币单位逐步成为各国货币当局的一种储备资产。

由此可见，在欧共体内部，ECU具有计价单位、支付手段和储备资产的职能。它被作为计算汇率波动幅度指示器的基础，还被用于发放贷款、清偿债务以及编制共同体统一预算等。

7. 欧洲货币单位是如何发行的？

ECU的发行有特定的程序。在欧洲货币体系成立之初，各成员国向欧洲货币合作基金

(EMCF)提供国内20%的黄金储备和20%的美元及其他外汇储备,EMCF以互换的形式向各成员国发行数量相当的ECU。其中,黄金储备按6个月前的黄金平均市场价格或按前一个营业日的两笔定价的平均价格计算,美元是按市场汇率定值。在创立之初,EMCF共向各国提供了230亿ECU。

8. 什么是双重的中心汇率制?

双重的中心汇率制是指欧洲货币体系以两个中心汇率为核心,对内实行固定汇率制,对外实行联合浮动的汇率制度,即欧洲货币体系的汇率机制(exchange rate mechanism)。该汇率机制是欧洲货币体系的核心组成部分,它由平价网体系与货币一篮子体系相结合,在该机制中每一个参加国都确定本国货币同欧洲货币单位的可调整的固定比价,称为中心汇率,据此建立起每对成员国货币间的中心汇率。平价网体系是EMCF规定了成员国之间汇率允许波动的范围,最初曾规定最大范围为中心汇率的±2.25%,个别成员国因实力较弱,允许其货币汇率的波动幅度扩大到±6%,后来统一调整为德国马克和荷兰盾上下波动的界限是2.25%,其余成员国间汇率波动的界限为15%。如果两国的货币汇率达到允许波动的上限或下限,货币当局必须在外汇市场进行强制性干预,实现汇率机制的稳定。货币一篮子体系是EMCF对成员国货币和ECU的中心汇率制定一个最大偏离界限,它也是稳定汇率机制的重要组成部分。最大偏离界限等于成员国货币和ECU的中心汇率的±2.25%(1-权数)。最大偏离界限的±75%是偏离警戒线。当成员国货币对ECU中心汇率偏离达到警戒线时,该国货币当局应采取措施,以避免达到最大偏离界限。

最大偏离界限的具体计算公式是:

$$最大偏离界限 = 成员国汇率上下波动界限 \times 75\% \times (1 - 成员国货币在欧洲货币单位中所占比重)$$

9. 为什么说双重的中心汇率制是一种稳定的汇率机制?

在欧洲货币体系的汇率机制下,成员国对其货币的汇率具有双重干预义务:一是当本币对ECU中心汇率偏离达到最大偏离界限时;二是当本币对其他成员国货币的中心汇率偏离达到最大波动幅度时,应进行干预。当成员国的货币汇率偏离情况无法通过外汇市场干预和其他相关调节政策予以纠正时,允许放弃原定的中心汇率,建立新的中心汇率。由于最大偏离界限比各国货币间的中心汇率波动界限小,故能对各国的汇率失常现象预先提出警告,从而保证共同体成员国共同维持汇率的稳定,促进经济与贸易的发展,防止国际投机资本对某一成员国货币进行单独的冲击。

10. 什么是欧洲货币基金?

欧洲货币基金是根据欧洲货币体系的规定,于1973年4月设立的欧共体成员国之间的汇率稳定基金。

11. 欧洲货币基金有什么具体用途?

欧洲货币基金的作用有:干预外汇市场,打击投机活动,稳定成员国货币之间的汇率和维持汇率联合浮动;向成员国提供信贷,平衡国际收支。

欧洲货币合作基金贷款方式有以下三种:

(1)不超过45天的短期贷款没有任何限制,还可享受3%的利息补贴,该贷款只向稳定汇率机制的参加国提供;

(2) 9 个月以下的短期贷款用于帮助成员国克服短期国际收支失衡问题;

(3) 中期贷款的期限为 2～5 年,用于帮助成员国解决结构性国际收支问题。欧共体对每一个成员国的贷款都有一定的限额,对弱币国家的贷款严格控制在定额之内。

12. 欧洲货币基金是如何设立的?

欧共体规定,各成员国需缴出其 20% 的黄金储备和外汇储备(其中 10% 为黄金),作为共同体的共同储备。在欧洲货币体系成立的初期,欧洲货币基金的总额约有 250 亿欧洲货币单位,其中的 140 亿欧洲货币单位作为短期贷款,其余 110 亿欧洲货币单位作为中期金融援助。与国际货币基金组织发放贷款的办法相似,成员国取得贷款时,应以等值的本国货币存入基金。

13. 欧洲货币体系是如何建立的?

20 世纪 70 年代石油价格猛涨,使欧共体各国国际收支普遍逆差。为联合抵御美元汇率和利率波动对各国经济的冲击,加强欧共体在国际金融领域同美国分庭抗礼的地位,1978 年 4 月,在哥本哈根召开的欧共体首脑会议上,西德总理施密特和法国总统德斯坦提出建立欧洲货币体系的动议。1978 年 12 月 5 日欧共体各国首脑在布鲁尔就这一动议达成协议,1979 年 3 月 13 日欧洲货币体系协议正式实施。

14. 欧洲货币一体化进程是如何发展演化的?

欧洲货币一体化的发展演化大致经历了如下阶段。

(1) 1950 年欧洲支付同盟成立,这是欧洲货币一体化的开端。

(2)《欧洲经济共同体条约》和《欧洲原子能共同体条约》统称为《罗马条约》,于 1958 年 1 月 1 日生效,这标志着欧洲经济共同体的正式成立。

(3) 于 1971 年 2 月 9 日经欧共体部长会议通过的"魏尔纳报告",开始启动建立"欧洲经济与货币联盟"的计划,计划通过 10 年的建设期,到 1980 年底,最终建立统一的欧洲货币和统一的欧洲央行。

(4) 1979 年 3 月,欧洲货币体系(EMS)建立,替代中途夭折的"欧洲经济与货币联盟"计划。

(5) 1992 年 2 月 7 日,《欧洲联盟条约》正式签署,重启欧洲货币一体化进程。

(6) 1994 年 1 月 1 日,欧盟在法兰克福成立作为欧洲央行前身的欧洲货币局(European Monetary Institute,EMI),从事欧洲央行的各项技术准备工作。

(7) 1995 年 12 月 16 日,第 54 届欧洲联盟首脑会议确定欧洲统一货币的名称为欧元(Euro),取代欧洲货币单位并于 1999 年 1 月 1 日正式使用。

(8) 1997 年 6 月,在阿姆斯特丹举行的欧盟首脑会议批准了《稳定和增长公约》、《欧元的法律地位》和《新的货币汇率机制》三个文件,为欧元 1999 年 1 月 1 日的按期启动完成了技术准备和法律保障。

(9) 1998 年 3 月 25 日,欧洲货币局就欧盟各国完成《马约》趋同标准的情况发表报告,认为自欧洲货币局 1996 年秋天的评估以来,绝大多数国家在完成达标任务方面成绩明显。同日,欧盟委员会也发表了各国经济趋同情况评估报告以及首批进入欧元区的 11 个国家的名单(法国、德国、意大利、西班牙、比利时、荷兰、卢森堡、葡萄牙、奥地利、芬兰和爱尔兰)。1998 年 5 月 2 日,欧盟特别首脑会议批准欧盟委员会的这一报告和名单,在提交欧盟各成员国政府讨论通过后,欧元发行的法律程序即告完成;同日,荷兰人杜伊森贝赫当选欧洲中央银行的首任行长。

(10)1999年1月1日,发行统一的欧洲货币——欧元,欧元以1∶1的汇率取代埃居(ECU)作为非现金交易的"货币",以支票、信用卡、股票和债券等方式进行流通,可以作为储备、投资、计价和结算货币。

(11)自2002年1月1日起,欧元现钞(纸币和硬币)正式进入流通,此时欧元和各成员国货币可以同时流通,但成员国的货币开始逐步退出流通。

(12)从2002年7月1日起,欧元区11国各自的货币终止流通,由欧元完全取代,欧元作为欧元区唯一法定货币在市场流通。在实际进程中,为了降低此转换期的风险,欧元完全取代11国各自货币单独在市场流通的时间提前到2002年3月1日起。

15.《马斯特里赫特条约》与《欧洲联盟条约》是什么关系?

1991年12月9日和10日,欧共体12国首脑在荷兰马斯特里赫特开会,就欧共体建立内部统一大市场后,进一步建立政治联盟和经济与货币联盟问题达成协议。会议通过了《政治联盟条约》和《经济与货币联盟条约》,统称《马斯特里赫特条约》,简称《马约》。1992年2月7日,欧共体的外长和财长又在马斯特里赫特正式签署了《欧洲联盟条约》,这是上述《政治联盟条约》和《经济与货币联盟条约》合二为一的正式文本。

16.《马斯特里赫特条约》的核心内容是什么?

《马约》的核心内容是:①于1993年11月1日建立欧洲联盟,实行共同的外交、安全防务和社会政策等;②于1998年7月1日成立欧洲中央银行,负责制定和实施欧洲的货币政策,并于1999年起实行单一货币。可见,《马约》关于货币联盟的最终要求是在欧洲联盟内建立一个负责制定和执行共同货币政策的欧洲中央银行并发行统一的欧洲货币。

17.《马斯特里赫特条约》的建设进程是如何设计的?

《马约》设计分以下三个阶段实施货币一体化计划。

第一阶段 1990年7月1日—1993年12月31日,其目标是:使所有成员国均加入欧洲货币体系的汇率机制,实现资本的自由流动,协调各成员国的经济政策,建立相应的监督机制。

第二阶段 1994年1月1日—1996年12月31日,其目标是:进一步实现各国宏观经济政策的协调,加强成员国之间的经济趋同,建立独立的欧洲货币管理体系——欧洲货币局(EMI),作为欧洲中央银行的前身,为统一货币做技术和程序上的准备,各国货币汇率的波动在原有基础上进一步缩小并趋于固定。

第三阶段 1997年1月1日—1999年1月1日,其目标是:最终建立统一的欧洲货币和独立的欧洲中央银行。

18.什么是《马约》第三阶段的快、慢方案?

《马约》第三阶段的快、慢方案是指根据《马约》规定,到1996年底,如果至少有7个国家符合规定的经济标准,并经12国多数表决通过,则这些达标国家将于1997年首先进入第三阶段,如届时达标的国家不足7个,或多数表决未能通过,则已达标国家应最迟于1999年1月1日进入第三阶段,其他国家待达标后再加入。换句话说,1999年1月1日是实施第三阶段目标的最后期限,不管当时有多少国家达标,欧洲货币一体化都将进入《马约》规定的第三阶段,建立独立的欧洲中央银行和发行统一的欧洲货币。

19.《马约》为衡量成员国能否进入第三阶段设置了哪些达标条件(或称趋同标准)?

《马约》规定,参加货币联盟的成员国必须达到下列标准:
(1)通货膨胀率不超过3个通货膨胀率最低国家平均水平的1.5%;
(2)财政赤字占国内生产总值的比重不超过3%;
(3)政府的债务累计额不超过其国内生产总值的60%;
(4)长期国债的收益率低于通货膨胀水平最低的3个国家平均数的2%;
(5)汇率波动必须维持在欧洲货币体系规定的幅度内,至少有两年未发生过货币贬值;
(6)成员国中央银行的法则法规必须同《马约》规定的欧洲中央银行的法则法规相兼容。

根据上述规定,在1998年5月欧盟首脑会议上,经欧盟委员会及欧洲货币机构评审,并经欧洲议会表决通过了德国、法国、意大利、荷兰、比利时、卢森堡、奥地利、爱尔兰、芬兰、西班牙和葡萄牙11个国家为首批加入欧元区的成员国。在欧盟其余的4个成员国中,希腊因为经济未能全面达标而暂时落选(希腊于2000年初使其各项经济指标达到《马约》规定的趋同标准,并于2001年1月1日成为欧元区第12个成员国);英国、丹麦和瑞典三国的经济虽已达标,但出于国内政治考虑,均已明确表示不打算成为首批进入货币联盟第三阶段的国家。

20. 欧元诞生前夕,欧元与首批进入欧元区的11国货币之间的汇率锁定在什么水平上?

1998年12月31日,欧洲联盟财长理事会正式决定欧元与11个成员国货币之间的汇率锁定在以下水平上:1欧元分别兑换:1.95583德国马克;40.399比利时法郎;166.386西班牙比塞塔;6.559 571法国法郎;0.787 564爱尔兰镑;1 936.27意大利里拉;40.339 9卢森堡法郎;2.203 71荷兰盾;13.760 3奥地利先令;200.482葡萄牙埃斯库多;5.945 73芬兰马克。

21. 欧元的诞生给世界带来了什么影响?

欧元的诞生给世界经济和国际货币体系带来了以下深远的影响。
(1)严重削弱了美元的地位。欧元出现以后很快成为国际通用的支付手段和结算单位,各国的储备资产结构中逐步增加欧元比重,减少美元所占比重,美元在国际经济中地位受到严重削弱。
(2)消除了欧元区内各国汇率的波动,有利于区域内各国和世界其他国家经济和贸易发展。由于实行了区域的单一货币,区域内各国相互往来完全避免了汇率风险的影响,对于世界其他国家而言,欧元区经济实力雄厚,货币政策独立,欧元币值稳定,与欧元区国家经济往来的汇率风险也大大降低了。
(3)给国际货币体系改革以及世界其他地区的区域货币一体化改革提供了成功的范例。长期以来,由于区域货币一体化需要各国家交出货币政策自主权,牵扯到区域内多个国家自身利益,因此区域货币一体化进程艰难重重。欧元区的出现和其后的成功运作,说明区域货币一体化是可行的,对区域各国是有利的,有助于推动世界上其他地区的区域货币一体化进程。

22. 欧元区存在什么缺陷?

欧元区存在以下缺陷。
(1)货币政策与财政政策的分离。在欧元区内,欧洲中央银行制定和执行统一的货币政策,各国自主决定本国的财政政策,财政政策和货币政策难以完全协调,时常会发生冲突。
(2)各国失去货币政策自主权,不能再通过货币政策调整来调控经济和国际收支状况,不利于本国经济的内部和外部平衡。

(3)欧元的前景和币值稳定有赖于欧元区内各国的经济状况,一旦区域内成员国发生严重的经济危机,将会动摇人们对欧元的信心,进而影响到其他成员国的经济利益。

知识链接

知识链接5-1 特别提款权及其定值

特别提款权是国际货币基金组织创设的一种储备资产和记账单位。它是基金组织分配给会员国的一种使用资金的权利。会员国在发生国际收支逆差时,可用它向基金组织指定的其他会员国换取外汇,以偿付国际收支逆差或偿还基金组织的贷款;还可与黄金、自由兑换货币一样充当国际储备。但由于它只是一种记账单位,不是真正货币,使用时必须先换成其他货币,不能直接用于贸易或非贸易的支付。因为它是国际货币基金组织原有的普通提款权以外的一种补充,所以称为特别提款权。

特别提款权创立初期,它的价值由含金量决定,当时规定35特别提款权单位等于1盎司黄金,即与美元等值。1971年12月18日,美元第一次贬值,而特别提款权的含金量未动,因此1个特别提款权就上升为1.085 71美元。

1973年2月12日美元第二次贬值,特别提款权含金量仍未变化,1个特别提款权再上升为1.206 35美元。1973年,西方主要国家的货币纷纷与美元脱钩,实行浮动汇率以后,汇价不断发生变化,而特别提款权同美元的比价仍固定在每单位等于1.206 35美元的水平上,特别提款权对其他货币的比价,都是按美元对其他货币的汇率来套算的,特别提款权完全失去了独立性,引起许多国家不满。二十国委员会主张用一篮子货币作为特别提款权的定值标准,1974年7月,基金组织正式宣布特别提款权与黄金脱钩,改用"一篮子"16种货币作为定值标准。这16种货币包括截至1972年的前5年中在世界商品和劳务出口总额中占1%以上的成员国的货币。除美元外,还有联邦德国马克、日元、英镑、法国法郎、加拿大元、意大利里拉、荷兰盾、比利时法郎、瑞典克朗、澳大利亚元、挪威克朗、丹麦克朗、西班牙比塞塔、南非兰特及奥地利先令。每天依照外汇行市变化,公布特别提款权的牌价。1976年7月基金组织对"一篮子"中的货币作了调整,去掉丹麦克朗和南非兰特,代之以沙特阿拉伯里亚尔和伊朗里亚尔,对"一篮子"中的货币所占比重也作了适当调整。为了简化特别提款权的定值方法,增强特别提款权的吸引力,1980年9月18日,基金组织又宣布将组成"一篮子"的货币简化为5种西方国家货币,即美元、联邦德国马克、日元、法国法郎和英镑,它们在特别提款权中所占比重分别为42%、19%、13%、13%、13%。1987年,货币篮子中5种货币的权数依次调整为42%、19%、15%、12%、12%。

2015年12月1日,国际货币基金组织执董会做出将人民币纳入特别提款权SDR货币篮子的决定,SDR货币篮子由原来四种货币相应扩大成五种,包括美元、欧元、人民币、日元、英镑,权重相应为41.73%、30.93%、10.92%、8.33%和8.09%,新的SDR货币篮子将于2016年10月1日生效。

第六章
货币可兑换与外汇风险

在开放的经济中,一国与他国之间的经济往来会引起相互之间的货币兑换活动,当汇率、利率发生变化时,从事涉外贸易、投资、融资等经济活动所产生的外汇收付、兑换活动及拥有的以外币计值的债权和债务就会遭受不确定的损益风险。在浮动汇率制度下,这种风险更加突出。通过本章内容的学习,你应该能够:

- 了解货币可兑换的概念及成因;
- 了解外汇风险的概念;
- 了解外汇风险的分类及风险要素;
- 识别不同经济主体面临的外汇风险;
- 了解国际资本流动的形式及动因。

关键概念

货币可兑换、国际货币、国际计价结算货币、国际储备货币、国际投资货币、货币国际化、外汇风险、汇率风险、利率风险、交易风险、国际资本流动

引导型问题

1. 人民币可兑换应当具备哪些条件?目前这些条件都具备了吗?如何才能满足这些条件?

2. 人民币是否应当国际化?人民币如何国际化?

3. 设美国某出口商向英国出口某种商品,合同金额为150万英镑。合同签约时的汇率水平为GBP1=USD1.65,预计货款收付时的汇率水平为1GBP=1.5USD。试计算该美国出口商面临的交易风险?

4. 什么是利率风险的形成要素?

第一节 货币可兑换与国际货币

本节的内容,将帮助您了解货币可兑换、国际货币、国际储备货币、货币国际化等概念。

1. 什么是货币可兑换?

货币可兑换也称为货币可自由兑换,是指国内外居民在外汇市场上能够自由地用本国货币购买(兑换)某种外国货币,或用某种外国货币购买(兑换)本国货币。美国著名经济学家格林沃尔士编的《现代经济词典》把货币可自由兑换定义为:"一国通货的持有者可以为任何目的而将所持有的通货按汇率兑换成另一国通货的权利。在通货完全可兑换的情况下,即使在国际收支出现逆差的时候,也保证持有任何国家通货的任何人享有无限制的通货兑换权。"货币可兑换是相对于外汇管制而言的,实行本国货币的自由兑换,意味着外汇管制的放松和取消。

2. 货币可兑换的关键性特征是什么?

货币可兑换的关键性特征有:

(1)货币可兑换的核心问题是通货兑换权,即一国通货的持有者可以为任何目的而将所持有的通货按照市场汇率兑换成另一国通货的权利;

(2)通货兑换权是无限制的,表现在持有者、币种、数量、目的、价格和时间六个方面都没有任何限制;

(3)通货兑换权是国家和有关法律保证的权利。迄今为止,世界上还没有哪一个国家达到这样高的货币可自由兑换程度。因为各国对通货兑换的对象、币种、数量、目的、价格和时间方面总有不同程度的限制。

3. 货币可兑换的层次是如何划分的?

货币可兑换程度主要取决于一国的经济实力,同时也是一国外汇管理制度和政策选择的结果。实际上,由于国际经济环境不同,各国经济发达程度和社会经济金融条件不一样,不同国家或同一国家的不同时期都采取了各种各样的措施和手段来限制货币可兑换,造成了各种不同类型的货币可兑换形式。根据产生货币可兑换需要的国际经济交易的性质的不同,可将货币可兑换的层次划分为经常账户下可兑换、资本账户下可兑换、对内的可兑换。

4. 什么是经常账户下可兑换?

经常账户下的货币可兑换是指对国际收支中经常账户的外汇支付和转移的汇兑实行无限制的兑换,但对于资本账户交易所需的外汇,仍然实行不同程度的限制。如果一国对经常账户下的对外支付解除了限制或管制,则该国货币就实现了经常账户下的货币可自由兑换。显然,一国取消对经常账户的支付限制,并不意味着该国货币实现了完全的自由兑换。

5. 国际货币基金组织(IMF)对经常账户下可兑换是怎样规定的?

国际货币基金组织(IMF)在其章程第八条的二、三、四条款中,规定:凡是能够实现不对经常性支付和资金转移施加限制、不实行歧视性货币措施或多重汇率、能够兑付外国持有的在经常交易中所取得的本国货币的国家,该国货币就是经常账户下的可自由兑换货币,也即承担了国际货币基金组织协议的第八条所规定的义务,成为"第八条款国"。

此外,IMF还规定实现经常账户下的货币可自由兑换应对以下四项内容的支付不加限制:

(1)所有与对外贸易、包括服务在内的其他经常性业务以及正常的短期银行信贷业务有关的对外支付;

(2)应付的贷款利息和其他投资收入;

(3)数额不大的偿还贷款本金或摊提直接投资折旧的支付;

(4)数额不大的家庭生活费用汇款。

根据国际货币基金组织《汇率安排与外汇管制:1997年年报》,在国际货币基金组织184个成员国之中,已有143个国家和地区接受了第八条款,实现了经常账户下的货币可自由兑换。

6. 什么是资本账户下的可兑换?

资本账户下的货币可自由兑换,又称为资本与金融账户下的货币可自由兑换,是指对资本流入和流出的兑换均无限制,即一国取消对一切对外交易的支付管制,居民不仅可以通过经常账户交易,也可自由地通过资本账户交易获得外汇。所获外汇既可以在外汇市场上出售给银行,也可自行在国内持有和在国外持有;经常账户和资本账户下交易所需的外汇可自由地在外汇市场上购得;国内外居民也可以自由地将本币换成外币在国内外持有,来满足其资产需求。

7. 资本账户下可兑换的基本要求是什么?

资本账户下可兑换的基本要求包括:

(1) 避免限制内资投资境外或者外资投资境内所需转移的外汇数量；
(2) 避免到国外投资的内资购汇流出或者相应外汇流入结转内资的审批或限制；
(3) 避免限制资本返还或者外债偿还汇出；
(4) 避免实行与资本交易有关的多重汇率制度。

随着国际金融市场的一体化，各国都放宽了对资本账户的管理。但是，实现资本账户下的货币可兑换对一国的各个方面的条件要求，要比实现经常账户下的货币自由兑换困难得多。因此，1997年在香港举行的年会上，IMF确定了推动各国实行资本与金融账户下的货币可自由兑换的目标。根据国际货币基金组织《汇率安排与外汇管制：1997年年报》，在国际货币基金组织184个成员国之中，有128个成员对资本市场交易进行限制，112个成员对货币市场交易进行限制，114个成员对直接投资进行限制，并且有许多成员对一部分或全部资本与金融账户交易使用歧视性汇率。在实行资本账户下的货币可兑换的国家中，绝大多数都是西方发达资本主义工业国家，发展中国家和地区所占的比例很小。

8. 什么是对内的可兑换？

对内的可兑换是指经常账户可兑换向完全可兑换的过渡阶段。在资本账户自由化之际，当局担心放开资本账户交易会引起大量的资本外流或本币汇率大幅下跌，由此先对国内居民开放国内外汇市场，允许其自由购入外汇，但只能作为一种资产在国内持有，而不能将所持外汇自由输出国外，进行海外直接投资和证券投资。通过这种自由兑换，当局可以了解国内居民对外币资产的潜在需求量，而不致引起放开资本账户交易所可能出现的国际收支和汇率的急剧变化。值得注意的是，这种形式的货币自由兑换不能持续过长时间，因为允许国内居民在国内自由购买并持有外汇，往往难以彻底杜绝资金的外流或者需要耗费相当高的监管成本。

9. 货币可兑换需要具备哪些基本条件？

一国货币能成功地实行可兑换（特别是资本与金融账户下的可兑换），应基本达到以下几个条件：
(1) 稳定的宏观经济条件；
(2) 健全的微观经济主体；
(3) 合适的汇率制度和汇率水平；
(4) 外汇短缺的消除和可维持性的国际收支结构；
(5) 完善的金融市场；
(6) 健全的货币管理机制。

10. 如何理解稳定的宏观经济条件对实行货币可兑换的影响？

货币可自由兑换后，商品与资本的跨国流动会对宏观经济形成各种形式的冲击，这就要求宏观经济不仅在可自由兑换前能保持稳定，而且具备可自由兑换后能对各种冲击进行及时调整的能力。

11. 如何判断一国宏观经济是否健康稳定？

判断一国宏观经济是否健康稳定，可以从如下三个方面进行考察。
(1) 稳定的宏观经济形势。

稳定的宏观经济形势要求一国经济运行处于正常有序状况，没有严重通货膨胀等经济过热现象，不存在大量失业等经济萧条问题，政府的财政赤字处于可控制的范围内，金融领域也不存在银行巨额不良资产、乱集资等混乱现象。这种稳定并不是指货币可自由兑换前瞬间的稳定,而是指实现货币可自由兑换前和可自由兑换后相当长一段时期内的稳定。

(2)有效的经济自发调节机制。

经济中存在的自发调节机制实际上就是市场机制,它的有效性取决于市场发育程度,它一般要求一国具有一体化的、有深度的、有效率的市场体系。从商品市场看,这一市场上的价格应能充分反映真实供求状况,不存在价格扭曲因素,能对市场上各种要素的变动作出灵敏及时的反映;能与国际市场上的价格状况保持一致,不会产生过大的差异。从金融市场上看,则要求金融市场上的价格(利率及汇率)不存在被压制及扭曲的现象;金融市场上的交易工具品种众多,金融市场上的交易者也很多,不存在寡头垄断现象;金融市场上的交易活跃,价格富有弹性。

(3)成熟的宏观调控能力。

政府的各种政策工具要具有可以灵活运用的客观条件;政府要具有进行宏观调控的丰富的实践经验与高超的操作技巧,能够针对经济的具体情况作出有针对性的决策;政府的政策应建立起言行一致的良好声誉,不具有通货膨胀倾向,这样才可使其以后的决策达到预期效果。

12. 如何理解健全的微观经济主体对实行货币可兑换的影响?

一国的微观经济主体主要是企业。在一国货币可自由兑换后,企业将面临来自国内外同类企业非常激烈的竞争,它们的生存与发展状况直接决定了货币可自由兑换的可行性。从一般企业来看,对它的要求体现在制度上与技术上两个方面,这两者之间又是相互联系的;从制度上看,要求企业是真正的自负盈亏、自我约束的利益主体,能够对价格变动做出及时的反映;从技术上看,要求企业具有较高的劳动生产率,其产品能够在国际范围内具有一定的竞争力。

一国商业银行良好的经营状况对实现资本与金融账户下货币的可自由兑换的意义更为重大。一国商业银行应该经营状况良好,资本充足,不良资产比例控制在一定限度内。否则,在资本与金融账户下货币的可自由兑换后,存在大量不良资产的银行会通过向国外借款以维持其运转,这极易造成一国对外过度借贷而引起外债偿付困难。而且更为重要的是,在国外金融机构可以与本国金融机构开展竞争的情况下,本国银行的不良资产比例过高,将会使居民将存款从本国银行大量提出转存到国外银行,这会加剧本国商业银行经营状况的恶化。上述情况极易使一国出现债务危机、货币危机等一系列问题,从而构成货币可兑换的巨大障碍。

13. 如何理解合适的汇率制度和汇率水平对实行货币可兑换的影响?

汇率制度和汇率水平是开放经济中联结国内外经济的重要变量,合适的汇率制度和汇率水平不仅是货币可自由兑换的前提,也是货币可自由兑换后保持汇率稳定的重要条件。一般来说,在资本可以自由流动时,选择具有更多浮动汇率特征的汇率制度更为合适。对于合理汇率水平选择牵涉的一系列因素,本书在后面章节将对此进行详细分析。

14. 如何理解外汇短缺的消除和可维持性的国际收支结构对实行货币可兑换的影响?

在货币可自由兑换后,政府很难以直接管制方式强有力地控制各种国际经济交易,因此国际收支的可维持性问题显得格外突出。国际收支可维持性的要求之一是消除外汇短缺,即实现外汇收支在趋势上的大体平衡,尤其是要将经常账户中的外汇短缺基本消除,否则在资本与金融账户开放后,经济意义上的外汇短缺将转化为统计意义上的收支平衡,导致持续的经常账户赤字及外汇债务的上升,在一定条件下还会演变为资本逃避。而外汇短缺的消除从根本上讲取决于本国企业的国际竞争力。国际收支可维持性的要求之二是具有充足的国际储备。在货币实现自由兑换后,为了应付随时可能发生的兑换要求,维持外汇市场和汇率的相对稳定,政府必须保有较充分的国际储备,尤其是外汇储备。这是一种传统上的条件。

15. 如何理解完善的金融市场对实行货币可兑换的影响?

完善的金融市场,尤其是发达的货币市场是货币和汇率管理所必需的。这不仅是中央银行进行公开市场操作、通过改变货币供应量操控汇率、在外汇市场干预后进行"冲销操作"、抵消储备变动对货币基数影响的前提,也是直接、灵活调节外汇供求和汇率的场所。当外汇市场出现超额需求时,中央银行可通过提高短期利率,把资金从外汇市场吸引到货币市场上来;反之亦然。

16. 如何理解健全的货币管理机制对实行货币可兑换的影响?

一国的货币政策是影响或稳定本币汇率的重要手段。健全的货币管理机制至少有两层含义:一是中央银行具有制定货币政策的权威性或独立性,这要求理顺中央银行与政府之间的关系,尤其是财政赤字融资不应成为有效货币控制的钳制;二是中央银行必须拥有有效的货币政策工具来控制货币供应量。中央银行没有能力控制货币和物价,就不可能进行有效的汇率管理。

17. 实行货币完全自由兑换有什么好处?

一般认为,实行货币完全自由兑换可以给一国带来以下好处:

(1)有利于吸引外资,因为资本能否自由流动,尤其是外商投资利润、利息能否自由汇出,是国际投资者考虑的重要因素;

(2)有助于强化国内市场经济体系的整体素质,构建高效而富于竞争性的国内经济环境,有利于资源的优化配置;

(3)有助于促进企业在国内外扩展业务,提高技术和管理水平,有利于新的金融产品、金融工具的推广,实现融资渠道和融资手段的多样化;

(4)一定程度上可将本国的不良经济现象通过资本流动转移到其他国家,减少本国经济损失;

(5)使投资者持有的资产组合更加国际化,降低投资风险;

(6)可以提升一国的国际声望,使其在国际社会发挥更重要的作用。

18. 实行货币完全自由兑换有什么弊端?

一般认为,在实行货币完全自由兑换的条件下,大规模的国际资本流动会对一国经济造成较大的影响和冲击,特别是短期资本由于流动性和投机性色彩浓厚,难以控制。如果一国在基本条件尚未成熟的情况下过早开放资本账户,就会给国内经济带来很多消极影响,如国际收支失衡,利率、汇率体系混乱,大规模的资本外逃,货币替代,扰乱现有国内金融机制等。1994年发生的墨西哥金融危机和1997年发生的东南亚金融危机成为上述观点最有说服力的佐证。

19. 什么是国际货币?

国际货币是指在国际经济交往中被人们普遍接受,发挥价值尺度、交易媒介、支付手段、储藏手段、投资手段等项职能的货币。

20. 什么是货币的价值尺度职能？

价值尺度职能是指货币充当衡量并表示商品与服务价值大小的手段。这一职能只需要观念上的货币即可完成。

21. 什么是货币的交易媒介职能？

交易媒介职能又称为流通手段职能，是指货币充当商品交换的媒介。由货币作为中介实现的商品流通大大改善了物物交换下的低效率，推动了商品交换的发展。

22. 什么是货币的支付手段职能？

支付手段职能是指在使用延期支付方式进行交易的情况下，货币充当债务到期时的清偿工具。支付手段职能的出现，使商品生产者之间的债权债务关系更加复杂，进一步扩大了商品经济的矛盾。

23. 什么是货币的储藏手段职能？

储藏手段职能是指货币暂时退出流通领域，作为财富的一般代表被储存起来。在流通贵金属铸币的年代，货币的储藏手段职能具有自发调节货币流通量的作用——使流通中的货币量能够与流通对货币的需要量相适应。作为储藏手段的货币，不仅要求是实在的货币，而且要求是足值的货币。

24. 什么是货币的投资手段职能？

投资手段职能是指货币作为增值工具的运用。从本质上看，投资手段职能就是货币的资本属性职能。

25. 什么是国际计价结算货币？

国际计价结算货币是指在国际经济交往中被人们普遍接受，发挥价值尺度、交易媒介、支付手段等项职能的货币。

26. 本币成为国际计价结算货币有何好处？

本币成为国际计价结算货币最大的好处在于在国际经济交往中使用本币进行计价结算，可以通过消除币种差异来达到消除汇率风险的目的。

27. 本币成为国际计价结算货币需要具备什么条件？

成为国际计价结算货币通常需要具备以下基本条件：
(1) 货币当局允许本币自由兑换；
(2) 本国是国际经贸大国，拥有较强的国际经济实力；
(3) 本币币值稳定；
(4) 本国贸易商在商贸谈判中处于优势地位。

28. 什么是国际储备货币？

国际储备货币是指在国际经济交往中被人们普遍接受、发挥储藏手段职能的货币。

29. 本币成为国际储备货币有何好处？

本币成为国际储备货币的好处：首先在于可以为本币在国际经济交往中充当国际计价结算货币提供支撑；其次在于可以提高本币的国际地位；再次在于可以提高本国的国际清偿能

力,减轻对外汇的依赖。

30. 本币成为国际储备货币需要具备什么条件?

成为国际储备货币首要的条件是币值稳定;其次是货币当局允许本币自由兑换;再次是本国是国际经贸大国,拥有较强的国际经济实力。

31. 什么是国际投资货币?

国际投资货币是指在国际资本市场上被人们普遍接受、发挥投资手段职能的货币。

32. 本币成为国际投资货币有何好处?

本币成为国际投资货币的好处:首先在于可以为本币在国际经济交往中充当国际计价结算货币、国际储备货币提供进一步的支撑;其次在于可以进一步提高本币的国际地位;再次在于可以提高本国在国际货币体系中的话语权。

33. 本币成为国际投资货币需要具备什么条件?

成为国际投资货币首要的条件是本币拥有开放、健全、稳定、高效的金融市场;其次是拥有通畅的本币回流渠道;本币的自由兑换、本国拥有较强的国际经济实力也是必不可少的条件。

34. 什么是货币的国际化?

货币的国际化是一国货币跨出国界,在世界范围内自由兑换、交易和流通,并最终成为被国际社会广泛接受的,在国际贸易计价结算、国际借贷和国际储备等领域稳定发挥货币职能的过程。

35. 什么是人民币国际化?

人民币国际化是指人民币跨出中国国界,在世界范围内自由兑换、交易和流通,并最终成为被国际社会广泛接受的,在国际贸易计价结算、国际借贷和国际储备等领域稳定发挥货币职能的过程。

36. 货币国际化的层次是如何划分的?

根据地域范围大小的不同,货币国际化可以分为边境贸易的国际化、自由贸易区的国际化、全球的国际化。

根据货币职能的不同,货币国际化可以分为计价结算货币的国际化、储备货币的国际化、投资货币的国际化。

根据国际货币地位强弱的不同,货币国际化可以分为国际辅助货币的国际化、国际主导货币的国际化。

第二节 外汇风险

本节的内容,将帮助您理解金融风险及其分类,从而能够正确区分国际金融交易中的汇率风险、利率风险,建立起对汇率风险、利率风险的初步认识。

1. 什么是经济学研究的风险?

在经济学中,通常把"风险"定义为:未来损益的不确定性。风险不但包括收益的机会,而且也包括损失的可能。从事经济活动通常都会面临经济风险。

2. 什么是风险变现?

风险变现是指风险由不确定变成确定之后,给相关主体带来的收益或损失。

3. 什么是金融风险?

金融风险是指经济主体在金融活动中遭受的损益的不确定性。金融风险不但包括收益的机会,而且也包括损失的可能。从事金融活动通常都会面临金融风险。

4. 理解金融风险有何意义?

金融风险的广泛存在是现代金融市场的一个重要特征,它给金融市场上的每一个参与者带来了巨大的挑战,迫使他们研究和把握金融市场的动态,根据市场的变化制订和调整策略,避免遭受损失。

5. 金融风险具有哪些特征?

金融风险具有以下特征:
(1)隐蔽性;
(2)普遍性;
(3)相关性;
(4)突发、潜伏性;
(5)惯性、溃堤性;
(6)扩散性。

6. 什么是金融风险的"隐蔽性"特征?

由于金融机构具有一定创造信用的能力,因此它可以在很长一段时间内通过不断创造新的信用来维持和掩盖或试图补救已经失败的信用关系,而只有当失败的信用关系发展到难以为继的时候,才以"总爆炸"的形式最终暴露出来。

金融风险的隐蔽性可以给金融机构提供一些缓冲和弥补的机会。如果银行能够及时有效地采取措施对已经发生的风险加以控制,它就可以利用其隐蔽性的特点和可以创造信用进行生存和发展的能力对发生的那部分损失进行弥补。

7. 什么是金融风险的"普遍性"特征?

所有的金融业务都存在金融风险。金融风险普遍存在的重要原因之一是金融在很大程度上是以信用为基础的,金融机构作为融资中介实质上是一个多边信用共同建立的客体,任何一端的风险都可以通过这一"综合器"而传递给其他的信用关系。

资金融通具有偿还性的特点,融出方要在将来的某一时间收回并获得报酬,融入方要偿还本金并付出利息。但是,由于将来存在许多不确定的因素,所以融入方可能无法按时偿付本息,这种可能性在资金融通过程中是普遍存在的。

8. 什么是金融风险的"相关性"特征?

尽管金融风险的发生在一定程度上是由金融机构自身决策行为造成的,但从根本上讲,金融风险是非金融经济主体风险和经济运行风险对金融机构或金融业的转嫁。若经济主体和经济运行没有风险,金融风险也就无从谈起。

9. 什么是金融风险的"突发、潜伏性"特征？

传统金融风险常表现为潜伏性，新兴金融风险表现为突发性。例如传统贷款中的信用风险，对一个有问题的客户的贷款，可能一开始这笔贷款就是有风险的，但由于贷款期长，需要3～5年的时间这笔贷款才被提取完毕；或者用款还款期长，要到5～10年或者更长时间以后才能发生还款困难的问题，而使这笔风险可以潜伏很长的一段时间。

现代金融产品风险（如外汇交易头寸风险可能因为一笔极度的外汇交易敞口）使一个银行在一夜之间由巨额盈利变为亏损；或者由于计算机等现代技术直接参与交易，发生技术故障使一家银行在几秒钟之内导致崩溃。

10. 什么是金融风险的"惯性、溃堤性"特征？

金融机构发生金融风险损失后，其经营者往往想方设法采取措施进行补救和弥补，最经常用的办法就是继续注入资金，或者继续采取同样的行动，以期注入新的活力和寻找新的机会来挽回损失，形成一种惯性损失，或者像江河"溃堤"一样一泻而不可收拾。

11. 什么是金融风险的"扩散性"特征？

金融以信用为基础，金融机构作为融资中介，实质上是由一个多边信用共同建立起来的信用网络。信用关系的原始借贷通过这一中介后，不再具有对应关系，而是相互交织、相互联动，任何一个环节出现的风险损失都有可能通过这个网络对其他环节产生影响，任何一个链条的断裂都有可能酿成较大的金融风险，甚至引发金融危机。

12. 金融风险可以分为哪些类型？

金融风险通常可以分为以下类型：

（1）根据不确定性涵盖范围大小的不同，金融风险可以分为广义金融风险和狭义金融风险；

（2）根据金融风险承担主体的不同，金融风险可以分为金融机构风险、企业金融风险、居民金融风险、政府金融风险、金融体系风险等；

（3）根据金融风险影响范围大小的不同，金融风险可以分为系统性金融风险和非系统性金融风险；

（4）根据金融风险层次的不同，金融风险可以分为微观金融风险和宏观金融风险；

（5）根据金融风险影响地域的不同，金融风险可以分为国内金融风险和国际金融风险；

（6）根据金融风险成因的不同，金融风险可以分为信用风险、流动性风险、操作风险、市场风险、国家风险等。

13. 最为常用的金融风险分类有哪些？

根据金融风险成因不同进行的金融风险分类是最为常用的分类方法，信用风险、流动性风险、操作风险、市场风险等是金融风险管理的重点。

14. 什么是广义的金融风险？

广义的金融风险是指从事金融活动所面临的未来损益的不确定性。

15. 什么是狭义的金融风险？

狭义的金融风险是指从事金融活动所面临的未来损失的不确定性。

16. 什么是信用？

信用是以偿还和付息为特征的借贷行为。在日常生活中，人们一般谈到信用时指的是信任。金融活动中的存款、贷款、证券投资、保险等都是基于信任的行为，是在信任的基础上，暂时地将一定数量的财物交给他人有偿使用的活动。

17. 什么是信用风险？

信用风险是指债务人不能或不愿按时偿还债务而给债权人所造成的影响，或是交易一方不履行义务而给交易对方所带来的影响，有时也称违约风险。信用风险存在于一切信用活动中。金融机构作为授信方的业务有很多种，除了发放贷款以外，还包括购买债券和股票等。信用风险主要体现在金融机构作为债权人向客户提供资金或证券的业务中。由于各种形式的放款是商业银行最主要的资产业务，而其他各类金融机构（如证券公司、信托投资公司、租赁公司、保险公司等）也提供某种贷款业务或融券业务以及投资债券和股票业务，所以信用风险是金融机构在开展金融业务时普遍存在的一种风险，也是金融业的一个主要风险。

18. 什么是流动性？

流动性是指金融资产便于在市场上出售变现而不至于有太大损失的能力以及金融机构或企业方便地筹措到资金而不至于花费太多成本的能力。也就是说，流动性包括资产/市场流动性和公司流动性。资产/市场流动性是指市场中资产与现金之间相互转换的能力，在一个流动性好的市场中，参与者可以迅速地执行大规模的交易指令，并且不会对资产价格产生很大的影响；公司流动性是指公司（包括银行）履行到期现金支付义务的能力，流动性好的公司（包括银行）可以很容易地完成现金支付。

19. 什么是流动性风险？

流动性风险是指由于缺乏流动性而给经济主体造成的影响。保持良好的流动性是银行和企业经营管理的一项基本原则。流动性的好坏关系到银行或企业的生产经营活动能否正常进行和生存下去，但这并不是说流动性越高越好，也不是说流动性资产越多越好。因为流动性和盈利性是一对矛盾，流动性越高，盈利性就往往越低，因此，银行和企业必须保持流动性与盈利性的平衡。但是，流动性需求具有很大的不确定性，从而使其面临很大的流动性风险。

20. 什么是市场风险？

市场风险是指市场价格变化给经济主体所带来的不确定性影响，这是金融市场中最普遍、最常见的风险，广泛存在于股票市场、外汇市场、债券市场、期货市场、票据市场和基金市场中。如果所有的商品价格、证券价格、利率和汇率都永远不变，那么市场风险也就不存在。

21. 市场风险可以细分为哪些风险？

市场风险可以细分为：
(1) 利率风险(interest rate risk)；
(2) 汇率风险(foreign exchange risk)；
(3) 证券价格波动风险(securities risk)。

22. 什么是利率？

利率是资金的价格，它与资金的供求关系相互作用。当资金供大于求时，利率就会下降；

反之,利率上升。而当国家基准利率提高时,利率又会降低对资金的需求;反之,对资金的需求增加。

23. 什么是利率风险?

利率风险是指利率变动给各类经济主体的未来成本或收益所带来的不确定性影响。无论是金融企业还是非金融企业,只要其资产和负债的类型、数量及期限不一致,利率的变动就会对其资产、负债产生影响,使其资产的收益、负债的成本发生变动。利率的升降不仅影响利息收支的增减,而且还反方向影响着证券的价格。从理论上讲,提高利率会使股票价格指数下降,反之会使股票价格指数上升。此外,利率的升降变动还会影响到汇率的变动。一般而言,本国利率提高,本币对外汇率也上升;本国利率下降,本币对外汇率也下降。在实行利率市场化的国家,利率更多地受资金市场供求因素的影响,不确定性较大,利率风险也较大。在实行利率管制的国家,虽然利率波动相对较小,但是也可能随着国家宏观经济政策的调整而出现利率风险。

24. 什么是汇率风险?

汇率风险是指由于汇率的变动给外汇持有者或经营者的外汇资产、负债和经营活动所带来的未来损益的不确定性。自1973年布雷顿森林体系崩溃,浮动汇率制度开始实施以来,各主要货币的汇率波动频繁,汇率风险日益成为从事涉外贸易、投资和金融活动的企业、个人所关注的问题。汇率风险的损益结果取决于当事人的净外汇头寸及汇率变动的方向,在经济活动中,只要涉及货币兑换的环节,交易者就可能面临汇率风险。

25. 什么是汇率风险的形成要素?

汇率风险的形成要素有币种差异和时间差异。

币种差异是指本币与外币之间的差异和外币与另一国外币之间的差异。

时间差异是指未来与现在的差异。

在国际经济贸易活动中,只要同时存在着币种差异和时间差异,相关当事主体就必然面临汇率风险。

26. 汇率风险是如何分类的?

汇率风险可以进一步划分为交易风险、会计风险和经营风险。

27. 什么是交易风险?

交易风险是指由于汇率的变动所导致的,银行从事结汇、售汇业务时产生的损益的不确定性;或是指由于汇率的变动所导致的,进、出口企业从事贸易结算时产生的损益的不确定性。它是一种流量风险。

28. 如何简单计量交易风险?

设:R_a为用本币衡量的风险大小的绝对值;M为用外币计量的受险头寸;r_t为结算时的汇率;r_0为交易发生时的汇率;R_r为用本币衡量的风险大小的相对值。

在直接标价法下:

$$R_a = M(r_t - r_0) \tag{6-1}$$

$$R_r = (R_a \div Mr_0) \times 100\% \tag{6-2}$$

$$R_r = [(r_t \div r_0) - 1] \times 100\% \tag{6-3}$$

在间接标价法下：

$$R_a = M[(1 \div r_t) - (1 \div r_0)] \tag{6-4}$$

$$R_r = [R_a \div (M \div r_0)] \times 100\% \tag{6-5}$$

$$R_r = [(r_0 \div r_t) - 1] \times 100\% \tag{6-6}$$

例如，中国某进口商从美国进口某种商品，合同金额为 200 万美元。合同签约时的汇率水平为 USD1=CNY8.45，预计货款收付时的汇率水平为 USD1=CNY8.6。则

$$R_a = M(r_t - r_0) = 200 \text{ 万美元} \times (8.6 - 8.45) \text{人民币元/美元} = 30 \text{ 万人民币元}$$

$$R_r = (r_t/r_0 - 1) \times 100\% = [(8.6 \div 8.45) - 1] \times 100\% = 1.78\%$$

即该进口商将要面临多支付原价的 1.78%（相当于进口价格提高了 1.78%）的交易风险。

29. 什么是会计风险？

会计风险又称折算风险，是指存在于国际企业的经营活动结果中的汇率风险，是指经济主体在将资产负债表、损益表等会计报表中以外币计值的项目折算成本币，因汇率的变动而呈现账面损失的可能性。它是一种存量风险。

30. 什么是经营风险？

经营风险是指汇率变动通过影响企业的产品价格、生产成本、销售数量，进而导致企业未来特定时期经营损益变动的不确定性。

31. 什么是外汇风险？

外汇风险又常常被称为货币风险，是指由于汇率、利率等因素的变动所导致的，与外汇相关的未来现金流或资产（债权、权益）损益的不确定性。

32. 什么是操作风险？

操作风险又称运作风险，是指由于企业或金融机构内部控制不健全或失效、操作失误等原因导致的风险。操作风险造成的后果也可能是非常严重的，甚至是致命的。

33. 操作风险主要表现在哪些方面？

操作风险主要表现在以下四个方面：

(1) 政策执行不当，这往往是由于有关信息没有及时传达给操作人员，或在信息传递过程中出现偏差，或操作人员没有正确领会上司的意图等原因造成的损失；

(2) 操作不当甚至违规操作、操作人员业务技能不高或偶然失误等原因造成的损失；

(3) 交易或清算系统出现故障造成的损失；

(4) 欺诈等因素造成的损失。

34. 什么是系统性风险？

系统性风险是指在证券市场上，使整体市场受到影响、投资者无法通过多样化的投资组合来加以规避的风险，如政府经济政策的改变、利率的变化、通货膨胀、汇率变化等。

35. 什么是非系统性风险？

非系统性风险是指在证券市场上，使部分证券品种或部分企业受到影响、投资者可以通过多样化的投资组合来加以规避的风险，如某公司的资金结构不合理、在经营中出现失误、个人在投资操作中判断失误等，主要包括财务风险、经营风险、道德风险、流动性风险、信用风险和

操作风险。

36. 什么是道德风险？

道德风险是20世纪80年代西方经济学家提出的一个经济哲学范畴的概念，是指从事经济活动的签约一方不完全承担风险后果时所采取的自身效用最大化的自私行为。比如，代理人签订合约后采用隐藏行为，由于代理人和委托人信息不对称，给委托人带来损失。保险市场上的道德风险是指投保人在投保后，降低对所投保标的的预防措施，从而使损失发生的概率上升，给保险公司带来损失的同时降低了保险市场的效率。

37. 什么是国家风险？

国家风险也被称为政治风险，是指企业或个人的外汇交易因国家强制力（如外汇管制）而终止所造成的损失的不确定性。国家风险通常会引发汇率风险。

第三节 国际资本流动

本节的内容，将帮助您理解国际资本流动的概念、形式、特点和动因，从而能够正确区分国际资本流动与资本输出入、利用外资等相关概念的关系。

1. 什么是国际资本流动？

国际资本流动（international capital movements）是指资本从一个国家或地区转移到另一个国家或地区。它通过货币资本的国际转移，实现了货币使用权、支配权的暂时国际让渡，但并不发生货币所有权的国际转移，其变化主要是由国际收支的资本账户表现出来的。除此之外，也反映在经常账户下的收入账户和平衡账户中的官方储备账户中。作为一种国际经济活动，它可分为资本流出和资本流入。就一国来说，国际资本流动的实质是其对外资产负债的增减与变化。

2. 什么是资本流出？

资本流出是指资本从国内流到国外，它表明本国在外国的资产增加（或外国对本国的负债增加）或者本国对外国的负债减少（或外国对本国的资产减少）。

3. 什么是资本流入？

资本流入是指资本从国外流入国内，它表明本国对外国的负债增加（或外国在本国的资产增加）或者本国在外国的资产减少（或外国对本国的负债减少）。

4. 国际资本流动有哪些形式？

依据不同的标准，可将国际资本流动划分成以下类型：
(1) 依据期限的不同，可以分为长期资本流动和短期资本流动；
(2) 依据所有者的不同，可以分为官方资本流动和私人资本流动；
(3) 依据投资方式的不同，可分为直接投资、间接投资和银行信贷。

5. 什么是长期资本流动？

长期资本流动是指使用期限在一年以上或未规定使用期限的资本流动，它包括直接投资、证券投资和国际贷款三种类型。目前国际资本流动的趋势是证券投资呈逐年上升的发展态势。

6. 什么是直接投资？

直接投资(direct investment)是指一国的投资者采用各种形式对另一国或地区的工商企业进行投资和利润再投资,从而取得对该投资企业部分或全部管理控制权的投资方式。

7. 直接投资有哪些形式？

直接投资主要有以下三种形式。

(1)在国外创办新企业,包括创办独资公司,设立子公司及分支机构、附属机构,或与东道国、其他国共同投资创办合营企业等。

(2)收购国外企业,包括购买国外企业一定比例以上的股份。例如美国政府规定,美国公司拥有外国企业10%以上有投票权的股份,或外国公司拥有美国企业10%以上有投票权的股份,即为直接投资。

(3)利润再投资,即以投资者在国外企业所获利润作为资本对该企业或其他企业进行再投资,实际上并不发生资本在国际上的实际移动。

8. 直接投资有什么特点？

直接投资具有以下特点:

(1)投资者提供一揽子资本、技术及管理经验,对东道国的经济发展推动作用大,特别是对于缺乏资金、技术和管理落后的东道国来说,其经济推动效应更加明显;

(2)投资者以其投资比例的股权取得投资企业的管理控制权并以此获取投资利润;

(3)东道国并不因此构成或增加对外债务,但可以为东道国政府增加税收和所得;

(4)投资风险较大,既有政治上的风险也有经济上的风险。因此,投资者在进行直接投资之前,必须要对所投资的国家、地区进行一系列的分析研究,既要考虑东道国的硬投资环境,如基础设施是否完善,也要考虑软投资环境,比如政局和政策是否稳定、投资法律是否能保障投资者的利益、东道国经济发展前景是否良好等。

9. 什么是证券投资？

证券投资(portfolio investment)又称为间接投资,是指投资者在国际资本市场上购买外币有价证券的投资方式,它主要是通过购买中长期债券和购买外国公司股票来进行的。

10. 证券投资有什么特点？

证券投资的特点主要有以下三个:

(1)收益性,即证券投资者的目的在于获取债息、股息等投资收益或者获取买卖差价,不在于获取对企业的直接控制权,但如果购买某企业上市股票达到或超过一定额度(通常是10%以上),则属于直接投资;

(2)具有较好的流动性,投资者可以根据国际证券市场情况进行灵活的投资,与之相适应的是在国际金融中心都有灵活自由的证券市场;

(3)投机性,以投机为目的的证券买卖,其资本流动具有短期性质。

11. 什么是国际贷款？

国际贷款(international loans)是指一国政府、国际金融机构和国际银行对非居民(包括外国政府、银行、企业等)所发放的中长期贷款,具体包括政府贷款、国际金融机构贷款、国际银行贷款等。

12. 国际贷款具有什么特点?

国际贷款的特点:一是纯粹属于借贷货币资本的流动,不涉及在国外设立生产经营企业或收购企业股权,不涉及国际证券的发行;二是贷款的收益主要以利息及有关费用为主;三是贷款风险主要由借款者来承担。

13. 什么是短期资本流动?

短期资本流动是相对于长期资本流动而言的,是指一年或一年以下的即期支付的货币资本流动,主要是通过各种信用工具——票据来进行的。它包括货币现金、活期存款、国库券、可转让银行定期存单、商业票据和银行票据等。

14. 短期资本流动具有什么特点?

短期资本流动具有以下特点:
(1)复杂性,主要是指流动方式复杂多样;
(2)政策性,主要是短期资本流动均属于货币供应量范围,其流动变化直接对一国的货币政策产生直接影响;
(3)流动性强,即短期资本流动工具易于转手买卖,而且对于利率、汇率变化十分敏感,因此能够迅速流动;
(4)危害性,由于短期资本流动频繁,易引发金融环境动荡不定,从而对国际外汇市场和资本市场带来巨大影响和冲击。

15. 根据动因的不同,短期国际资本流动有哪些形式?

根据动因的不同,短期国际资本流动有几种形式:国际贸易结算的资本流动、银行经营性的资本流动、保值性的资本流动、安全性的资本流动、投机性的资本流动。

16. 什么是国际贸易结算的资本流动?

国际贸易结算的资本流动是指为国际进出口贸易往来的资金融通和资金结算服务所引起的国际资本流动。各国出口贸易资金的结算,导致出口国或代收国的资本流入;各国进口贸易资金的结算,则导致进口国或代付国的资本流出,具有单项不可逆转性。一般说来,出口商或出口方银行总是对进口商提供短期贸易信用,如延期付款、银行承兑汇票等。除了为成套设备等资本性商品出口提供中长期贷款外,一般短期商业信用和银行信用的资金融通不超过180天期限。

17. 什么是银行经营性的资本流动?

银行经营性的资本流动是指由各国经营外汇的银行和其他金融机构,出于正常的业务需要而引起的国际资本流动。如跨国银行总部与分支机构之间、各分支机构之间的资金调拨,正常的套汇、套利、掉期、外汇头寸的抛补和调拨,以及国际银行间的同业拆借等。

18. 什么是保值性的资本流动?

保值性的资本流动是指为了保证短期资本的安全性和盈利性,采取各种防范措施而引起的国际资本流动。如出于保值的需要,采取掉期、期权等措施来达到回避因利率、汇率、税率等的非预期变动造成的外汇风险。

19. 什么是安全性的资本流动?

安全性的资本流动又称为资本逃避(capital flight),是指为了回避国内政治动荡、经济状况恶化、国际收支持续逆差、加强外汇管制、提高有关税率等风险,将资本转移到币值相对稳定的国家以保证资本的安全。

20. 什么是投机性的资本流动?

投机性的资本流动是指各种投机者利用国际市场价格(包括汇率、利率、金价、证券及商品价格)的变动和对变动趋势的预期,进行低买高卖以获取差价收益为目的的资本流动。

21. 影响国际资本流动的因素是什么?

影响国际资本流动的因素是多种多样的,利润和风险是影响长、短期资本国际流动的基本因素,具体地可细分为几个因素:国际资本的供求状况、生产的国际化、金融市场交易价格的变动状况、各国政府的经济政策、风险因素。

22. 国际资本的供求状况是如何影响国际资本流动的?

从国际资本的供给来看,其主要来自经济发达的国家,由于其经济发展水平高,国内资本积累规模不断增大,国内有利的投资场所逐步减少,出现大量相对过剩的资本,必然流向国外寻找更有利的投资场所,特别是流向劳动力充裕、自然资源丰富且价格低廉的经济不发达国家,从而形成了国际资本的供给。从国际资本的需求来看,对于发展中国家来说,资金是一种非常稀缺的资源,一个国家经济要发展,应具备各种必需的要素,资金的来源主要靠本国储蓄来实现。但由于大多数发展中国家的国内资本市场极不发达,储蓄率低,自身的资金供给无法满足经济发展的需要,因此产生的缺口只能通过以积极的姿态和以优惠的待遇引进外资来弥补,从而形成了对国际资本的巨大需求。

23. 生产的国际化是如何影响国际资本流动的?

随着科学技术的不断进步和社会生产力的不断发展,人们之间的社会分工和国际分工也随之得到不断发展和深化,原先在各经济部门之间进行国际分工的模式已被部门内分工的模式所取代。国际市场的许多产品生产已经超越了一个国家的界限,延伸到了多个国家。这种国际分工的后果是对外直接投资大量增加,推动了生产的跨国运动和跨国公司的迅速发展,从而更好地把各国的资本、技术、劳动力、自然资源、销售市场等比较优势结合起来,实行分散生产、集中装配,也使得世界各国之间经济的相互依存度不断增强,出现了世界经济金融一体化的发展趋势,产生了国际资本更加频繁和迅速的流动。许多国际性综合产品,正是生产国际化促进国际资本流动所带来的后果。

24. 金融市场交易价格的变动状况是如何影响国际资本流动的?

金融市场交易价格的变动状况主要是指汇率、利率,以及其他金融资本如黄金、股票等价格的变动状况。出于对利润的追求,国际资本总是不断地从实际收益率较低而风险较大的地方流向实际收益率较高而风险较小的地方。国际资本流动的动因之一,是为了获得比国内投资更高的利润;利率的高低又在很大程度上决定了金融资产的收益水平,进而作用于国际的资本流动。出于对利润的追求,资本总是从利率较低的国家流向利率较高的国家,直至国际利率大体相同时才会停止。目前主要表现为:各国国内金融市场利率高于欧洲货币市场利率时,欧洲货币市场上的资本就会流向国内;反之,国内金融市场的资本就流向国外。当然,由国际利率差异引起的资本流动并不是无条件的,它还受到货币的可兑换性、金融管制和经济政策目标等因素的制约。

汇率作为市场经济运行的另一杠杆,是通过改变资本的相对价值来对国际资本流动产生影响的。如果一国的货币升值,以该国货币表示的金融资产价值就会上升;相反,就会下降。因此,投资者就会根据自己对汇率变化的预期,把手中持有的金融资产从汇率不稳定或有下浮趋势的货币形式转换为汇率稳定或有上浮趋势的货币形式,从而导致资本从一个国家或地区转移到另一个国家或地区。然而,国际金融资产形式的转移也会受到各种金融资产价格相关关系的制约,即转换的机会成本的制约。若金融资产形式转换的机会成本大于转换后获得的利润,则不会发生此类国际资本的流动。

25. 各国政府的经济政策是如何影响国际资本流动的?

各国政府为了保持本国经济稳定和协调发展所制定的经济政策,对国际资本流动的影响也很大。比如,利用外资政策优惠与否、对外投资鼓励与否、利率的高低、财政货币政策的松紧、外汇管制的松紧和对外开放的程度等,这些政策都直接或间接地影响着国际资本流动的规模和方向。为了克服国内资金短缺的困难,一国政府常常会制定出一系列吸引外资的优惠政策;当国际收支出现逆差时,政府可以利用资本输入来暂时改善国际收支状况;为刺激国内经济发展,政府会采取适当的货币、财政和外汇管制政策,这些都会引起国际资本的流动。尤其是在世界经济区域集团化发展不断深化的今天,各国经济政策的调整变化对国际资本流动的影响正在逐渐加大。

26. 风险因素是如何影响国际资本流动的?

风险因素是指跨越国境,从事信贷、投资和金融交易可能遭受损失的风险,包括政治风险、社会风险、经济风险和自然风险。由于现实生活中大量不确定因素的存在,投资者蒙受损失的风险随时都有可能出现,特别是政治、经济风险的存在对国际资本流动产生的影响。"安全港"理论认为,在发展中国家投资虽然可能获得比在发达国家投资更高的收益率,但由于其政治、经济和法律风险较大,因此投资者往往宁愿把资本投向收益相对较低而政局相对较稳定的发达国家。为此,大量的资本从高风险的国家、地区转向低风险的国家、地区。同时,从投资策略来看,降低风险可能造成的损失,不仅要求投资分散于国内不同行业,而且要求投资分散于不同的国家。这样可使投资者利用行业和国家之间的差异以丰补歉,在资本流动中保证投资收益的稳定性。这种出于对风险防范的需要,也促进了当代国际资本的流动。

27. 国际资本流动与利用外资有何关系?

国际资本流动与利用外资是包含与被包含的关系,利用外资是国际资本流动的组成部分。国际资本流动既包括本国对外资的利用,其表现为外国资本对本国的流进与流出,也包括外国对本国资本的利用,其表现为本国资本对外国的流进与流出。

28. 国际资本流动与外债有何关系?

国际资本流动与外债是包含与被包含的关系,外债是国际资本流动的组成部分。国际资本流动既包括与投资和借贷有关的以获取利润为目的的资本转移,也包括外汇、黄金方面的资本流动,而外债仅仅是国际借贷中本国居民欠非居民、需要向非居民清偿的那部分构成债务关系的资本流动。

29. 国际资本流动与国际金融有何关系?

国际资本流动是国际金融活动的基本组成部分,国际金融活动的内容包括资金融通、货币汇兑、间接投资三大部分,其中,资金融通和间接投资两大部分均属于国际资本流动的范畴。

30. 国际资本流动与国际收支有何关系?

国际资本流动是国际收支活动的重要组成部分。其中:国际资本的本金流动,在国际收支平衡表的"资本和金融账户"中记载和反映;由国际资本流动所产生的利润、利息、股息、红利的流动,在国际收支平衡表的经常账户下的"收入账户"中记载和反映。

31. 国际资本流动与资本输出入有何区别?

国际资本流动包括的内容比资本输出入要广,它既包括与投资和借贷有关的以获取利润为目的的资本转移,也包括外汇、黄金方面的资本流动;而资本输出入仅仅包括与借贷和投资活动有关的以获取利润为目的的资本转移。

32. 国际资本流动与国际资金流动有何区别?

国际资本流动属于可逆转的双向性资本转移,其所涉及的内容具体反映在国际收支平衡表的资本账户上,如投资或借贷资本的流出,将引起投资利润、股息、利息、投资本金、贷款本金的返回;国际资金流动则属于不可逆转的单向性资金转移,其有关内容主要反映在国际收支平衡表的经常账户中,如进出口货款的到期支付等一次性的资金款项的转移。

第七章
基础类外汇交易

各种国际金融活动或者需要借助于外汇交易才能进行,或者会诱发外汇交易,比如,国际金融市场上的信贷交易、证券交易和黄金交易等都与外汇交易相关联。因此,外汇交易便成为国际金融交易的基础交易,了解和掌握各种外汇交易的操作原理和操作技巧,也便成为国际金融学的基本知识与技能。从逻辑递进的依存角度,外汇交易可以分为基础类、衍生类和应用类三大类别。本章仅介绍基础类的外汇交易——外汇即期交易和外汇远期交易。通过本章内容的学习,你应该能够:

- 了解外汇即期交易、外汇远期交易的概念;
- 了解外汇即期交易的程序及应用;
- 熟悉外汇远期交易的作用及交易程序;
- 掌握外汇远期交易的报价方式及应用。

关键概念

外汇交易、即期交易、远期交易、择期交易

引导型问题

1. 设某日即期汇率 USD/CHF＝1.3645/65

    1 个月汇水   15/25
    2 个月汇水   35/55

求:(1)2 个月择期交易的交割汇率是多少?
(2)第 1 个月定期,第 2 个月择期交易的交割汇率是多少?

第一节　外汇即期交易

本节的内容,将帮助您了解外汇即期交易的概念、种类和一般交易流程。

1. 什么是外汇交易?

外汇交易(foreign exchange transaction)是指以外国货币为交易标的的买卖行为,交易的双方以约定的汇率相互将其持有的一国货币转换成另一国货币,在确定的日期进行相关的两国货币的交割。

2. 从依存关系的角度,外汇交易可以划分为哪些类别?

从依存关系的角度,外汇交易可以划分为基础类别的外汇交易、衍生类别的外汇交易和应用类别的外汇交易。

3. 什么是基础类别的外汇交易?

基础类别的外汇交易是指那些以外汇(币)为交易的直接标的,通过外汇(币)的实物交割来完成交易的外汇交易。

4. 基础类别的外汇交易可以细分为哪些类型?

基础类别的外汇交易可以细分为外汇即期交易和外汇远期交易两大类型。

5. 什么是外汇即期交易?

外汇即期交易简称即期交易(spot transaction),即期交易也叫现汇交易,是指在成交日后的 2 个银行营业日内,完成货币交割行为的外汇交易。外汇即期交易是外汇市场上最常见的一种业务,其业务量居各类外汇交易之首。

6. 外汇即期交易交割日的意义是什么？如何确定该交割日？

外汇即期交易的交割，以有关交易货币的银行存款的增减或划拨为标志。交割日，就是有效的起息日。由于国际外汇市场上的交易遵循"价值抵偿原则"，即一项外汇合同的双方必须在同一时间交割，以免任何一方因交割不同时而蒙受损失，因此，营业日一般是指实际交割的双方国家中银行都营业的日期，如果有一方国家的银行节假日休息，则交割日顺延，直到两国银行都营业时为止。

7. 根据交割日期的不同，外汇即期交易可以划分为哪些类型？

根据交割日期的不同，外汇即期交易可以划分为以下三种类型：

(1)标准即期起息交易(value spot)，起息日为交易日后的第二个工作日，也称为隔日交割(起息)的外汇即期交易；

(2)明日起息交易(value tomorrow，简称 value Tom)，起息日为交易日后的第一个工作日，也称为翌日交割(起息)或次日交割(起息)的外汇即期交易；

(3)当日起息交易(value today)，起息日为交易日的当天，也称为当日交割(起息)的外汇即期交易。

从国际外汇市场的情况来看，在纽约、伦敦、巴黎等欧美外汇市场上，采取第一种交割方式，而东京、新加坡等外汇市场采取第二种交割方式。目前，国际外汇市场普遍应用的是隔日交割方式，否则就需要根据实际起息日调整汇率以反映两种货币间的利率差，翌日交割和当日交割交易就属于这种情况。因此，如果未加特别说明，外汇即期交易通常指的是隔日交割的交易。

8. 什么是金融性外汇即期交易？

金融性外汇即期交易是指银行同业之间的外汇交易，一般都是通过电话、电报和电传来进行的。

9. 什么是商业性外汇即期交易？

商业性外汇即期交易是指银行与客户之间的外汇交易，一般通过电汇、信汇和即期汇票进行。实际上，信汇和汇票应用都较少，大部分是采用电汇方式。

10. 外汇即期交易的基本流程是怎样的？

在国际银行间的外汇交易市场上，外汇即期交易的成交金额一般都比较大，交易单位以百万美元来计算，而且交易时间不超过半分钟，所以实际外汇交易中为节约时间将许多单词、数字简化，同时由于历史、习惯等原因还有许多特殊的"行话"，其基本流程通常由"询价→报价→成交→证实→交割"等环节组成。

(1)询价(asking)。

询价是指具有交易意向的一方向其打算与之交易的对方询问交易价格的行为。询价时通常要自报家门，询问有关货币的即期汇率的买入价、卖出价。询问的内容必须简洁、完整，包括币种、金额(有的还包括交割日)。此外，询价时不要透露自己是想买进还是想卖出，否则对方会抬价或压价。

(2)报价(quotation)。

报价是指接到询价的一方，对询价方的询问作出的答复。报价是外汇交易的关键环节，因为报价合理与否,关系到外汇买卖能否成交。报价时必须遵守"一言为定"原则,只要询价方愿意按报价进行交易,报价方就要承担对此报价成交的责任,不得反悔或变更。

(3)成交(done)。

成交是指当报价方报出买卖价后,如果询价方认为报价方的报价合理,并向报价方明确表示对报价方的报价予以接受,交易即告达成。若不满意报价,询价方可回答"Thanks,nothing"表示谢绝交易,此时报价便对双方无效。

(4)证实(confirmation)。

证实是指在报价方作出交易承诺(通常是回答"Ok,done")之后,交易双方对买卖的货币、汇率、金额、起息日期及结算方法等交易细节再相互确认一遍。

(5)交割(settlement)。

交割是指双方交易员将交易的文字记录交给交易后台,由后台根据交易要求指示其代理行将卖出的货币划入对方指定的银行账户。交割是外汇即期交易中的最后一个环节。银行间的收付款即各种货币的结算是利用 SWIFT 电讯系统,通过交易双方的代理行或分行进行的,最终以有关交易货币的银行存款的增减或划拨为标志。

11. 外汇银行向其他外汇银行及市场参与者报价时,主要考虑哪些因素?

外汇银行向其他外汇银行及市场参与者报价时,主要考虑的因素有目前的市场行情、平衡自身的外汇头寸及自身的交易意图。

12. 外汇银行向其他外汇银行及市场参与者报价时,通常需要遵循哪些惯例?

外汇银行向其他外汇银行及市场参与者报价时,通常需要遵循以下惯例。

(1)使用"双价"的报价原则,报价银行既要报买入价,也要报卖出价。外汇交易成交前,询价者一般不向外汇银行表示其交易意图,所以外汇银行要同时报出买入价和卖出价,而且按规定外汇银行必须报出价格。外汇银行若不想进行该外汇的买卖,可以在报价时低报买入价,高报卖出价,打消对方交易的念头。

(2)在外汇即期交易中,报价一般以美元为中心,例如,"SP EUR"为"即期美元兑欧元价",因为已形成惯例,美元符号就可以省略。

(3)交易数量固定。外汇交易一般是以 100 万为单位,外汇交易中的"1"表示一个标准单位,即 100 万美元。

第二节 外汇远期交易

本节的内容,将帮助您了解外汇远期交易的概念、种类和一般交易流程。

1. 什么是外汇远期交易?

外汇远期交易简称远期交易(forward transaction),又称为期汇交易。远期交易是指在从成交日后第 3 个银行营业日起算的未来的某个营业日完成货币交割的外汇交易。也就是说,外汇交易的双方事先订立交易合同,但并不立即进行货币交割的行为,而是约定在未来的某个日期,再按照双方事先商定好的币种、汇率和金额进行交割。例如:一笔外汇买卖交易日是

1997年7月7日,那么标准即期交易的起息日为7月9日,而起息日在7月9日以后的交易都称为外汇远期交易。

2. 外汇远期交易的交割期限(成交日和交割日之间的间隔时间)通常有多长？

外汇远期交易的交割期限通常按月计算,一般为1个月、2个月、3个月、6个月及1年期,最常见的为3个月,1年及1年期以上的比较少。

3. 外汇远期交易的交割日是如何确定的？

外汇远期交易的交割日是根据即期外汇交割日期,加上远期外汇约定的交割日、月数来确定的。

对于1个月、2个月或3个月等标准外汇远期交易的起息日,应首先找出即期交易的起息日,然后再加上标准远期交易的期限来确定。例如,交易日是7月7日,那么,即期交易的起息日是7月9日,1个月的远期交易的起息日就是8月9日,2个月的远期交易的起息日就是9月9日,其余以此类推。

4. 在外汇远期交易的实际操作中,需要注意哪几种关于交割日的特别处理方式？

在外汇远期交易的实际操作中,需要注意以下几种关于交割日的特别处理方式。

(1)当外汇远期交易的交割日遇到是结算国银行的非营业日,其所遵循的交割惯例与外汇即期交易的相同,即如果有一方国家的银行节假日休息,则交割日顺延,直到两国银行都营业时为止。

(2)如果即期交易的起息日碰到是月底,而且又不是营业日,而往下顺延可能推到了下一个月,则不适用顺延原则。此时,就需要按相反的方向往回推算,直到"触及"反推的第1个营业日为止,碰到这样情形的时候,交割日就是远期交割月份的最后一个有效营业日。例如,11月30日不是营业日,就应该前移到11月29日起息(假设11月29日对两个有关货币国家的银行都是营业日)。这便是不跨月原则。

(3)在往后顺延的过程中,如果即期交易的起息日是月底(即每个月的最后一个营业日),则远期交易的起息日也是月底,这就是所谓的月底到月底规则(end-to-end rule)。例如,即期交易的起息日为10月28日,而29日和30日恰好是周六和周日,31日又是公共假日,则1个月的远期交易的起息日便是11月30日,而不是11月28日。

5. 什么是规则起息日远期交易和不规则起息日远期交易？

根据起息日的不同,外汇远期交易可分为规则起息日远期交易和不规则起息日远期交易。

规则起息日的远期交易指的是远期期限为一个月的整数倍的交易,常用的为远期1个月、2个月、3个月、6个月的交易。

不规则起息日的远期交易指的是远期期限不是一个月的整数倍的交易。比如远期43天起息的交易或指定某月某日起息的非整月倍数的交易等。

6. 什么是定期交易和择期交易？

根据交易时是否确定起息日的具体日期,外汇远期交易分为定期交易和择期交易。在未加特别说明时,远期交易是指定期交割的远期交易。

定期交易是指固定起息日的远期交易，即在交易合同中已将起息日固定为未来某一具体日期，无特殊情况交易双方均不能随意更改这一日期。

择期交易(optional-dated forward or optional forward deals)是指可以选择起息日的交易，即交易的起息日在成交合同中并没有固定为具体的日期，交易双方约定在未来的一段时间内，可随时进行交割，起息日可以是这段时间内的任意一个工作日。

例如，3月1日成交的3个月期的择期交易，只要其中一方提出，双方便可在3月4日至6月3日的任何一天按合同中约定的汇率完成交割。另外，交割具体日期的选择也可约定在合约生效后的一定时间以后，到合同终止日为止的一段时间内进行。例如，一份3个月的远期交易，可约定在合约生效后的第二个月以后或第三个月的时间内选择交割日。

7. 在择期交易中，由谁来决定具体的交割日？

在择期交易中，如果交易的双方均为银行，具体交割日期通常由买入方银行最终确定；如果是银行与一般客户之间的择期交易，具体交割日期则由客户最终确定。

8. 产生择期交易的原因是什么？

择期交易之所以会产生，是因为有时会碰到这样的情况：客户不能确定支付的具体日期，如客户并不知道进口的货物哪一天交货，哪一天需要实际支付。在这种情况下，客户希望不要固定交割日期，但要固定汇率，择期交易就是为了满足这种需求而设计出来的。

9. 择期交易的交割汇率是如何确定的？

在择期交易中，其远期交割汇率的确定跟定期交易的有所不同，通常是首先计算出约定择期期限内第一个工作日交割的远期汇率和最后一个工作日交割的远期汇率，然后根据客户的交易方向从中选取对报价方(通常是银行)最为有利的报价。

根据远期汇率等于即期汇率加减远期汇水的原则，最有利的汇率要么是在约定期限的第一天，要么是在最后一天。以银行作为报价方为例，择期交易报价遵循的原则如下。

(1) 在直接标价法下，银行在买入择期时，择期部分不计升水，并扣除最大的贴水；银行在卖出择期时，择期部分不计贴水，并向对方收取最大的升水。

(2) 在间接标价法下，银行在买入择期时，择期部分不计升水，并向对方收取最大的贴水；银行在卖出择期时，扣除最大的升水，择期部分不计贴水。

具体差异可归纳为表 7-1。

表 7-1 外汇择期交易交割汇率确定方式简表

直接标价法	银行买入外汇的择期交易	汇水为升水	择期期间的升水不计，以约定期限第一天的汇率为交割汇率
		汇水为贴水	扣除择期期间最大的贴水，以约定期限最后一天的汇率为交割汇率
	银行卖出外汇的择期交易	汇水为升水	收取择期期间最大的升水，以约定期限最后一天的汇率为交割汇率
		汇水为贴水	择期期间的贴水不计，以约定期限第一天的汇率为交割汇率
间接标价法	银行买入外汇的择期交易	汇水为升水	择期期间的升水不计，以约定期限第一天的汇率为交割汇率
		汇水为贴水	收取择期期间最大的贴水，以约定期限最后一天的汇率为交割汇率
	银行卖出外汇的择期交易	汇水为升水	扣除择期期间最大的升水，以约定期限最后一天的汇率为交割汇率
		汇水为贴水	择期期间的贴水不计，以约定期限第一天的汇率为交割汇率

第三节 黄金现货交易

本节的内容,将帮助您了解黄金现货交易的概念、种类和一般交易流程。

1. 国际黄金市场交易的参与者有哪些?

国际黄金市场交易的参与者可分为国际金商、银行、对冲基金、金融机构、各种法人机构、私人投资者及在黄金期货交易中有很大作用的经纪公司。

2. 什么是国际金商?

最典型的国际金商就是伦敦黄金市场上的五大金行,其自身就是一个黄金交易商。由于其与世界上各大金矿和许多金商有广泛的联系,而且其下属的各个公司又与许多商店和黄金顾客联系,因此,五大金商会根据自身掌握的情况不断报出黄金的买价和卖价。当然,金商要负责金价波动的风险。

3. 各国中央银行在国际黄金市场上有什么影响?

各国中央银行在国际黄金市场上的影响一直是巨大的。布雷顿森林体系解体以后,黄金的货币职能逐渐减弱,虽然黄金仍然是各国中央银行重要的储备资产,但是由于储备成本的上升,许多国家的中央银行开始了售金行动或宣布售金计划,而这对黄金市场的影响是巨大的。如1998年5月7日英国宣布减持黄金储备,并在一年内拍卖125吨黄金,令市场感到震惊,加上瑞士和国际货币基金组织的售金计划的不利影响,黄金价格一路下泻,同年8月25日国际市场现货黄金报价跌至252.00美元,创出了20年的新低。此外,除了储备资产调整的需要,参与黄金市场也是中央银行进行货币政策操作的重要手段之一。中央银行按照现行市场价格买卖黄金是扩大和收缩国内货币供应的基本方法。购买黄金能降低本国利率,使本币贬值、国内黄金价格上涨;反之亦然。

4. 国际黄金市场供给的主要来源是什么?

国际黄金市场供给的主要来源有两个方面:每年新增的黄金产量和官方投资者或者私人投资者出售的黄金。

5. 国际黄金市场需求的主要用途是什么?

国际黄金市场需求的主要用途如下。

(1)消费需求。主要包括电子工业用金、牙科用黄金和首饰用黄金。其中电子工业用金和牙科用黄金大部分被消费掉了,而且工业用黄金需求对黄金的价格非常敏感。黄金首饰的需求兼具有投资的性质,在短期内受黄金价格的影响较大,在长期内,黄金价格对于首饰用黄金需求的影响则较小。

(2)投资需求。私人部门以金条和金币的形式持有黄金,金条和金币完全被用来作为储藏价值的手段,因为相对于债券或者股票类的金融资产,黄金更具有保值和增值的作用。中央银行或者财政部门持有黄金作为储备资产。由于黄金不是某一国家的负债,因此不受任何国家行为的影响。黄金可以增强公众对本国货币的信心,这一点是外汇储备所达不到的。在某些特使条件下,黄金比外汇储备保值的能力更理想,由于黄金与其他储备资产的相关性很低,因此,持有一定数量的黄金可以提高整个投资组合的风险/收益比。

6. 影响世界黄金价格的其他因素有哪些?

20世纪70年代以前,黄金价格基本由各国政府或中央银行决定,国际上黄金价格比较稳定。70年代初期,黄金价格不再与美元直接挂钩,黄金价格逐渐市场化,除了基本的黄金供求因素外,影响黄金价格变动的因素日益增多。具体来说,可以分为以下几个方面:

(1) 央行的黄金出售;
(2) 汇率因素;
(3) 货币政策因素;
(4) 通货膨胀因素;
(5) 国际政治经济因素。

7. 什么是黄金现货交易?

黄金现货交易就是以货币为媒介进行黄金商品的交易,成交之后,立即进行货币支付和商品所有权的转移。黄金现货的交易价格是以伦敦金市定价为依据的,在买卖双方接受定价之后,必须确定黄金交易单位及交收地点。

8. 国际黄金现货交易有什么特点?

在伦敦黄金市场上,交易单位通常是100金衡盎司的金条,并以"美元每盎司"表示伦敦黄金市场的交货价格。苏黎世黄金市场是以400金衡盎司为交易单位。香港黄金交易单位用中国传统的"司马两"。尽管各黄金市场黄金交易单位与黄金价格单位名称不同,但是国际上通常以伦敦黄金市场的金衡盎司单位为标准,并用美元价格表示。在现货交易中,有两种结算形式:一种以实物黄金交割,另一种通过簿记转账。在苏黎世黄金市场,结算形式以实物交割为主,该市场主要经营各国金币交易。黄金的存储一般有两种形式:"已分配账户"和"未分配账户"。在"已分配账户"式下,黄金由金商单独保管,并开列重量、成色、条数等清单,收取保管费;在"未分配账户"式下的黄金不归金商保管,只是确认买方有一定数量黄金的所有权,免收保管费。在伦敦黄金市场上,黄金现货交易侧重于簿记转账的方式,顾客开设黄金账户,账户上记录黄金重量如盎司、克或以铸币个数为记账单位,账户的借记和贷记,在成交后两个工作日之内进行。顾客买卖黄金通过账户转账交易,只转移黄金的所有权,因而不交保管费,这种简便经济的交易方式,特别适合大额交易者和专业投资者。

9. 黄金现货交易有什么优缺点?

黄金现货交易最大的优点是灵活简便,缺点是黄金价格受供求规律影响较大,同时国际政治、经济的影响以及投资者推波助澜的炒作也会引起黄金价格的波动。但是黄金现货交易缺乏转移价格波动风险的机制,尤其是生产周期长、投资大的黄金采矿业,极易受到黄金价格波动风险的影响。

第八章
衍生类外汇交易

20世纪70年代以来,金融创新促进了金融衍生产品交易业务的快速发展,极大地改变了金融管理者控制金融风险的方式。金融衍生产品交易量的巨额增长,已经引起监管者、银行家和市场参与者的高度关注。金融衍生产品的种类很多,其中最主要的是金融期货、金融期权和互换交易,后来又在这些衍生产品的基础上派生出许多其他形式,如期货期权、互换期权及互换期货等。同时,商业银行和投资银行等金融机构还根据客户要求,为其量身制作了许多衍生工具,推动了衍生产品市场的蓬勃发展。通过本章内容的学习,你应该能够:

- 了解外汇期货交易的基本原理及程序；
- 了解外汇期货市场的构成及作用；
- 了解外汇期货交易的主要功能；
- 掌握外汇期货交易与远期交易的异同；
- 了解外汇期权交易的基本概念；
- 掌握外汇期权合约的内容和行情解读；
- 了解期权交易与期货交易的区别；
- 了解货币互换、利率互换的基本概念及作用。

关键概念

外汇期货交易、基差、外汇期权交易、期权费、期权费率、履约价格、看涨期权、看跌期权、欧式期权、美式期权、平价期权、货币互换、利率互换

引导型问题

1.某公司根据以下报价购买了履约价为马克/美元 0.625 0、10 份 5 月份到期的看涨期权，期权到期时马克兑美元的市场汇率为 1∶0.628 0。该公司是否应当执行期权？其净盈利或净亏损是多少？

Strike Price	Calls-Settle			Puts-Settle		
	Mar-C	Apr-C	May-C	Mar-P	Apr-P	May-P
6250	1.16	1.67	1.65	0.27	0.64	1.15
6300	0.93	1.35	1.62	0.39	0.89	1.32
6350	0.78	1.07	1.26	0.74	1.13	1.64
6400	0.52	0.91	0.92	0.95	1.46	1.91
6450	0.40	0.68	0.75	1.29	1.87	2.24
6500	0.27	0.52	0.54	1.47	2.12	2.59

Deutsche Mark(IMM)125000 Mark;Cents per Mark

2.某投资者以 0.890 0 美元/百日元的执行价格购买了 2 份于 3 月份到期的日元看涨期权合约，每份合约的标的资产为 1 250 万日元，期权费率为 0.25 美分/百日元。

(1)合约到期时的市场汇率若为 0.806 0 美元/百日元，则该投资者是否应当执行期权？其盈亏状况如何？

(2)合约到期时的市场汇率若为 0.891 6 美元/百日元，则该投资者是否应当执行期权？其盈亏状况如何？

(3)合约到期时的市场汇率若为 0.900 0 美元/百日元，则该投资者是否应当执行期权？其盈亏状况如何？

3.假定一美国企业的德国分公司将在 9 月份收到 125 万欧元的货款。为规避欧元贬值风险，购买了 20 张执行汇率为 €/$0.900 0 的欧式欧元看跌期权，期权费为每欧元

0.021 6美元。

(1) 请画出该公司购买欧元看跌期权的收益曲线,标出盈亏平衡点汇率;

(2) 若合约到期日的现汇汇率为₡/＄0.850 0,计算该公司的损益结果。

4. 设一家公司在2年前按7.65%的固定利率借入一笔5年期贷款,同时做了一笔互换交易,条件是该公司每6个月按LIBOR付息,以7.26%的固定利率收取利息。现在的互换利率已有较大的下跌,银行对于每6个月付息一次的3年期互换的报价为LIBOR对6.80%～85%。根据该报价,这家公司如果再做一笔3年期的新的互换交易,其借款成本将有怎样的变动?并请将两个互换的结果以图示的方式表示出来。

第一节 外汇期货交易

通过本节的学习,将帮助您了解和掌握外汇期货交易的概念、种类、作用和一般交易流程。

1. 什么是衍生类的外汇交易?

衍生类的外汇交易是指那些以某种外汇(币)交易合约为交易的直接标的,通过合约到期时履行合约的方式完成交易,或通过合约到期时放弃履行合约的方式结束交易,或通过在合约到期前将合约反向买进或卖出的平仓方式来结束交易的外汇交易。

2. 衍生类的外汇交易主要有哪些基本类别?

衍生类的外汇交易主要有外汇期货交易、外汇期权交易、外汇互换交易等三大基本类别。

3. 什么是期货合约?

期货合约(futures contract)是某种由交易所设计好的标准化的远期合约,该合约的交易规模、报价单位、最小价格变动、标的等级、交易时间、到期日、交割日、交割程序、交割地点等交易要件均已由交易所事先设定。

4. 什么是外汇期货合约?

外汇期货合约(foreign exchange futures contract)是某种由交易所设计好的标准化的外汇远期合约,该合约的外汇交易币种、交易规模、报价单位、最小价格变动、交易时间、到期日、交割日、交割程序、交割地点等交易要件均已由交易所事先设定。

5. 期货合约通常是如何称谓的?

期货合约通常是以合约的标的资产和合约的到期日这两个要素来称谓的。比如,"5月份的大豆期货",即是指于5月份到期的大豆期货合约;"6月份的英镑期货",即是指于6月份到期的英镑期货合约。

6. 期货通常是如何分类的?

期货通常可分为两个大类:商品期货,如小麦期货、大豆期货、铜期货等;金融期货,如外汇期货、利率期货、股指期货等。

7. 什么是期货交易?

期货交易是指通过交易所的交易平台进行竞价交易,买入或卖出某种由该交易所设计好的标准化的远期合约。成交后,交易者对其所买入或卖出的期货合约有以下两种处置选择。

(1)"平仓"结束本轮交易,即是在交易所规定的合约到期日之前,按照新的成交价,卖出(或买入)其原先买入(或卖出)的期货合约,从而结束本轮交易。

其本轮交易的盈亏额=(卖出价-买入价)×标的资产数量/份合约×成交的合约份数

(2)持有合约到期,交割标的资产。未平仓的期货合约到期后,在交易所规定的合约交割日,交易者需要与合约的持有对方进行标的资产的交割。对于买入期货合约的交易者而言,此时需要按照合约的买入价,通过交易所的清算机构向合约的持有对方支付相应的货币额,并收取相应数量的标的资产;对于卖出期货合约的交易者而言,此时则需要按照合约的卖出价,通过交易所的清算机构向合约的持有对方收取相应的货币额,并交付相应数量的标的资产。

8. 什么是"多头"和"空头"?

在期货交易中,通常把买进期货合约者称为"多头",把卖出期货合约者称为"空头"。

9. 什么是"开仓"?

"开仓"是证券交易的基本交易术语,对于期货交易而言,是指交易者竞价买入或卖出期货合约,从而持有期货合约的交易行为。

10. 什么是"持仓"?

"持仓"是证券交易的常用术语,对于期货交易而言,是指交易者持有期货合约的状况。

11. 什么是"平仓"?

"平仓"是相对于"开仓"而言的证券交易术语,是指交易者"开仓"买入或卖出期货合约后,在交易所规定的合约到期日之前,按照新的成交价,卖出其原先买入的期货合约从而结束本轮交易或买入其原先卖出的期货合约从而结束本轮交易的交易行为。

12. "开仓"和"平仓"对"持仓"有什么不同影响?

由于开仓和平仓有着不同的含义,所以,交易者在买卖期货合约时必须指明是开仓还是平仓。比如,某投资者在3月15日开仓买进7月大豆10手(张),成交价为2 400元,这时,他就有了10手多头持仓。到3月17日,该投资者见期货价上涨了,于是在2 415元的价格卖出平仓6手7月大豆,成交之后,该投资者的实际持仓就只有4手多单了。如果当日该投资者在报单时报的是卖出开仓6手7月大豆,成交之后,该投资者的实际持仓就不是4手多单,而是10手多头持仓和6手空头持仓了。

13. 什么是外汇期货交易?

外汇期货交易(foreign exchange futures)是指在固定的货币交易场所,买卖双方通过公开竞价的方式买进或卖出具有标准合同金额和标准交割日期的外汇远期合约的交易。外汇期货是国际金融期货市场上最常见的金融期货。

外汇期货市场上交易的货币一般都是在国际市场上可以自由兑换的货币,交易对象采用标准化合约方式。目前全球有三家期货交易所提供标准的外汇期货合约,即芝加哥商品交易所的国际货币市场(IMM)、新加坡国际货币交易所(SIMEX)和伦敦国际金融期货交易所(LIFFE),其中国际货币市场的期货交易量占全球交易量的99%以上,具有典型的代表性。

14. 什么是基差?

基差是期货交易特有的一个术语,是指在某个时点上,期货合约标的资产的现货价格与期货合约的成交价格之间的差额。

(某个时点上的)基差=(该时点上的)现货价格－(该时点上的)期货价格

对于外汇期货交易而言,基差是指在某个时点上,期货合约的标的外汇的即期汇率与期货合约的成交汇率之间的差额。

15. 什么是期货交易均衡价格的定价模型?

在无风险套利机制的作用下,商品期货交易的均衡价格应当等于合约标的资产的现货价格与从成交到合约到期期间保管和运输合约标的资产的费用之和,即

期货价格=现货价格+储存运费。

相应地,对于外汇期货交易而言,期货交易的均衡价格应当等于合约标的外汇的现汇汇率与从成交到合约到期期间借贷相关两种货币发生的利差综合损益之和,即

期货价格=现货价格+利差综合损益

16. 期货交易均衡价格的定价模型有什么重要启示?

根据期货交易均衡价格的定价模型,可以推导出以下两个重要的规律或结论。

(1)期货合约越是接近到期日,期货价格就越是接近现货价格;如果不考虑交易佣金,在到期日(即最后一个交易日),期货价格应当等于现货价格;在到期日(即最后一个交易日)之前,期货价格应当始终大于现货价格。

(2)期货价格变动受现货价格变动影响并与之呈正相关关系变动;目前期货价格的涨跌预示市场对未来现货价格涨跌的综合预期。

17. 为什么基差值在正常的市况下为负值?

一方面,基差=现货价格－期货价格;另一方面,在到期日之前,期货价格应当始终大于现货价格。因此,在正常的市况下基差值应为负值。

18. 什么是期货交易的保证金制度?

保证金制度是期货交易必有的一项基本制度,在期货交易中,任何一个交易者必须按照其所买卖期货合约价值的一定比例(通常为5%～10%)缴纳少量资金,作为其履行期货合约的财力担保,然后才能参与期货合约的买卖,并视价格变动情况确定是否追加资金。这种制度就是保证金制度,所缴纳的资金就是保证金。保证金即是一种"履约信用"或"诺言支付"。

19. 期货交易的保证金有哪些类型?

保证金按交易环节的不同,分为结算准备金和交易保证金;按交易主体的不同,分为会员保证金和客户保证金;按其具体作用的不同,分为履约保证金、初始保证金、追加保证金和维持保证金。

20. 什么是结算准备金和交易保证金?

结算准备金是指期货交易所的会员在交易所专用结算账户,为交易结算预先准备的款项,它是未被期货合约占用的保证会员结算能力的保证金。

交易保证金是指交易所对会员专用结算账户内用以确保期货合约履行的资金。

21. 什么是会员保证金和客户保证金?

会员保证金是指期货交易所对会员收取的保证金,用于担保会员及其客户对买卖合约的

履行和无负债的结算。会员在清算所开设的保证金账户,只有初始保证金,没有维持保证金。

客户保证金是指期货经纪公司对客户收取的保证金,用于客户担保合约的履行。

客户在经纪人处存放保证金,非会员经纪人在会员处存放保证金,而会员则在清算所存放保证金,称清算保证金(clearing margin),清算所对会员经纪人进行逐日盯市,就像经纪人对客户进行逐日盯市一样。不同的是,清算保证金没有初始保证金和维持保证金之分,每一天,有净亏损的会员必须将保证金补足到初始保证金的水平。会员的保证金通常是以净头寸来计算的。例如,某位会员有两位客户,一位有 20 份合约多头,另一位有 15 份合约空头,该会员的总头寸为 35 份合约,但净头寸是 5 份合约,保证金要求是以这 5 份为基础的。

22. 什么是履约保证金?

履约保证金是指用来确保交易双方履行合约的资金。如果期货投资者未在期货合约到期前将在手合约平仓了结,则必须按合约规定进行实物交割,否则交易所按规定扣取履约保证金。

23. 什么是初始保证金?

初始保证金(initial margin)是指期货投资者开仓交易时必须缴存的保证金,可视为期货合约的定金或履约资金,表明投资者将履行合约义务。附带利息的证券(如国库券)也可作为初始保证金。如果期货合约的价格出现波动,投资者持有头寸的权益价值也会随之变化。交易所可以通过将投资者的头寸调至市价,使头寸盈亏能随时在投资者的权益账户中得以体现。

24. 什么是维持保证金?

维持保证金(maintenance margin)是指在成交后的持仓期内,如果发生亏损而使保证金总额下降的最低保证金限额。成交后,交易所对期货投资者委托进行的尚未清结的期货交易进行逐日结算,即采取逐日盯市的记账方式。根据当日的结算价来计算客户的盈亏。把盈余划入账户贷方,亏损记入借方。如果由于不利的价格变动致使投资者的权益下降,一旦投资者的权益降低到触及或低于维持保证金水平,投资者就必须追加保证金使其恢复到初始保证金水平才能继续交易。

25. 什么是变动(追加)保证金?

变动(追加)保证金是指当期货投资者的初始保证金不足以继续抵消价格波动的风险时而补交的保证金,它等于初始保证金与维持保证金之间的差额。与初始保证金不同,变动保证金只能是现金,不能是付利息的证券。变动保证金一般要求在 24 小时之内存入,否则,投资者的期货头寸会被强制结清。

随着交易的进行,若账户中借方增多,使实际保证金低于维持保证金数额,则客户必须立即在规定的时间内补交保证金。

例如,某交易所规定每一笔加拿大元合同的初始保证金为 2 500 美元,并规定维持保证金为 1 700 美元。随着交易的进行,如果当初始保证金下降到 1 700 美元以下时,经纪公司就会通知该交易者将保证金恢复到 2 500 美元。如果该交易者做不到这一点,经纪人就会在期货市场上中止该合同。在该例中,变动保证金=初始保证金-维持保证金=2 500 美元-1 700 美元=800 美元。

在美国的外汇期货市场上,有初始保证金和维持保证金之分。在英国的 LIFFE 市场上,只有初始保证金。

26. 会员保证金和客户保证金是如何收取的?

会员保证金和客户保证金的收取是分级进行的,会员保证金由期货交易所向会员收取,客户保证金由期货经纪公司向客户收取。

根据期货交易管理有关法规的规定,客户保证金的收取比例由期货经纪公司自主规定,但期货经纪公司对客户的保证金要在交易所收取会员保证金的基础上加收一定的比例,以确保期货市场的财务健全和低风险运行。该保证金属于客户所有,期货经纪公司除按照相关法规的规定为客户向期货交易所交存保证金、进行交易结算外,严禁挪作他用。

保证金应当以货币资金缴纳,可以上市流通国库券、标准仓单折抵期货保证金,不得使用银行保函、银行存单、国库券代保管凭证等折抵期货保证金。

当每日结算后客户保证金低于期货交易所规定或双方约定的保证金水平时,期货经纪公司应当按照期货经纪合同约定的方式通知客户追加保证金,客户不能按时追加保证金的,期货经纪公司应当通过交易所将该客户部分或全部持仓强制平仓,直至保证金余额能够维持其剩余头寸。因强制平仓所产生的亏损和手续费,均由客户承担。

27. 客户保证金的水平通常有多高?

关于客户保证金的收取水平,各交易所不尽相同,通常情况下,初始保证金根据每份合同的金额及货币的变动性来确定,一般为合约价值的 3%～10%。经纪人或经纪公司可自行决定其向客户收取的保证金水平,但必须要高于交易所规定的最低限额。维持保证金通常为初始保证金的 75%。

28. 交易所制定保证金的收取标准时应当遵循什么原则?

交易所制定保证金的收取标准时应当遵循保证金数额必须与价格波动风险同等的原则,主要依据商品合约上的总值和价格变动的幅度来确定保证金的收取标准。如合约上商品价值高,价格波动大,则保证金的收取额就高;反之则少。另外,保证金水平的高低还要参考客户的类型及客户买卖合约的情况,如套期保值型客户比投机型客户的保证金收取水平要低。套期保值者大多拥有实货,他们只不过是利用期货市场转嫁现货的风险,保障成本和利润,因而所承担的风险比投机者要小,所需缴纳保证金数额相应也少一些。又如,客户对同一商品不同月份都有买卖仓与客户对该商品只是单买或单卖相比,保证金收取水平也低一些。

29. 期货交易的流程由哪些环节组成?

期货市场是一个有组织的交易市场,它的规范化和有序化是通过期货交易所中的交易规则和交易程序实现的。具体说来,期货交易是由期货交易所的会员在一个固定的场所进行的,客户不能进入交易大厅,必须通过各自的经纪人,在交易大厅里,按照一定的规则,公开竞价成交。而场内成交并不意味着期货买卖活动的终结,在期货交易者持仓期间,结算公司每天要对客户的持仓情况进行盈亏计算,对于持仓人来说,可根据市场价格走势,及时平仓在手合约或待合约到期日时进行实物交割。因此,对于客户而言,从事期货交易的流程应包括以下环节:制订期货交易计划→选择经纪机构(人)→开立交易账户→下达委托指令→成交→结算→交割。

(1)制订期货交易计划。

期货交易是一项风险性很高的投资行为,参加期货交易一定要事先制订妥善的交易计划,主要包括自身财务抵御风险的能力、所选择的交易商品、该商品的市场分析、该商品的持有期限等。

（2）选择期货经纪机构和经纪人。

投资者制订了期货交易计划之后，要慎重选择经纪机构和经纪人。因为经纪机构和经纪人所提供的服务质量的高低直接关系到客户利益的实现。

经纪机构向客户提供的服务主要有：代理客户迅速准确地完成期货买卖；负责管理客户的保证金账户；负责办理结算手续；向客户提供市场信息和咨询服务；敦促客户履行合约。

所选择的经纪机构首先应为交易所的会员，其次应拥有雄厚的资本、良好的信誉、先进的通信联络工具、灵通的市场信息、高质量的服务、合理的保证金和佣金的收取水平等。

（3）开立交易账户。

期货投资者在选定了期货经纪机构和经纪人以后，就可以办理期货交易账户。所谓期货交易账户是指期货交易者开设的、用于交易履约保证的一个资金信用账户。

（4）下达委托指令。

开立账户后，客户可以随时向经纪机构下达委托指令。期货经纪机构接到客户的买卖委托后，通过电话与驻在交易大厅里的出市代表联系，出市代表接到电话后，或利用计算机系统撮合成交，或采用公开竞价方式成交。

（5）成交。

期货交易的成交价格是在交易大厅中由经纪人以公开竞价的方式决定的，竞价方式有借助手势喊价的传统方式和使用计算机自动撮合竞价的现代方式。随着计算机在期货交易中的普遍使用，客户的委托指令由电话或因特网传入交易大厅后，由交易经纪人输入计算机，在大厅价格屏幕上出现。各经纪人受托买卖，即按价格优先、时间优先的原则，自动配对成交。这已成为期货交易方法发展的趋势。目前我国的期货交易就是采用计算机自动撮合系统进行的。

（6）结算。

结算是指根据交易结果和交易所的规定对会员交易保证金、盈亏、手续费、交割货款和其他有关款项进行的计算、划拨。结算包括交易所对会员的结算和经纪会员对其客户的结算。

（7）交割。

在期货合约到期时，必须进行实际的货、款收付。由于期货合约到期前已经几易其手，因此，实物交割要通过结算机构进行。

30. 什么是交易清算所？

交易清算所（exchange clearing house）是交易所的附属机构，它作为期货交易的媒介或中间人，保证每笔交易的双方履行合约。清算所实行会员制，非会员必须经过某一会员才能进行清算。清算所记录发生的每一笔交易并计算每一会员每天的盈亏额和净头寸。

31. 商品期货与金融期货的交割有什么不同？

商品期货以实物交割，但一些金融期货是以现金交割的，这是由于直接交割金融期货合约的标的资产非常不方便或是不可能的。例如，如果股价指数期货要进行实物交割的话，空方得提供一个包括所有计入股价指数的股票的证券组合，比如全世界交易量最大的标准普尔500种股票指数期货，若是进行实物交割，则需要交割500种股票。当合约以现金结算时，就按最后交易日结算时的价格进行盯市，并将所有的头寸进行了结。

32. 成交回报的流程是怎样的？

当客户的交易指令在交易所计算机系统中撮合成交后，出市代表应将成交结果反馈回期货经纪公司下单室，期货经纪公司下单室将成交结果记录在交易单上并打上时间戳记，然后返还给客户代理人，再由客户代理报告给客户。成交回报记录包括以下内容：交易方向、成交手数、成交价格、成交回报时间等。

33. 期货交易结算的功能是什么？

期货交易的结算制度是期货市场正常运作的核心保障。期货结算所的组织方式在各国有所不同，我国目前实行的是交易所内结算制度。交易所结算部的功能是：

(1) 计算期货交易盈亏；

(2) 担保交易风险；

(3) 管理会员资金，控制市场风险；

(4) 与交割部合作监管实物交割。

34. 期货交易的结算有哪些基本制度？

期货交易的结算有以下基本制度。

(1) 登记结算制度：对期货交易所的会员进行登记，并对每一份期货合约的成交进行登记结算。

(2) 结算保证金制度：根据期货交易所章程及有关规定，向期货交易所会员收取结算准备金和交易保证金，用于保证期货交易的履约。

(3) 每日无负债结算制度：也叫逐日盯市制度，即交易所结算部根据每个会员每日交易的盈亏状况加以核算，对保证金低于交易所规定的最低余额水平的会员通知追加保证金，而当日交易盈利结算的会员可以提取盈余资金，由此保证期货交易所做到无负债交易。

(4) 风险控制制度：由会员（席位）最高持仓限制制度、会员财务监督机制及其他风险管理制度组成，目的是保证期货交易的正常进行，防止会员单位及其客户的财务风险影响期货市场整体功能的发挥。

35. 期货交易中的结算有哪些种类？

期货交易中的结算分为三种：每个交易日之后的持仓盈亏结算；合约到期日之前的平仓对销结算；合约到期日进行的实物交割。

36. 什么是持仓盈亏结算？

持仓盈亏结算是指在每个交易日收盘后，结算机构要对期货经纪机构的当日开仓合约和已有未平仓合约进行每日结算。结算机构根据当日结算价计算会员持仓合约的盈亏并对会员的结算基金进行处理，调整保证金的水平。

37. 什么是平仓对销结算？

大多数投资者并不打算在期货合约到期日履行实物货款交割的责任，他们只是把期货作为一种投资手段，因而，在期货合约到期前即进行了平仓处理，或称买卖对销。为此进行的结算称作平仓对销结算或最后结算。平仓对销结算只需在合约对冲后交易者根据盈亏支付净额即可。在实际操作中，平仓对销又可分为买空对销和卖空对销两种。具体结算方法如下：

(1) 买空利润或亏损＝(对销价－购入价)×合约张数×合约单位－总佣金

(2) 卖空利润或亏损＝(售出价－对销价)×合约张数×合约单位－总佣金

38. 什么是实物交割？

实物交割是指在期货合约到期时，最终持有期货合约的买卖双方必须通过结算机构进行实际的货、款收付。

39. 如何进行期货交易的账户计算？

由于期货交易是保证金交易，而且又是实行每日清算制度的，故期货交易的账户计算较为复杂。在期货交易账户计算中，盈亏计算、权益计算、保证金计算及资金余额计算是四项最基本的内容。

当日权益减去持仓保证金就是资金余额。如果当日权益小于持仓保证金，则意味着资金余额是负数，同时也意味着保证金不足了。按照规定，期货经纪公司会通知账户所有人在下一交易日开市之前将保证金补足。如果账户所有人在下一交易日开市之前没有将保证金补足，按照规定，期货经纪公司可以对该账户所有人的持仓实施部分或全部的强制平仓，直至留存的保证金符合规定的要求。

按照开仓和平仓时间划分，盈亏计算中可分为四种类型：今日开仓今日平仓；今日开仓后未平仓转为持仓；上一交易日持仓今日平仓；上一交易日持仓今日继续持仓。各种类型的计算方法如下：

今日开仓今日平仓，计算其买卖差额；

今日开仓后未平仓转为持仓，计算今日结算价与开仓价的差额；

上一交易日持仓今日平仓，计算平仓价与上一交易日结算价的差额；

上一交易日持仓今日继续持仓，计算今日结算价与上一交易日结算价的差额。

在进行差额计算时，注意不要搞错买卖的方向。

【例 8-1】 某客户在某期货经纪公司开户后存入保证金 10 万元，在 4 月 1 日开仓买进 9 月大豆期货合约 40 手（每手 10 吨），成交价为 2 000 元/吨；同一天该客户卖出平仓 20 手大豆合约，成交价为 2 030 元/吨，当日结算价为 2 040 元/吨。假定交易保证金比例为 8％，手续费为单边每手 10 元，则客户的账户情况为

当日平仓盈亏＝[(2 030－2 000)×20×10]元＝6 000 元

当日开仓持仓盈亏＝[(2 040－2 000)×(40－20)×10]元＝8 000 元

当日盈亏＝6 000 元＋8 000 元＝14 000 元

手续费＝10 元×60＝600 元

当日权益＝100 000 元＋14 000 元－600 元＝113 400 元

保证金占用＝(2 040×20×10×8％)元＝32 640 元

资金余额(即可交易资金)＝113 400 元－32 640 元＝80 760 元

4 月 2 日该客户买入 8 手 9 月大豆合约，成交价为 2 030 元/吨；随后又卖出平仓 28 手 9 月大豆合约，成交价为 2 045 元/吨；后来又卖出 50 手 9 月大豆合约，成交价为 2 035 元/吨。当日结算价为 2 060 元/吨，则其账户情况为

当日平仓盈亏＝[(2 045－2 030)×8×10＋(2 045－2 040)×20×10]元＝2 200 元

当日开仓持仓盈亏＝[(2 035－2 060)×50×10]元＝－7 500 元

当日盈亏＝2 200 元－7 500 元＝－5 300 元

手续费＝10 元×86＝860 元

当日权益＝113 400 元－5 300 元－860 元＝107 240 元

保证金占用＝(2 060×50×10×8%)元＝82 400 元

资金余额(即可交易资金)＝107 240 元－82 400 元＝24 840 元

4月3日,该客户买进平仓30手,成交价为2 050 元/吨;后来又买进开仓9月大豆合约30手,成交价为2 070 元/吨。当日结算价为2 070 元/吨,则其账户情况为

平仓盈亏＝[(2 060－2 050)×30×10]元＝3 000 元

历史持仓盈亏＝[(2 060－2 070)×20×10]元＝－2 000 元

当日开仓持仓盈亏＝[(2 070－2 070)×30×10]元＝0 元

当日盈亏＝3 000 元－2 000 元＋0 元＝1 000 元

手续费＝10 元×60＝600 元

当日权益＝107 240 元＋1 000 元－600 元＝107 640 元

保证金占用:(2 070×50×10×8%)元＝82 800 元

资金余额(即可交易资金)＝107 640 元－82 800 元＝24 840 元

注意:当日交易结束后,该客户的实际持仓为30手多头与20手空头,如果扣除其20手对锁仓,则净持仓为10手多头。

【例8-2】 某客户账户原有保证金120 000 元,5月9日,开仓买进9月大豆合约80手,均价2 400 元,手续费为单边每手10元,当日结算价为2 380 元,保证金比例为5%。

当日开仓持仓盈亏＝[(2 380－2 400)×80×10]元＝16 000 元

手续费＝10 元×80＝800 元

当日权益＝120 000 元－16 000 元－800 元＝103 200 元

保证金占用＝(2 380×80×10×5%)元＝95 200 元

资金余额(即可交易资金)＝103 200 元－95 200 元＝8 000 元

5月10日,该客户没有交易,但9月大豆合约的当日结算价降为2 350 元,当日账户情况为

历史持仓盈亏＝[(2 350－2 380)×80×10]元＝－24 000 元

当日权益＝103 200 元－24 000 元＝79 200 元

保证金占用＝(2 350×80×10×5%)元＝94 000 元

资金余额(即可交易资金)＝79 200 元－94 000 元＝－14 800 元

显然,要维持80手的多头持仓,保证金尚缺14 800 元,这意味着下一交易日开市之前必须追加保证金14 800 元。如果该客户在下一交易日开市之前没有将保证金补足,那么期货经纪公司可以对其持仓实施部分强制平仓。经过计算,79 200 元的权益可以保留的持仓至多为79 200÷(2 350×10×5%)＝67.4。这样,期货经纪公司至少可以将其持仓强制平掉13手。

40.什么是"爆仓"?

爆仓是指账户权益为负数,这意味着保证金不仅全部输光而且还倒欠了。正常情况下,在逐日清算制度及强制平仓制度下,爆仓是不会发生的。然而在有些特殊情况下,比如在行情发生连续同方向停板时,持仓头寸较多且逆方向的账户就很可能会爆仓。

【例8-3】 资料如上例,5月11日开盘前,客户没有将应该追加的保证金交给期货经纪公司,而9月大豆期货又以跌停板价2 280 元开盘并且被牢牢封住,即只有卖单没有买单。期货经纪公司想将该客户的多头持仓强制平仓但无法实现。当日,结算价就是2 280 元。如果对

该账户进行结算,就可发现:

当日历史持仓盈亏＝[(2 280－2350)×80×10]元＝－56 000 元
当日权益＝79 200 元－56 000 元＝23 200 元
保证金占用＝(2 280×80×10×5%)元＝91 200 元
资金余额(即可交易资金)＝23 200 元－91 200 元＝－68 000 元

期货经纪公司在收盘后又向该客户发出追加 68 000 元保证金的通知书,但该客户在 5 月 12 日开盘前仍旧没追加资金。于是,期货经纪公司在当日开盘价 2 240 元的价位上将该客户的 80 手多单强制平仓。这样,该账户的情况为

当日平仓盈亏＝[(2 240－2 280)×80×10]元＝－32 000 元
手续费＝10 元×80＝800 元
实际权益＝23 200 元－32 000 元－800 元＝－9 600 元

即该客户倒欠了期货经纪公司 9 600 元。

41. 如何计算交易盈亏?

(1)当日盈亏可以分项计算。

分项计算公式为

$$当日盈亏＝平仓盈亏＋持仓盈亏$$

①平仓盈亏＝平历史仓盈亏＋平当日仓盈亏

平历史仓盈亏＝∑[(卖出平仓价－上一交易日结算价)×卖出平仓量]
　　　　　　＋∑[(上一交易日结算价－买入平仓价)×买入平仓量]

平当日仓盈亏＝∑[(当日卖出平仓价－当日买入开仓价)×卖出平仓量]
　　　　　　＋∑[(当日卖出开仓价－当日买入平仓价)×买入平仓量]

②持仓盈亏＝历史持仓盈亏＋当日开仓持仓盈亏

历史持仓盈亏＝(当日结算价－上一日结算价)×持仓量

当日开仓持仓盈亏＝∑[(卖出开仓价－当日结算价)×卖出开仓量]
　　　　　　　＋∑[(当日结算价－买入开仓价)×买入开仓量]

(2)当日盈亏可以综合成为总公式。

当日盈亏＝∑[(卖出成交价－当日结算价)×卖出量]
　　　　＋∑[(当日结算价－买入成交价)×买入量]＋(上一交易日结算价
　　　　－当日结算价)×(上一交易日卖出持仓量－上一交易日买入持仓量)

注:期货合约均以当日结算价作为计算当日盈亏的依据。

【例 8-4】 有一个客户存入保证金 10 万元,在 4 月 1 日买入绿豆期货合约 20 手(每手 10 吨),成交价为 2 800 元/吨;同一天该客户卖出平仓 10 手绿豆合约,成交价为 2 830 元/吨,当日结算价为 2 840 元/吨。则客户的当日盈亏(不含手续费、税金等费用)情况为

(1)按分项公式计算:

平仓盈亏＝[(2 830－2 800)×10×10]元＝3 000 元
持仓盈亏＝[(2 840－2 800)×10×(20－10)]元＝4 000 元
当日盈亏＝3 000 元＋4 000 元＝7 000 元

(2)按总公式计算:

当日盈亏＝[(2 830－2 840)×10×10＋(2 840－2 800)×20×10]元＝7 000 元

(3)当日结算准备金余额=100 000元−(2 840×10×10×10%)元+7 000元=78 600元

4月2日,该客户再买入6手绿豆合约,成交价为2 830元/吨,当日结算价为2 860元/吨,则其账户情况为

(1)按分项公式计算:

当日开仓持仓盈亏=[(2 860−2 830)×6×10]元=1 800元

历史持仓盈亏=[(2 860−2 840)×10×10]元=2 000元

当日持仓盈亏=1 800元+2 000元=3 800元

(2)按总公式计算:

当日盈亏=[(2 860−2 830)×6×10+(2 840−2 860)×(10−20)×10]元=3 800元

(3)当日结算准备金余额=78 600元+(2 840×10×10×10%)元−(2 860×16×10×10%)元+3 800元=93 820元

4月3日,该客户又将16手绿豆合约平仓,成交价为2 880元/吨,当日结算价为2 890元/吨,则其账户情况为

(1)按分项公式计算:

平仓盈亏=[(2 880−2 860)×16×10]元=3 200元

(2)按总公式计算:

当日盈亏=[(2 880−2 890)×16×10+(2 860−2 890)×(0−16)×10]元=3 200元

(3)当日结算准备金余额=65 040元+(2 860×16×10×10%)元+3 200元=114 000元

42. 期货交易与现货交易有何区别?

(1)交易对象不同。期货交易的对象是标准化合约;现货交易的对象是实货商品。

(2)交易目的不同。期货交易中,套期保值者的目的是规避风险,投机者的目的是获得投机利润,套利者的目的是获得低风险收益;现货交易的目的是获得或让渡商品的所有权。

(3)交易的场所与方式不同。期货交易在高度组织化的期货交易所中以公开竞价的方式进行;现货交易一般在不固定的场所以对手交易的方式进行。

(4)对交易品种的要求不同。期货交易对品种的要求较严,一般要求该品种有较大的流通量、可长时间储藏、品质较易标准化、价格波动频繁;现货交易对商品品种无特殊要求。

(5)结算方式不同。期货交易实行保证金的每日无负债结算制度;现货交易一般采取到期一次性结清。

43. 商品期货交易与股票现货交易有何异同?

两者的共同点为:竞价交易方式基本相同,都是采用规定时间段内集中双向竞价方式,因而,仅从行情表上看,所用的术语也差不多,比如,都有开盘价、收盘价、最新价、涨跌幅、买量、卖量、交易量等,画出来的K线图也差不多一样。因而,大量的技术分析方法和分析指针在两者之间几乎可以没有差别地被使用。

两者的差异如下。

(1)在期货交易中,"持仓量"是可变的;而在股市中,股票在一级市场发行后进入二级市场,只要一级市场没有什么变化(比如增股、缩股),二级市场上的流通筹码就是恒定不变的,因而,其持仓量是不会发生变化的。

(2)在期货交易中,任何一个合约都有到期日,到时都会摘牌;而在股市中,只要上市公司本身不出问题,其股票可以永久交易下去。

(3)在期货交易中,不仅可以做多,也可以做空,即在无货的情况下也可以卖出,因而,期货交易是双程交易;而在股票交易中,只能先买后卖,即只能做多而无法真正做空,故股票交易是单程交易。双程交易显然比单程交易更灵活。在股市中,若遇熊市,市值大幅降低,投资者都难以获利,绝大部分投资者亏损是免不了的。而在期货交易中,不论是牛市还是熊市,对于投资者来说,都有盈利的机会。

(4)期货交易采用保证金交易方式,这是与股票交易的又一重大差别。在股票交易中,1万元价值的股票必须要用1万元才能买,而在期货交易中,即使保证金收取比例高至10%,买卖1万元价值的期货合约也只需1 000元,合约价值是保证金的10倍。显然,在期货交易中,资金成本被大大节约了。而所谓杠杆机制,就是指合约价值与保证金的倍数所发挥的作用。保证金比例越低,资金的利用率也就越高。

(5)期货交易的资金利用率非常高,这不仅体现在保证金机制上,还体现在采用T+0的交易方式上。在股票交易中,当天买进的股票当天不能卖出,而在期货交易中却没有这种限制,这意味着一笔资金在当天交易中可以反复使用。实际上,在期货交易中的确也存在着一些专做短线交易的交易者,尽管其资金量并不大,但交易量却非常可观。

(6)期货交易的交易手续费比股票交易的交易手续费低得多。在我国,投资者在期货交易中所付出的双边(来回)手续费通常不会超过合约价值的千分之一。比如,在大豆期货交易中,当手续费为单边每手10元时,来回总计为20元,也即每吨合到2元,当大豆价格超过每吨2 000元时,手续费连千分之一都不到。又如,在天然胶期货交易中,交易所单边每手收取5元,若期货经纪公司加收10元的话,来回手续费为每手30元时,这样每吨来回手续费就是6元,当天然胶的价格为每吨10 000元时,手续费比例只有万分之六。比较而言,交易者在期货交易中所付出的手续费只是股票交易的十分之一。

44. 外汇期货交易与外汇远期交易的相似点和区别在哪里?

远期交易本质上属于现货交易,是现货交易在时间上的延伸。期货交易与远期交易的相似之处是两者均为买卖双方约定于目前成交,于未来某一特定时间以约定价格交割。

期货交易与远期交易的区别见表8-1。

表8-1 外汇期货交易与外汇远期交易的区别简表

差异点	交易方式	
	外汇远期交易	外汇期货交易
交易规模的大小	取决于各个具体的交易合同	取决于标准化合约及其成交份数。例如,在芝加哥商品交易所的国际货币市场上,部分外币每份合约的合同金额规格为:JPY12500000;CAD100000;GBP25000
交割日期	同上,可由客户根据需要进行自由选择	取决于期货合约的品种及设计,通常为3、6、9、12月的第三个星期三
交易价格	通常按银行公布的汇率执行	由众多的买、卖方公开竞价达成
交割清算方式	交易双方之间直接清算	买、卖双方通过清算所间接清算
清算制度	无每日清算制度	在未交割或结清前,每日清算
参加者	主要是商业银行和国际贸易公司	注册的交易所成员及一般客户

续表

差 异 点	交 易 方 式	
	外汇远期交易	外汇期货交易
保证金	无,但银行对交易的另一方通常保留有一定的信用额度	有特定的保证金制度
交易标的	交易双方自行协商达成的某种外币实物	期货交易所统一制定的标准化的外币期货合约
交割数量	取决于交易合同原定的成交量	取决于合约买入、卖出价之间的差额及成交合约份数
交易地点	外汇交易银行的交易柜台	注册交易所
信用风险	有较高的信用风险	交易者的交易由交易所进行履约担保,没有信用风险
交易方式	双方直接交易	交易所会员自营交易和代理交易
交易佣金	无	代理交易有
履约方式	实物交割或背书转让	实物交割或平仓,且绝大部分为平仓

第二节 外汇期权交易

通过本节的学习,将帮助您了解和掌握外汇期权交易的概念、种类、作用和一般交易流程。

1. 什么是期权?

所谓期权(option),是指某种未来的选择权,该选择权的购买者甲首先需要向选择权的出售者乙支付一定的费用,从而与出售者乙订立一项远期交易合约,然后等到约定好的未来的某个合约到期日,购买者甲可以选择履行该项远期合约,按照合约约定好的标的资产、价格、数量与出售者乙另行交割;购买者甲也可以选择放弃该项交易,不履行与出售者乙订立好的远期合约,其最大的损失即是订立远期合约时已经支付给出售者乙的费用。换言之,对于购买者甲而言,期权是一种权利,而不是一种义务。他可以选择履行合约,从而执行期权;也可以选择不履行合约,从而放弃执行期权。反之,对于出售者乙而言,期权是一种义务,而不是一种权利,他没有执行或者放弃执行期权的选择权,当购买者甲提出履行合约的要求时,他必须承担履行合约的义务,按照合约约定好的标的资产、价格、数量与购买者甲进行交割。

2. 什么是期权交易?

期权交易是以选择权为买卖对象的交易,通常是指在交易所进行的某种标准化期权合约的交易,合约的买方在向合约的卖方支付了一定的合约费后,便可在合约规定的到期日选择要求合约的卖方与之履行合约,按照合约约定好的标的资产、价格、数量与合约的卖方另行交割;或选择放弃履行合约,而不承担必须履行合约的义务。当选择放弃履行合约时,其最大损失仅限于已经支付给了合约卖方的合约费。合约的卖方由于收取了合约费,则必须承担合约到期时服从买方选择的义务。

3. 什么是外汇期权交易？

外汇期权交易(foreign exchange option)，是指在交易所进行的某种标准化外汇期权合约的交易，合约的买方在向合约的卖方支付了一定的合约费后，便可在合约规定的到期日选择要求合约的卖方与之履行合约，按照合约约定好的标的外汇、汇率、数量与合约的卖方另行交割；或选择放弃履行合约，而不承担必须履行合约的义务。当选择放弃履行合约时，其最大损失仅限于已经支付给了合约卖方的合约费。合约的卖方由于收取了合约费，则必须承担合约到期时服从买方选择的义务。

4. 什么是期权费率？

期权费率又称"期权的价格"，是指期权合约的买方因购买期权而向卖方支付费用的计费单价，通常是随行就市而不断波动的。

5. 什么是期权费？

期权费(premium)，又称为权利金，是指期权合约的买方为了获得期权而向合约的卖方支付的每份合约的对价。期权费与日常交易中所见的"定金"并不完全相同。期权费的计算公式为

期权费/份合约＝标准化的标的资产数量/份合约×期权费率

例如，某份英镑期权合约，合约金额为 1 000 英镑/份，期权费率为每英镑 0.005 美元，则购买该份合约的期权费为 50 美元/份(1 000 英镑/份×0.005 美元/英镑)

6. 期权费率与期权费有何不同？

期权费率又称"期权的价格"，是计算期权费的元素。期权费(premium)是期权的买方因买入期权而向卖方支付的代价。两者切记不可混淆。

7. 什么是履约价格？

履约价格又称"期权合约的价格""执行价格""敲定价格""协定价格"，是指标准化期权合约中的标的资产的交易价格，通常是由交易所事先设定好的。履约价格是计算交易金额的元素，合约到期时，如果合约的买方选择履行合约，则交易的双方需要按照由履约价格等元素计算出来的交易金额另行交割。交易金额的计算公式为

交易金额＝标准化的标的资产数量/份合约×履约价格×成交的合约份数

例如，某份英镑期权合约，合约金额为 1 000 英镑/份，期权费率为每英镑 0.005 美元，履约价格 GBP1＝USD1.800，到期日为 4 月 1 日。则：

该份合约的成交金额为　　1 800 美元(1 000 英镑/份×1.8 美元/英镑×1 份)

期权费为　　　　　　　　50 美元/份(1 000 英镑/份×0.005 美元/英镑)

因此，成交时，合约的买方需要向合约的卖方支付 50 美元的期权费；4 月 1 日合约到期时，如果合约的买方选择履行合约，则双方就必须另行相互交割 1 000 英镑和 1 800 美元。至于哪一方收取英镑，交付美元，哪一方收取美元，支付英镑，则取决于合约规定的交易方向。

8. "期权的价格"与"期权合约的价格"有何不同？

"期权的价格"是期权费率的别称，它是计算期权费的元素。"期权合约的价格"是履约价格的别称，它是计算交易金额的元素。两者亦不可混淆。

9. 期权是如何分类的？

与期货相类似，期权可以从多种角度分类，常用的分类如下。

(1) 按期权合约中基础资产的不同，期权可分成商品期权和金融期权。金融期权又可进一步分为：①现货期权，如外汇期权、利率期权、股票期权和股票指数期权等；②期货期权，如外汇期货期权、利率期货期权、股票指数期货期权等；③复合期权，即各种期权的期权。

(2) 按期权合约到期日决定方式的不同，期权可分成欧式期权和美式期权。

(3) 按履行合约时交易方向的不同，期权可分成看涨期权、看跌期权和双向期权。

(4) 按与市场价格的不同关系，期权可分成价内期权、价外期权和平价期权。

(5) 按期权交易场所的不同，期权可分成场内期权和场外期权。

10. 什么是现货期权？

现货期权(options on spot)，是指期权的买方有权在到期日或到期日之前，以协定价格购入或卖出一定数量的某种资产现货的期权。

11. 什么是期货期权？

期货期权(options on futures)，是指期权的买方有权在到期日或到期日之前，以协定的价格购入或售出一定数量的某种期货的期权。这种交易的买卖对象是标准化的期货合约，而且交易是按照一定规则在交易所内进行的。期货期权进行交割时，买方得到的是未到期的期货合同，它可以在期货合同到期时交割现货或者在其未到期前将其卖出而平仓。事实上，执行时很少交割期货合约，主要是由期货期权交易双方收付期货合约的市价与协议价之间的差额。与现货期权不同的是，期货期权的行使有效期均为美国式，即可以在到期日前任何时候使用。

12. 什么是期货式期权？

期货式期权(futures-style options)，是指外汇期权在交易所内以一种期货形式进行，它与一般期货合同相近的特点是，交易双方的盈亏取决于期权行市变动方向，而且必须缴纳保证金，按每天期权收市价结清，即按每天收市的期权清算价对期权合同价的变动差额进行盈亏结算。

13. 期货式期权与现汇期权、期货期权相比有何区别？

现汇期权和期货期权的持有人在买入期权时必须支付期权费，而期货式期权只需缴纳保证金，不用支付期权费。现汇期权和期货期权当实际行使或转让时才有现金交割，而期货式期权每日按市价清算价进行盈亏结算，对保证金账户产生收支现金流。

14. 什么是欧式期权和美式期权？

欧式期权(European-style option)是指期权合约的购买者只有在合约到期日才能决定是否履行合约的期权。

美式期权(American option)是指购买者选择是否履行合约，执行期权的日期并不固定的期权，即在合同到期或到期日之前有一段可供购买者进行选择的期限，在此期限内的任意一个营业日，购买者都可以决定是否履行合约。

欧式期权与美式期权的根本区别是期权购买者宣布是否执行期权的日期不同，与其他条件并无关系。美式期权合约赋予购买者更大的灵活性，因此购买者购入美式期权支付的期权费要高于欧式期权。目前，国际金融市场上主要采用美式期权方式进行交易。

15. 什么是看涨期权？

看涨期权（call option）又称买入期权、多头期权、购买期权，是指期权的购买者要求履行合约时，可以从期权的出售者那里按履约价格买进一定数量标的资产的期权。

例如，某份美式英镑买入期权合约，合约金额为 1 000 英镑/份，期权费率为每英镑 0.005 美元，履约价格 GBP1＝USD1.800，成交日为 1 月 6 日，到期日为 4 月 1 日。则：

该份合约的成交金额为　　1 800 美元（1 000 英镑/份×1.8 美元/英镑×1 份）

期权费为　　　　　　　　50 美元/份（1 000 英镑/份×0.005 美元/英镑）

因此，成交时，合约的买方需要向合约的卖方支付 50 美元的期权费。4 月 1 日合约到期前，如果合约的买方选择履行合约，则双方就必须另行相互交割：合约的买方收取 1 000 英镑，支付 1 800 美元；合约的卖方则收取 1 800 美元，支付 1 000 英镑。如果合约的买方选择放弃履行合约，其损失即是 50 美元的期权费。如果该份期权合约是欧式期权，那么期权的购买者只能在 4 月 1 日决定是否行使该项期权。

16. 什么是看跌期权？

看跌期权（put option）又称卖出期权、空头期权、出售期权，是指期权的购买者要求履行合约时，可以对期权的出售者按履约价格卖出一定数量标的资产的期权。

例如，某份欧式日元卖出期权合约，合约金额为 12 500 000 日元/份，期权费率为每 100 日元 0.02 美元，履约价格 JPY100＝USD0.833，成交日为 2 月 8 日，到期日为 6 月 1 日。则：

该份合约的成交金额为　　104 125 美元（12 500 000 日元/份×0.833 美元/百日元×1 份）

期权费为　　　　　　　　2 500 美元/份（12 500 000 日元/份×0.02 美元/百日元）

因此，成交时，合约的买方需要向合约的卖方支付 2 500 美元的期权费。6 月 1 日合约到期时，如果合约的买方选择履行合约，则双方就必须另行相互交割：合约的买方收取 104 125 美元，支付 12 500 000 日元；合约的卖方则收取 12 500 000 日元，支付 104 125 美元。如果合约的买方选择放弃履行合约，其损失即是 2 500 美元的期权费。如果该份期权合约是美式期权，那么期权的购买者在 6 月 1 日或 6 月 1 日之前的交易日里，都可以决定是否行使该项期权。

17. 什么是双向期权？

双向期权又称为双重期权，即是看涨期权与看跌期权的叠加，是指期权的购买者要求履行合约时，既可以选择从期权的出售者那里按履约价格买进一定数量的标的资产，也可以选择对期权的出售者按履约价格卖出一定数量的标的资产。

当市场汇率波动较大且不能判断是上升还是下降时，一般购买双向期权。购买双向期权的期权费要比购买单一看涨期权或看跌期权的期权费要高。

18. 什么是期权的内在价值和时间价值？

期权费由两部分构成，即期权的内在价值和时间价值。

内在价值（intrinsic value），也称为内涵价值，是指期权的协定价格与该期权成交时的市场价格的差额，是期权持有者立即执行期权所能获得的经济价值。

例如，某投资者购入英镑买入期权，协定价格为 1 英镑＝1.28 美元，成交时即期汇率为 1 英镑＝1.35 美元，该投资者若立即行使期权，买入英镑，则每英镑盈利 0.07 美元，这就是该笔英镑买入期权的内在价值。

依据期权协议价格与成交时的即期汇价的关系,期权的内在价值存在着三种情况:一是内在价值为正值,若立即交割可获利;二是内在价值为负值,若立即交割会亏损;三是内在价值为零,若立即交割不亏不盈。

从理论上讲,期权的价格一定不会低于内在价值,否则将有套购者购买他所能买到的全部期权并执行,赚取内在价值与期权价格的差价。

时间价值(time value),也叫外部价值,是期权价格超过它的内在价值的部分,是期权购买者希望随着时间的推移,相关货币的市场价格向着有利于他的方向变化,从而能获得期权增值而愿意支付的成本,同时也是期权出售者愿意接受的期权出售价格。

例如,一个协定价格为1.45美元,成交时即期汇价为1.48美元的英镑看涨期权,其内在价值为0.03美元,当期权价格为0.05美元时,其时间价值则为每英镑0.02美元。

期权时间价值的大小与期权到期日的远近成正比例的关系。距离到期日越远,其时间价值就越大;反之,就越小。在到期日,时间价值为零。

19. 什么是价内期权、价外期权和平价期权?

价内期权(in-the-money)又称实值期权,是指有内在价值的期权。

价外期权(out-of-the-money)又称虚值期权,是指在不包括履约价格等于市场价格的情况下,内在价值为零的期权。

平价期权(at-the-money)又称平值期权,是指履约价格等于市场价格的期权。

20. 什么是场内期权和场外期权?

场内期权是指在交易所内通过竞价成交的期权,其合约的执行价格和到期日都是标准化的,交易所的期权清算公司在买卖双方之间执行清算功能。

场外期权是指在交易所以外的期权市场进行交易的期权,其主要交易条件由买卖双方共同商定。

场内期权与场外期权各有特点。场内期权流动性强,但灵活性较差;场外期权富有灵活性,但缺乏流动性。同时,由于标准化的场内期权不能满足某些投资者的需要,商业银行和投资银行等金融机构在很多情况下要为机构投资者量身定做其所需期权,因此场内期权的交易成本低于场外交易。

21. 看涨期权在什么条件下会被执行?

期权合约到期时,如果市场价格高于履约价格,看涨期权的购买者应选择执行合约;如果市场价格低于或等于履约价格,则应选择放弃执行合约。

22. 看跌期权在什么条件下会被执行?

期权合约到期时,如果市场价格低于履约价格,看跌期权的购买者应选择执行合约;如果市场价格高于或等于履约价格,则应选择放弃执行合约。

23. 如何判断执行看涨期权的盈亏状况?

看涨期权的购买者在市场价格高于"履约价格+期权费率"的条件下执行期权,会有盈利,且理论上该盈利无限大,相应地,期权的出售者会有亏损,且理论上该亏损无限大;在市场价格等于"履约价格+期权费率"的条件下执行期权,双方均不盈不亏;在市场价格低于"履约价格+期权费率"的条件下执行期权,会有亏损,但亏损必然会小于期权费,相应地,期权的出售者有盈利,但盈利必然会小于期权费。

例如,某美国公司从英国进口一批货物,3个月后将支付一笔英镑。如果该公司预期英镑有较大幅度的升值,它便进入期权市场,买入英镑看涨期权,执行价格为 GBP1＝USD1.6500,期权价格为 0.02(USD/GBP),合同金额为 GBP12 500,至到期日,该公司将视到期时的即期汇率与期权执行价格的关系,决定执行期权与否。具体盈亏情况见表 8-2。

表 8-2　看涨期权的损益状况表

英镑即期汇率	期权执行情况	收益与损失(USD)	
		买方	卖方
1.630 0	不执行	－250	250
1.640 0	不执行	－250	250
1.650 0	不执行	－250	250
1.660 0	执行	－125	125
1.670 0	执行	0	0
1.680 0	执行	125	－125
1.690 0	执行	250	－250

表中的损益状况可用图 8-1 表示。

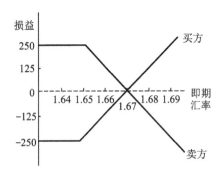

图 8-1　看涨期权损益图

24. 如何判断执行看跌期权的盈亏状况?

看跌期权的购买者在市场价格低于"履约价格－期权费率"的条件下执行期权,会有盈利,且理论上该盈利无限大,相应地,期权的出售者会有亏损,且理论上该亏损无限大;在市场价格等于"履约价格－期权费率"的条件下执行期权,双方均不盈不亏;在市场价格高于"履约价格－期权费率"的条件下执行期权,会有亏损,但亏损必然会小于期权费,相应地,期权的出售者有盈利,但盈利必然会小于期权费。

例如,某交易者预测瑞士法郎兑美元的汇率将下跌,因此他以每瑞士法郎 0.02 美元期权费买进一份 2 个月后到期、协定价格为 DM1＝USD0.640 0 的瑞士法郎看跌期权(欧式期权),合同金额为 62 500 瑞士法郎,那么到期时,该交易者将视市场情况而决定是否执行期权合约。具体盈亏情况见表 8-3。

表 8-3 看跌期权的损益状况表

瑞士法郎即期汇率	期权执行情况	损失与收益（USD）	
		买方	卖方
0.610 0	执行	625	−625
0.620 0	执行	0	0
0.630 0	执行	−625	625
0.640 0	不执行	−1 250	1 250
0.650 0	不执行	−1 250	1 250
0.660 0	不执行	−1 250	1 250
0.670 0	不执行	−1 250	1 250

表中的损益状况可用图 8-2 表示。

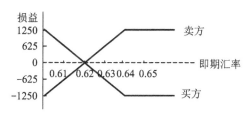

图 8-2 看跌期权损益图

25. 如何计算期权交易的盈亏平衡点？

期权交易的盈亏平衡点是指在履行合约、执行期权的时候，可以使交易双方均处于不盈不亏状态的市场价格水平。具体的计算公式为

　　　　　　看涨期权交易的盈亏平衡点＝履约价格＋期权费率

即是"期权合约的价格"与"期权的价格"两者之和。

　　　　　　看跌期权交易的盈亏平衡点＝履约价格－期权费率

即是"期权合约的价格"与"期权的价格"两者之差。

26. 如何计算期权交易的总盈亏？

在不考虑佣金等手续费用的情况下，

期权的购买者执行看涨期权的总盈亏

＝[市场价格－盈亏平衡点]×标准化的标的资产数量/份合约

　×成交的合约份数

＝[市场价格－（履约价格＋期权费率）]×标准化的标的资产数量/份合约

　×成交的合约份数

期权的购买者执行看跌期权的总盈亏

＝[盈亏平衡点－市场价格]×标准化的标的资产数量/份合约

　×成交的合约份数

＝[（履约价格－期权费率）－市场价格]×标准化的标的资产数量/份合约

　×成交的合约份数

上述期权购买者的总盈亏相应地即是其交易对手期权出售者的总亏盈。

27. 什么是期权交易的基本保护作用?

期权交易的基本保护作用就在于期权交易可以在履约价格的水平上,为期权合约的购买者设定一个未来现货交易的保护价。对于看涨期权而言,履约价格的水平即可成为合约的购买者未来进行合约标的资产现货交易时的最高买入价的上限;对于看跌期权而言,履约价格的水平即可成为合约的购买者未来进行合约标的资产现货交易时的最低卖出价的下限。

28. 期权交易存在哪些履约方式?

期权交易有以下三种履约方式:
(1)对冲履约,即是以平仓的方式来结束交易;
(2)行使期权履约,即是合约到期时执行期权,进行实物或货币的交割;
(3)自动失效履约,即是合约到期时放弃执行期权,以让合约到期自动失效的方式结束交易。

29. 外汇期权交易与外汇期货交易相比有哪些异同?

外汇期权交易与外汇期货交易之间的异同如表8-4所示。

表8-4 外汇期权交易与外汇期货交易异同比较表

比较内容	交易方式	
	外汇期货交易	外汇期权交易
交易规模	取决于标准化期货合约及成交份数	取决于标准化期权合约及成交份数
交割清算方式	买方、卖方和清算所三方清算	同左
交易直接标的	标准化外币期货合约	标准化外币期权合约
交易地点	注册交易所	同左
交割数量	期货合约买入、卖出价之间的差额及成交的合约份数	合约原定交割价与到期日外汇现货交易即期汇率之间的差额及成交的合约份数
交割日期	取决于期货合约的品种	取决于期权合约的约定
交易价格	由买卖双方公开竞价决定	由期权合约预先设定
参加者	注册的交易所成员及一般客户	同左
保证金	有固定数额的原始保证金及按每日市场行情支付的保留值押金	期权的买方支付期权费,卖方按每日市场行情支付保证金
交割行为	绝大部分不会发生	不一定发生
交易双方承担的权利与义务	对等	不对等。买方有权利,无义务;卖方有义务,无权利
交易者承担的盈亏风险	对等	不对等。买方盈利可能无穷大,亏损有限;卖方盈利有限,亏损可能无穷大

第三节 外汇互换交易

通过本节的学习,将帮助您了解和掌握外汇互换交易的概念、种类、作用和一般交易流程。

1. 什么是互换交易?

互换交易(swap),是指两个债务人在约定的时间内,相互(或通过某一中介机构)交换未来一系列付款义务的金融交易,交易双方在未来一定时期内,将进行若干现金流的交换。

2. 什么是外汇互换交易?

外汇互换交易,是指两个债务人在约定的时间内,相互(或通过某一中介机构)交换未来一系列外汇付款义务的金融交易。

3. 外汇互换交易有哪些类型?

外汇互换交易可以分为货币互换、利率互换和货币利率交叉互换三种类型。

4. 什么是货币互换?

货币互换(currency swap),是指两个独立的筹资者,各自借入货币种类不同但价值和期限相同的债务之后,再按照约定好的汇率与利率条件,互相(或通过某一中介机构)负责偿付对方未来一系列到期应付的外汇利息和外汇本金的金融交易。

5. 货币互换如何操作?

货币互换交易的基本流程通常分为以下三大环节。

(1)期初互换本金。达成互换协议后,双方按协定汇率互相交换两种不同货币的本金。互换汇率一般以即期汇率为基础,也可以采取远期汇率。本金的互换可以是名义上的互换,也可以是实际上的转移。无论转移与否,都必须确定各自本金的数额。

(2)期间互换利息。交易双方定期以约定的利率和以未偿债务本金为基础,进行利息支付的互换。对于两种互换货币的利差,则按利息平价原理,由资金借入利率较低者向资金借入利率较高者定期贴补。

(3)期末换回本金。协议到期时,交易双方以事先约定的汇率换回期初交换的本金。至此,外汇互换交易结束。

例如,美国某公司想在英国进行10年期的投资,需将美元换成英镑,而英国某公司也想在美国进行10年期的投资,但它们都担心对方货币在10年后贬值而带来损失。于是双方根据资金的需要,通过银行进行了固定利率的美元与英镑的互换。假定美元年利率为6%,英镑年利率为8%,约定即期汇率为本金互换的基础,即GBP1=USD1.687 2,互换金额为1 000万英镑对1 687.2万美元。具体过程如下:

第一步:美国公司支付给英国公司1 687.2万美元,英国公司支付给美国公司1000万英镑。

第二步:美国公司每年给英国公司支付80万英镑利息;英国公司每年给美国公司支付101.232万美元利息。假设第一年支付利息时GBP1=USD1.597 2,80万英镑折合成127.776万美元,与美国公司应收101.232万美元相比,英国公司应支付给美国公司利息差额26.544万美元;以后年份的利息支付类推。

第三步:10 年后,美国公司从英国公司处收回 1 687.2 万美元,归还英国公司 1 000 万英镑。双方保持原有本金不变。

可见,货币互换交易由于事先协定将互换汇率固定下来,因而通过互换能达到避免外汇汇率风险和降低筹资成本的目的。

在实际交易中,第一步的初始名义本金互换与第三步名义本金的换回是可以选择的,即这两个交换过程并不是必需的。互换交易的第二步是周期性的支付过程,是要求必须支付的。另外,在这种基本的互换基础上,如果对互换交易协议加入特别条款或修改相应条款,这一简单结构便会转换成满足特定最终使用者需要的多种互换形式。

在货币互换中,双方可以直接或通过中介机构签订互换协议,按期用对方借进的货币偿还本金和利息。由于本金的计值货币不同,通常需要兑换。通过中介机构签订互换协议进行互换交易时,需要向中介机构让渡部分通过互换获得的好处。

6. 货币互换交易可以进一步划分为哪些类型?

货币互换交易可以进一步划分为以下三种类型。

(1)定息货币/定息货币互换。

定息货币对定息货币互换,是指两个互换交易者在整个交易期间,除在期初和期末互换货币本金外,均按固定利率相互交换支付利息,又被称为"双方总货币互换",这是外汇互换交易中最重要的一种形式。固定利率货币互换的合同较为简单,在期初双方按即期汇率互换本金,同时决定两种本金货币的利率,并约定期末再互换回来的汇率。接下来是进行一系列的利息分期互换。到期日,换回本金。

(2)定息货币/浮息货币互换。

定息货币对浮息货币互换,是指两个互换交易者在整个交易期间,除在期初与期末互换货币本金外,一方承担按固定利率支付利息的义务,另一方承担按浮动利率支付利息的义务。例如,A 公司持有浮动利率日元债务,但需求固定利率美元债务;B 公司持有固定利率美元债务,但希望得到浮动利率日元债务,以调整自身的负债结构。于是,两公司进行定息-浮息货币互换。互换交易期间,A 公司支付固定利率的美元利息,B 公司支付浮动利率的日元利息,到期再互换本金。通过这笔货币互换,两公司均充分运用了自身的相对优势,降低了汇率风险,改善了资产负债结构,同时也降低了筹资成本。

(3)浮息货币/浮息货币互换。

浮息货币对浮息货币互换,又称为双浮息货币互换,是指两个互换交易者在整个互换交易过程中,除在期初与期末互换本金外均按浮动利率相互交换支付利息。例如,一家瑞典银行筹集浮动瑞典克朗,同时另一家美国银行筹集浮动利率美元,则两家银行就可以进行互换,除互换本金之外,利息支付均以浮动利率来进行计算支付。

实际上,定息货币/浮息货币互换、浮息货币/浮息货币互换已经属于交叉互换的范畴。

7. 什么是利率互换?

利率互换(interest rate swap),是指两个独立的筹资者各自借入货币种类、金额、期限相同但计息方法不同(通常是固定利率与浮动利率之间)的债务之后,再按照约定好的规则互相(或通过某一中介机构)负责偿付对方未来一系列到期应付的外汇利息的金融交易。

8. 利率互换如何操作?

由于利率互换交易中,双方交换的是两笔相同币种债务的不同利率方式计算的利息支付,因此,利率互换交易在期初和期末交易双方都不需要相互交换本金,双方只需要在互换期间相互交换利息支付就可以了。每一方当事人向另一方当事人支付的利息额为双方商定的定期利率与名义本金的乘积。最常见的利率互换是固定利率与浮动利率之间的互换。

例如,A、B两公司打算在国际金融市场上筹集数额相等的某种欧洲货币货款,由于A、B公司信用等级不同,其筹资的利率有高低之别,二者在固定利率资金市场和浮动利率资金市场的筹资成本及相对优势,如表8-5所示。

表8-5 利率互换依据示意表

	A公司	B公司
资信等级	AAA级	BBB级
直接筹集固定利率资金成本	10%	12%
直接筹集浮动利率资金成本	LIBOR	LIBOR+0.5%
固定利率资金成本相对优势	2%	−2%
浮动利率资金成本相对优势	0.5%	−0.5%
互换的比较利益差	1.5%	

从表8-5中可以看到:以固定利率来筹款,A公司比B公司可节省成本2%;以浮动利率来筹款,A公司只比B公司降低成本0.5%。因此,从绝对比较优势来看,不管是固定利率筹资还是浮动利率筹资,A公司的成本都比B公司的成本低。但从相对比较优势来看,A公司在固定利率资金市场存在较大的相对成本优势,在浮动利率资金市场存在较小的相对成本优势;B公司在固定利率资金市场存在较大的相对成本劣势,在浮动利率资金市场存在较小的相对成本劣势。这样,双方可根据"两利相衡择其重,两弊相衡择其轻"的比较利益选择原则,各自在具有较大相对比较优势或较小相对比较劣势的资金市场上筹资,即A公司选择以固定利率10%筹资,B公司选择以浮动利率LIBOR+0.5%筹资,然后进行利率互换交易,从而达到降低双方融资成本的目的。互换交易的条件可以协商,比如,双方可以平均分配比较利益差,按照以下条件进行互换:

A公司付给B公司LIBOR的浮动利率,B公司付给A公司10.75%的固定利率。

通过互换,A公司的实际浮动利率筹资成本为

$$10\% - 10.75\% + \text{LIBOR} = \text{LIBOR} - 0.75\%$$

即可节约直接筹集浮动利率资金的成本0.75%。而B公司的实际筹资成本为

$$(\text{LIBOR}+0.5\%) + 10.75\% - \text{LIBOR} = 11.25\%$$

即可节约直接筹集固定利率资金的成本0.75%(12%−11.25%=0.75%)。

可见,通过以上互换,A、B公司各自的浮动利率和固定利率的筹资成本不仅均可降低0.75%,而且:对于A公司来说,还可得到将来利率下降的好处;对于B公司来说,还可避免将来利率上涨的风险。

如果预测日后利率会提高,A公司就会相应地提高交换的利率条件,比如由原来的10.75%提高到10.85%,浮动利率仍为LIBOR,则互换后的实际成本A公司为LIBOR−0.85%,B公司为11.35%,各方节约成本分别为0.85%和0.65%。

筹资条件较优的A公司也不能把交换的利率条件提得太高,比较利益差不能为较优公司

一家独吞,否则对方为了避免未来利率上涨造成的损失,宁可以自己的筹资条件在金融市场上筹集固定利率资金。现实中,双方对比较利益差的分配则由双方信用度及谈判能力决定。交换双方还可通过中介机构进行互换。中介机构赚取交易双方收与付之间的利率差价,同时提供信用以支持互换交易的进行并保护互换交易双方免受对方违约的损失。

9. 什么是交叉货币利率互换?

交叉货币利率互换(cross currency interest rate swap)常简称交叉互换,是货币互换与利率互换的结合,是指两个独立的筹资者各自借入货币种类、计息方法不同(固定利率与浮动利率之间,或者浮动利率与另一种浮动利率之间)的债务之后,再按照约定好的规则互相(或通过某一中介机构)负责偿付对方未来一系列到期应付的外汇利息和外汇本金的金融交易。

10. 外汇互换交易有什么特征?

外汇互换交易通常有以下特征:
(1)每笔互换合约的金额相等,而且都比较大,一般在1亿美元或10亿美元以上;
(2)互换交易的利率呈现多样化,包括固定利率、浮动利率及优惠利率等;
(3)互换期限一般为中长期;
(4)互换价格由交易双方商定,一般以政府债券利率作为参考依据;
(5)中介人需要收取一定的费用,如法律费、交换费、咨询费、监督执行合约以及一定的风险费等。

11. 外汇互换交易有什么作用?

对于进行外汇互换的双方而言,外汇互换交易的作用主要体现在以下三个方面。
(1)降低筹资成本。一方面,交易双方在自己所熟悉的货币市场上,利用各自的筹资优势,可以获得相对优惠的借款。通过互换,不但可以较为方便地获得任何期限、币种和利率的资金,还可以降低筹资成本。另一方面,如果筹资者直接进入优惠市场不容易,或自身在资信等级方面受到限制,或进入的成本过高,则借款人可通过迂回的方式,首先以有利的利率借入某一种货币,再经过互换调换成另一种货币。
(2)管理汇率风险或利率风险。通过外汇互换能预先锁定汇率、利率。在债务和资产管理中,运用利率互换交易,可以防范和转嫁中长期利率波动的风险;运用货币互换交易,可以调整资产负债结构,实现最佳搭配,以便分散风险。运用利率互换,还能够增强金融资产的流动性,提高金融投资活动的收益率。
(3)规避外汇管制。对于实行外汇管制的国家,外汇互换可以突破外汇管制的壁垒,使资本的国际流动更方便。

对于外汇互换的中介机构而言,外汇互换并不影响其资产负债表,而且可以增加其表外业务收入,因此,商业银行对此十分热衷。

第四节 黄金衍生交易

通过本节的学习,将帮助您了解和掌握黄金衍生交易的概念、种类和一般特点。

1. 什么是黄金期货交易?

黄金期货交易是在黄金现货交易的基础上,为解决黄金现货交易不足而逐渐发展起来的一种黄金交易方式。黄金期货交易是指在固定的交易场所,买卖双方通过公开竞价的方式买进或卖出具有标准合同金额和标准交割日期的黄金远期合约的交易。

2. 什么是黄金期货交易的价差交易?

黄金期货交易的价差交易是指以两个期货月份的价差(保证金或升水)的增大或缩小来获利,而不是以单一商品期货合约的涨落价来获利的交易。在价差交易中,买进一项黄金期货合约的同时要卖出另一项合约,两个期货月份之间价差的变化决定交易商的损益情况。投机商通过价差交易来降低风险,因为其所做的多头与空头之间的价差变化,通常大于多头或空头本身的价差变化。由于利用价差能使风险降低,因此交易商进行价差交易有时能在较小的风险水平下获得可观的收入。在多数情况下,投机商根据黄金期货价格走势的预测进行价差交易,但保证金的利率变化也会产生价差交易中的获利机会。在黄金市场上,由于保证金的影响,远期期货更有利可图,从而使价差增大;而价格下跌则使远期比近期期货下降更快,从而使价差缩小。

3. 什么是黄金期货交易的跨市套利交易?

黄金期货交易的跨市套利交易是指利用不同市场间的价格差异,从低价市场买进,在高价市场卖出的交易活动,或是利用两个不同市场、不同时间的价格差异而赚取差额利润的交易活动。跨市套利与价差交易的最主要区别,在于跨市套利方式下的期货买卖是在两个不同市场进行的。传统的跨市套利是在两个不同的市场买进和卖出数量相同、质量规格相同的期货,而且期货的到期时间不同,从而保证交易者的利润。从世界范围来看,黄金期货市场主要是由黄金投机商主宰和操纵的,因为他们通过黄金市价的不断波动来获利,当然也经常会有损失。正因为投机者的大量存在,才使市场上有大量的买空卖空活动的存在,而真正办理到期交割实物黄金的现象则很少。黄金期货合约交易只需缴纳10%的保证金作为投资成本,其交易额可扩大9倍,这样可以充分发挥期货交易资金的杠杆作用,放大黄金期货投资的效果。黄金期货还具有较大的灵活性,它可以在任何交易日变现,也可以在任何满意的价位入市,并可用不同的指令进行操作,如即市买卖、限价买卖等。

4. 什么是黄金期权交易?

黄金期权交易是指在交易所进行的某种标准化黄金期权合约的交易。合约的买方在向合约的卖方支付了一定的合约费后,便可在合约规定的到期日选择要求合约的卖方与之履行合约,按照合约约定好的标的外汇、汇率、数量与合约的卖方另行交割;或者选择放弃履行合约,而不承担必须履行合约的义务。当选择放弃履行合约时,其最大损失仅限于已经支付给了合约卖方的合约费。合约的卖方由于收取了合约费,所以必须承担合约到期时服从买方选择的义务。

知识链接

知识链接 8-1　金融期货交易的发展简况

  商品期货交易已有 100 多年的发展历史，而金融期货交易直到 20 世纪 70 年代才开始出现。当时，随着美元的贬值，布雷顿森林体系的基础发生了动摇，国际货币制度出现危机，各国开始放弃固定汇率制，转而实行浮动汇率制度。面对国际市场汇率的频繁波动，为了使从事国际业务的企业和金融机构通过套期保值等方法规避外汇风险，1971 年 12 月美国芝加哥商品交易所(CME)决定建立国际货币市场(IMM)，1972 年 5 月 16 日国际货币市场正式开办外汇期货业务，将商品期货的成功经验引入货币金融领域。该市场在全球率先引进外汇期货交易，标志着期货市场的发展进入金融期货新时代，是期货发展史上具有重要意义的里程碑。

  起初交易的外币有 7 种，1973 年 5 月，国际货币市场对货币交易种类进行了调整，以荷兰盾代替了意大利里拉。1974 年，又增加了法国法郎，可交易的货币包括八种，有英镑、加拿大元、荷兰盾、德国马克、日元、墨西哥比索、瑞士法郎和法国法郎。后来，荷兰盾、墨西哥比索和法国法郎期货停止交易，增加了澳大利亚元、欧洲美元和欧洲货币单位的期货交易。继国际货币市场成功推出外汇期货交易后，1978 年纽约商品交易所开始进行外汇期货交易，1979 年，纽约证券交易所设立了专门从事外汇和金融期货交易的交易所，1982 年，伦敦国际金融期货交易所(LIFFE)成立，1984 年，新加坡国际货币交易所(SIMEX)成立，开始经营马克、欧洲美元、日元和英镑等货币的期货合约。

  目前，在国际金融期货市场上，常见的金融期货有三种类型，即外汇期货交易、利率期货交易和股票价格指数期货交易。

  20 世纪 80 年代末期，美国期货交易量占世界期货交易总量的 70%，其中金融期货约占本国期货交易总量的 2/3，芝加哥的几个期货交易所中，金融期货的年交易量高达数千万份合约。1990 年，在美国期货交易量排名前 50 个品种中，金融期货占 23 种，世界最大的芝加哥期货交易量占美国期货交易总量的 43.7%，其中金融期货占该所期货交易量的 74.2%。我国金融期货市场处于初步发展阶段，1992 年 6 月，上海外汇调剂中心率先推出外汇期货交易，并在发展过程中不断完善。

知识链接 8-2　世界主要期货市场

  (一)美国商品期货市场
  芝加哥谷物交易所、芝加哥商品交易所、国际货币市场、金属交易所、纽约期货交易所。
  (二)英国商品期货交易所
  伦敦国际金融期货交易所、伦敦金属交易所。
  (三)其他
  加拿大的温尼伯商品交易所、荷兰阿姆斯特丹的可可市场。

知识链接 8-3　外汇期货市场报价制度

外汇期货市场采取美元报价制度,即以每一单位外币(日元为每100日元)兑换多少美元来报价。如:JPY0.9346$,即100日元等于0.9346美元;GBP1.5610$,即1英镑等于1.5610美元等。与一般远期外汇市场的报价不同,期货报价仅采用报价点数,即仅报出小数点后的四位数字。由于墨西哥比索和日元币值小,分别以小数点后的5位和6位数报价(如日元报价虽然也报四位数,但实际上是省略了两位数。如报4210,实际上是004210)。

知识链接 8-4　外汇期货交易价格波动限制制度

外汇期货交易所都规定每一种外汇期货的日价格波动的最低界限和最高界限。

(1)最小价格波幅,是指外汇期货合约在买卖时,由于供求关系使合约价格产生变化的最低升降单位。在交易所内,经纪人所做的报价或叫价只能是最小变动额的倍数。例如,英镑期货合同的最小波幅为每英镑5美元,若上一个交易价格为15 720美元,下一次交易报价上升最小至15 725美元,下降最小到15 715美元。上例中,表明英镑合约的每英镑的最低波动价为5点,或美元等值$0.000 5,则每份合约最低波动的美元值为25 000×0.000 5=12.5美元,其中25 000为英镑合约的单位面值。

(2)最高价格波幅,指每日交易价格最大变化幅度,达到这一限额,价格的上升和下跌将自动受到限制。例如,IMM兑加元、日元、瑞士法郎、英镑的最高限价分别为75点、100点、150点、500点,一旦在交易中价格超过该幅度,交易即自动停止。1989年7月,IMM取消了上述规定,但交易所仍保有随时设定涨跌限制的权力。

知识链接 8-5　利率期货交易

在金融市场上,作为货币资金价格的利率是经常变动的。利率变动会直接影响投资者从事金融活动的切身利益,从而给其带来难以预料的金融风险。为了避免利率风险或利用利率差异进行投机获益,便产生了利率期货这种交易工具。期货合约是交易所创造的产品。在利率期货交易中,从根本上讲,这些衍生合约基础的经济变量是某种利率,即衍生合约或者以某种利率为基础,或者通过使一份合约成为衍生合约而间接以某种利率为基础。利率期货合约可以按照其对应证券的期限分为两类。其中短期利率期货合同所对应的证券期限在一年以内,主要包括短期国库券期货、三个月欧洲美元存单期货、一个月LIBOR期货和30天联邦基金利率期货等。长期利率期货合约所对应的证券期限在一年以上,包括中长期国债利率期货和市政债券利率期货等。目前世界上主要的利率期货合约有国库券期货合约、欧洲美元大额可转让定期存款单合约、长期政府公债券期货合约和市政债券指数期货合约等。

1975年10月,美国芝加哥期货交易所率先进行了以政府全国抵押协会证券为基础的期货合约交易,在全世界首次开办了利率的期货交易业务,成为美国其他地区及世界各国的典范。3个月后,芝加哥期货交易所的国际货币市场分部开始进行期限为13个星期的短期国库券期货合约交易,其他交易所随之迅速效仿,利率期货市场很快发展为主要的金融期货市场。目前,利率期货的交易量在美国各种金融期货交易量中居于首位。我国是在1993年12月由上海证券交易所首先推出了国债期货交易,从而开辟了我国利率期货市场的先河。

知识链接 8-6　股票价格指数期货交易

1982年,美国出现了三个建立在覆盖广泛的普通股票指数基础上的期货合约,它们分别是,在芝加哥商品交易所的国际货币市场交易的S&P500期货合约、纽约期货交易所的NYSE综合指数期货合约和堪萨斯市交易所的价值线平均数期货合约,在全世界率先推出了股票价格指数期货合约,为股票交易市场的发展树立了新的里程碑。继美国之后世界上其他地方也出现了股票价格指数期货合约。1986年5月,香港开办了恒生股票价格指数期货交易,同年9月新加坡国际货币交易所开办了日经225种股票价格指数期货交易。

股票价格指数期货是指买卖双方根据事先约定的价格,同意在未来某一特定时间进行股票指数交易的一种协议。股票价格指数期货合约代表双方同意买卖股票的市场价值,每一合约代表一种假设的股票资产,并非买卖某种特定股票,因此没有具体的实物形式,双方在确定股票价格指数期货合约时,实际上是把股票指数按点数换算成货币进行交易,并不进行股票实物的交割,而是根据交割日合约的价格与最初买卖合约价格的差价进行现金交易。

股票价格指数期货合约的美元价值等于期货价格和合约乘数的乘积,美国主要股票价格指数期货合约的乘数是500美元。例如,假设某一投资者在S&P500的期货价格为400时购入该股票价格指数期货合约,若未来交割价格为420,交割的具体情况如下:投资者同意以400×USD500=USD200 000购买S&P500,S&P500在交割日时的价值是420×USD500=USD210 000,则此期货合约的卖方必须付给投资者USD10 000(USD210 000-USD 200 000)。如果该期货价格在交割日为360,此时S&P500的美元价值为360×USD500=USD180 000,投资者必须支付给合约卖方USD20 000(USD200 000-USD180 000)。所有股票指数期货合约的最小价格波动为波动点0.05,一个波动点的美元价值为0.05乘以合约乘数。对于合约乘数为500美元的股票指数合约而言,一个波动点的美元价值为USD25。

知识链接 8-7　期权交易的产生及演变

20世纪70年代,美国出现了股票的期权交易。1973年以前,期权交易主要采用场外交易方式,期权合约的标准化程度低。1973年4月26日,美国率先成立了芝加哥期权交易所(Chicago Board Option Exchange),实现了期权合约的交割数额、交割月份及交割程序等的标准化,世界其他地区也开始设立期权市场,从事金融期权交易。金融期权交易的金融商品可以是外汇期权、利率期权、股票期权、股票价格指数期权、外汇期货期权、利率期货期权和股票价格指数期货期权。

世界上最早的外汇期权交易是1982年12月10日在美国的费城股票交易所进行的,首次交易的是英镑期权和马克期权。1984年芝加哥商品交易所推出了外汇期货合同的期权交易,随后交易的机构和交易的品种也日益增多。费城交易所每种货币有两类期权交易,即一种是美式期权,另一种是欧式期权。美式期权允许在到期日以及之前的任何时间内执行或放弃期权,而欧式期权只允许在到期日履行期权。该交易所交易的每种期权合约的相关外币金额是期货合约的一半。例如,日元期权为625万日元,英镑期权为31 250英镑。外汇期权的到期月是3月、6月、9月和12月,每一合约在到期月的第三个星期六到期。1983年,美国芝加哥商品交易所第一次将外汇期权作为交易品种在其国际货币市场分部挂牌上市。20世纪80年代,期权交易发展迅速,金融市场日益需要灵活多样的外汇期权交易方式产生,于是以银行同业之间交易为主体的场外交易快速发展。因此,按照交易的场所划分,外汇期权交易包括两部分:一是在各种交易所内进行的场内交易,二是以银行为主体进行的场外交易。20世纪90年代初,场外交易额已占全部外汇交易额的80%以上。

目前主要的期权交易机构有芝加哥商品交易所(CBOE)、美国交易所(Amex)、纽约商品交易所、加拿大蒙特利尔交易所、欧洲期权交易所(EOE)、伦敦期权交易所、阿姆斯特丹交易所等,尤以费城股票交易所的外汇期权交易最为活跃。

知识链接 8-8　利率期权交易的产生及演变

利率期权是指期权合约的购买者在规定期限内按交易双方约定的价格购买或出售一定数量某种利率商品的权利。这些商品可以是国库券、长期政府公债券、短期政府债券、欧洲美元大额可转让定期存款单以及商业票据等。利率期权还包括利率期货期权,它以利率期货合约为交易对象,分为短期利率期货期权和长期利率期货期权。澳大利亚悉尼期货交易所是世界上第一个尝试利率期权交易的交易所。1982年,该交易所首次将期权交易运用到银行票据的期货市场上。之后,世界上许多国家广泛从事利率期权交易,并创新和发展了利率期货期权交易,其中美国利率期权交易的发展最为迅速。

未来利率的变动会改变和影响存款者与投资者的收益,为减少损失,可使用不同的利率期货合约。其中流动性最强且深受市场青睐的是在芝加哥商品交易所的国际货币市场交易的国库券合约和欧洲美元合约。

欧洲美元定期存单期货合约以伦敦市场银行同业拆借利率为基础。1份欧洲美元定期存单期货合约的面值为100万美元,到期月份为3月、6月、9月和12月。利率期权的约定价格用利率本身来表示,利率期货期权以100(利率)来表示。例如,1994年9月15日,芝加哥商品交易所9月份交割的欧洲美元存单期货合约的收盘报价为94.95,这意味着9月份交割的欧洲美元存单的利率为5.05%。如果利率上升,则该合约的价格下降。相反,若利率下降,则合约价格提高。最小价格变动为1个基点,即0.01%。对于一份期限为360天、面值为100万美元的期货合约而言,1个基点的价格变化为100美元。这样,在其他条件相同的情况下,一份90天期欧洲美元存单的最小价格变动为25美元。假设1994年9月交割的欧洲美元利率期货合约的期权价从 94.95 下降为 93.95,合约的多头则会损失 2 500 美元(100 个基点×25 美元)。也就是说,随着利率的上升,期望价格下降的交易者,即合约的空头,通过卖出该合约,就会获利 2 500 美元。总之,若投资者预期利率上升,利率期权价格下降,则会选择买入利率期权的看跌期权或卖出利率期权的看涨期权。相反,若投资者预期利率下降,利率期权价格上升,则会买入利率期权的看涨期权或卖出利率期权的看跌期权。与利率期货不同的是,利率期权将损失风险控制在期权价格的金额之内,同时由于期权价格成本的支付,期权购买者的获利潜力会有所降低。

知识链接 8-9　互换交易的产生及演变

互换交易始于 20 世纪 70 年代的英国,是从当时流行的平行贷款或背对背贷款演变而来的,最初的交易活动通常是非公开性的。在平行贷款的做法中,处于两个不同国家的对方互相向双方在本国的子公司提供一笔价值相同、期限相同、以放款人所在国货币标价的贷款,其目的是绕过英国政府当时所实行的外汇管制。例如,有两家公司,美国公司和英国公司,美国公司在英国的子公司获取英镑资金较困难,而英国公司在美国的子公司获取美元资金成本较高,因此一些银行或经纪人则安排了平行贷款,即由英国公司将英镑贷给这家美国公司在英国的子公司,同时,该美国公司将美元贷给该英国公司在美国的子公司,英镑和美元实现了互换。

1981 年 8 月,世界银行与国际商业机器公司签订了美元固定利率债务和瑞士法郎、西德马克固定利率债务的互换合同,成功开创了互换业务公开交易的先河,并推动全球互换交易规模的快速增长。

互换交易作为一项高效的风险管理手段,其交易对象可以是资产,也可以是负债;可以是本金,也可以是利息。传统的互换交易主要是货币互换和利率互换,以后又在此基础上派生出其他的互换业务,如股权互换、利率-权益互换等。利率互换中所交换的只是利息,而货币互换中,利息和本金都要交换。

互换交易成为 20 世纪末期以来最重要的国际金融创新工具,也是金融衍生市场增长最快的业务之一。

利率互换是在货币互换之后产生的。资本市场债券发行中最著名的首次利率互换是在 1980 年 8 月。当时德意志银行发行了 3 亿美元的 7 年期固定利率的欧洲债券,并安排与三家银行进行互换,换成以伦敦市场银行同业拆借利率为基准的浮动利率欧洲美元债券。通过互换,德意志银行以低于伦敦银行同业拆借利率支付浮动利率,其他三家银行则通过德意志银行很高的资信级别换得了优惠的固定利率美元债券。由于互换双方利用各自在金融市场上的优势获得利益,因此利率互换交易的成功,推动了利率互换市场的飞速发展。

知识链接 8-10　其他金融衍生产品交易的产生及演变

随着经济与金融市场的发展,客观上要求必须根据客户的特定需要量身制作,从而出现了一些新型的或更为复杂的金融衍生产品。例如传统金融衍生产品的变种,即异型衍生产品,以及最新引进的上限与下限协议等工具,这些衍生工具都是在证券交易所以外进行交易的。

最初的异型衍生产品交易产生于20世纪80年代,可转换债券期权是较早的异型衍生产品之一。现行的异型衍生产品交易市场始于1988年,其背景是,当时由美国和日本的一些银行卖出日经225指数的债券看跌期权。当日元汇率下降时,这些衍生工具有效地规避了债券购买者和日本机构投资者的风险。

异型衍生产品是由商业银行、经纪公司及其客户创造的场外衍生工具,它包括较复杂的期权、混合性互换以及两者相结合的形式,在证券交易中经常采用。异型衍生产品是由金融机构按照客户的要求量身定做,设计出对某一衍生工具购买者而言是独一无二的衍生产品,适合不同投资者进行套头交易的各种要求,如降低金融风险或获得最大收益。由于这些衍生工具具有按投资者具体要求设计的特性,因此该衍生产品通常不存在二级市场。这种衍生工具允许投资者在名义收益和与其他附属资产的相对收益中进行选择。有些衍生产品的运作可能还包括退款保证,即顾客不满意可以退款。异型衍生产品是解决代理人问题的有效途径之一。

第九章
应用类外汇交易

应用类的外汇交易并非是独立的外汇交易形式,它们只是交易者出于某种目的,并按照相应的要求(或规则),对各种基础类的外汇交易或衍生类的外汇交易进行单独或组合操作所形成的外汇交易类别。目前,90%以上的外汇交易属于应用类的交易。本章将主要介绍保值类和投机类的外汇应用交易的常规操作。通过本章内容的学习,你应该能够:

- 了解套期保值交易、掉期交易的概念；
- 掌握套期保值交易、掉期交易的操作原理；
- 了解套汇交易、套利交易与外汇即期交易、外汇远期交易的关系；
- 掌握套汇交易、套利交易的类型、操作原理及其盈亏计算。

关键概念

套期保值交易、买期保值、卖期保值、掉期交易、套汇交易、三角套汇交易、套利交易、抵补套利交易

引导型问题

1.假设英国某企业预计于三个月、六个月后分别收到出口货款150万美元和300万美元，同时分别需要支付进口货款200万美元和180万美元。当地银行英镑兑美元的外汇牌价为：即期1.618 0/90,3个月汇水81/77,6个月汇水123/119。若使用远期合同法，该企业应与银行签订什么样的远期合同？其未来的本币收益或成本将是多少英镑？

2.某年5月1日美元兑日元的即期汇率USD/JPY=122.90/123.20,3个月远期的升（贴）水报价为30/20。一日本出口商向美国出口价值100万美元的仪器设备，并将于3个月后收到货款。

(1)3个月后,若市场汇率为USD/JPY=118.90/119.20,在不采取保值措施的情形下,日本出口商将面临何种情形?

(2)日本出口商如何利用外汇远期交易进行保值?

(3)若日本出口商采取了保值措施,3个月后市场汇率为USD/JPY=124.20/40,情形会如何?

3.假定芝加哥IMM交易的3月份到期的英镑期货价格为GBP/USD1.502 0,某银行报同一交割日期的英镑远期合约价格为GBP/USD1.500 0。

(1)如果不考虑交易成本,是否存在无风险套利机会?

(2)应当如何操作才能谋取收益?试计算最大可能收益率。

(3)套利活动对两个市场的英镑价格将产生怎样影响?

(4)结合以上分析,试论证外汇期货市场与外汇远期市场之间存在联动性。

4.某日上午10点的外汇行情为：伦敦,GBP1=USD1.550 0/30；纽约,USD1=DM1.670 0/40；法兰克福,GBP1=DM2.520 0/50。假设您是一位外汇交易员,有100万英镑的资金可以调配,该如何进行套汇操作?写出操作路径并计算套汇结果。

5.如果某英商持有120万英镑,当时纽约市场上年利率为10%,伦敦市场上年利率为6%。伦敦市场上即期汇率为GBP1=USD1.750 0～1.800 0,3个月的远期汇率为GBP1=USD1.650 0～1.720 0。试问该英商应将120万英镑投放在哪个市场上?应该怎样操作?能获利多少?英商会去借英镑做上述交易吗?

6.某公司有一笔100万英镑的闲置资金,假设英国和美国的一年期存款利率分别为

6%和9%,现在的即期汇率为 GBP1＝USD1.542 0～1.547 0,9 个月后的即期汇率为 GBP1＝USD1.555 0～1.559 0。若公司用该笔资金进行期限为 9 个月的非抵补套利,其套利损益状况如何?

7.某家瑞士公司 6 月中旬与一家德国公司订立合同,向德国出口一批价值 5 000 000 马克的货物,规定 2 个月后用德国马克结算。6 月中旬签约时,外汇市场的即期汇率为:1 美元＝1.632 1 瑞士法郎,1 美元＝1.834 2 马克。为了防止马克兑换瑞士法郎的汇率风险,这家瑞士公司决定采取交叉货币保值的措施。该公司签订贸易合约后,即到期货市场上按 1 马克＝0.546 7 美元的价格卖出了 40 份每份 12.5 万马克的 8 月马克期货合约,同时按 1 瑞士法郎＝0.610 8 美元的价格买进 36 份每份 12.5 万瑞士法郎的 8 月瑞士法郎期货合约。到 8 月中旬结算货款时,外汇市场上的即期汇率为:1 美元＝1.650 4 瑞士法郎,1 美元＝1.793 7 马克。该公司按即期汇率将收到的货款结售给银行后,即分别以 1 马克＝0.557 5 美元,1 瑞士法郎＝0.605 9 美元的价格将其期货头寸平仓了结。试计算该公司的损益状况。

8.假设 5 月份伦敦金属交易所现货锡价每吨 6 500 英镑,而 3 个月期期货每吨仅 6 360 英镑。某投机者估计,在短期内锡的供应量将会增加,现货价格和期货价格将会转变,于是他就以每吨 6 500 英镑的价格抛空锡现货 100 张(每张 5 吨),同时以每吨 6 360 英镑的价格购买同等数量的 3 个月期锡期货合约。一周后,锡现货价格下降至每吨 6 450 英镑,3 个月期的锡期货价格涨至每吨 6 460 英镑,这时,该投机者立即将一周前抛空的 100 张锡现货合约全部补进平仓,同时又将 3 个月期的锡期货合约全部卖出,以了结交易。试计算该投机者的交易盈亏状况。

第一节 保值类的外汇应用交易

保值类的外汇应用交易是指交易者出于管理汇率、利率风险等目的,并按照相应的规则要求,对各种基础类的外汇交易或衍生类的外汇交易进行单独或组合操作所形成的外汇交易类别。

通过本节的学习,你将了解套期保值交易、掉期交易的概念,掌握套期保值交易、掉期交易的操作原理。

1.什么是套期保值交易?

套期保值交易是指在某种商品或资本的实物交易的基础上,为了防范该项实物交易中的汇率风险,锁定交易的成本或利润,而按照"与该项实物交易中的货币流向相反,币种、金额、期限相同"的操作规则所进行的外汇远期交易、外汇期货交易或外汇期权交易。换言之,套期保值交易既可以利用外汇远期交易进行操作,也可以利用外汇期货交易或是利用外汇期权交易进行操作。

2.如何理解套期保值交易的操作规则?

套期保值交易的操作规则:"相对且均等"或"一反三同"。

所谓"相对"(或"一反"),就是指套期保值交易的货币流向要与实物交易中的货币流向相反。例如,在现汇市场上买入则同时在外汇远期市场或外汇期货市场卖出,在现汇市场上卖出则同时在外汇远期市场或外汇期货市场买入。这样,在某一个市场上盈利(亏损),则在另一个市场上必然亏损(盈利),交易者在这两个市场上盈亏相抵,从而达到避免或减少外汇风险的目的。

所谓"均等"(或"三同"),就是指套期保值交易的标的货币币种、金额、到期期限要与实物交易中的货币币种、金额、到期期限相同。这样,在某一个市场上盈利(亏损)的金额及期限,可以与另一个市场上亏损(盈利)的金额及期限相互抵消,从而达到避免或减少外汇风险的目的。当然,在现实交易中,"均等"的要求有时并不一定都能达到,尤其是金额和到期期限这两个交易条件。但总的说来,遵循"均等"(或"三同")的操作规则,可以最大限度地降低外汇风险。

3. 什么是远期外汇套期保值?

远期外汇套期保值,就是利用外汇远期交易来操作的套期保值交易,是指在某种商品或资本的实物交易的基础上,为了防范该项实物交易中的汇率风险,锁定交易的成本或利润,而按照"与该项实物交易中的货币流向相反,币种、金额、期限相同"的操作规则所进行的外汇远期交易。

4. 进口商如何利用远期交易进行套期保值?

进口商利用远期交易对其进口贸易进行套期保值时,应当买入相应的远期外汇,即进口商签订了某项进口合同后,再与外汇银行进行相应的远期交易,向银行买入与进口合同的"币种、金额、期限相同"的远期外汇。合约到期时,先履行远期合约,按照合约约定的远期汇率买入相应的外汇;再履行进口合同,将买入的外汇支付给外国出口商。这样,进口商就可以把进口贸易的购汇成本锁定在远期汇率的水平上。

例如,一香港进口商向美国买进 10 万美元的商品,约定 60 天后付款。若当时外汇市场即期汇率和两个月期的远期汇率卖出价分别为 USD1=HKD7.720 0 和 USD1=HKD7.732 0,则进口商可以按 USD1=HKD7.732 0 的远期汇率向银行买入 10 万美元的 2 个月期的远期外汇进行套期保值。通过保值,其支付款项可以被锁定在 77.32 万港币的水平上。如果没有进行套期保值,而且两个月后美元升值为 USD1=HKD7.852 0,进口商将要比套期保值多付 10×(7.852 0−7.732 0)=1.2 万港币。若美元上涨幅度更大,则进口商支付的港元更多,甚至损失惨重。

5. 出口商如何利用远期交易进行套期保值?

出口商利用远期交易对其进口贸易进行套期保值时,应当卖出相应的远期外汇,即出口商签订了某项出口合同后,再与外汇银行进行相应的远期交易,向银行卖出与出口合同的"币种、金额、期限相同"的远期外汇。合约到期时,待收到了外国进口商支付的合同外汇之后,再履行远期合约,按照合约约定的远期汇率把收到的合同外汇出售给银行。这样,出口商就可以把出口贸易的外汇销售收入锁定在远期汇率的水平上。

例如,一日本出口商向美国出口价值 10 万美元的商品,按合同规定 3 个月后付款。签订合同时即期汇率为 USD1=JPY130.00/130.10,三个月远期汇率为 USD1=JPY128.00/128.20。则出口商可以按 USD1=JPY128.00/128.20 的远期汇率向银行卖出 10 万美元的 3 个月期的远期外汇进行套期保值。通过保值,其 10 万美元的出口收入可以被锁定在 1 280 万日币的水平上。如果没有进行套期保值,而且三个月后汇率不变,出口商的10万美元可以获得1 300万日元;若三个月后汇率下跌至 USD1＝JPY125.00/125.15,则出口商的10万美元只能获得1 250万日元,比按原来汇率计算少赚50万日元。

6. 如何评价利用远期交易进行套期保值的效果?

(1)套期保值的效果最为确定。利用远期交易进行套期保值之后,不论未来汇率如何变动,进出口商的购汇成本或外汇销售收入均可被锁定在远期汇率的水平上。

(2)套期保值的成本最低。由于远期交易属于信用交易,不必缴纳押金和手续费,因此,可以把远期交易套期保值看成是一种零成本的套期保值方式。

(3)套期保值的操作最为简便。由于远期交易通常在银行柜台进行,各项交易条件双方协商达成,因此,利用远期交易进行套期保值不仅简便易行,而且,套期保值所要求的"一反三同"规则很容易实现。

(4)需要放弃汇率可能出现的有利变动所带来的好处。进出口商进行了远期交易套期保值之后,未来的汇率如果出现了有利的变动(即对于出口商而言,外汇汇率上升;对于进口商而言,外汇汇率下跌),套期保值者均不能获得由此产生的好处。

7. 什么是外汇期货套期保值?

外汇期货套期保值,就是利用外汇期货交易来操作的套期保值交易,是指在某种商品或资本的实物交易的基础上,为了防范该项实物交易中的汇率风险,锁定交易的成本或利润,而按照"与该项实物交易中的货币流向相反,币种、金额、期限相同"的操作规则所进行的外汇期货交易。

其实,利用外汇期货交易进行套期保值的原理,就是利用外汇现货市场价格与期货市场价格同方向变动的特点,做与现货市场方向相反、币种相同、金额相等、期限一致的期货交易,通过对冲对持有的外汇头寸进行保值。

8. 进口商如何利用外汇期货交易进行套期保值?

进口商签订了某项进口合同后,需要通过以下三个步骤(或交易),才能完成利用外汇期货交易对其进口贸易进行套期保值。

(1)委托经纪人在期货交易所按市价买入与进口合同的"币种、金额、期限"相应的外汇期货合约,并持有这些合约。

(2)进口合同到期需要对外国出口商进行支付时,按即期汇率的市价向办理结售汇业务的外汇银行买入履行进口合同所需的现货外汇并对外支付。

(3)在完成现货外汇的对外支付之后(或同时),委托经纪人在期货交易所按市价将原先买入并持有的期货合约平仓了结。

由于进口商利用外汇期货交易进行套期保值的时候,其在期货市场上的操作顺序是先买入相应的期货合约,再卖出相应的期货合约进行平仓,因此,习惯上就把进口商的这种期货套期保值手法称为"买期保值"(或"多头套期保值")。

例如,某年6月1日美国某公司从英国进口一批价值50万英镑的商品,合同约定三个月后付款。该公司为了避免英镑升值带来的外汇风险,选择利用外汇期货交易进行套期保值,具体分析如表9-1所示。

表 9-1 "买期保值"操作流程示意表

	外汇现货市场(交易)	外汇期货市场(交易)
现在,签订进口合同时(6月1日)	按签约时市场的现汇汇率 GBP1＝USD1.750 0 计算,预计三个月后支付的 GBP50 万现汇外汇的换汇总成本为 USD87.5 万	交易①:按 GBP1＝USD1.780 0 的市场价格买进 20 份 9 月份到期的(50 万英镑÷2.5 万英镑/份期货合约)英镑期货合约。总成交合约金额 USD89 万
未来,进口合同到期时(9月1日)	交易②:按到期时市场的现汇汇率 GBP1＝USD1.800 0 购入 GBP50 万现汇外汇并对外支付,换汇总成本为 USD90 万	交易③:按 GBP1＝USD1.828 0 的市场价格卖出 20 份 9 月份到期的英镑期货合约进行平仓。总成交合约金额 USD91.4 万
现货交易及期货交易的各自盈亏	亏损 2.5 万美元(90 万－87.5 万)	盈利 2.4 万美元(91.4 万－89 万)
合并总盈亏	净亏损 0.1 万美元(2.5 万－2.4 万)	

可见,在不考虑经纪人的佣金及交易手续费的情况下,该公司在现汇市场上的亏损为 2.5 万美元,在外汇期货市场上盈利 2.4 万美元,净损失为 0.1 万美元。套期保值虽然未能百分之百的保值,但保值后的净损失 0.1 万美元比套期保值前的损失 2.5 万美元要小得多了。

根据期货保值的原理,不论未来的即期英镑上涨到何种程度,该进口公司通过买进英镑期货,可把交割的单位成本固定在 GBP1＝USD1.780 0。在本例中如果该公司提前付款,那么也可以按照该方法进行操作。若汇率是上涨的,它在现汇市场上的损失通过保值可以得到一定的抵补;若汇率并未上升而是下跌,那么它将在现汇市场上获利,在外汇期货市场上遭受损失。但总的来说,它进行保值后的损失将减低到较小程度。

9. 出口商如何利用外汇期货交易进行套期保值?

出口商签订了某项出口合同后,需要通过以下三个步骤(或交易),才能完成利用外汇期货交易对其出口贸易进行套期保值。

(1)委托经纪人在期货交易所按市价卖出与出口合同的"币种、金额、期限"相应的外汇期货合约,并持有这些合约。

(2)出口合同到期收到外国进口商支付的外汇货款后,按即期汇率的市价向办理结售汇业务的外汇银行卖出所收到的外汇货款。

(3)在卖出所收到的外汇货款之后(或同时),委托经纪人在期货交易所按市价将原先卖出并持有的期货合约平仓了结。

由于出口商利用外汇期货交易进行套期保值的时候,其在期货市场上的操作顺序是先卖出相应的期货合约,再买入相应的期货合约进行平仓,因此,习惯上就把出口商的这种期货套期保值手法称为"卖期保值"(或"空头套期保值")。

例如,某年 1 月 1 日美国某公司出口一批货物到日本,收到 6 月 1 日到期的 7 500 万日元远期汇票,该公司担心日元到期时兑美元汇价下跌会带来损失,于是决定在外汇期货市场做卖期保值交易。具体分析如表 9-2 所示。

表 9-2 "卖期保值"操作流程示意表

	外汇现货市场(交易)	外汇期货市场(交易)
现在,签订出口合同时(1月1日)	按签约时市场的现汇汇率 USD 1=JPY125.00 计算,6月1日到期的 JPY7 500 万日元远期汇票,得到的出口总收入为 USD60 万	交易①:按 USD1=JPY127.00 的市场价格卖出 6 份 6 月份到期的(7 500 万日元÷1 250 万日元/份期货合约)日元期货合约。总成交合约金额 USD59.05 万
未来,出口收入的远期汇票到期时(6月1日)	交易②:按到期时市场的现汇汇率 USD1=JPY129.00 卖出到期远期汇票的 JPY 7 500 万日元现汇外汇,得到的出口总收入为 USD58.52 万	交易③:按 USD1=JPY132.00 的市场价格买入 6 份 6 月份到期的日元期货合约进行平仓。总成交合约金额 USD56.82 万
现货交易及期货交易的各自盈亏	亏损 1.48 万美元(58.52 万－60 万)	盈利 2.23 万美元(59.05 万－56.82 万)
合并总盈亏	净盈利 0.75 万美元(2.23 万－1.48 万)	

可见,在不考虑经纪人的佣金及交易手续费的情况下,该公司在现汇市场上的亏损为 1.48 万美元,在外汇期货市场上盈利 2.23 万美元,净盈利为 0.75 万美元。套期保值不但使它避免了亏损还获得了盈利。当然,如果日元汇率并未下跌,该公司在现汇市场上将获得收益,在外汇期货市场上遭受损失,这要比进行套期保值有利。问题是在 1 月 1 日,该公司并不知道 5 个月后日元到底是升值还是贬值。升值固然有利,但万一日元贬值,现汇市场上的交易必然使该公司遭受损失。但如果采用了套期保值的交易方式,日元在现汇市场上贬值时,在期货市场上也会贬值,使得该公司在外汇期货市场上获利,抵消交易中的一部分损失。套期保值者追求的是避免价格变动带来的损失而不是意外的利润。

10. 如何评价利用外汇期货交易进行套期保值的效果?

(1)套期保值的效果尚存在一定的不确定性。利用外汇期货交易进行套期保值,虽然可以将绝大部分的亏损抵补掉,甚至有部分盈利,但无论如何,其最终效果会因为佣金或手续费水平、基差变动、套期保值操作方向是"买期保值"还是"卖期保值"等因素的不同而不同。

(2)套期保值的成本较高。由于期货交易在交易所里进行,有的交易所要收取交易手续费;而非交易所会员需要通过经纪公司(人)才能进行期货交易,委托经纪公司(人)进行交易时,需要按一定的标准向经纪公司(人)支付佣金。因此,利用外汇期货交易进行套期保值需要支付一定的成本代价。

(3)套期保值的操作步骤较多。利用期货交易进行套期保值需要由"期货交易→即期交易→期货交易"三个组合交易行为才能完成:"买期保值"由"买入期货→买入现货→卖出期货"三个组合交易行为才能完成;"卖期保值"由"卖出期货→卖出现货→买入期货"三个组合交易行为才能完成。因此,期货交易套期保值的操作步骤、交易行为较多。

(4)套期保值所要求的"一反三同"规则不容易完全实现。由于作为交易标的的标准化期货合约是由交易所设计的,而且每份合约中的标的资产数量往往又很大,因此,不但是合同成交金额远远低于期货合约起点要求的实物交易难以利用期货交易进行套期保值,即便是合同成交金额可以达到期货合约起点要求的实物交易,在其利用期货交易进行套期保值的时候,也会因为难以恰好实现"一反三同"规则中的"金额相同"要求,出现"过度保值"(即保值合约的资产数量大于实物交易的合同成交金额)或"保值不足"(即保值合约的资产数量小于实物交易的合同成交金额)的情形,从而影响保值效果。

(5)有可能获得部分盈利。受基差变动、套期保值操作方向等因素的影响,期货交易套期保值有可能实现净盈利。不但能够将绝大部分的潜在亏损抵补掉,甚至还有可能获得净盈利的特点,正是期货交易套期保值的魅力所在。

11. 利用外汇期货交易进行套期保值的效果如何分类?

在不考虑佣金、手续费等因素的条件下,利用外汇期货交易进行套期保值的效果可以分成以下三种情形:

(1)完全的套期保值,即是指现货交易所产生的盈亏与期货交易所产生的亏盈刚好相等,从而总盈亏值为零的情形;

(2)部分的套期保值,即是指现货交易所产生的亏损大于期货交易所产生的盈利,或者现货交易所产生的盈利小于期货交易所产生的亏损,从而有净亏损的情形;

(3)超额的套期保值,即是指现货交易所产生的盈利大于期货交易所产生的亏损,或者现货交易所产生的亏损小于期货交易所产生的盈利,从而有净盈利的情形。

12. 如何判断利用外汇期货交易进行套期保值的最终效果?

在不考虑佣金、手续费等因素的条件下,利用外汇期货交易进行套期保值的效果主要受基差变动、套期保值操作方向等因素的影响,具体的影响情形可如表 9-3 所示。

表 9-3　外汇期货交易套期保值最终效果简表

市场状况	基差动态	套期操作	保值效果	平仓时机
正常、负基差、溢价市况(异常、正基差、削价市况)	不变	买期保值	完全保值	及时平仓
		卖期保值		
	变大	买期保值	超额(部分)保值	尽早(晚)平仓
		卖期保值	部分(超额)保值	近晚(早)平仓
	变小	买期保值	部分(超额)保值	尽早(晚)平仓
		卖期保值	超额(部分)保值	近晚(早)平仓

13. 什么是外汇期权套期保值?

外汇期权套期保值,就是利用外汇期权交易来操作的套期保值交易,是指在某种商品或资本的实物交易的基础上,为了防范该项实物交易中的汇率风险,锁定交易的成本或利润,而按照"与该项实物交易中的货币流向相反,币种、金额、期限相同"的操作规则所进行的外汇期权交易。

14. 进口商如何利用外汇期权交易进行套期保值?

进口商签订了某项进口合同后,可按照"一反三同"的规则,买入相应的看涨期权合约来对其进口贸易进行套期保值。当期权合约到期时,如果市场价格高于履约价格,进口商就选择执行看涨期权合约,按照合约设定的履约汇率买入相应数量的现汇外汇并对外支付,从而把进口合同的换汇成本率锁定在履约汇率的水平上;如果市场价格低于或等于履约价格,进口商就放弃执行看涨期权合约,改而选择进行外汇现货的即期交易,按照比合约设定的履约汇率更为低廉的市场银行即期卖出汇率买入相应数量的现汇外汇并对外支付,从而降低进口的换汇成本率,获取市场汇率对自己有利的变动所带来的好处。

例如,美国某公司签订了一份从英国进口一批货物的进口合同,合同交易金额为20万英镑,合同约定货款在3个月后支付,签订合同时外汇市场的即期汇率为GBP1＝USD1.6300。该公司预期3个月后英镑升值的可能性比较大,为了避免英镑升值造成的外汇损失,该公司于是选择进入外汇期权市场进行套期保值,以GBP1＝USD1.6300的执行价格、0.01美元/英镑的期权费率的条件买入了1份合约总金额为20万英镑、3个月后到期的英镑平价看涨期权。支付的期权费总额为2 000美元(20万英镑×0.01美元/英镑)。该公司利用期权来进行套期保值的盈亏情况将视市场变化行情而定,具体如下。

3个月后,看涨期权合约到期时,如果英镑的即期汇率升值为GBP1＝USD1.6600,该公司便执行期权,以GBP1＝USD1.6300的执行价格买入20万英镑并对外支付,该公司行使期权后可节省4 000美元,即[(200 000×1.6600)－(200 000×1.6300)－2 000]美元＝4 000美元;如果英镑的即期汇率贬值为GBP1＝USD1.6000,该公司便放弃执行期权,改按当时的市场汇率直接购入20万英镑并对外支付,则只需付出[(200 000×1.6000)＋2 000]美元＝322 000美元,节省4 000美元,即(200 000×1.6300)－322 000＝4 000美元。

如果英镑汇价保持不变,该公司可以行使期权也可以不执行期权。无论行使期权与否,其最大的损失也仅仅是2 000美元的期权费。

15. 出口商如何利用外汇期货交易进行套期保值?

出口商签订了某项进口合同后,可按照"一反三同"的规则,买入相应的看跌期权合约来对其出口贸易进行套期保值。当出口商收到了国外进口商支付的外汇出口汇款以及看跌期权合约到期时,如果市场价格低于履约价格,出口商就选择执行看跌期权合约,按照合约设定的履约汇率卖出从进口商那里收取来的外汇出口货款,从而把外汇出口货款的结汇汇率锁定在履约汇率的水平上;如果市场价格高于或等于履约价格,出口商就放弃执行看跌期权合约,改而选择进行外汇现货的即期交易,按照比合约设定的履约汇率更为高价的市场银行即期买入汇率卖出从进口商那里收取来的外汇出口货款,从而提高外汇出口货款的结汇汇率,获取市场汇率对自己有利的变动所带来的好处。

例如,瑞士某出口商签订了一份向美国出口一批机器设备的出口合同,合同交易金额为250万美元,合同约定3个月后收款。签订合同时外汇市场的即期汇率为USD1＝CHF1.3200,该公司为防止收款时美元汇率下跌而遭受损失,将未来的收益锁定,于是该出口商决定进行期权交易套期保值,以1美元＝1.3200瑞士法郎的执行价格、0.02瑞士法郎/美元的期权费率条件,买入了1份合约总金额为250万美元、3个月后到期的美元平价看跌期权。支付的期权费总额为4 000瑞士法郎(20万美元×0.02瑞士法郎/美元)。该公司利用期权来进行套期保值的盈亏情况将视市场变化行情而定,具体如下。

3个月后,看跌期权合约到期时,如果美元的即期汇率贬值为USD1＝CHF 1.2900,该公司便执行期权,以USD1＝CHF 1.3200的执行价格卖出250万美元,该公司行使期权后可获利71 000瑞士法郎,即[(2 500 000×1.3200)－(2 500 000×1.2900)－4 000]瑞士法郎＝71 000瑞士法郎;如果美元的即期汇率升值为USD1＝CHF 1.3600,该公司便放弃执行期权,改按当时的市场汇率直接卖出250万美元,可获得额外收益96 000瑞士法郎,即(2 500 000×1.3600)－(2 500 000×1.3200)－4 000＝96 000瑞士法郎。

如果美元汇率没有发生变化,该出口商可以执行期权也可以不执行期权。但无论其执行与否,其损失的也不过是 4 000 瑞士法郎的期权费而已。

16. 进出口商进行外汇期权交易套期保值操作时,在"一反三同"规则的运用方面有什么特殊之处?

由于在期权交易中,只有期权合约的购买者才拥有执行期权或放弃执行期权的选择权,因此,进出口商在进行外汇期权交易套期保值操作时,对"一反三同"规则中"一反"规则要求的把握均不同于远期交易套期保值和期货交易套期保值。其差异就在于:对于远期交易套期保值和期货交易套期保值而言,"一反三同"规则中"一反"规则的要求发生在交易的第一个层面上;而对于期权交易套期保值而言,"一反"规则的要求发生在交易的第二个层面上。也就是说,在进行期权交易套期保值操作时,不论是进口商还是出口商,首先都要选择充当期权合约的买入方,然后才有差异,进口商要充当看涨期权的买入方(即进口商现在"买入"的是未来"买入"的选择权),出口商则要充当看跌期权的买入方(即出口商现在"买入"的是未来"卖出"的选择权)。

17. 如何评价利用外汇期权交易进行套期保值的效果?

(1) 套期保值的成本最高。由于期权合约的买方获得该选择权的前提条件是按照一定的费率水平向卖方支付一笔费用,而该费率水平通常又比期货交易的费率水平要高,因此,期权交易套期保值的成本最高。

(2) 套期保值结束步骤选择的不确定性。远期交易套期保值的流程由"远期交易的成交→交割"两个交易环节组成;期货交易套期保值的流程由"期货交易→即期交易→期货交易"三个交易环节组成。期权交易套期保值流程的结束环节有以下三种选择:①放弃合约,不执行期权;②履行合约,执行期权,交割标的资产;③平仓对冲,即在合约到期前,按当时的市场价格(期权费率)卖出原先买入并持有的期权合约。因此,期权交易套期保值的结束步骤有多种选择,存在较强的不确定性。

(3) 套期保值效果具有较高的不确定性。一方面,期权交易套期保值结束步骤选择的不确定性,直接导致了期权交易套期保值效果具有较高的不确定性;另一方面,一旦履约价格和期权费率确定下来,便可计算出交易的盈亏平衡点,套期保值的最低值也随之得到确定。

(4) 套期保值所要求的"一反三同"规则亦不容易完全实现。由于作为交易标的的标准化期权合约也是由交易所设计的,而且每份合约中的标的资产数量往往也很大,因此,与期货交易套期保值相类似,不但是合同成交金额远远低于期权合约起点要求的实物交易难以利用期权交易进行套期保值,即便是合同成交金额可以达到期权合约起点要求的实物交易,在其利用期权交易进行套期保值的时候,也会因为难以恰好实现"一反三同"规则中的"金额相同"要求,出现"过度保值"(即保值合约的资产数量大于实物交易的合同成交金额)或"保值不足"(即保值合约的资产数量小于实物交易的合同成交金额)的情形,从而影响保值效果。

(5) 最大成本事先锁定,潜在盈利充分获取。由于期权到期时是可以选择放弃的,并且选择放弃的最大成本仅限于已经支付了的期权费,因此,当合约到期时的市场价格出现了不利于实物交易的变动,套期保值者可选择执行期权,利用期权合约的履约价格对自己的实物交易进行有效保护。一旦合约到期时的市场价格出现了有利于实物交易的变动,套期保值者便可选择放弃执行期权,按照比期权合约的履约价格更为有利的市场价格进行自己的实物交易,充分获取市场价格有利变动所能带来的潜在盈利。"最大成本事先锁定,潜在盈利充分获取"的特色,正是期权交易套期保值的最大魅力所在。

18. 什么是掉期交易?

掉期交易又称为调期交易,是指交易者在买入(或卖出)某种货币的同时,又卖出(或买入)数量相等、交割期限不同的该种货币。

例如,某公司按 USD1=CHF1.325 0 的即期汇率卖出 100 万美元,买进 132.5 万瑞士法郎,与此同时,又在远期外汇市场上按 USD1=CHF1.311 0 的汇价买进 3 个月期的 100 万美元,这便是掉期交易。

掉期交易实际上是买卖方向相反的两笔外汇交易的组合,在掉期交易中,一种货币在被买入的同时又被卖出,或者相反,一种货币在被卖出的同时又被买入。在这一过程中,买卖的数额是不变的,而期限是变化的。因此,掉期交易改变的不是交易者持有的外汇数额,而是交易者所持货币的期限。

19. 什么是掉期率?

掉期率是指掉期交易中的两笔交易所使用的汇率的差价,即买进和卖出两种不同期限的外汇所使用的汇率的差价年率。

掉期率的基本计算公式为

$$[(卖出价-买入价)\div买入价]\times 100\% \times 期限$$

由于基准(单位)货币与折算(报价)货币之间的差异,掉期率的具体应用计算公式可能是

$$[(远期汇率-即期汇率)\div即期汇率]\times 100\% \times 期限$$

也可能是

$$[(即期汇率-远期汇率)\div远期汇率]\times 100\% \times 期限$$

20. 如何正确计算掉期率?

在目前面世的相关教材中,通常仅仅告诉读者掉期率的计算公式是$[(远期汇率-即期汇率)\div即期汇率]\times 100\% \times 期限$,并未对给定汇价中基准(单位)货币与折算(报价)货币之间的差异加以区分与说明,从而常常成为导致读者在实际应用计算中频频出现错误的根源。

例如,某公司按 USD1=CHF1.325 0 的即期汇率卖出 100 万美元,买进 132.5 万瑞士法郎,与此同时,又在远期外汇市场上按 USD1=CHF1.311 0 的汇价买进 3 个月期的 100 万美元。

在本例给定的即期汇率与远期汇率中,美元为基准(单位)货币,瑞士法郎为折算(报价)货币,因此,相对于美元货币而言,该公司是即期卖出美元,远期买入美元;相对于瑞士法郎货币而言,该公司是即期买入瑞士法郎,远期卖出瑞士法郎。

故而,相对于美元货币而言,掉期率的计算公式应当是

$$[(卖出价-买入价)\div买入价]\times 100\% \times 期限$$
$$=[(即期汇率-远期汇率)\div远期汇率]\times 100\% \times 期限$$
$$=[(1.325\ 0-1.311\ 0)\div 1.311\ 0]\times 100\% \times 12/3$$
$$=(0.014\ 0\div 1.311\ 0)\times 100\% \times 4$$
$$=4.27\%$$

相对于瑞士法郎货币而言,掉期率的计算公式应当是

$$[(卖出价-买入价)\div买入价]\times 100\% \times 期限$$
$$=[(远期汇率-即期汇率)\div即期汇率]\times 100\% \times 期限$$

$$=[(1/1.311\ 0-1/1.325\ 0)\div 1/1.325\ 0]\times 100\%\times 12/3$$
$$=[(0.762\ 8-0.754\ 7)\div 0.754\ 7]\times 100\%\times 4$$
$$=4.29\%$$

4.27%或4.29%的掉期率年率为正值,这意味着这笔掉期交易可获4.27%或4.29%的收益率年率。如果计算得到的掉期率年率为负值,则意味着这笔掉期交易将遭受相应的亏损率年率。

需要特别指出的是,在实际交易中,由于定价者与受价者身份的差异,交易者还需要注意区分市场报价的买入价与卖出价之间的适用性问题,正确选择适用于己方的交易价格。

21. 掉期交易有什么保值作用?

掉期交易主要应用于外汇银行扎平外汇买卖头寸的业务中,目的在于覆盖敞露的头寸,防范汇率风险。掉期交易通过改变交易外汇的币种和外汇的期限进行避免风险,其保值功能通过掉期直接作用来实现的。

如前所述,进出口商为避免风险而进行的远期交易套期保值,实质上是将汇率风险转嫁给了外汇银行。外汇银行在与客户进行了多种交易后,会产生一天的外汇"综合持有额"或总头寸,这不可避免地会出现期汇和现汇的超买或超卖现象。银行为了规避外汇风险,在赚取了买卖差价的同时必须设法对不同期限不同货币头寸的余缺进行抛出或补进,以保持期汇头寸的平衡。具体做法是:当银行买进一定金额和期限的远期外汇时,应立即卖出同样期限、同样金额的同币种的远期外汇;相反,当银行卖出一定金额的远期外汇时,应立即买进同样期限、同样金额的同币种的远期外汇。这样,银行就不用承担外汇头寸的汇率波动风险了。

例如,瑞士某银行发生超卖现象,三个月美元期汇头寸为"缺"10万美元。当时现汇汇率和三个月期远期外汇汇率分别为USD1=CHF1.655 0和USD1=CHF1.765 0,即美元三个月期汇汇率升水瑞士法郎0.11元。三个月后,该银行要付给客户10万美元,收入17.65万瑞士法郎。该银行为平衡超卖的美元期汇,可从外汇市场或其他银行补进10万美元的三个月期的美元期汇。如果该银行没有马上补进,而是在当日收盘时再成交,若收市时即期汇率涨至USD1=CHF1.775 0,三个月的美元期汇仍为升水瑞士法郎0.11元,那么,该银行补进的美元期汇汇率就为USD1=CHF1.885 0。该银行将会蒙受(1.885 0-1.765 0)×10万=1.2万瑞士法郎的损失。

此外,银行也可以用买入现汇的方式对期汇的超卖进行抵补。本例中10万美元折合16.55万瑞士法郎。若当天收盘时又已补进了三个月美元期汇,则美元现汇已为多余,又可把现汇按USD1=CHF1.775 0卖出,10万美元可以收入17.75万瑞士法郎,该银行获利1.2万瑞士法郎(17.75-16.55)。

对于外汇银行的敞口头寸所承受的汇率风险,各国金融管理法规和国际银行监管条例都有严格的限制。如英格兰银行规定:任何一种外币的敞口额,不得超过资本额的10%;所有货币合起来的敞口额,不得超过资本额的5%。因此,外汇银行一方面出于对本身业务经营安全的需要,一方面也是为满足监管条例的需要,必须对外汇头寸的余缺进行平衡,而掉期交易就是其常用的平衡手段。

22. 掉期交易可以分成哪些不同的类型?

掉期交易可以分成"即期对即期"的掉期交易、"即期对远期"的掉期交易和"远期对远期"的掉期交易。在未做特别说明的情况下,掉期交易通常指的是"即期对远期"的掉期交易。

23. 什么是"即期对即期"的掉期交易？

即期对即期的掉期交易，是对两笔即期交易组合运用的交易，是指交易者在买进（或卖出）一笔即期交易的同时，又卖出（或买进）数量相等、交割期限不同的该种货币的另一笔即期交易。这种掉期交易主要用于银行同业的短期资金拆借。

由于外汇即期交易的交割日存在着当日交割、翌日交割和隔日交割三种选择，因此，即期对即期的掉期交易，具体又可分为当日对次日、翌日对隔日两种类型。当日对次日的掉期交易，即一笔即期交易在成交日交割，而另一笔即期交易则在成交后的第二个营业日交割。翌日对隔日的掉期交易，就是一笔即期交易在成交后的第一个营业日交割，而另一笔即期交易在成交后的第二个营业日交割。

24. 什么是"即期对远期"的掉期交易？

即期对远期的掉期交易，是对一笔即期交易与另一笔远期交易组合运用的交易，是指交易者在买进（或卖出）一笔即期交易的同时，又卖出（或买进）数量相等、交割期限不同的该种货币的另一笔远期交易。

在即期对远期的掉期交易中，远期交易的交割期限大都为1星期、1个月、2个月、3个月、6个月。

25. 什么是"远期对远期"的掉期交易？

远期对远期的掉期交易，是对一笔远期交易与另一笔远期交易组合运用的交易，是指交易者在买进（或卖出）一笔远期交易的同时，又卖出（或买进）数量相等、交割期限不同的该种货币的另一笔远期交易。由于这一形式可以使银行及时利用较为有利的汇率机会，并在汇率中获利，因而越来越受到重视和使用。

例如，英国某银行在3个月后应向外支付300万美元，同时6个月后又将收到另一笔300万美元的收入。此时，若市场上汇率较为有利，它就可以进行一笔远期对远期的掉期交易。假定当时外汇市场上英镑对美元的汇率如下：

即期汇率　　GBP1＝USD1.856 0/70
一月期　　　20/10
二月期　　　30/20
三月期　　　40/30
六月期　　　30/20

从汇率表中，我们可以看到英镑兑美元贴水，原因是英国利率高于美国。这时，银行估计英美两国的利率在3个月后会发生变化，届时英国利率有可能低于美国，则英镑兑美元是升水。因此，该银行可以做"3个月对6个月"的远期对远期掉期交易。

卖出英镑购买300万3月期远期美元　　卖出6月期的300万远期美元
GBP1＝USD1.852 0　　　　　　　　　　GBP1＝USD1.855 0
支付　1 619 870.4 英镑　　　　　　　　收入　1 617 250.6 英镑

整个交易使得该银行贴出了2 619.8 英镑（1 619 870.4－1 617 250.6）。

当第三个月到期时，假定市场汇率果然因利率变化而发生了变动，此时汇率分别为

即期汇率　　　GBP1＝USD1.730 0/20
三月期　　　　100/250

于是,该银行根据汇率变化做如下的交易:

在即期市场上买回1 619 870.4英镑　　　将1 619 870.4英镑按3个月远期售出
GBP1＝USD1.720 0　　　　　　　　　　GBP1＝USD1.740 0
支付　2 805 615.5美元　　　　　　　　 收入　2 818 574.4美元

这两笔交易可让银行获得12 958.9美元的盈利,按当时的市场即期汇率可折合成7 482.04英镑。如果除去第一次掉期交易时贴出的2 619.8英镑,还可盈利4 862.24英镑。

26. 掉期交易与套期保值交易有何不同?

从上面的分析可以看出,掉期交易的套期保值与一般的套期保值不同:第一,掉期的第二笔交易须与第一笔交易同时进行,而一般套期保值发生于第一笔交易之后;第二,掉期的两笔交易金额完全相同,而一般套期保值交易金额却可以小于第一笔,即做不完全的套期保值。

27. 什么是纯掉期交易和分散掉期交易?

按照交易对手的不同,掉期交易又可分为两种类型:纯掉期交易和分散掉期交易。

纯掉期交易,是指两笔期限不同的交易同时与一个对手进行,也就是交易的买和卖在相同的两个交易者之间进行。在这种交易中,交易双方直接商定掉期汇率,达成协议后,即按约定的即期汇率和远期汇率成交。

分散掉期交易,是指两笔交易的参加者并不完全相同,交易者分别与两个不同的交易对手进行掉期交易,掉期交易共由三方参与完成。

在现实生活中,比较常见的是纯掉期交易,分散掉期交易并不多见。

第二节　投机类的外汇应用交易

现实中,各种投机交易大量地存在于各类金融市场的交易之中,任何一种金融交易方式诞生之后,都可以被用来进行投机操作。投机交易往往与套期保值交易相辅相成,套期保值交易的风险转移功能,最终是由投机交易来承接的,换言之,套期保值者所转移出去的风险其实并没有消失掉,只不过是最终都转移给了投机者群体而已。因此,一个不存在投机或者不允许投机的金融市场一定是一个未发育好的或不成熟的金融市场。当然,一个过度投机的金融市场,也一定不是一个发育好的或成熟的金融市场。本节将介绍外汇投机交易中的常见形态:套汇投机交易和套利投机交易。

1. 什么是投机交易?

投机交易是泛指那些以对价格差异及变动的预测判断为基础、以获取价差收益为目的、以贱买贵卖为操作规则所进行的各类组合交易。

2. 什么是外汇投机交易?

外汇投机交易是泛指那些以对汇率或者利率差异及变动的预测判断为基础、以获取汇率差或者利率差收益为目的、以贱买贵卖为操作规则所进行的各类外汇组合交易。

3. 外汇投机交易是如何分类的?

习惯上,可将外汇投机交易的种类划分为套汇交易和套利交易。套汇交易又可细分为时间套汇交易和地点套汇交易。套利交易也可进一步细分为非抵补套利交易和抵补套利交易。

4. 什么是套汇交易和套利交易?

套汇交易是指那些以对汇率差异及变动的预测判断为基础、以获取汇率差收益为目的、以贱买贵卖为操作规则所进行的外汇组合交易。

套利交易是指那些以对利率差异及变动的预测判断为基础、以获取利率差收益为目的、以贱买贵卖为操作规则所进行的各类外汇组合交易。

5. 什么是时间套汇和地点套汇?

时间套汇是指那些根据对汇率在现在与未来之间上的时间差异的预测判断为基础、以获取汇率差收益为目的、以贱买贵卖(在便宜的时候买入,在昂贵的时候卖出)为操作规则所进行的外汇组合交易。

地点套汇是指那些根据对汇率在同一时间、不同地点上的差异的预测判断为基础、以获取汇率差收益为目的、以贱买贵卖(在便宜的市场买入,在昂贵的市场卖出)为操作规则所进行的外汇组合交易。

6. 如何进行时间套汇?

交易者如果预测未来汇率会向上变动,就应当采取"先买后卖"的操作来进行时间套汇;反之,就应当采取"先卖后买"的操作来进行时间套汇。如果汇率未来的实际变动方向与投机者对汇率未来变动的预测方向相反,那么投机者必将会遭受损失。

习惯上,把"先买后卖"的投机操作称为"买空"或"做多",把"先卖后买"的投机操作称为"卖空"或"做空";把"先买后卖"的投机者称为"多头",把"先卖后买"的投机者称为"空头"。

7. 可以利用哪些交易方式进行时间套汇?

一般说来,任何一种交易方式都可以被用来进行时间套汇的投机交易,在通常情况下,交易者可以利用即期交易进行,也可以利用远期交易、外币期货交易、外币期权交易进行时间套汇。

8. 如何利用即期交易进行时间套汇?

当投机者预期未来某一时点的现汇汇率与目前的现汇汇率不一致的时候,便可利用两笔即期交易的组合来进行时间套汇。如果投机者判断未来某种外币的汇率将会上升,便可动用其拥有的投机本金(或借入本金)进行一次即期交易,买入该种外币并持有,等到未来该种外币的汇率上升到预期高度时,再进行一次即期交易,将所持有的该种外币如数卖出。这样,通过贱买贵卖的两笔即期交易,便可获取买、卖汇差的收益。反之,如果投机者判断未来某种外币的汇率将会下跌,便可动用其拥有的投机本金(或借入本金)进行一次即期交易,卖出该种外币,等到未来该种外币的汇率下跌到预期高度时,再进行一次即期交易,将原先卖出的该种外币如数买回来。这样,通过贵卖贱买的两笔即期交易,便可获取买、卖汇差的收益。

利用即期交易进行投机操作的局限主要在于投机者将会面临资本占用的问题,并且与其他投机交易相比,在资本规模、预期准确等相同条件下,其投机回报率的时间效率较低。

9. 如何利用远期交易进行时间套汇?

当投机者预期未来某一时点的现汇汇率与目前的远期汇率不一致的时候,便可利用远期交易与即期交易的组合来进行时间套汇。具体操作流程如表9-4所示。

表9-4 利用远期交易进行时间套汇操作流程示意表

		多　头	空　头
预期判断		判断未来某一时点的现汇汇率(买入价)会高于目前银行挂牌远期汇率(卖出价)	判断未来某一时点的现汇汇率(卖出价)会低于目前银行挂牌远期汇率(买入价)
操作	现在	①按银行挂牌远期汇率(卖出价)买入相应数量的远期外汇	①按银行挂牌远期汇率(买入价)卖出相应数量的远期外汇
	远期合约到期日	②按照原定的银行挂牌远期汇率(卖出价)交割远期合约,买入相应数量的现汇标的外汇 ③即期交易,按照当时市场上现汇汇率(买入价)把刚刚通过远期交易买入的现汇标的外汇如数卖出	②即期交易,按照当时市场上现汇汇率(卖出价)买入交割远期合约所需要的现汇标的外汇 ③按照原定的银行挂牌远期汇率(买入价)交割远期合约,把刚刚通过即期交易买入的现汇标的外汇如数卖出
时间套汇结果		盈利=(远期交易卖出价-即期交易买入价)×成交总金额	盈利=(即期交易卖出价-远期交易买入价)×成交总金额

例如,某日东京外汇市场上,美元与日元的即期汇率为 USD1=JPY129.50/70。某投机者预期3个月后美元上涨,于是该投机者便向银行购进价值10万美元的3个月远期合约,约定远期汇率 USD1=JPY128.20。假定3个月后美元的即期汇率上升至 USD1=JPY135.70/90,那么该投机者就按约定的远期汇率以1 282万日元交割购进10万美元,并将这笔美元如数卖出,从而换取1 357万日元。这样,他就获得了75万日元的净利润。

例如,某日纽约外汇市场上,英镑兑美元的即期汇率为 GBP1=USD1.830 0/20。某投机者预期3个月后英镑兑美元将有较大幅度的贬值,于是该投机者便向银行卖出100万英镑的三个月期汇,并约定远期汇率为 GBP1=USD1.790 0。如果到期日英镑即期汇率跌至 GBP1=USD1.762 0/10,此时他买进100万英镑现汇需支付176.1万美元,而用买进的英镑支付期汇合同又收入179万美元,这样,他轻而易举地赚取了2.9万美元的投机利润。

与利用即期交易进行时间套汇相比,利用远期交易进行时间套汇的好处主要在于投机者资本占用的时间极短,其投机回报率的时间效率较高。

10. 如何利用期货交易进行时间套汇?

当投机者预期未来某一时点的现汇汇率与目前的现汇汇率不一致的时候,便可利用期货交易的组合来进行时间套汇。具体操作流程如表9-5所示。

表 9-5　利用期货交易进行时间套汇操作流程示意表

		多　头	空　头
预期判断		判断未来某一时点的现汇汇率会高于目前某期权合约的履约汇率	判断未来某一时点的现汇汇率会低于目前某期权合约的履约汇率
操作	现在	①按市场价格开仓买入相应数量的外汇期货合约,并持有	①按市场价格开仓卖出相应数量的外汇期货合约,并持有
	远期合约到期日	②按市场价格平仓卖出相应数量的外汇期货合约	②按市场价格平仓买入相应数量的外汇期货合约
时间套汇结果		盈利=(期货交易卖出价-期货交易买入价)×成交总金额	

例如,某投机者预测未来某一时点英镑兑美元的现汇汇率会高于目前英镑兑美元的现汇汇率,根据期货价格与现货价格同方向变动的规律,可以判断未来的期货汇率将会走高,于是在 3 月 1 日在芝加哥外汇期货市场购进 1 份 6 月交割的英镑期货合约。当天期货汇率为 GBP1=USD1.780 0,合约值为 44 500 美元(25 000×1.780 0),支付保证金 7 500 美元。4 月 25 日,6 月份交割的期货合约结算价格为 GBP1=USD1.820 0,该投机者决定按此汇率进行平仓,卖出 1 份 6 月交割的英镑期货合约,合约值为 45 500 美元(25 000×1.820 0),盈利 1 000 美元(45 500-44 500),其中包含了佣金。

例如,某投机者预期英镑贬值,4 月 1 日在芝加哥外汇期货市场卖出 1 份 6 月到期的英镑期货合约,GBP1=USD1.860 0,合约值为 46 500 美元(25 000×1.860 0),交付保证金 7 900 美元。5 月 1 日,GBP1=USD1.810 0,投机者预计英镑不会再贬值,于是决定按此汇率进行平仓,买进 1 份 6 月到期的合约,合约值为 45 250 美元,盈利 1 250 美元(46 500-45 250),其中包含了佣金。

11. 如何利用期权交易进行时间套汇?

当投机者预期未来某一时点的现汇汇率与目前的现汇汇率不一致的时候,便可利用买入期权交易与即期交易的组合或卖出期权交易来进行时间套汇。具体操作流程如表 9-6 所示。

表 9-6　利用期权交易进行时间套汇操作流程示意表

		多　头		空　头	
预期判断		判断未来某一时点的现汇汇率会高于目前某期权合约的履约汇率		判断未来某一时点的现汇汇率会低于目前某期权合约的履约汇率	
操作方式		买入看涨期权投机	卖出看跌期权投机	买入看跌期权投机	卖出看涨期权投机
操作	现在	①以当前市场上的即期汇率水平为履约汇率,买入相应数量的外汇看涨平价期权合约,并持有	①以当前市场上的即期汇率水平为履约汇率,卖出相应数量的外汇看跌平价期权合约	①以当前市场上的即期汇率水平为履约汇率,买入相应数量的外汇看跌平价期货合约,并持有	①以当前市场上的即期汇率水平为履约汇率,卖出相应数量的外汇看涨平价期货合约

续表

		多 头		空 头	
操作	期权合约到期日	（1）如果投机者的判断正确，当前市场上的即期汇率＞看涨平价期权合约的履约汇率，则：②执行期权，按履约汇率买入相应数量的现汇标的外汇；③即期交易，按照当前市场上即期汇率（买入价）把刚刚通过期权交易买入的现汇标的外汇如数卖出（2）如果投机者的判断错误，当前市场上的即期汇率≤看涨平价期权合约的履约汇率，则：放弃执行期权	（1）如果投机者的判断正确，当前市场上的即期汇率≥看跌平价期权合约的履约汇率，则：交易对手放弃执行看跌期权（2）如果投机者的判断错误，当前市场上的即期汇率＜看跌平价期权合约的履约汇率，则：②交易对手要求执行看跌期权，投机者需履行交割义务，按履约汇率买入相应数量的现汇标的外汇	（1）如果投机者的判断正确，当前市场上的即期汇率＜看跌平价期权合约的履约汇率，则：②即期交易，按照当前市场上的即期汇率（卖出价）买入执行看跌期权所需要的现汇标的外汇；③执行期权，按履约汇率把刚刚通过即期交易买入的现汇标的外汇如数卖出（2）如果投机者的判断错误，当前市场上的即期汇率≥看跌平价期权合约的履约汇率，则：放弃执行期权	（1）如果投机者的判断正确，当前市场上的即期汇率≤看涨平价期权合约的履约汇率，则：交易对手放弃执行看涨期权（2）如果投机者的判断错误，当前市场上的即期汇率＞看涨平价期权合约的履约汇率，则：②交易对手要求执行看涨期权，投机者需履行交割义务，按履约汇率卖出相应数量的现汇标的外汇
	时间套汇结果	判断正确：盈亏＝（即期交易成交价－期权交易履约价－期权费率）×成交总金额；判断错误：损失期权费	判断正确：盈利＝期权费；判断错误：盈亏＝－（期权交易履约价－即期交易成交价－期权费率）×成交总金额	判断正确：盈亏＝（期权交易履约价－即期交易成交价－期权费率）×成交总金额；判断错误：损失期权费	判断正确：盈利＝期权费；判断错误：盈亏＝－（即期交易成交价－期权交易履约价－期权费率）×成交总金额

例如，某投机者预测 2 个月后英镑兑美元的汇率将上升，于是他按协定价格 GBP1＝USD1.650 0 购入 1 份英镑看涨期权，总金额为 12.5 万英镑，期权价格为每英镑 0.02 美元，投机者共支付期权费 2 500 美元。

2 个月后合约到期时，英镑汇率上升为 GBP1＝USD1.720 0，该投机者判断正确，于是执行期权，以 GBP1＝USD1.650 0 的协定价格购入英镑 12.5 万，支付 206 250（就是 125 000×1.65）美元。然后按到期时的英镑即期汇率卖出英镑，收入 215 000（就是 125 000×1.72）美元，可获利 6 250 美元（就是 215 000 美元－206 250 美元－2 500 美元）。

如果 2 个月后，英镑汇率并没有上升而是下跌了，该投机者则可放弃执行合同，损失的仅仅是 2 500 美元的期权费。投机者利用买入期权与即期交易的组合来进行时间套汇与利用卖出期权来进行时间套汇的不同之处在于出发点的不同。前者的出发点在于,如果投机者对未来的判断准确,当期权合约到期时,将以执行期权的方式,获取由履约价格与到期日的市场价格之间的差额所形成的投机收益;后者的出发点在于,如果投机者对未来的判断准确,当期权合约到期时,将以交易对手(即期权合约的购买方)放弃执行期权的方式,获取由期权费所形成的投机收益。显然,就因判断错误将遭受的损失而言,后者所承担的投机风险要远远高于前者。

12. 地点套汇的基本前提条件是什么？有什么特别之处？

地点套汇的基本前提条件是货币自由兑换、资本自由流动、存在汇差。

由于电讯市场的发达、信息传递的迅速,资金调拨的畅通,世界各地外汇市场有着密切的联系,各个外汇市场的汇率通常是十分接近的,但有时在不同的外汇市场上偶尔也会出现比较短暂的汇率大幅波动,从而引起"稍纵即逝"的套汇活动。因此,一方面,地点套汇的投机交易可以使不同外汇市场的汇率趋于一致;另一方面,地点套汇要求投机者具有很强的对套汇机会的灵敏判断和迅速捕捉能力,并且也导致了地点套汇的投机交易多是利用即期交易来操作的。

13. 地点套汇有哪些不同的类型？

根据套汇活动涉及的地点数目的不同,地点套汇还可细分为直接套汇(两地之间的套汇)和间接套汇(三地或三地以上地点之间的套汇)。直接套汇俗称为"两角套汇",间接套汇俗称为"三角套汇"或"多角套汇"。

14. 如何进行直接套汇？

直接套汇(direct arbitrage),是最简单的套汇方式,是利用两地之间存在的汇率差异,在汇率低的地点买入,并在汇率高的地点卖出,以赚取汇率差额的外汇投机交易。具体步骤是:

(1)判断两地之间是否存在汇率差异;

(2)判断两地之间的汇差是否足够大,计算电传、佣金等套汇费用,如果套汇利润大于套汇费用,就可套汇,否则,应放弃套汇;

(3)按照"低买高卖"的规则迅速完成套汇操作。

例如,某日伦敦外汇市场上英镑兑美元的汇率为 GBP1＝USD1.678 5/95,同时纽约外汇市场上英镑兑美元的汇率为 GBP1＝USD1.673 5/45。这时,两地英镑兑美元的汇价不一致,从而产生了套汇的机会。套汇者可以在伦敦外汇市场以 GBP1＝USD1.671 5 的价格卖出 100 万英镑,买进 167.85 万美元;同时在纽约外汇市场卖出 167.45 万美元,买进 100 万英镑。这样通过这两笔交易,该套汇者就获得了 4 000 美元(1 678 500 美元－1 674 500 美元)的收益。因此,如果该笔交易的套汇费用如电传费、佣金小于 4 000 美元,则套汇是可行的,否则,应当放弃套汇。

15. 如何进行间接套汇？

间接套汇(indirect arbitrage),是利用三个或多个不同地点的外汇市场中的三种或多种不同货币之间交叉汇率的差价,同时在这三个或多个外汇市场上进行贱买贵卖,以赚取汇率差额的外汇投机交易。具体步骤是:

(1)判断是否有汇差存在;

(2)判断汇差是否足够大;

(3)判断汇差的性质;

(4) 按照"低买高卖"的规则迅速完成套汇操作。

16. 如何判断三地或多地之间是否存在汇差？

判断三个（或多地）市场之间有无汇差的简单方法，是用三个（或多地）市场上每单位（即每1个）外币折合成本币金额的银行买入价之间依次相乘，或者是用三个（或多地）市场上每单位（即每1个）外币折合成本币金额的银行卖出价之间依次相乘，根据乘积的结果进行判断。

如果乘积等于1，表明三个（或多地）市场之间没有汇差；如果乘积不等于1（即大于1或小于1），表明三个（或多地）市场之间有汇差。

例如，某日纽约外汇市场上 USD1=CHF1.520 0/40，苏黎世外汇市场上 GBP1=CHF2.480 0/60，伦敦外汇市场上 GBP1=USD1.680 0/30。

(1) 利用银行买入价之间依次相乘判断。

三个市场上的银行买入价分别为

$$USD1=CHF1.524\ 0,\quad GBP1=CHF2.480\ 0,\quad GBP1=USD1.683\ 0$$

三个市场上每单位外币折合成本币金额的银行买入价分别为

$$CHF1=USD(1\div 1.524\ 0),\quad GBP1=CHF2.480\ 0,\quad USD1=GBP(1\div 1.683\ 0)$$

乘积的结果为

$$(1\div 1.524\ 0)\times 2.480\ 0\times (1\div 1.683\ 0)=0.966\ 9$$

因为乘积为0.966 9，不等于1，因此有汇差存在。

(2) 利用银行卖出价之间依次相乘判断。

三个市场上的银行卖出价分别为

$$USD1=CHF1.520\ 0,\quad GBP1=CHF2.486\ 0,\quad GBP1=USD1.680\ 0$$

三个市场上每单位外币折合成本币金额的银行卖出价分别为

$$CHF1=USD(1\div 1.520\ 0),\quad GBP1=CHF2.486\ 0,\quad USD1=GBP(1\div 1.680\ 0)$$

乘积的结果为

$$(1\div 1.520\ 0)\times 2.486\ 0\times (1\div 1.680\ 0)=0.973\ 5$$

因为乘积为0.973 5，不等于1，因此有汇差存在。

17. 如何判断三地或多地之间存在的汇差是否足够大？

判断三个（或多地）市场之间存在的汇差是否足够大的简单方法，是既要用三个（或多地）市场上每单位（即每1个）外币折合成本币金额的银行买入价之间依次相乘，也要用三个（或多地）市场上每单位（即每1个）外币折合成本币金额的银行卖出价之间依次相乘，再根据两个乘积的结果进行判断。

如果两个乘积均大于1或均小于1，表明三个（或多地）市场之间的汇差足够大，可以进行套汇操作；如果两个乘积的方向不一致，其中的一个乘积大于1，而另一个乘积小于1，表明三个（或多地）市场之间的汇差虽然有，但不够大，不能进行套汇操作。之所以如此，是因为如果在两个乘积的方向不一致的情况下进行套汇，套汇者作为银行的交易对手进行交易时所遭受的银行买入价与银行卖出价之间的损失，会大于通过交易所能赚取到的三个（或多地）市场之间的汇差收益。因此，在此条件下进行地点套汇，无论投机者如何操作，都将面临净亏损的结局。

以上例为例，三个市场上每单位外币折合成本币金额的银行买入价之间依次相乘的乘积结果为$(1\div 1.524\ 0)\times 2.480\ 0\times (1\div 1.683\ 0)=0.966\ 9$；三个市场上每单位外币折合成本币

金额的银行卖出价之间依次相乘的乘积结果为

$$(1 \div 1.520\ 0) \times 2.486\ 0 \times (1 \div 1.680\ 0) = 0.973\ 5$$

因为两个乘积不但均不等于1,而且均小于1,因此,可以判断存在的汇差足够大。

18. 如何判断汇差的性质?

"贱买贵卖"是所有投机交易都要遵循的共同原则,正确判断汇差的性质方可正确指导投机者选择正确的套汇操作路径,以实现赚取汇差收益的投机意图。否则,投机者将会蒙受"贱卖贵买"的汇差损失。

判断汇差性质的规则为:

当用不同市场上每单位外币折合成本币金额的银行买入(或卖出)价之间依次相乘的乘积结果大于1时,汇差的性质为外币昂贵、本币便宜;当用不同市场上每单位外币折合成本币金额的银行买入(或卖出)价之间依次相乘的乘积结果小于1时,汇差的性质为本币昂贵、外币便宜。

19. 如何选择正确的路径进行多角套汇?

进行多角套汇时,必须根据不同的汇差性质选择不同的路径顺序进行,方能保障投机利润的实现。

在汇差足够大的前提下,如果汇差性质属于"外币昂贵、本币便宜"的情形,则投机者就必须按照"卖出外币(贵卖)、买入本币(贱买)"的操作要求选择操作路径进行多角套汇,也就是说,投机者在相关套汇市场上的投机交易,必须按照将其持有的套汇投机本金视为外币并将之卖出的要求来选择入市的市场起点,并在相关的市场上依次进行"卖出外币、买入本币"的操作。在这些交易中,由于投机者均处于"价格接受者"的地位,因此,依次进行的"卖出外币、买入本币"的交易,均应使用这些市场上的银行买入价进行结算。

在汇差足够大的前提下,如果汇差性质属于"本币昂贵、外币便宜"的情形,则投机者就必须按照"卖出本币(贵卖)、买入外币(贱买)"的操作要求选择操作路径进行多角套汇,也就是说,投机者在相关套汇市场上的投机交易,必须按照将其持有的套汇投机本金视为本币并将之卖出的要求来选择入市的市场起点,并在相关的市场上依次进行"卖出本币、买入外币"的操作。在这些交易中,由于投机者均处于"价格接受者"的地位,因此,依次进行的"卖出本币、买入外币"的交易,均应使用这些市场上的银行卖出价进行结算。

以上例为例,由于三个市场上每单位外币折合成本币金额的银行买入价之间依次相乘的乘积结果为$(1 \div 1.524\ 0) \times 2.480\ 0 \times (1 \div 1.683\ 0) = 0.966\ 9$,三个市场上每单位外币折合成本币金额的银行卖出价之间依次相乘的乘积结果为$(1 \div 1.520\ 0) \times 2.486\ 0 \times (1 \div 1.680\ 0) = 0.973\ 5$,因此,汇差足够大,而且汇差性质属于"本币昂贵、外币便宜"的情形。如果投机者持有100万美元的投机本金,就必须按照以下顺序依次进行"卖出本币、买入外币"的投机操作。

(1)从纽约外汇市场开始操作,将100万美元的本币卖出,买入外币瑞士法郎。交易用市场上的银行卖出价 USD1=CHF1.520 0 进行结算,交易结果可获152万瑞士法郎($100 \times 10^4 \times 1.520\ 0 = 152 \times 10^4$)。

(2)在苏黎世外汇市场上操作,将152万瑞士法郎的本币卖出,买入外币英镑。交易用市场上的银行卖出价 GBP1=CHF2.486 0 进行结算,交易结果可获61.142 4万英镑($152 \times 10^4 \div 2.486\ 0 = 61.142\ 4 \times 10^4$)。

(3)在伦敦外汇市场上操作,将61.142 4万英镑的本币卖出,买入外币美元。交易用市场上的银行卖出价 GBP1＝USD1.680 0 进行结算，交易结果可获 102.719 2 万美元（61.142 4×10^4×1.680 0＝102.719 2×10^4）。在不考虑其他费用的情况下，投机者从事上述一个回合的三角套汇，可获利 2.719 2 万美元（102.719 2×10^4－100×10^4＝2.719 2×10^4）。

同理，如果投机者持有 100 万英镑的投机本金，就必须按照以下顺序依次进行"卖出本币、买入外币"的投机操作。

（1）从伦敦外汇市场开始操作，将 100 万英镑的本币卖出，买入外币美元。交易用市场上的银行卖出价 GBP1＝USD1.680 0 进行结算，交易结果可获 168 万美元（100×10^4×1.680 0 ＝168×10^4）。

（2）在纽约外汇市场上操作，将 168 万美元的本币卖出，买入外币瑞士法郎。交易用市场上的银行卖出价 USD1＝CHF1.520 0 进行结算，交易结果可获 255.360 0 万瑞士法郎（168×10^4×1.520 0＝255.360 0×10^4）。

（3）在苏黎世外汇市场上操作，将 255.360 0 万瑞士法郎的本币卖出，买入外币英镑。交易用市场上的银行卖出价 GBP1＝CHF2.486 0 进行结算，交易结果可获 102.719 2 万英镑（255.360 0×10^4÷2.486 0＝102.719 2×10^4）。在不考虑其他费用的情况下，投机者从事上述一个回合的三角套汇，可获利 2.719 2 万英镑（102.719 2×10^4－100×10^4＝2.719 2×10^4）。

亦同理，如果投机者持有 100 万瑞士法郎的投机本金，就必须按照以下顺序依次进行"卖出本币、买入外币"的投机操作。

（1）从苏黎世外汇市场开始操作，将 100 万瑞士法郎的本币卖出，买入外币英镑。交易用市场上的银行卖出价 GBP1＝CHF2.486 0 进行结算，交易结果可获 40.225 3 万英镑（100×10^4÷2.486 0＝40.225 3×10^4）。

（2）在伦敦外汇市场上操作，将 40.225 3 万英镑的本币卖出，买入外币美元。交易用市场上的银行卖出价 GBP1＝USD1.680 0 进行结算，交易结果可获 67.578 5 万美元（40.225 3×10^4×1.680 0＝67.578 5×10^4）。

（3）在纽约外汇市场上操作，将 67.578 5 万美元的本币卖出，买入外币瑞士法郎。交易用市场上的银行卖出价 USD1＝CHF1.520 0 进行结算，交易结果可获 102.719 3 万瑞士法郎（67.578 5×10^4×1.520 0＝102.719 3×10^4）。在不考虑其他费用的情况下，投机者从事上述一个回合的三角套汇，可获利 2.719 3 万瑞士法郎（102.719 3×10^4－100×10^4＝2.719 3×10^4）。

20. 如何快速地近似计算多角套汇的获利状况？

如果汇差足够大，且汇差性质属于"外币昂贵、本币便宜"，则

套汇的毛盈利＝（套汇资本金×相关市场上每单位外币折合成本币金额的银行买入价之间连乘乘积）－套汇资本金

套汇的毛盈利率＝（相关市场上每单位外币折合成本币金额的银行买入价之间连乘乘积－1）×100%

如果汇差足够大，且汇差性质属于"本币昂贵、外币便宜"，则

套汇的毛盈利＝（套汇资本金×相关市场上每单位外币折合成本币金额的银行卖出价之间连乘乘积的倒数）－套汇资本金

套汇的毛盈利率＝（相关市场上每单位外币折合成本币金额的银行卖出价之间的连乘乘积的倒数－1）×100%

以上例为例，由于三个市场上每单位外币折合成本币金额的银行买入价之间连乘乘积为$(1÷1.524\ 0)×2.480\ 0×(1÷1.683\ 0)=0.966\ 9$，三个市场上每单位外币折合成本币金额的银行卖出价之间连乘乘积为$(1÷1.520\ 0)×2.486\ 0×(1÷1.680\ 0)=0.973\ 5$，因此，汇差足够大，且汇差性质属于"本币昂贵、外币便宜"。则在以100万美元为套汇资本金的条件下，套汇的毛盈利$=[100\text{万美元}×(1÷0.973\ 5)]-100\text{万美元}=2.722\ 1\text{万美元}$；套汇的毛盈利率$=[(1÷0.973\ 5)-1]×100\%=2.72\%$。这跟上面的计算结果是基本一致的。

21. 在无从判断本、外币性质的条件下，如何选择正确的路径进行多角套汇？

出于某种原因，外汇市场上给出的已知汇率并不是外汇汇率，为此无从判断货币的本、外币属性，前述先用三个（或多地）市场上每单位（即每1个）外币折合成本币金额的银行买入价之间（或者银行卖出价之间）依次相乘，再根据乘积的结果判断三个（或多地）市场之间有无汇差的简单方法便会失效。

例如，2007年10月某日出现如下情况。

纽约外汇市场即期汇率：EUR/GBP=0.696 1/0.697 9

伦敦外汇市场即期汇率：EUR/USD=1.475 2/1.476 5

新加坡外汇市场即期汇率：GBP/USD=2.112 4/2.112 8

可见，三个外汇市场上给出的已知汇率中的货币均为市场所在国的外币，市场上的挂牌汇率均不是外汇汇率，前述判断三个（或多地）市场之间有无汇差的简单方法便会失效。因此，在无从判断本、外币性质的条件下，就需要使用新的方法来判断三个（或多地）市场之间有无汇差存在，并在此基础上选择正确的路径进行多角套汇。

在无从判断本、外币性质的条件下，需要分以下步骤进行三角（或多角）套汇。

(1) 将三个（或多地）外汇市场中的汇率按基准（单位）货币和折算（报价）货币依次连接，重新排序。

在重新排序中，每种货币在不同的市场上只能分别充当一次基准货币和一次折算货币。也就是说，在第一个市场充当基准货币的，在第三个市场就充当折算货币；在第一个市场充当折算货币的，在第二个市场就充当基准货币；在第二个市场充当折算货币的，在第三个市场就充当基准货币。其余的以此类推。

在本例中，可以对给定的汇率做如下重新排序：

纽约外汇市场：EUR/GBP=0.696 1/0.697 9

新加坡外汇市场：GBP/USD=2.112 4/2.112 8

伦敦外汇市场：EUR/USD=1.475 2/1.476 5

由于伦敦外汇市场的给定汇率EUR/USD=1.475 2/1.476 5尚不符合要求，因此，还需要利用直接标价法与间接标价法相互转换的方法对其进行转换：

USD/EUR=$(1÷1.476\ 5)/(1÷1.475\ 2)=0.677\ 3/0.677\ 9$

符合要求的最终重新排序结果如下：

纽约外汇市场：EUR/GBP=0.696 1/0.697 9

新加坡外汇市场：GBP/USD=2.112 4/2.112 8

伦敦外汇市场：USD/EUR=0.677 3/0.677 9

(2)判断是否存在汇差。

用重新排序后的三个(或多地)市场上买入价之间依次相乘,或者用重新排序后的三个(或多地)市场上的卖出价之间依次相乘,根据乘积的结果进行判断。

如果乘积等于1,表明三个(或多地)市场的汇率之间没有汇差存在;如果乘积不等于1(即大于1或小于1),表明三个(或多地)市场的汇率之间有汇差存在。

在本例中,重新排序后的三个市场上买入价之间依次相乘的乘积为
$$0.696\ 1 \times 2.112\ 4 \times 0.677\ 3 = 0.995\ 9$$
重新排序后的三个市场上的卖出价之间依次相乘的乘积为
$$0.697\ 9 \times 2.112\ 8 \times 0.677\ 9 = 0.999\ 6$$
因此,三个市场的汇率之间有汇差存在。

(3)判断汇差的性质。

判断汇差性质的规则为:当用重新排序后的三个(或多地)市场上买入价(或卖出价)之间依次相乘的乘积结果大于1时,汇差的性质为基准货币昂贵、折算货币便宜;当乘积的结果小于1时,汇差的性质为折算货币昂贵、基准货币便宜。

在本例中,根据上面的计算,重新排序后的三个市场上买入价和卖出价之间依次相乘的乘积分别为0.995 9和0.999 6,因此,三个市场的汇差为折算货币昂贵、基准货币便宜。

(4)判断汇差是否足够大。

判断三个(或多地)市场之间存在的汇差是否足够大的方法,是既要用三个(或多地)市场上的买入价之间依次相乘,也要用三个(或多地)市场上的卖出价之间依次相乘,再根据两个乘积的结果进行判断。如果两个乘积均大于1或均小于1,表明三个(或多地)市场之间的汇差足够大,可以进行套汇操作;如果两个乘积的方向不一致,其中的一个乘积大于1,而另一个乘积小于1,则表明三个(或多地)市场之间的汇差虽然有,但不够大,不能进行套汇操作。之所以如此,是因为如果在两个乘积的方向不一致的情况下进行套汇,套汇者作为报价银行的交易对手进行交易时所遭受的买入价与卖出价之间的损失,会大于通过交易所能赚取的三个(或多地)市场之间的汇差收益。因此,在此条件下进行地点套汇,无论投机者如何操作,都将面临净亏损的结局。

在本例中,重新排序后的三个市场上买入价和卖出价之间依次相乘的乘积分别为0.995 9和0.999 6,因为两个乘积不但均不等于1而且均小于1,因此,可以判断存在的汇差足够大。

(5)选择正确的路径进行三角(或多角)套汇操作。

在汇差性质属于"基准货币昂贵、折算货币便宜"的情形下,投机者必须按照"卖出基准货币(贵卖)、买入折算货币(贱买)"的操作要求选择操作路径进行三角(或多角)套汇。也就是说,投机者在相关套汇市场上的投机交易,必须按照将其持有的套汇投机本金视为基准货币并将之卖出的要求来选择入市的市场起点,并在相关的市场上依次进行"卖出基准货币、买入折算货币"的操作。在这些交易中,由于投机者均处于"价格接受者"的地位,因此,依次进行的"卖出基准货币、买入折算货币"的交易,均应使用这些市场上的买入价进行结算。

在汇差性质属于"折算货币昂贵、基准货币便宜"的情形下,投机者必须按照"卖出折算货币(贵卖)、买入基准货币(贱买)"的操作要求选择操作路径进行三角(或多角)套汇。也就是说,投机者在相关套汇市场上的投机交易,必须按照将其持有的套汇投机本金视为折算货币并

将之卖出的要求来选择入市的市场起点,并在相关的市场上依次进行"卖出折算货币、买入基准货币"的操作。在这些交易中,由于投机者均处于"价格接受者"的地位,因此,依次进行的"卖出折算货币、买入基准货币"的交易,均应使用这些市场上的卖出价进行结算。

在本例中,如果投机者持有100万美元的投机本金,就必须按照以下顺序依次进行"卖出折算货币、买入基准货币"的投机操作。

第一步,从新加坡外汇市场开始操作,将100万美元的折算货币卖出,买入基准货币英镑。交易用市场上的卖出价 GBP1=USD2.112 8 进行结算,交易结果可获 473 305.57 英镑(1 000 000÷2.112 8=473 305.57)。

第二步,在纽约外汇市场上操作,将 473 305.57 英镑的折算货币卖出,买入基准货币欧元。交易用市场上的卖出价 EUR1=GBP0.697 9 进行结算,交易结果可获 678 185.37 欧元(473 305.57÷0.697 9=678 185.37)。

第三步,在伦敦外汇市场上操作,将 678 185.37 欧元的折算货币卖出,买入基准货币美元。交易用市场上的卖出价 USD1=EUR0.677 9 进行结算,交易结果可获 1 000 420.96 美元(678 185.37÷0.677 9=1 000 420.96)。在不考虑其他费用的情况下,投机者从事上述一个回合的三角套汇,可获利 420.96(1 000 420.96-1 000 000=420.96)美元。

同理,如果投机者持有100万英镑的投机本金,就必须按照以下顺序依次进行"卖出折算货币、买入基准货币"的投机操作。

第一步,从纽约外汇市场开始操作,将100万英镑的折算货币卖出,买入基准货币欧元。交易用市场上的卖出价 EUR1=GBP0.697 9 进行结算,交易结果可获 1 432 870.04 欧元(1 000 000÷0.697 9=1 432 870.04)。

第二步,在伦敦外汇市场上操作,将 1 432 870.04 欧元的折算货币卖出,买入基准货币美元。交易用市场上的卖出价 USD1=EUR0.677 9 进行结算,交易结果可获 2 113 689.39 美元(1 432 870.04÷0.677 9=2 113 689.39)。

第三步,在新加坡外汇市场上操作,将 2 113 689.39 美元的折算货币卖出,买入基准货币英镑。交易用市场上的卖出价 GBP1=USD2.112 8 进行结算,交易结果可获 1 000 420.95 英镑(2 113 689.39÷2.112 8=1 000 420.95)。在不考虑其他费用的情况下,投机者从事上述一个回合的三角套汇,可获利 420.95 英镑(1 000 420.95-1 000 000=420.95)。

亦同理,如果投机者持有100万欧元的投机本金,就必须按照以下顺序依次进行"卖出折算货币、买入基准货币"的投机操作。

第一步,从伦敦外汇市场开始操作,将100万欧元的折算货币卖出,买入基准货币美元。交易用市场上的卖出价 USD1=EUR0.677 9 进行结算,交易结果可获 1 475 143.83 美元(1 000 000÷0.677 9=1 475 143.83)。

第二步,在新加坡外汇市场上操作,将 1 475 143.83 美元的折算货币卖出,买入基准货币英镑。交易用市场上的卖出价 GBP1=USD2.112 8 进行结算,交易结果可获 698 193.79 英镑(1 475 143.83÷2.112 8=698 193.79)。

第三步,在纽约外汇市场上操作,将 698 193.79 英镑的折算货币卖出,买入基准货币欧元。交易用市场上的卖出价 EUR1=GBP0.697 9 进行结算,交易结果可获 1 000 420.96 欧元(698 193.79÷0.697 9=1 000 420.96)。在不考虑其他费用的情况下,投机者从事上述一个回合的三角套汇,可获利 420.96 欧元(1 000 420.96－1 000 000＝420.96)。

22. 在无从判断本、外币性质的条件下,如何快速地近似计算多角套汇的获利状况?

如果汇差足够大,且汇差性质属于"基准货币昂贵、折算货币便宜",则
　　套汇的毛盈利＝(套汇资本金×相关市场上的买入价之间连乘乘积)－套汇资本金
　　　套汇的毛盈利率＝(相关市场上的买入价之间连乘乘积－1)×100%

如果汇差足够大,且汇差性质属于"折算货币昂贵、基准货币便宜",则
　　套汇的毛盈利＝(套汇资本金×相关市场上的卖出价之间连乘乘积的倒数)－套汇资本金
　　　套汇的毛盈利率＝(相关市场上的卖出价之间的连乘乘积的倒数－1)×100%

以上例为例,由于汇差性质属于"折算货币昂贵、基准货币便宜",则在以 100 万美元为套汇资本金的条件下,套汇的毛盈利＝[100 万美元×(1÷0.999 6)]－100 万美元＝400.16 美元;套汇的毛盈利率＝[(1÷0.999 6)－1]×100%＝0.04%。这跟上面的计算结果是基本一致的。

23. 什么是非抵补套利交易?

非抵补套利(uncovered interest arbitrage),又称为非抛补套利,是指在货币自由兑换、资本自由流动且两国货币的存款利率存在利率差的条件下,通过对两笔外汇即期交易的组合运用来进行的外汇套利投机交易。

24. 如何进行非抵补套利交易?

非抵补套利交易由以下三个步骤组合完成:
(1)进行一笔用低利率币种的货币买入高利率币种的货币的即期交易;
(2)以买入的高利率币种的货币为本金,投放于高利率货币的市场;
(3)于高利率币种货币市场的投资期满时,再进行第二笔即期交易,卖出投资到期获得的高利率币种货币的本利和。

由于投机者在两笔即期交易中均处于"价格接受者"的地位,因此:在一笔即期交易中,投机者所适用的结算汇率是交易市场上高利率币种的即期汇率的银行卖出价;在第二笔即期交易中,投机者所适用的结算汇率则是未来交易市场上新的高利率币种的即期汇率的银行买入价。这两笔即期交易结算汇率相互关系的不确定性,会导致套利交易最终结果的不确定性:

(1)如果这两笔即期交易的结算汇率相等,套利投机者将可以完全获取利差收益;
(2)如果第二笔即期交易的结算汇率小于第一笔即期交易的结算汇率,套利者在获得利差收益的同时将会遭受汇差损失,利差收益与汇差损失的相互关系又将会决定套利投机者套利的最终结果,或是有正收益(利差收益大于汇差损失),或是有零收益(利差收益等于汇差损失),或是有负收益(利差收益小于汇差损失);
(3)如果第二笔即期交易的结算汇率大于第一笔即期交易的结算汇率,套利交易者将会获取利差收益与汇差收益的双重收益。

例如,在某一时期,美国金融市场上短期利率的年息为 12%,英国金融市场上短期利率的年息为 8%。如果套利者持有 100 万英镑,便可进行不超过 1 年期的某种短期套利交易。比如,套利者用持有的 100 万英镑购买美元现汇;再把购入的美元现汇存入美国银行,作年息为

12%的3个月的短期投资；3个月的投资期满后，再把投资得到的美元本利和卖出。在两笔即期交易的结算汇率相等的情况下，该投机者就可获取利差收益10 000英镑，即 1 000 000×(12%−8%)×3/12＝10 000。

如果套利者手中并不持有英镑，只要贷款利率合适，投机者也可以通过借入低利率货币英镑的方式进行相应的套利投机交易。

25. 什么是抵补套利交易？

抵补套利（covered interest arbitrage），又称为抛补套利，是指在货币自由兑换、资本自由流动且两国货币的存款利率差足够大的条件下，通过对一笔外汇即期交易和一笔外汇远期交易的组合运用来进行的外汇套利投机交易。

26. 如何进行抵补套利交易？

抵补套利交易由以下三个步骤组合完成：
(1) 进行一笔用低利率币种的货币买入高利率币种的货币的即期交易；
(2) 以买入的高利率币种的货币为本金，投放于高利率货币的市场；
(3) 进行一笔远期交易，提前卖出未来投资到期获得的高利率币种货币的本利和。

由于投机者在两笔交易中均处于"价格接受者"的地位，因此，在即期交易中，投机者所适用的结算汇率是交易市场上高利率币种的即期汇率的银行卖出价；在远期交易中，投机者所适用的结算汇率则是交易市场上高利率币种的远期汇率的银行买入价。

由于利息率平价规律的作用，高利率币种的远期汇率会呈贴水的形式出现，这就使得进行抵补套利交易时，套利者的远期交易的结算汇率小于即期交易的结算汇率，从而套利者在获得利差收益的同时必将会遭受汇差损失。由于其利差收益与汇差损失的相互关系将会决定套利投机者套利的最终结果或是有正收益（利差收益大于汇差损失），或是有零收益（利差收益等于汇差损失），或是有负收益（利差收益小于汇差损失），因此，为了确保投机者套利的最终结果有正收益，在进行抵补套利交易之前，先要进行抵补套利交易成本率（即汇差损失率）的测算。

因为抵补套利交易与掉期交易的操作非常相似，类似于即期对远期的掉期交易，故抛补套利的汇差损失率又叫做"掉期成本率"。只有在利率的差幅（即利差收益）大于掉期成本率（即汇差损失率）的情况下，从事抛补套利的活动才有可能稳赚不赔。因此，利率差大于抵补套利交易的掉期成本率，便成为进行抵补套利交易所要求的"利率差足够大"的前提条件。

抵补套利交易掉期成本率的计算公式为：

掉期成本率＝[(卖出价−买入价)÷买入价]×100%×期限

例如，瑞士法郎3个月定期存款年利率为4%，美元定期存款年利率为7.5%。苏黎世外汇市场美元即期汇率为USD1＝CHF1.580 0/10，三个月期汇率为USD1＝CHF1.573 3/60。

两地之间的利差（年率）＝7.5%−4%＝3.5%

在本例中，美元为基准（单位）货币，瑞士法郎为折算（报价）货币，相对于美元货币而言，投机者是即期买入美元，远期卖出美元；并且，投机者作为给定市场汇价的受价方，在即期交易中买入美元适用的即期汇率为USD1＝CHF1.581 0（定价方的美元卖出价），在远期交易中卖出美元适用的远期汇率为USD1＝CHF1.573 3（定价方的美元买入价）。

因此，投机者的掉期成本率＝[(1.573 3−1.581 0)÷1.581 0]×100%×12/3＝−1.95%

因为掉期成本率1.95%小于两地之间的利差3.5%，所以利差足够大，可以做抵补套利交易。

如果套利者以 158.1 万瑞士法郎为套利投机交易本金,进行为期 3 个月的抵补套利交易,3 个月后可实现投机毛收益 5 989.38 瑞士法郎。

$[(1\,581\,000 \div 1.581\,0) \times (1 + 7.5\% \times 3/12)] \times 1.573\,3 - 1\,581\,000 \times (1 + 4\% \times 3/12) = 5\,989.38$

第十章

国际结算工具

国际结算经历了漫长的发展和变革过程,随着国际贸易和国际金融业的发展变化而逐渐演变,由现金结算变为票据结算,货物买卖变为单据买卖,直接结算变为银行结算,人工结算变为电子结算。它不仅具有很强的银行特点,而且也具有很强的外贸特点,在进出口贸易合同中,付款方式是主要条款之一。国际贸易收、付款涉及外汇,必须通过银行进行外汇买卖和划汇(汇兑)。国际贸易款项收付和国际资本输出、入均须履行国际结算或清算手续,是实务性业务。因此,国际结算不仅是一项重要的银行国际业务,也是从事进出口贸易的公司和涉外企业中相关人员必须通晓的基础知识。通过本章内容的学习,你应该能够:

第十章 国际结算工具

- 了解国际结算、汇票、本票、支票的概念、要素和种类；
- 掌握出票、背书承兑等票据行为的操作规范。

  关键概念

汇票、本票、支票、出票、背书、承兑、远期汇票、银行汇票、商业汇票、银行本票、划线支票、保付支票

  引导型问题

1. 试就以下汇票样式分析其所记载的各项要素是否合规？

汇票样式

```
NO T/T 1965921
    (1) Exchange for  USD1000          (2) XI'AN, 27th May 2002
    (3) At……sight of this First of Exchange (Second of the same tenor and date unpaid)  (4) pay to
    (5) the order of Bank of China XIAN Branch   (6) the sum of
        U. SDOLLARS ONE THOUSAND ONLY  ……
    Drawn under Nanyang Book Trading CO. Ltd, New York Letter of Credit No. 1966 dated 12th May 2002
    against shipment of books from Xian to New York.
        TO: Nanyang Book Trading CO. Ltd
    (8) New York
                            (9) For China National Books IMP & EXP. CO.
                                        XI'AN Branch
                                    (Singed)
```

2. 试就以下本票样式分析其所记载的各项要素是否合规？

本票样式

```
(1) PROMISSORY NOTE
    (7) GBP10000.00                            (5) London, 25th April, 2002
    (6) On the 28th July, 2002 fixed by the promissory note   (2) we promise to pay   (3) China Export
Corporation or order the sum of  (7) pounds sterling Ten Thousand Only.
                                    (4) For and on behalf of
                                        He He Trading Company
                                        London (8)
                                            (Singed)
```

3. 试就以下支票样式分析其所记载的各项要素是否合规？

支票样式

(1) Cheque for GBP5000.00 No.5451016

(5) London, 1st Jan. 2002

(2) Pay to (7) the order of (9) British Trading Company the sum of (8) pounds sterling Five Thousand Only.

TO: (3) National Westminster Bank Ltd.

(6) London

(4) For London Export Corporation, London

(Singed)

4. 试分析以下案例：

A、B公司于2001年3月20日签订买卖合同，根据合同约定，B公司于3月25日发出100万元的货物，A公司将一张出票日期为4月1日、金额为100万元、见票后3个月付款的银行承兑汇票交给B公司。4月10日，B公司向承兑人甲银行提示承兑，承兑日期为4月10日。B公司在与C公司的买卖合同中，将该汇票背书转让给C公司。2001年5月20日，C公司在与D公司的买卖合同中，将其质押给D公司。C公司在汇票上记载"质押背书"字样并在汇票上签章。2001年5月25日，D公司将该汇票背书转让给E公司，E公司为善意的、支付对价的持票人。

2001年7月12日，持票人E公司提示付款时，承兑人甲银行以A公司未能足额交存票款为由，拒绝付款，并于当日签发拒绝证明。

2001年7月20日，E公司向A公司、B公司、C公司发出追索通知。A公司以B公司发来的货物不符合合同约定为由，拒绝承担票据责任；B公司以E公司未在法定期限内发出追索通知为由，拒绝承担票据责任；C公司以D公司无权背书转让汇票为由，拒绝承担票据责任。

要求：查找《中华人民共和国票据法》，并根据该票据法的有关规定，分析回答下列问题。

(1) B公司于2001年4月10日向甲银行提示承兑的时间是否符合法律规定？并说明理由。

(2) E公司于2001年7月12日向甲银行提示付款的时间是否符合法律规定？并说明理由。如果持票人未在法定期限内提示付款，其法律后果是什么？

(3) 如果持票人E公司未能出示拒绝证明，其法律后果是什么？

(4) E公司于2001年7月20日向A公司、B公司、C公司发出追索通知的时间是否符合法律规定？并说明理由。如果持票人未在法定期限内发出追索通知，其法律后果是什么？

(5) 如果E公司于2002年4月1日才向B公司发出追索通知，其追索权是否丧失？并说明理由。

(6) 如果E公司于2003年7月5日才行使票据的付款请求权，对承兑人的票据权利是否丧失？并说明理由。

(7) 如果E公司于2003年7月25日才行使票据的付款请求权，则E公司对出票人或者承兑人的民事权利是否丧失？并说明理由。

(8)C公司将汇票背书转让给D公司时,如未在汇票上签章,是否构成票据质押?并说明理由。

(9)A公司拒绝E公司的理由是否成立?并说明理由。

(10)B公司拒绝E公司的理由是否成立?并说明理由。

(11)C公司拒绝E公司的理由是否成立?并说明理由。

(12)甲银行拒绝付款的理由是否成立?并说明理由。如果甲银行拒绝付款的理由不成立,其应承担的法律责任是什么?

(13)对A公司在银行承兑汇票到期日未能足额交存票款的行为,其应承担的法律责任是什么?

第一节 国际结算概述

通过本节学习,掌握国际结算的概念,了解国际结算的特点及基本分类。

1. 什么是国际结算?

国际结算是指通过银行办理的、以清算了结居民与非居民之间的债权债务关系或完成跨国资金转移为目的的货币收付、划转业务(活动)。

2. 国际结算有哪些类型?

国际结算通常从以下角度进行分类:

(1)根据结算产生的基础不同,可分为贸易结算与非贸易结算;

(2)根据结算使用工具的不同,可分为现金结算、非现金(使用票据进行的)结算;

(3)根据结算的参与方的不同,可分为直接(买卖双方之间)结算、间接(通过银行进行的)结算;

(4)根据结算具体的操作方式不同,可分为汇款、托收、信用证、银行保函、国际保理等。

3. 什么是贸易结算?贸易结算有什么特点?

贸易结算是指以商品交易为基础进行的国际结算。

与非贸易结算相比较,贸易结算具有以下特点:

(1)业务复杂、金额巨大;

(2)是国际收支的重要组成部分,是一国外汇的重要来源;

(3)是国际结算的起点,是非贸易结算的参照;

(4)主要受国际贸易方式、世界市场行情、国际货运、保险、电讯传递、银行业务的发展与演变的影响。

4. 什么是非贸易结算?非贸易结算有什么特点?

非贸易结算是指不以商品交易为基础进行的国际结算。

与贸易结算相比较,非贸易结算具有以下特点:

(1)范围广阔,种类繁多;

(2)是一国积累外汇的重要渠道;

(3)主要受本国外汇管制制度及松紧状况的影响。

5. 国际结算与国内结算有什么不同？

与国内结算相比较，国际结算有以下不同：
(1) 货币资金运动的范围大小不同；
(2) 使用货币币种的多少不同；
(3) 涉及的法律法规不同；
(4) 操作更为复杂；
(5) 面临的风险更大。

6. 结算方式主要涉及哪些要素？

结算方式主要涉及以下要素。
(1) 当事人。如收款人（债权人）、付款人（债务人）、银行、担保人等。
(2) 结算工具（手段）。如现金货币（本、外币）、信用卡、票据（汇、本、支票、旅行支票、旅行信用证）、单证等。
(3) 付款时间。从买卖方角度看，有预先付款（payment in advance）、装运时付款（payment at time of shipment）、装运后付款（payment after shipment）的不同；从银行角度看，有交单前预付、交单时付款、交单后付款的不同；从付款期限看，有即期付款、远期付款、延期付款的不同。
(4) 货款与全套单据的对流形式。如汇款结算方式、托收结算方式、信用证结算方式、银行保函结算方式、国际保理结算方式、其他结算方式等。
(5) 法规。国际结算活动要受到多种国内、国际金融法规的约束。

7. 研究国际结算最终要解决什么问题？

国际结算就是要研究以银行为中心的货币划拨、清算体系及其相关的法律法规，着重考察国际结算的结算工具和结算方式，通过比较分析不同结算方式、方法的风险特征，为完成跨国间的货币收付业务寻找出一条较为高效、安全、低成本的结算途径。

第二节 汇票

通过本节学习，掌握汇票的定义、必要项目及基本当事人，熟悉主要的票据行为，了解汇票的其他主要当事人及记载项目。

1. 什么是各国票据法中所讲的票据？

各国票据法中所讲的票据是指汇票、本票和支票。

2. 什么是汇票？

按照《中华人民共和国票据法》(1995 年 5 月 10 日第八届全国人民代表大会常务委员会第十三次会议通过，2004 年 8 月 28 日修订) 的解释："汇票是出票人签发的，委托付款人在见票时或者在指定日期无条件支付确定的金额给收款人或者持票人的票据。"

1882 年英国票据法对汇票的定义是："汇票是由出票人向另一人签发的要求即期、定期或在可以确定的将来时间向指定人或根据其指令向来人无条件支付一定金额的书面命令。"

A bill of exchange is an unconditional order in writing addressed by one person to another, signed by the person giving it, requiring the person to whom it is addressed to pay on demand or at a fixed or determinable future time a sum certain in money to or to the order of a specified person or to bearer.

3. 汇票的绝对必要记载项目包括哪些？

《中华人民共和国票据法》第22条规定,汇票必须记载下列事项：
(1)表明"汇票"的字样；
(2)无条件支付的委托；
(3)确定的金额；
(4)付款人名称；
(5)收款人名称；
(6)出票日期；
(7)出票人签章。

汇票上未记载以上规定事项之一的,汇票无效。

日内瓦统一票据法还把出票地点(place of issue)、付款地点(place of payment)和付款日期也列为汇票的必要项目,而英国票据法对"汇票"字样则没有要求。

4. 其他常见汇票的任意记载项目有哪些？

常见的汇票的任意记载项目有：
(1)出票条款；
(2)"付一不付二"条款；
(3)"免作拒绝证书","免于追索"；
(4)必须提示承兑和不得提示承兑；
(5)担当付款人和预备付款人等。

我国票据法第24条规定,汇票上可以记载除必要项目外的其他出票事项,但是该记载事项不具有汇票上的效力。

5. 汇票进入流通领域前的基本当事人是谁？他们应承担哪些责任？

汇票进入流通领域前的当事人有出票人、付款人和收款人。

(1)出票人(drawer),即签发汇票的人,一般是出口商。在即期付款汇票或远期汇票未被承兑前,出票人是汇票付款的第一责任人。因为出票后,出票人即对收款人及正当持票人承担保证其所签发的汇票得到承兑和付款的责任。如果汇票遭到拒付,出票人被合法追索时,应负偿还票款的责任。

(2)付款人(payer),或称受票人(drawee),是接受汇票并根据出票人的命令支付票款的人。受票人对远期汇票做出承兑后,承担汇票到期付款的责任,成为主债务人。

(3)收款人(payee),即收取票款的人,也是第一持票人,是汇票的主债权人。如果背书转让汇票,收款人就成为背书人,同样承担付款或承兑的保证责任。

6. 汇票进入流通领域后常见的其附属当事人有哪些？

汇票进入流通领域后出现的当事人有背书人、被背书人、承兑人和持票人。

(1)背书人(endorser),指在汇票背面签字,并将汇票交付给另一人以转让汇票权利的人,又称让与人。收款人或持票人可以成为背书人。

(2) 被背书人(endorsee)，指接受背书的人。被背书人是汇票的债权人，拥有向付款人、前背书人及出票人追索的权利。

(3) 承兑人(acceptor)，指同意接受出票人的付款命令并在远期汇票正面签字，承诺在汇票到期日支付汇票金额的人。此时，承兑人成为汇票的主债务人。

(4) 持票人(holder)，指汇票的占有人，即汇票的收款人、被背书人或来人。持票人享有付款请求权、追索权及票据转让权。根据取得票据的方式不同，持票人分为给付对价持票人和正当持票人。

7. 什么是票据的"抬头"？

票据的"抬头"是指票据上最初记载的收款人名称。

8. 票据的"抬头"有哪些记载写法？

票据的"抬头"有三种记载写法：限制性抬头、指示性抬头、持票来人抬头。

9. 什么是限制性抬头？

限制性抬头是指票据上最初记载的收款人名称写明"仅付×××(收款人名称)"或"付给×××(收款人名称)不得转让"等字样。常用的限制性抬头词语有：

(1) Pay to ABC Bank only

(2) Pay to ABC Bank, not negotiable

(3) Pay to ABC Bank, not transferable

(4) Pay to ABC Bank, not to order

(5) For collection pay to ABC Bank

10. 什么是指示性抬头？

指示性抬头是指票据上最初记载的收款人名称写明"付×××(收款人名称)或其指定人"等字样。常用的指示性抬头词语有：

Pay to ABC Trading Company or order

11. 什么是持票来人抬头？

持票来人抬头是指票据上最初记载的收款人名称写明"付持票来人"字样。常用的持票来人抬头词语有：

Pay to Bearer

12. 票据的抬头对票据的转让流通有什么影响？

限制性抬头的票据不能转让流通；指示性抬头的票据必须通过背书之后才能转让流通；持票来人抬头的票据仅凭交付便可转让流通。

13. 什么是"对价"？

所谓对价是指可以支持一项简单交易或合约之物，如货物、服务、金钱等。其内涵是一方为换取另一方做某事的承诺而向另一方支付的金钱代价或得到该种承诺的承诺。

14. 什么是给付对价持票人？

给付对价持票人(holder for value)，是指取得汇票时，付出一定代价的人。不论持票人自己是否付了对价,只要前手对汇票付过对价并转让到现在的持票人手中,该持票人就是给付对价持票人。通常是指前手付过对价,而自己没有付过对价而持有汇票的人。

15. 什么是正当持票人？成为正当持票人的必备条件有哪些？

正当持票人(holder in due course),也称善意持票人(bona fide holder),是指经过转让而持有汇票的人。在国际结算实务中,正当持票人是议付银行。

根据英国票据法第二十九条规定,要成为正当持票人必须具备以下条件：
(1)取得汇票票面完整正常,没有过期,前手背书真实；
(2)持票人不知道该票据曾被退票或拒付；
(3)持票人支付对价并善意取得汇票；
(4)不知道转让人对汇票权利有何缺陷,即不知道各前手之间的债权债务纠纷。

16. 汇票的票据行为有哪些？

根据中国票据法,汇票的票据行为包括出票、背书、承兑、保证、付款和行使追索权。其中出票是主票据行为,其他行为是附属票据行为。

17. 什么是出票？有效的出票包括哪两个动作？

出票是指出票人签发票据并将其交付给收款人的行为。出票创设了汇票的债权。有效的出票包括两个动作：一是填写汇票并签字；二是将汇票交付给收款人。

18. 什么是背书？

背书是指持票人在汇票背面签字并把它交给受让人的行为。背书也包括两个动作：签字和交付。

19. 什么是空白背书？

空白背书(blank endorsement)又称不记名背书、略式背书,是指背书人仅在汇票背面签字,不做任何其他文字记载。空白背书后的汇票,凭交付而转让。

20. 什么是特别背书？

特别背书(special endorsement)又称记名背书、指示性背书、正式背书、完全背书,是指在汇票背面签字的同时,写明"付给×××(被背书人名称)或其指定人"或"付给×××(被背书人名称)的指定人"。例如：

Pay to ABC Trading Company or order
For XYZ Company, London
Signature(签字)

21. 什么是限制性背书？

限制性背书(restrictive endorsement)是指背书人在汇票背面签字,并写明"仅付×××(被背书人名称)"或"付给×××(被背书人名称)不得转让"等字样的背书。常见的限制性背书词语有：
(1)Pay to ABC Bank only
(2)Pay to ABC Bank, not negotiable
(3)Pay to ABC Bank, not transferable

(4) Pay to ABC Bank, not to order
(5) For collection pay to ABC Bank

22. 背书能否附带条件？

《中华人民共和国票据法》第33条规定，背书不得附有条件。背书时附有条件的，所附条件不具有汇票上的效力。

23. 为什么以背书转让的汇票，其背书应当连续？

因为持票人以背书的连续，证明其汇票的权利。背书连续是指在票据的转让中，转让汇票的背书人与受让汇票的被背书人在汇票上的签章依次前后衔接。

24. 什么是提示？

提示（presentation）是指持票人向汇票付款人出示汇票，要求其付款或承兑的行为。提示包括付款提示（presentation for payment）和承兑提示（presentation for acceptance）两种形式。

25. 什么是承兑？

承兑（acceptance）是指远期汇票付款人承诺在汇票到期日支付汇票金额的行为。承兑包括两个行为：一是汇票上写明"承兑"字样并签字；二是把已承兑的汇票交给持票人或把承兑通知书交持票人。

26. 承兑能否附带条件？

《中华人民共和国票据法》第43条规定：付款人承兑汇票，不得附有条件；承兑附有条件的，视为拒绝承兑。

27. 什么是保证？

保证（guarantee）是指汇票债务人以外的人给汇票债务提供担保的行为。保证人通常由银行或其他金融机构担当。

保证人为汇票付款提供担保时，必须在汇票上表明保证字样（guaranteed），记载保证人名称和住所、被保证人名称、保证日期及保证人签章。

28. 什么是付款？

付款（payment）是指即期汇票或承兑到期的远期汇票的持票人向付款人提示汇票时，付款人支付票款的行为。付款人或承兑人正当付款后，汇票债务人的责任即被解除。

29. 什么是正当付款？

正当付款（payment in due course）是指由付款人或承兑人（而不是出票人或背书人）在到期日或以后（不能在到期日前）向持票人所做的善意付款。汇票如被转让，付款人付款时应审核汇票的真实性和背书的连续性。

30. 什么是拒付？

拒付（dishonor）又叫退票，是指持票人提示汇票要求付款或承兑时，遭到拒绝的行为。此外，付款人或承兑人避而不见、死亡或宣告破产，以致付款事实上成为不可能时，也称为拒付。

31. 为什么持票人遭到拒付时要向其前手发出拒付通知？

汇票遭到拒付后，持票人应在规定的时间内（通常为拒付后一个营业日内）向其前手发出拒付通知(notice of dishonour),将拒付事实通知其前手背书人。目的是要汇票债务人及早知道拒付的事实,以便做好准备。此外,做出拒付通知也是持票人向其前手行使追索权的条件之一。

32. 什么是追索?

追索(recourse)或称行使追索权,是指当汇票遭到拒付时,持票人有权向背书人、出票人、承兑人以及其他债务人请求偿还汇票金额及其他法定款项的行为。

33. 持票人行使追索权时必须满足哪些条件?

持票人行使追索权时必须具备以下三个条件:
(1)必须在法定期限内,向付款人提示汇票;
(2)必须在法定期限内,将拒付事实通知前手,直到出票人;
(3)必须在法定期限内请公证人作出拒绝证书(protest)。

34. 什么是拒绝证书?

拒绝证书是由拒付地点的法定公证人所作成的证明付款人拒付事实的文件。持票人请求公证人作成拒绝证书时,应将汇票交出,由公证人持票向付款人再作提示。如仍遭拒付,即由公证人按规定格式作成拒绝证书,连同汇票交还持票人。

第三节 本票

通过本节的学习,掌握本票的定义,了解本票的必要项目、特点、种类和用途。

1. 什么是本票?

英国票据法定义:本票是一个人向另一个人签发的,保证于见票时或定期或在可以确定的将来时间,对某人或其指定人或来人无条件支付一定金额的书面付款承诺。

A promissory note is an unconditional promise in writing made by one person to another signed by the maker, engaging to pay, on demand or at a fixed or determinable future time, a sum certain in money to, or to the order of, a specified person or to bearer.

中国票据法定义:本票是出票人签发的,承诺自己在见票时无条件支付确定金额给收款人或者持票人的票据。而且该法所称本票,仅指银行本票。

2. 本票的必要项目有哪些?

日内瓦统一票据法规定,本票必须具备以下内容:
(1)写明"本票"的字样;
(2)无条件支付的承诺;
(3)付款期限;
(4)出票人签字;
(5)收款人或其指定人;
(6)出票日期及地点;
(7)一定金额;
(8)付款地点。

中国票据法规定,本票必须记载下列事项:
(1)表明"本票"的字样;
(2)无条件支付的承诺;
(3)确定的金额;
(4)收款人名称;
(5)出票日期;
(6)出票人签章。

3. 本票与汇票相比,具有哪些特点?

与汇票相比,本票的特点表现为表10-1所列的不同点。

表 10-1　汇票与本票的差异对比表

不同点	本票	汇票
基本当事人	2个:制票人、收款人	3个:出票人、付款人和收款人
付款方式	自己付款	要求他人付款
名称含义(性质)	无条件支付承诺	无条件支付命令
承兑项目	无需承兑	远期汇票需承兑
退票是否需要拒绝证书	国际本票不需要	国际汇票必须制作拒绝证书
主债务人	制票人	承兑前是出票人,承兑后是承兑人
制票人与收款人能否为同一人	不允许	允许

4. 本票的主要用途有哪些?

本票主要用于:
(1)商品交易中的远期付款;
(2)借贷金钱的凭证;
(3)企业对外筹集资金;
(4)代替现金支付。

5. 常见的本票有哪些?

常见的本票有商业本票、银行本票、国际小额本票、旅行支票及国库券。

6. 什么是商业本票?

商业本票(trader's notes)是指由工商企业或个人签发的本票。它是商业信用,因此,使用范围较小。中国不得签发商业本票。

7. 什么是银行本票?

银行本票(banker's notes)是指由商业银行签发的本票。可以是即期,也可以是远期。但中国的银行本票付款期限自出票日起,最长不得超过2个月。银行本票应用广泛。

8. 什么是国际小额本票?

国际小额本票(international money order),中文又称国际汇票,是由设在货币清算中心的银行作为出票行发行的该货币的国际银行本票。现在美、英、加拿大等国的大银行,尤其是美国的大银行广泛发行国际小额本票,以便持票人在海外使用,再流向货币中心付款,出了票而不拨头寸,等国外来托收。采用国际小额本票可占用购票人的资金。

9. 什么是旅行支票?

旅行支票(traveler's cheque)是银行或旅游公司为了方便旅游者在旅行期间安全携带和使用而发行的一种定额本票。虽然它名为"支票",但是发行旅行支票的银行或旅行社自行付款。

第四节 支票

通过本节学习,掌握支票的定义,了解支票的必要项目、种类、划线及付款期限。

1. 什么是支票?

根据英国票据法,支票是以银行为付款人的即期汇票。(A cheque is a bill of exchange drawn on a bank payable on demand.)具体而言,支票是银行存款客户向自己开有账户的银行签发的、授权该银行即期对一个特定人或其指定人或来人无条件支付一定金额的书面命令。(A cheque is an unconditional order in writing addressed by the customer to a bank signed by that customer authorizing the bank to pay on demand a sum certain in money to or to the order of a specified person or to bearer.)

中国票据法的定义是:支票是出票人签发的,委托办理支票存款业务的银行或者其他金融机构在见票时无条件支付确定的金额给收款人或者持票人的票据。

2. 支票的必要项目包括哪些?

日内瓦统一票据法规定,支票必须记载以下项目:
(1)"支票"字样;
(2)无条件支付一定金额的命令;
(3)付款银行名称和地点;
(4)"即期"字样(未写明者,仍视为见票即付);
(5)出票日期、地点(未写明者,以出票人所在地为出票地点);
(6)收款人或其指定人;
(7)出票人的名称和签字。

中国票据法规定,支票必须记载以下事项:
(1)表明"支票"的字样;
(2)无条件支付的委托;
(3)确定的金额;
(4)付款人名称;
(5)出票日期;
(6)出票人签章。

以上内容缺一不可,否则,支票无效。

3. 什么是记名支票和不记名支票?

记名支票是指在支票收款人一栏内写明收款人姓名的支票。如"付 A 或其指定人"(cheque payable to A or order)。

不记名支票又叫空白支票,是指在支票收款人一栏内不记载收款人姓名,只写"付来人"的支票,如"cheque payable to bearer"。这种支票凭交付即可转让。

4. 什么是划线支票和不划线支票?

划线支票(crossed check)是指在支票正面划两条平行线的支票。划线支票只能通过银行转账,不能提现。一般由出票人和持票人划线。

不划线支票即一般支票,是指持票人可通过银行转账,也可提取现金的支票。

5. 支票为什么要划线?

给支票划线可以防止支票丢失或被偷窃而被人冒领票款。因为划线支票只能转账,记名支票如已划线,冒领者没有在银行开户,很难找到一个开户人帮他收取票款;即使有开户人愿意替冒领者代收票款并存入其账户,也容易通过追踪代收行查出这个开户人,追回票款。

6. 什么是普通划线? 有几种形式?

普通划线又称一般划线(general crossing),是指在两条平行线中间不注明收款银行名称的划线。这种划线支票,任何一家银行都可以代收票款转账。常见的普通划线有以下 4 种。

(1)在支票上只划两条平行线,中间无任何加注。

(2)在平行线中加注"不可流通"(not negotiable)字样。意指不要转让,如转让,受让人的权利不得优于前手转让人。

以上两种划线支票可由持票人委托任何银行收取票款。

(3)在平行线中加注"记入收款人账户"(ACCOUNT PAYEE 或 A/C Payee)字样。

(4)在平行线中同时加注"不可流通,记入收款人账户"(NOT NEGOTIABLE ACCOUNT PAYEE)字样。

以上两种划线支票,一般只能由支票收款人委托其往来银行收款并转入其账户。持票人如果不是银行业者,应将支票存入一家银行的账户,委托该银行代为收款。

7. 什么是特别划线?

特别划线是指在两条平行线中写明具体收款银行名称的划线,表明票款只能转账付给写明的这家银行,不能委托其他任何银行收账。

特别划线支票的付款银行,如将票款付给非划线记载的指定银行,应对真正所有人负由此发生损失的赔偿责任,赔偿金额以支票金额为限。

8. 什么是保付支票?

保付支票(certified cheque)是指付款行在支票上加盖"保付"戳记并签字的支票。保付行对保付支票承担绝对的付款责任。

9. 什么是空头支票?

空头支票(rubber check)是指出票人签发的支票票面金额,超过其在付款银行存款的余额或透支限额而不能生效的支票。

10. 什么是银行支票?

银行支票(banker's cheque)是指由一家银行签发的,命令另一家银行向收款人付款的支票。银行支票的出票人、付款人都是银行。

11. 在什么情况下,支票的付款银行可以对支票止付?

对以下三种情况,支票的付款银行可对支票止付(countermand):
(1)付款取消或停止付款;
(2)有关存款人死亡、破产;
(3)空头支票。

12. 支票与汇票有什么不同之处?

虽然支票是汇票的一种,与汇票有许多共同之处,但是,如表10-2所示支票在许多方面又不同于汇票。

表 10-2 支票与汇票的差异对比表

区别点	支票	汇票
出票人资格及条件	必须是银行的存款客户;与存款银行签订使用支票的协议;必须使用存款银行统一印制的支票	无限制
付款人(受票人)	限于开户银行	银行、企业或个人
票据性质	付款授权书	付款命令或委托书
付款期限	即期	即期或远期
承兑行为	无需承兑	远期汇票需承兑
主债务人	出票人	承兑前是出票人,承兑后是承兑人
保付行为	可由受票行保付(certified)	无保付,可由第三方担保(guaranteed)
止付行为	可以止付	不可以止付,承兑人必须付款
能否划线	可以划线	无划线
份数	只能开出一张	可以开出一套

知识链接

知识链接 10-1 国际结算主要法规目录

随着国际经济与科学技术的发展,贸易与非贸易结算规则不断增加、日趋完善。现将适用规则列明如下:1992年的《见索即付保函统一规则》(国际商会出版物第458号);

1992年的《多式运输单据规则》(国际商会出版物第481号);

1993 年修订的《跟单信用证统一惯例》(国际商会出版物第 500 号);
1995 年修订的《托收统一规则》(国际商会出版物第 522 号);
1996 年的《信用证项下银行间偿付统一规则》(国际商会出版物第 525 号);
1998 年的《国际备用证惯例(ISP98)》(国际商会出版物第 590 号);
1999 年修订的《2000 年国际贸易术语解释通则》(国际商会出版物第 560 号);
2000 年国际保理商联合会制定的《国际保理业务惯例规则》;
2002 年的《跟单信用证统一惯例(UCP500)关于电子交单的附则(eUCP)》;
2002 年的《关于 UCP500 等的意见汇编》(国际商会出版物第 632 号);
2003 年的《跟单信用证项下审核单据的国际标准银行实务》(国际商会出版物第 645 号);
2007 年修订的《跟单信用证统一惯例》(国际商会出版物第 600 号,简称 UCP600,2007 年 7 月 1 日起实施);
2007 年修订的《跟单信用证统一惯例(UCP600)关于电子交单的附则(eUCP 1.1 版)》;
2007 年修订的《审核跟单信用证项下单据的国际标准银行实务(ISBP)》(国际商会出版物第 681 号);
2008 年修订的《跟单信用证项下银行间偿付统一规则》(国际商会出版物第 725 号);
2010 年修订、2011 年 1 月 1 日生效的《2010 年国际贸易术语解释通则》;
2010 年修订的《见索即付保函统一规则(URDG)》(国际商会出版物第 758 号,2010 年 7 月 1 日起实施);
1995 年制定、2004 年修订的《中华人民共和国票据法》。

知识链接 10-2　国际结算票据的归类和比较

票据的归类关系结构,可参考图 10-1;表 10-3 所示为国际结算票据的归类和比较。

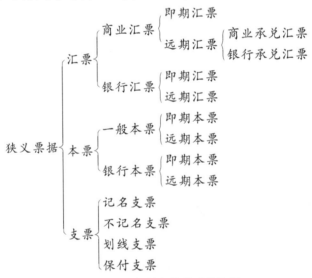

图 10-1　票据的归类关系结构图

表 10-3 国际结算票据的归类和比较

区别	汇票	本票	支票
性质	无条件支付命令	无条件支付承诺	无条件支付命令
当事人	出票人、付款人、收款人	出票人、收款人	出票人、银行、收款人
用途	结算和融资	结算和融资	支付结算
资金关系	不要求预先有资金关系	出票人即付款人,无资金关系	预先有存款关系
票据行为	一式两份或多张	一张	一张
票据行为	出票、背书、承兑,且以上环节均可保证	出票、背书、第三者作保证	出票、背书
主债务人	承兑前的出票人,承兑后的承兑人	出票人	出票人
付款责任	承兑人担保付款	出票人即付款人	出票人担保付款
提示和承兑	远期汇票必须提示和承兑	不需要提示和承兑	即期付款,不需要提示和承兑
追索权	对出票人、背书人、承兑人均可追索	对出票人追索	对出票人追索

第十一章
国际结算方式

国际结算所要研究的一个重要内容就是通过比较分析不同结算方式的风险特征,寻找出一条较为高效、安全、低成本的国际结算途径。通过本章内容的学习,你应该能够:

- 了解汇款、托收、信用证、银行保函、国际保理等结算方式的业务流程；
- 掌握汇款、托收、信用证、银行保函、国际保理等结算方式的风险属性。

关键概念

汇款、逆汇、电汇、票汇、拨头寸、托收、跟单托收、付款交单、承兑交单、信用证、保兑信用证、议付、备用信用证、银行保函、投标保函、国际保理、福费廷

引导型问题

1. 信用证申请人接到货到通知后到目的港码头验货，发现货物质量与合同规定不符，于是要求开证行拒绝对外付款。开证行审单后确认交单相符，因此婉拒申请人的要求。开证行的做法是否正确？为什么？

2. 一出口商对进口商拟开信用证的开证行资信感觉不够可靠，为了保证安全收到货款，出口商愿意承担有关费用，你建议进出口双方采用哪一种信用证结算，为什么？

第一节 汇款结算

通过本节的学习，掌握汇款的定义和汇款的当事人，熟悉电汇、票汇方式及汇款头寸的偿付方法，了解信汇方式，熟悉国际贸易中使用的主要汇款方式。

1. 什么是国际结算方式？

国际结算方式又称支付方式，在购销合同中叫做支付条件，通常是指全套单据与货款对流的形式。

2. 什么是汇款？

汇款（remittance）又称汇付，是指银行（汇出行）应汇款人（债务人）的要求，以一定的方式将款项通过国外联行或代理行交付收款人（债权人）的一种结算方式。

3. 什么是顺汇？

顺汇是指结算工具的传递方向与汇款资金的流向相同的结算方式。

4. 什么是逆汇？

逆汇又称出票法，是指结算工具的传递方向与汇款资金的流向相反的结算方式，即由收款人（债权人）开出汇票，交托当地银行，当地银行再通过其在汇票付款人居住地就近的分支行或代理行向付款人（债务人）收取汇票上所列款项的支付方式。

5. 什么是汇款方式的基本流程？

图 11-1 说明了汇款业务的基本流程。

在汇款业务中，汇款人先将款项交当地的银行，委托其将款项付给收款人，汇出行接受委托后，再委托收款人所在地的代理行，请其将款项付给收款人。

```
汇款人 → 汇出行 → 汇入行 → 收款人
```

图 11-1　汇款业务基本流程

6. 汇款属于顺汇结算方式还是属于逆汇结算方式？

由于在汇款方式中，结算工具的传递方向与汇款资金的流向相同，因此汇款属于顺汇结算方式。

7. 汇款结算方式中的基本当事人有哪些？

汇款结算方式中的基本当事人有以下四个。

(1) 汇款人(remitter)：即付款人，是将款项交银行申请汇款的人或被借记的客户，通常是进口商。

(2) 汇出行(remitting bank)：是接受汇款人委托汇出款项的银行。

(3) 汇入行或解付行(paying bank)：是接受汇出行委托，向收款人解付款项的银行。

(4) 收款人(beneficiary or payee)：是收取款项或被贷记的客户，通常是出口方或债权人。

8. 汇款结算方式中的汇款人、汇出行、汇入行、收款人之间存在怎样的关系？

四个汇款基本当事人之间的关系如下。

(1) 在贸易汇款中，汇款人与收款人之间的关系表现为债权债务关系；在非贸易汇款中，由于资金是单方面转移，汇、收双方表现为资金提供与接受的关系。

(2) 汇款人与汇出行之间是委托与被委托的关系。

(3) 汇出行与汇入行之间既有代理关系又有委托与被委托的关系。

(4) 收款人与汇入行之间通常表现为账户往来关系，即收款人在汇入行开有存款账户。此外，它们两者也可以没有关系，汇入行只向收款人解付该笔汇款。

9. 办理汇款业务时，各当事人应承担哪些责任和义务？

办理汇款业务时汇款人需向汇出行提交汇款申请书。这是汇款人和汇出行之间的一种契约。汇出行一经接受申请就有义务按照汇款申请书的指示通知汇入行。汇出行与汇入行之间事先订有代理合同，在代理合同规定的范围内，汇入行对汇出行承担解付汇款的义务。

10. 汇款方式的种类有哪些？其中目前实务中最常用的是哪一种？

汇款方式有三种：电汇(telegraphic transfer, T/T)、票汇(remittance by bankers' demand draft, D/D)和信汇(mail transfer, M/T)。其中使用最多的是电汇，其最大优点是资金调拨快而安全。

11. 什么是电汇？其主要特点是什么？

电汇是汇出行应汇款人的申请，以加押电讯方式指示汇入行解付一定金额给收款人的一种汇款方式。电汇经历了从电传、电报和SWIFT通讯方式的演变过程。现在，电汇是使用最多的一种汇款方式，其中又以SWIFT方式最为普遍。现行电汇的主要特点是：资金划拨快而安全，费用低。

12. 电汇的基本流程是怎样的？

电汇的基本流程参见图 11-2。

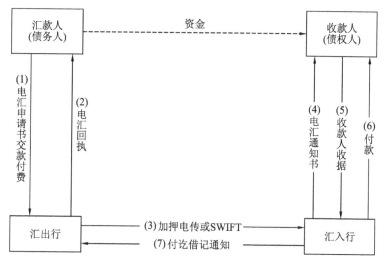

图 11-2　电汇业务流程示意图

说明：
(1)汇款人填写汇款申请书，申请书上选择电汇方式，然后交款付费给汇出行；
(2)汇出行收妥汇款资金及手续费后，将申请书第二联作为电汇回执退还汇款人；
(3)汇出行通过加押电传或 SWIFT 等电讯方式向汇入行发出电汇委托书；
(4)汇入行收到汇款电文后，核对密押，如密押正确无误，则缮制电汇通知书，通知收款人收款；
(5)收款人收到汇款通知书后在收据联上盖章，交汇入行；
(6)汇入行借记汇出行账户，取出头寸，解付汇款给收款人；
(7)汇入行将付讫借记通知书发/寄给汇出行，通知它汇款解付完毕。

13. 什么是信汇？其主要特点是什么？

信汇是汇款人委托汇出行将信汇委托书邮寄(一般是航空邮寄)给汇入行，授权其解付一定金额给收款人的一种汇款方式。信汇委托书一般不加密押，只凭签字核对无误即可解付。其特点是不发电报，费用低廉，但收款时间较长，适用于小额、一般汇款使用。

14. 信汇的结算流程是如何进行的？

信汇的结算流程可参看图 11-2。

15. 什么是票汇？其主要特点是什么？

票汇是汇出行应汇款人的要求，代汇款人开立以汇出行的境外分行或代理行为付款行的银行即期汇票交给汇款人，由汇款人自寄或自带给国外收款人，由收款人凭其向付款行领取款项的汇款方式。

票汇的主要特点是：
(1)取款灵活，持票人可以在有效期内在任一工作日到任何一家汇出行的代理行取款；
(2)付款行无须通知收款人取款，收款人持票自己到解付行取款；
(3)自行携带或寄给收款人；
(4)可代替现金流通，票汇中的汇票经收款人背书后，可以在市场上流通转让。

16. 票汇的基本流程是怎样的？

票汇的基本流程参如图11-3所示，具体说明如下：

(1) 汇款人填写汇款申请书，申请书上选择票汇方式，然后交款付费给汇出行；

(2) 汇出行作为出票行，开立银行即期汇票交给汇款人；

(3) 汇款人将汇票寄给收款人；

(4) 汇出行将汇款通知书(又称票根，即汇票一式五联中的第二联)寄汇入行，凭此与收款人提交的汇票正本核对(现在银行为简化手续，汇出行已经不寄汇款通知书了，汇票由一式五联改为一式四联)；

(5) 收款人向汇入行提示银行即期汇票要求付款；

(6) 汇入行借记汇出行账户，取出头寸，凭票解付汇款给收款人；

(7) 汇入行将付讫借记通知书发/寄给汇出行，通知它汇款解付完毕。

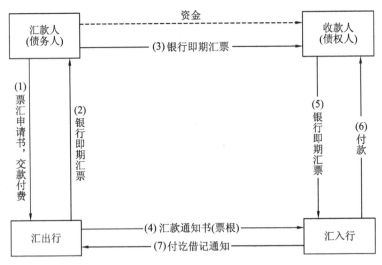

图11-3 票汇业务流程示意图

17. 什么是中心汇票？

中心汇票是指汇出行开出的以汇票票面货币的清算中心所在地的银行为付款行的即期银行汇票。例如一张汇票的金额是以美元表示的，而美元的清算中心在纽约，则应选择纽约的一家银行为汇票付款行。该汇票即为美元中心汇票。以此类推，一张在伦敦付款的英镑汇票为英镑中心汇票，一张在东京付款的日元汇票为日元中心汇票。中心汇票上的付款行一般是出票行在各货币清算中心的联行或代理行。

18. 中心汇票有什么特点？

中心汇票的特点有：

(1) 付款地点和币别配套对口；

(2) 汇入行是汇出行的开设中心账户的银行；

(3) 票面没有拨头寸的指示。

19. 中心汇票有什么优点？

中心汇票的优点有：

(1)中心汇票的流通性较强,方便银行客户,收款人收到中心汇票后,可以通过他的往来银行托收票款,或就地出售,或背书转让他人,也可要求银行买入该票;

(2)采用中心汇票汇款可以不占用汇出行资金;

(3)手续简便。

因此,在票汇项下大多采用中心汇票方式汇款。

20. 什么是汇款头寸的偿付?

汇款头寸的偿付(reimbursement of remittance cover)俗称拨头寸,是指在办理汇款业务时,汇出行及时将汇款金额拨交给委托解付汇款的汇入行的行为。此处所指头寸指资金或款项。

21. 常见的头寸调拨方法有哪些?

根据汇出行和汇入行(解付行)账户的开设情况,头寸调拨的方法有:

(1)主动贷记;

(2)授权借记;

(3)共同账户行转账;

(4)各自账户行转账。

22. 什么是主动贷记的头寸调拨方法?

主动贷记是指如汇入行在汇出行开有账户,则汇出行在汇款时主动贷记汇入行的账户。支付委托书的偿付指示表述为:In cover, we have credited your A/C with us.

汇入行收到支付委托书,知道汇款头寸已拨入其账户,即可把汇款解付给收款人。

23. 什么是授权借记的头寸调拨方法?

授权借记是指如汇出行在汇入行开有账户,则授权汇入行借记汇出行的账户。支付委托书的偿付指示表述为:In cover, please debit our A/C with you. 或 In cover, we authorized you to debit our A/C with you.

汇入行收到支付委托书,即可借记汇出行账户,把汇款解付给收款人,并发借记报单通知汇出行。

24. 什么是共同账户行转账的头寸调拨方法?

共同账户行转账是指汇出行与汇入行相互之间没有往来账户,但在同一代理行开立有往来账户时,为了偿付款项,汇出行汇款时主动授权该代理行借记汇出行账户并同时贷记汇入行账户。汇出行发给汇入行的支付委托书的偿付指示表述为:In cover/reimbursement, we have authorized xxx Bank (Reimbursement Bank) to debit our A/C and credit your A/C with them.

此外,汇出行还要向该共同账户行发出银行转账通知书,要求其先借记汇出行账户,然后贷记汇入行账户。

汇入行收到汇出行的电汇拨头寸指示和共同账户行的头寸贷记报单时,即可把汇款解付给收款人。

25. 什么是各自账户行转账的头寸调拨方法?

各自账户行转账是指如果汇出行和汇入行之间没有共同账户行,但它们各自的账户行之间有账户往来关系,则汇出行指示其账户行(A Bank)拨头寸给汇入行的账户行(B Bank)开立的账户。

支付委托书的偿付指示表述为:In cover, we have instructed A Bank to pay/remit the proceeds to your A/C with B Bank.

26. 什么是预付货款？

预付货款(payment in advance)又称先结后出,是指进口商先将货款的一部分或全部货款通过银行汇交出口商,出口商收到货款后,根据买卖合同的规定,立即或在一定时间内发运货物给进口商的一种汇款结算方式。

27. 预付货款的结算方式有什么风险？

预付货款要占压进口商的资金,而且进口商还要承受出口商不按合同规定装运货物的风险。因此,这种方式对进口商不利。

28. 在什么情形下适合选择预付货款方式结算？

适合选择预付货款方式结算的情形有：

(1)出口商的商品是国内外市场上的畅销商品,进口商急需这种商品以求得到货后能取得较高利润；

(2)进出口双方关系密切,有的买方是卖方在国外的联号；

(3)出口商对进口商的资信不了解,为了避免信用风险,要求进口商先行付款,以此作为成交条件；

(4)在一些特殊的交易中,出口商往往要求支付一定比例的预付货款作为定金或采用分期付款方式。如成套设备、大型机械和运输工具交易,工程承包交易,专为进口商生产的特定商品交易。

29. 在预付货款方式下,进口商如何规避出口商不按时、按质履约的风险？

为保障自身的权益,进口商可规定汇入行解付汇款的条件,如出口商取款时必须提供银行保函,由银行保证收款人如期履行交货、交单义务,否则退还已收货款,并加付利息。

30. 什么是货到付款？有几种形式？

货到付款(payment after arrival of goods)又称先出后结,是指出口商先发货,进口商收货后再付款的一种汇款结算方式。其实质是一种赊账交易,它具有延期付款(deferred payment)的性质。因此,货到付款有时称为赊销方式(sold on credit)或记账赊销(open account,O/A)。

货到付款可细分为售定和寄售两种方式。

31. 什么是售定？

售定(sold out/up)是指进口商收到货物后,按买卖双方签订的合同规定的货价和付款时间通过银行将货款汇交出口商的一种汇款结算方式。通常是货到即付或货到后若干天付款。这种特定的延期付款方式习惯上称为先出后结,因其售价事先确定,所以称为售定。

售定只适用于我国对港澳地区出口鲜活商品的贸易结算。

32. 什么是寄售？

寄售(sold on consignment)是指出口商先将货物运到国外,委托国外商人在当地市场代为销售,货物售出后,被委托人(代售人)将货款扣除佣金和其他费用后汇交出口商的汇款方式。

寄售方式一般只用于推销新产品、滞销商品或展销商品。

33. 货到付款的结算方式有什么风险?

货到付款在以下方面对卖方不利。
(1)卖方承担买方不付款的风险。因为货到付款是卖方先发货,买方后付款。
(2)卖方资金被占用。由于货款通常不能及时收回,卖方资金被占用,造成一定的损失。

第二节 托收结算

通过本节学习,理解并掌握托收结算方式的定义、当事人及基本程序,掌握跟单托收的交单条件,熟悉托收项下的资金融通方式、托收风险及其控制。

1. 什么是托收?

根据国际商会制定的《托收统一规则》(URC522),托收指银行根据收到的指示处理金融或商业单据,以便:
(1)获得付款及/或承兑,或
(2)凭付款及/或承兑交付单据,或
(3)根据其他条款和条件交付单据。

Collection means the handling by banks of documents in accordance with instructions received, in order to:

i. obtain payment and/or acceptance, or

ii. deliver documents against payment and/or against acceptance, or

iii. deliver documents on other terms and conditions.

通俗而言,托收是指出口商把单据交给出口地银行,委托其通过其在进口地的银行联行或代理行向进口商收取货款的结算方式。

2. 托收项下的单据指哪些?

托收项下的单据指金融单据和商业单据。金融单据通常指汇票、本票、支票,或其他用于取得付款的类似凭证。商业单据指发票、运输单据、物权凭证或其他类似单据,或一切不属于金融单据的其他单据。

3. 托收的主要当事人有谁?他们之间存在着怎样的关系?

托收的主要当事人如下。
(1)委托人(principal),也称出票人,一般是出口商。
(2)托收行/寄单行(remitting bank),是接受委托人的指示,代理收款的银行,通常出口商在其所在地开立账户的银行。
(3)代收行(collecting bank),是接受托收银行的委托指示,向付款人收款的进口地银行。
(4)付款人(drawee),也称受票人,通常是进口商。

以上四个当事人中,委托人与付款人之间的关系是以他们所订立的契约为基础的债权债务关系;委托人与托收行之间是委托代理关系,委托人给托收行的托收申请书(collection application)是它们之间的委托代理合同;托收行与代收行之间也是委托代理关系,依据是托收行给代收行签发的托收指示(collection instruction);代收行与付款人之间并不存在契约关系。

4. 什么是托收业务的基本流程?

托收业务的基本流程可参见图 11-4。

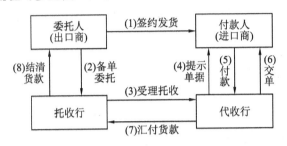

图 11-4 托收业务的基本流程

托收业务的基本流程说明如下。

(1) 签约发货。进出口双方签订销售合同,规定以托收方式支付货款,指定代收行,列明要求的单据;出口商(委托人)按合同规定向进口商(付款人)发货,取得提单。

(2) 备单委托。出口商按合同规定备齐单据、开立汇票,填写托收申请书,连同单据一并交托收行,委托其代收货款。

(3) 受理托收。托收行接受委托后,根据托收申请书缮制托收指示,连同汇票和商业单据一并寄发给代收行,委托其代为收款。

(4) 提示单据。代收行(或提示行)向进口商提示单据,要求其付款或承兑。

(5) 付款。进口商收到代收行的代收通知后,即到银行验单,确认无误后,付款赎单(D/P)或承兑汇票赎单(D/A),凭货运单据提货。

(6) 交单。进口商付款或承兑后,代收行即把单据交给进口商。

(7) 汇付货款。代收行收款后根据托收行的指示汇出货款,通常是贷记托收行账户,之后向托收行发出货款收妥贷记通知。

(8) 结清货款。托收行收款后将货款付给出口商,通常是托收行将货款贷记出口商账户。

5. 什么是光票托收?

光票托收(clean collection)是指未附带有商业单据的金融单据托收。光票托收一般用于货款尾数、贸易从属费用和非贸易款项的收款。

6. 什么是跟单托收?

跟单托收(documentary collection)指以下两种托收:

(1) 附带有商业单据的金融单据托收;

(2) 未附带有金融单据的商业单据托收。

7. 跟单托收项下商业单据的交付条件有哪些?

跟单托收项下商业单据的交付有以下两种条件。

(1) 付款交单(documents against payment,D/P),指代收行必须在进口商付清货款后,才能把货运单据交给进口商。

付款交单的特点是进口商先付款,代收行后交单,付款前出口商仍对货物有支配权,因此,风险较小。

(2)承兑交单(documents against acceptance,D/A),指代收行在进口商对远期付款汇票做出承兑后,便可把货运单据交给进口商。付款人在承兑的汇票到期时才付款。这种交单条件下,进口商先提货后付款,出口商无法控制物权,因此,对于出口商而言,具有一定的风险。

8. 跟单托收项下承兑交单的基本流程是怎样的?

跟单托收项下承兑交单的基本流程参见图 11-5。

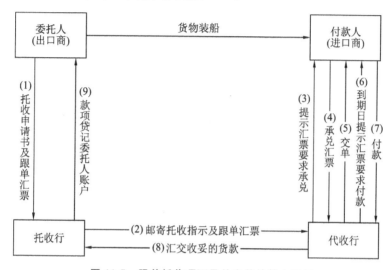

图 11-5　跟单托收项下承兑交单的基本流程

说明:

(1)出口商发货后备齐单据、开立汇票,填写托收申请书,连同单据一并交托收行,委托其代收货款;

(2)托收行接受委托后,根据托收申请书缮制托收指示,连同远期汇票和商业单据一并寄给代收行,委托其代为收款;

(3)代收行收到单据后,向进口商提示汇票,要求其承兑;

(4)进口商收到代收行的代收通知后,即到银行验单,确认无误后,承兑汇票赎单;

(5)进口商承兑后,代收行把单据交给进口商,让其凭单取货;

(6)代收行在承兑汇票到期时向进口商提示汇票要求其付款;

(7)进口商按要求将货款支付给代收行;

(8)代收行收款后根据托收行的指示汇出货款,通常是贷记托收行账户,之后向托收行发出货款收妥贷记通知;

(9)托收行把收到的货款付给出口商,通常是贷记出口商开在托收行的银行账户。

9. 什么是付款交单项下凭信托收据借单?

付款交单项下凭信托收据借单是指进口商如想在付款以前先行提货,可以开立信托收据(trust receipt)交给代收行,凭此借出单据,以便提货出售,取得货款后偿还代收行,换回信托收据。这种做法叫做"见票后若干天付款交单,以开出信托收据换取单据"(简称 D/P,T/R)。

10. 付款交单项下凭信托收据借单的基本流程是怎样的？

付款交单项下凭信托收据借单的基本流程可参见图 11-6。

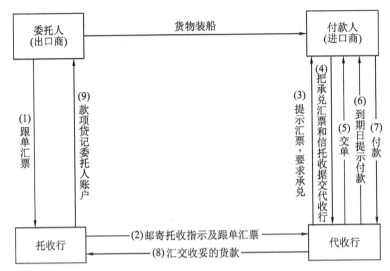

图 11-6 付款交单项下凭信托收据借单流程示意图

说明：

(1) 出口商开立以进口商为付款人的跟单汇票，填写托收申请书，连同单据一并交托收行，委托其代收货款；

(2) 托收行接受委托后，根据托收申请书缮制托收指示，连同远期汇票和商业单据一并寄给代收行，委托其代为收款；

(3) 代收行收到单据后，向进口商提示汇票，要求其承兑；

(4) 进口商承兑汇票并开出信托收据一并交给代收行；

(5) 代收行把单据交给进口商，让其凭单提货；

(6) 代收行在承兑汇票到期时向进口商提示汇票和信托收据要求其付款；

(7) 进口商按要求将货款支付给代收行，换回信托收据；

(8) 代收行收款后根据托收行的指示汇出货款，通常是贷记托收行账户，之后向托收行发出货款收妥贷记通知；

(9) 托收行把收到的货款付给出口商，通常是贷记出口商开在托收行的银行账户。

11. 托收方式中，出口商面临的风险有哪些？

托收中进口商也面临着付款或承兑后凭单提到的货物与合同不符或者货物为次货、假货的风险；但相对而言，出口商的风险更大。概括起来，出口商面临的风险主要有信用风险、国家风险、货物风险和惯例风险。

(1) 信用风险。进口商拒付货款。一是货物发运后，如进口地货价下跌，进口商可能借货物规格不符合要求或包装不良等原因，要求降价，否则不愿承兑或付款赎单。二是进口商因破产或倒闭而无力支付货款。

(2) 国家风险。由于进口国政治或经济等原因导致进口政策变化，进口商无法领到进口许可证或申请不到进口所需外汇，以致货物抵达进口地时，无法进口或进口商没有外汇付款。

(3) 货物风险。主要指自然灾害和意外事故造成货物的损坏与灭失。

(4)惯例风险。一些地区,如拉美地区习惯上把远期付款交单按承兑交单方式对待,即进口商承兑远期汇票后,就立即交单给进口商。这种情况下,出口商面临着财货两空的风险。

12. 托收方式中,出口商如何防范所面临的风险?

为了防范托收过程中的风险,确保按时收回货款,出口商应重点注意以下事项。

(1)做好资信调查。一是深入全面多渠道地调查进口商的资信及经营作风,选择资信较好、有付款能力的客户。二是了解代收行的资信,避免代收行在进口商未付款的情况下,交单给其客户。

(2)了解进口国的有关情况。在与进口商签订销售合同前,出口商要了解进口国的政局、贸易法令、外汇管理条例和银行的习惯做法,以免影响按时收汇。

(3)争取 CIF 或 CIP 价格条件成交。因为选择 CIF 或 CIP 价格条件,出口货物的保险由卖方负责办理。万一货物出险,又遇买方拒付,卖方可向保险公司索赔,以减少损失。

(4)办理出口信用保险。出口信用保险可将进口商的信用风险转由保险公司承担。但其费率较高,可权衡利弊后做出选择。

(5)做好应急准备。如预先在进口国选好需要时的代理人,以便出现拒付时,代理人能妥善处理货物的仓储、保险、转售或运回等手续。

13. 托收方式下,银行如何对进出口商融资?

托收方式下,托收行可对出口商融资,代收行可对进口商融资。

14. 托收方式下,托收行如何对出口商融资?

托收行对出口商提供的融资方式有出口托收押汇和贷款。

(1)出口托收押汇。出口托收押汇(collection bills purchased),又称议付(negotiation),是指托收银行有追索权地向出口商购买跟单汇票或全套货权单据的行为。出口商在委托银行办理货款托收时,在货款收回前,要求托收行先预支部分或全部货款,待托收款项收妥后再归还银行预付款。托收行通常按照货款金额扣除从议付日到估计收款日的押汇利息及银行费用后,将净额支付给出口商。

出口托收押汇一般是原币(即托收使用的货币)入收款人账,若收款人无外汇账户,则可兑换(结汇)成人民币使用。

(2)贷款。托收项下贷款(advance against collection)是指出口商在流动资金不足的情况下可以要求托收行发放低于托收金额的贷款,待其到期日还贷。这种贷款相当于部分货款作押汇。

15. 托收方式下,代收行如何对进口商融资?

托收项下银行对进口商提供的融资主要是进口托收押汇。

进口托收押汇又称信托收据(trust receipt,T/R)融资,这是代收行给进口商提供的一种融资方式,指代收行在收到出口商通过托收行寄来的全套托收单据后,根据进口商提交的押汇申请、信托收据以及代收行与进口商签订的进口托收押汇协议,先行对外支付并放单,进口商凭单提货,用销售所得的货款归还代收行押汇本息,赎回信托收据。

第三节　信用证结算

通过本节学习,理解并掌握信用证的定义、特点,掌握信用证基本当事人及其权利和义务,熟悉信用证业务的基本操作程序,熟悉常用的信用证种类,了解信用证的内容和信用证的作用。

1. 什么是信用证?

UCP600 对信用证的定义:信用证指一项不可撤销的约定,无论其如何命名或描述,该约定构成开证行对相符交单予以承付的确定承诺。

Credit means any arrangement, however named or described, that is irrevocable and thereby constitutes a definite undertaking of the issuing bank to honour a complying presentation.

简单而言,信用证就是银行有条件付款的书面承诺。只要受益人提交的单据符合信用证的规定,开证行就必须付款。因此,信用证结算方式的信用性质属于银行信用。

2. 信用证项下开证行的付款方式有几种?

根据 UCP600 第 2 条的规定,开证行可以根据信用证的类型采取以下三种方式付款:
(1)如果信用证是即期付款信用证,则即期付款;
(2)如果信用证是延期付款信用证,则做出延期付款承诺并在到期日付款;
(3)如果信用证为承兑信用证,则承兑受益人开出的汇票并在汇票到期日付款。

3. 信用证具有哪些特点?

信用证具有以下特点。
(1)开证行承担第一性付款责任。
只要相符交单,开证银行就必须独立承担对受益人首先付款的责任。
(2)信用证是一种独立文件,与销售合同分离。
虽然信用证是依据销售合同开立的,但是一经开立就不再受销售合同的约束。
UCP600 第 4 条 a 款规定:就其性质而言,信用证是独立于可能作为其依据的销售合同或其他合同的交易。即使信用证中涉及该合同,银行也与该合同完全无关,且不受其约束。因此,一家银行作出兑付、议付或履行信用证项下其他义务的承诺,并不受申请人与开证行之间或与受益人之间的关系产生的索偿或抗辩的约束。
受益人在任何情况下,不得利用存在于银行之间或申请人与开证行之间的契约关系。
(3)信用证结算是一种纯粹的单据业务。
在信用证业务中,银行处理的只是单据,而非货物、服务或履约行为。对于出口商所提交货物的实际情况是否符合贸易合同,能否安全、如期到达目的地等均不负责,也不受贸易合同争议的影响。对于单据的真伪、单据在传递过程中的丢失,银行也不负责任。
UCP600 第 5 条规定:银行处理的是单据,而不是与单据可能涉及的货物、服务或履约行为。

4. 信用证对进出口双方有什么作用?

信用证对进出口双方的作用主要表现在以下两个方面。

(1)信用证提供银行保证,消除买卖双方互不信任的疑虑。

信用证可以保证进口商在支付货款时取得代表货物所有权的单据,而且还可以通过信用证的条款,保证其按质、按量、按时收到货物。

对于出口商来说,信用证可以保证出口商在履约交货后,只要提交符合信用证条款规定的单据,就能收到货款。即使进口国实施外汇管制,也可以保证凭单收到外汇。

(2)为进出口双方提供融资。

对于进口商来说,开证行可以为其提供开证授信,根据银行评估的信用评级,进口商申请开立信用证时,不需要向银行缴纳开证金额,或者只需缴纳一定比例的保证金。此外,进口商还可以向开证行申请进口押汇、提货担保等融资服务。

对于出口商来说,出口商可以在装船前,凭信用证向出口地银行申请打包放款,进行装船前的融资;也可以在货物装运后,凭信用证所需单据向出口地银行申请做出口押汇(即议付款项),取得全部货款。

5. 信用证项下有哪些主要当事人?

通常,一笔信用证业务涉及四个基本当事人:开证申请人(applicant)、开证行(issuing bank)、通知行(advising bank)和受益人(beneficiary)。有些信用证还可能出现议付行(negotiating bank)、保兑行(confirming bank)、偿付行(reimbursing bank)、付款行(paying bank)、承兑行和转让行等。

6. 什么是开证申请人? 开证申请人有什么权利与义务?

开证申请人是指向一家银行发出开立信用证申请的一方,在国际贸易中通常是进口商或中间商。

开证申请人的义务:根据销售合同的内容,在规定的期限内向银行申请开证,并在申请书中作出合理的开证指示;开证时要向开证行缴纳开证费,必要时提供开证担保;偿付开证行代付的款项。

开证申请人的权利:申请人享有审单和退单的权利,以获得合格的单据;如果受益人提交的单据不符合信用证的规定,申请人有权拒付货款。

7. 什么是开证行? 开证行有什么权利与义务?

开证行是指应申请人要求或代表其自身开立信用证的银行。

开证行的义务:严格按照申请书的指示及时开立和修改信用证;必须根据单据审核交单是否相符,且应在收到单据次日起5个银行工作日内审核;对相符交单承担第一性的、无追索权的付款责任。

开证行的权利:向申请人收取开证费用及开证保证金;有权拒付不符合信用证规定的交单;开证行付款后,如果进口商无力付款赎单,开证行有权处理单据和货物。如果出售货物所得货款不足以抵偿其垫款,开证行仍有权向进口商追索不足部分。

8. 什么是通知行? 通知行有什么权利与义务?

通知行是指应开证行要求通知信用证的银行。通知行一般是开证行在受益人所在地的代理行。

通知行的义务：验明信用证或修改的表面真实性，并及时通知受益人。如果通知行不能确定信用证、修改或通知的表面真实性，就必须毫不延误地告知向其发出该指示的银行；如果通知行或第二通知行仍决定通知未能核实的信用证或修改，则必须告知受益人或第二通知行该信用证、修改或通知的表面真实性未能核实。

如果通知行决定不通知信用证或修改，它必须毫不延误地通知向其发送信用证、修改或通知的银行。通知行没有义务对受益人进行议付或支付货款。

通知行的权利：可以向开证行收取信用证或修改的通知费。

9. 什么是受益人？受益人有什么权利与义务？

受益人是指信用证中受益的一方。受益人一般是出口商或最终的供货商。

受益人的义务：收到信用证后，应及时仔细对照销售合同条款核对信用证的内容，审核信用证条款是否可以履行。接受信用证后，在规定的装运期内装货，并在信用证有效期内按照规定期限提交规定的相符单据。

受益人的权利：经过核对后，如果发现信用证条款与贸易合同条款不相符或者无法履行，有权要求进口商通过开证行修改信用证，或者拒绝接受信用证。可凭相符交单向议付行申请议付单据，也可向开证行、保兑行、偿付行、代付行或其他指定付款银行请求交单付款。交单时如遇开证行倒闭，受益人有权向进口商提出付款要求。

10. 什么是议付行？议付行有什么权利与义务？

议付行是指购买相符提示项下的汇票及/或单据的银行。议付行通常是通知行或受益人的往来银行。

议付行的义务：在受益人提交满足"单证相符、单单相符"的单据时，对议付信用证先行给予垫款。

议付行的权利：在对受益人支付垫款之后，有权凭符合信用证条款的单据向开证行、保兑行、代付行或偿付行索回垫款；可以要求受益人将货权作质押，议付行有权处理单据，甚至变卖货物；有向受益人追索垫款的权利。

11. 什么是保兑行？保兑行有什么权利与义务？

保兑行是指根据开证行的授权或请求对信用证加具保兑的银行。保兑行一般是出口地信誉良好的银行。

保兑行的义务：对信用证必须承担独立的付款或议付责任，并且其付款责任和开证行的一样，也是终局性的，即对受益人或其他交单银行付款后，就不能再向其行使追索权，只能向开证行索偿。

保兑行的权利：被开证行授权或要求对信用证加具保兑的银行有权不予照办，但它必须毫不延误地通知开证行，并可通知此信用证而不加保兑。

12. 什么是偿付行？偿付行有什么权利与义务？

偿付行是指根据开证行的授权对索偿银行（议付行、保兑行或其他指定银行）进行偿付的银行。偿付行一般是在信用证结算货币清算中心的联行或代理行，主要是为了头寸调拨的便利。

偿付行的义务：偿付行收到索偿书（reimbursement claim）后，与开证行的偿付授权书

(reimbursement authorization)进行核对无误后,立即向索偿银行付款。

偿付行的权利:偿付行不接受和审核单据,不与受益人发生联系,因此,偿付行对索偿银行的付款,不能视为开证行的付款。当开证行收到单据发现与信用证条款不符时,不能向偿付行追索,只能向索偿银行追回已付款项。

13. 什么是付款行？付款行有什么权利与义务？

付款行是指经开证行授权代其对信用证付款的银行,因此也称代付行。通常付款行就是开证行,也可是开证行指定的另一家银行,这家指定行一般是通知行。

付款行的义务:付款行付款后无追索权,不得再向受益人追索,只能向开证行索偿。

付款行的权利:如果开证行资信较差,付款行有权拒绝代为付款。

14. 信用证的主要内容有哪些？

以下跟单信用证 MT700 格式包括了信用证的主要内容。

Format MT700 Issue of a Documentary Credit

Status	Tag	Field Name	Content/Options	No.
M	27	Sequence of Total 报文页次	1n/1n	1
M	40A	Form of Documentary Credit 跟单信用证形式	24x	2
M	20	Documentary Credit Number 跟单信用证号码	16x	3
O	23	Reference to Pre-Advice 预通知参考号	16x	4
O	31C	Date of Issue 开证日期	6!n	5
M	40E	Applicable Rules 适用用规则	30x[/35x]	6
M	31D	Date and Place of Expiry 有效日期与地点	6!n29x	7
O	51a	Applicant Bank 申请行	A or D	8
M	50	Applicant 申请人	4*35x	9
M	59	Beneficiary 受益人	[/34x] 4*35x	10
M	32B	Currency Code, Amount 币种,金额	3!a15d	11
O	39A	Percentage Credit Amount Tolerance 信用证金额浮动幅度比例	2n/2n	12
O	39B	Maximum Credit Amount 信用证最大金额	13x	13
O	39C	Additional Amounts Covered 附加金额	4*35x	14
M	41a	Available With...By... 指定银行及兑付方式	A or D	15
O	42C	Drafts at... 汇票付款期限	3*35x	16
O	42a	Drawee 受票人	A or D	17
O	42M	Mixed Payment Details 混合付款详情	4*35x	18
O	42P	Deferred Payment Details 迟期付款详情	4*35x	19
O	43P	Partial Shipments 分装条款	35x	20
O	43T	Transshipment 转运条款	35x	21

续表

O	44A	Place of Taking in Charge/Dispatch from.../Place of Receipt 货物接收监管地/发运地/收货地	65x	22
O	44E	Port of Loading/Airport of Departure 装运港/起飞机场	65x	23
O	44F	Port of Discharge/Airport of Destination 卸货港/目的地机场	65x	24
O	44B	Place of Final Destination/For Transportation to.../Place of Delivery 最终目的地/目的港/交货地	65x	25
O	44C	Latest Date of Shipment 最迟装船日期	6!n	26
O	44D	Shipment Period 装船期限	6*65x	27
O	45A	Description of Goods and/or Services 货物及/或服务描述	100*65x	28
O	46A	Documents Required 要求的单据	100*65x	29
O	47A	Additional Conditions 附加条款	100*65x	30
O	71B	Charges 费用	6*35x	31
O	48	Period for Presentation 交单期限	4*35x	32
M	49	Confirmation Instructions 保兑指示	7!x	33
O	53a	Reimbursing Bank 偿付行	A or D	34
O	78	Instructions to the Paying/Accepting/Negotiating Bank 给付款行/承兑行/议付行的指示	12*65x	35
O	57a	'Advise Through' Bank 通知行	A,B or D	36
O	72	Sender to Receiver Information 发报行给收报行的信息	6*35x	37

15. 什么是光票信用证和跟单信用证？

光票信用证(clean/cash credit)是指凭不附带商业单据(主要指货运单据)付款的信用证。光票主要用于贸易从属费用和非贸易费用的结算。随着国际结算方式的不断演变和发展,这种信用证已经很少见到。

跟单信用证(documentary credit)是指凭附带商业单据的汇票(即跟单汇票)或仅凭商业单据付款的信用证。在国际贸易结算中使用的信用证绝大部分是跟单信用证。

16. 什么是不可撤销信用证？

不可撤销信用证(irrevocable credit)是指未经开证行、保兑行(如果有的话)以及受益人同意,既不能修改也不能撤销的已开出的信用证。这种信用证对于受益人来说是比较可靠的。

17. 什么是保兑信用证和不保兑信用证？

保兑信用证(confirmed credit)是指由开证行开出的、经另一银行(保兑行)加以保兑的信用证。保兑意指除开证行的付款承诺外,保兑行对相符交单做出兑付或议付的确定承诺。因此,保兑信用证项下,受益人可以获得双重付款保障。

没有经保兑行加保的信用证即为不保兑信用证(unconfirmed credit)。

18. 什么是即期付款信用证、延期付款信用证？

即期付款信用证(sight payment credit)是指开证行或指定的付款行收到相符交单后立即付款的信用证。这种信用证可以不需要出具汇票。

延期付款信用证(deferred payment credit)是指开证行或指定的付款行收到相符交单后若干天付款的信用证。为了避免汇票的印花税，这种信用证不要求汇票。其付款期限通常表述为：

(1) 提单日或装运日后若干天付款；
(2) 交单后若干天付款。

19. 什么是承兑信用证？

承兑信用证(acceptance credit)是指要求受益人开立以指定银行（通常是开证行）为付款人的远期汇票的一种远期信用证。这种信用证项下，指定银行对相符交单先做承兑，在承兑的汇票上确定的到期日再付款。

承兑信用证和延期付款信用证都是远期信用证。

20. 什么是议付信用证？

议付信用证(negotiation credit)是指开证行在信用证中授权其他银行为预先购买受益人提交的符合信用证规定的汇票及/或单据的信用证。除保兑行的议付外，其他议付行对受益人的议付享有追索权。

议付信用证可分为限制议付和自由议付两种。

限制议付信用证是指只能由开证行在信用证中指定的银行进行议付的信用证，受益人只能向该指定银行交单并要求议付。

自由议付信用证是指开证行没有指定特定银行为议付行，受益人可以在任何银行要求议付的信用证，通常是在出口商所在地的任何一家银行自由议付。

21. 什么是卖方远期信用证和买方远期信用证？

卖方远期信用证(seller's usance credit，俗称真远期信用证)是指卖方按照远期付款方式出口货物，开证行或付款行收到相符交单时先对远期汇票办理承兑，汇票到期时再付款，卖方持承兑的汇票办理贴现时需负担远期汇票贴现的利息和费用的信用证。

买方远期信用证(buyer's usance L/C，usance credit payable at sight，俗称假远期信用证)是指买卖双方在销售合同中约定即期付款，但买方（进口商）出于融资的需要，开证时要求受益人（卖方）签发远期汇票，开证行承诺或授权一家指定银行即期向受益人付款，远期汇票到期时进口商再向开证行付款，期间产生的贴现利息和有关费用由买方负担的信用证。

假远期信用证主要用于当进出口双方签订即期付款合同而进口商资金不足，或某些实行外汇管制的国家不允许进口商即期付款的情况。

22. 什么是可转让信用证和不可转让信用证？

根据 UCP600 第 38 条 b 款的定义，可转让信用证意指明确表明其"可以转让"的信用证。Transferable credit means a credit that specifically states it is "transferable".

根据受益人（"第一受益人"）的请求，可转让信用证可以被全部或部分地转让给其他受益人（"第二受益人"）。但是，只有银行明确同意受益人的转让范围和转让方式时，经开证行授权的指定银行才可以办理信用证的转让。可转让信用证中,转让行根据第一受益人的要求,转让的是信用证的可执行权利(即装运货物、交单取款的权利)。可转让信用证只能转让一次。

可转让信用证适用于以下情况:

(1)进口商委托国外中间商采购商品时;

(2)总公司接受国外大量订货,而实际装货由各地的分公司承担时。

不可转让信用证(non-transferable credit)是指受益人不能将信用证的执行权利转让给他人的信用证。

23.什么是背对背信用证?

背对背信用证(back to back credit)又称对背信用证,是指第一份信用证的受益人(中间商,新证的申请人)以该信用证为保证,要求该证的通知行或其他银行以该证为基础,另外开立一张内容与第一信用证相似的、以本地或第三国的实际供货人为受益人的新证,这张新证就是背对背信用证。背对背信用证的申请人是中间商。背对背信用证与第一份信用证是两份完全独立的信用证,两个开证行各自承担自己的付款责任。

背对背信用证主要用于三角贸易或转口贸易。中间商开立背对背信用证,可以用收到的第一份信用证项下的货款来支付背对背信用证开证行垫付的资金,无须向实际供货商(对背信用证的受益人)直接支付货款。

24.什么是对开信用证?

对开信用证(reciprocal L/C)是指买卖双方各自开立的以对方为受益人的两张相互依存的信用证。后开的信用证称为回证。对开信用证的特点是:第一张信用证的开证申请人和受益人,分别为第二张信用证的受益人和开证申请人;第一张信用证的通知行通常为第二张信用证的开证行;第一张信用证的开证行和通知行分别是第二张回头信用证的通知行和开证行;两张信用证的金额大致相同。

一国的出口商向另一国的进口商输出商品,同时又向其购进货物,这样可以开立对开信用证。对开信用证在我国主要用于来料加工、来件装配等补偿贸易和易货贸易中。

25.什么是循环信用证?

循环信用证(revolving credit)是指信用证的全部或部分金额被使用以后可以恢复到原金额,继续被使用,直至用完规定的使用次数或累计总金额为止的信用证。循环信用证分为按时间循环使用和按金额循环使用的信用证。如果信用证上标明循环的金额是累积(cumulative)的,第一期未用的金额可以转至下一期使用,这种信用证就叫做累积循环信用证;如果信用证上标明循环的金额是非累积(non-cumulative)的,某一期未用(或未用完)的金额不能转至下一期合并使用,这种信用证就叫做非累积循环信用证。

26.循环信用证的恢复循环方式有哪些?

循环信用证的恢复循环方式有以下三种。

(1)自动循环:每次金额使用完后,无须等待开证行通知,即可自动恢复到原金额使用。

(2)半自动循环:每次金额使用完后,在一定期限内如开证行未发出停止循环使用的通知,就可在下一期自动恢复到原金额使用。

(3)非自动循环:每次金额使用完后,必须等待开证行的通知到达后才能恢复到原金额使用。

循环信用证主要适用于大宗商品交易。进出口双方如签订长期或较长期内均衡分批交货的销售合同,使用这种信用证,买方可节省开证押金和逐单开证的手续及费用,卖方也避免了等证、催证、审证的麻烦,因而有利于买卖双方业务的开展。

27. 什么是预支信用证?

预支信用证(anticipatory credit)是指开证行应申请人要求,在信用证上加列特别条款(预支条款)授权保兑行或其他指定银行在受益人交单前向其预付全部或部分货款的信用证。这种先付款后交货的贸易方式,是进口商利用开证行的信用给予出口商的一种融资便利。

全部预支信用证项下,银行与申请人要承担较大的垫款风险,因此很少使用。通常是指部分预支信用证。

28. 部分预支信用证有哪些类型?

根据预付条件的不同,部分预支信用证又分为红条款信用证和绿条款信用证。

红条款信用证(red clause credit)是指开证行应申请人要求,在信用证中列入特别条款,授权保兑行或任何其他指定银行在受益人交单前向其预付一定比例货款的跟单信用证。为引起有关当事人关注这种信用证的特性,该条款最初用红墨水书写,因此得名红条款信用证。

绿条款信用证(green clause credit)是预支信用证的一种。信用证规定受益人可在货物出口前开具汇票和仓单作为担保向议付行申请预支垫款,因信用证中习惯将此条款打印成绿色文字而得此名。绿条款信用证的融资条件较红条款信用证严格,要求出口商须将预支资金所采购的契约货物,以银行的名义存放仓库,并将仓库单据交给银行持有,以保证该预支金额按信用证的规定使用,并受到控制以减少资金被挪用的风险。

一般而言,绿条款信用证项下预支金额数量较大,因此为明确其功能,必须在信用证中注明"绿色条款信用证"字样。出口商须向银行提供担保或抵押才能获得融资。

29. 什么情况下可使用预支信用证?

预支信用证一般用于以下情况。

(1)销售合同中的商品是市场上供不应求的紧缺商品,进口商为尽快获得该商品而采用优惠的有竞争性的支付条件。

(2)出口商资金紧缺或周转不灵,进口商可借此机会,采用预支货款的支付方式,以求压低价格。

30. 什么是跟单信用证业务的基本流程?

跟单信用证业务的基本流程可参见图11-7。

具体流程说明如下。

(1)签订销售合同。买卖双方签订销售合同,规定采用信用证方式支付货款。

(2)申请人申请开立信用证。申请人根据销售合同填制开证申请书,在合同规定的期限内向开证行申请开证。

(3)开出信用证。开证行审查申请书、申请人资信和落实开证抵押,确认符合开证条件后,及时通过电讯方式开出信用证,并请卖方所在地的一家银行(通知行)通知信用证。

(4)通知受益人。通知行收到信用证并核实其表面真实性后,向受益人通知信用证。

(5)发货备单。卖方收到信用证后,根据销售合同审核信用证,确定无误后即备货装运获取货运单据、保险单等。之后,按信用证要求缮制发票、装箱单、产地证明和装船通知等单据。

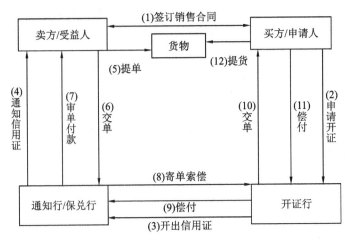

图 11-7　跟单信用证业务基本流程示意图

(6)交单。卖方把备齐的信用证要求的全套单据,在信用证规定的交单期限内,连同信用证一并交给指定银行。

(7)审单付款。有关银行根据信用证审单,如果单据符合信用证要求,银行根据信用证条款付款(付款行或保兑行)、承兑或议付。

(8)寄单索偿。接受单据付款的银行向开证行寄单索偿。如果信用证指定有偿付行,则索偿行在向开证行寄单的同时,凭索偿书直接向偿付行索偿。

(9)开证行偿付。开证行审单,如果单据符合信用证条款要求,按预定的方式对保兑行或任何其他根据信用证作出了付款、承兑或议付的指定银行进行偿付。

(10)交单给申请人。开证行审单,确认交单相符后,把单据交给申请人,要求申请人偿付。

(11)申请人偿付。申请人按预订的方式偿付开证行单据款项。

(12)申请人提货。申请人付款赎单后,向承运人或其代理人提示运输单据提货。

第四节　银行保函与备用信用证结算

通过本节学习,掌握银行保函与备用信用证的定义、作用,熟悉银行保函与备用信用证的种类,了解银行保函的内容和基本业务流程,掌握银行保函的当事人及其责任义务,理解备用信用证的性质,了解备用信用证与跟单信用证及银行保函的主要区别。

1.什么是银行保函?

银行保函(letter of guarantee,L/G)或叫银行保证书,是指商业银行根据申请人的要求向受益人开出的担保申请人正常履行合同义务的书面保证文件。它是银行有条件承担一定经济责任的契约文件。当申请人未能履行其所承诺的义务时,银行负有向受益人赔偿经济损失的责任。

2.银行保函的基本作用是什么?

银行保函有两大基本作用:第一,保证合同价款的支付;第二,保证发生合同违约时,受害方可以获得合理的补偿,并对违约责任人进行惩罚。

3. 银行保函的基本当事人是谁？其主要责任是什么？

银行保函的基本当事人是申请人、受益人和担保行。

(1) 申请人 (applicant)，又称委托人 (principal)，即向银行申请开立保函的人。申请人的主要责任是履行合同的有关义务，并在担保人履行担保责任后向担保人补偿其所作的任何付款。常见的银行保函类型及其申请人类别如表 11-1 所示。

表 11-1　银行保函类型及其申请人类别对照表

保函类型	投标保函	出口保函	进口保函	还款保函
申请人类别	投标人	供货人/卖方	付款人/买方	借款人

(2) 受益人 (beneficiary)，即接受保函并有权按保函规定的条款向担保人提出索赔的人。其责任是履行其有关的合同义务。常见的银行保函类型及其受益人类别如表 11-2 所示。

表 11-2　银行保函类型及其受益人类别对照表

保函类型	投标保函	出口保函	进口保函	工程履约保函和预付款保函	还款保函
受益人类别	招标人	付款人/买方	供货人/卖方	工程业主	贷款人

(3) 担保行 (guarantor bank)，即接受申请人的委托向受益人开立保函的银行。其主要责任是在申请人违约时，根据受益人提出的索偿文件和保函的规定向受益人做出赔偿。

4. 银行保函有哪些其他当事人？

根据银行保函的不同开立方式，还可能涉及以下当事人。

(1) 通知行 (advising bank)，又称转递行 (transmitting bank)，是指受担保行的委托把保函通知给受益人的银行，通常为受益人所在地的银行。通知行在通知保函时要审核保函的表面真实性。

(2) 转开行 (reissuing bank)，是指根据原担保行的要求，向受益人开立以原担保行为申请人、以反担保行自身为担保行保函的银行，通常为受益人所在地的银行。

(3) 保兑行 (confirming bank)，又称第二担保人，是指根据担保行的要求，在保函上加具保兑，承诺担保行无力赔偿时代其履行付款责任的银行，通常是受益人所在地的一家资信良好的大银行。

(4) 反担保行 (counter guarantor bank)，是指接受申请人委托向担保行开立不可撤销反担保，承诺在申请人违约且无法付款时，负责赔偿担保行支付的全部款项的银行，一般是申请人所在地的银行。

5. 银行保函的主要内容有哪些？

银行保函一般包括以下内容：

(1) 保函名称；
(2) 有关当事人的名称和地址，如申请人、受益人及担保人；
(3) 开立保函的依据，即有关交易合同、协议，标书的编号、日期，供应货物的名称、数量，工程项目名称等；
(4) 保函编号及开立日期；
(5) 担保金额及币种；
(6) 保函的有效期限与终止到期日；

(7)当事人的权利和义务;
(8)索偿条件;
(9)其他条款。

6. 银行保函业务的基本流程是怎样的?

银行保函的开立有直开法(担保银行应申请人要求直接将保函开给受益人,或通过通知行将保函通知给受益人)和转开法(申请人所在地银行以提供反担保的形式委托国外受益人所在地的银行(转开行)开立保函,这种保函因此又称为间接保函)。尽管直开法简单、直接,但索赔不便。转开的保函既解决了受益人对国外担保行不信任的问题,也解决了辨别保函真伪的问题,方便受益人索赔,因此,实务中较为普遍。以下以转开法开立的保函说明其操作程序,如图11-8所示,具体说明如下。

(1)申请人与受益人之间签订基础合同或协议。
(2)申请人向指示行(反担保行)申请开立保函。
(3)指示行(反担保行)开立反担保函,并要求转开行(担保行)转开保函。
(4)转开行(担保行)转开保函给受益人。
(5)申请人违约后,受益人向转开行(担保行)提示索赔要求书及违约声明等规定单据提出索赔。
(6)转开行(担保行)支付索赔的金额。
(7)转开行(担保行)向指示行(反担保行)索赔。
(8)指示行(反担保行)支付转开行(担保行)的索赔金额。
(9)指示行(反担保行)向申请人索赔。
(10)申请人赔付。

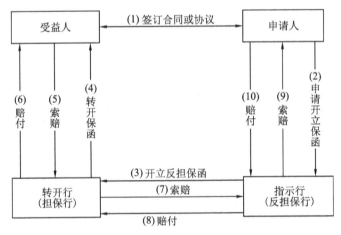

图 11-8 银行保函业务基本流程示意图

7. 什么是出口类保函?

出口类保函是指银行应出口方申请,向进口方开出的保函,是为满足出口货物和出口劳务需要而开立的保函。

8. 出口类保函主要有哪些?

以下保函是常见的出口类保函:

(1)投标保函;
(2)履约保函;
(3)预付款保函;
(4)保留金保函或留置金保函;
(5)质量保函。

9. 什么是投标保函?

投标保函(tender guarantee/bond,bid guarantee/bond/security)是指银行应投标人申请向招标人作出的保证承诺,保证在投标人报价的有效期内投标人将遵守其诺言,不撤标、不改标,不更改原报价条件,并且在其一旦中标后,将按照招标文件的规定在一定时间内与招标人签订合同。

10. 什么是履约保函?

履约保函(performance guarantee/bond/security)是指银行应供货方或劳务承包方的请求而向买方或业主方作出的一种履约保证承诺。

11. 什么是预付款保函?

预付款保函(advance payment guarantee)又称退还预付金保函(refundment guarantee for the advance payment)或还款保函(repayment guarantee),是指银行应供货方或劳务承包方申请向买方或业主方保证,如申请人未能履约或未能全部按合同规定使用预付款,则银行负责返还保函规定金额的预付款。

12. 什么是保留金保函或留置金保函?

保留金保函或留置金保函(retention money guarantee)是指银行应出口方申请,向进口商发出的,保证如果货到后发现品质不符,将买方预先支付的保留金退还买方的归还保证书。

13. 什么是质量保函?

质量保函(quality guarantee)也称为"维修保函",是指应供货方或承建人申请,担保银行向买方或业主保证,如货物或工程的质量不符合同约定而卖方或承建人又不能依约更换或修理时,按买方或业主的索赔予以赔偿的保函。

14. 什么是进口类保函?

进口类保函是指银行应进口方申请,向出口方开出的用于担保卖方履行合同义务时买方必须付款或履行对应义务的保函,适用于货物、技术进口、补偿贸易及来料加工等业务。

15. 进口类保函主要有哪些?

进口类保函主要有:
(1)付款保函;
(2)延期付款保函;
(3)租赁保函。

16. 什么是付款保函?

付款保函(payment guarantee)是指担保银行应买方的申请而向卖方出具的,保证买方履行因购买商品、技术、专利或劳务合同项下的付款义务而出具的保函。

17. 什么是延期付款保函?

延期付款保函(deferred payment guarantee)是指银行根据买方申请向出口商出具的对延期支付或远期支付的货款,以及相应的利息所做出的一种付款保证。保证在出口商发货后买方将按合同规定的延付进度表中的到期时间支付本金及利息。否则,银行将代为付款。

18. 什么是租赁保函?

租赁保函(leasing guarantee)是指当采用租赁方式进口机械、仪器、设备、运输工具时,银行向出租人担保承租人按规定期间支付租金,否则由担保行赔偿的保函。

19. 什么是借款保函?

借款保函(loan guarantee)是指银行应借款人要求向贷款方开立的保证借款人到期归还贷款本息,否则由保证人(担保银行)进行赔付的书面担保文件。

20. 什么是未加保兑的转开保函的基本业务流程?

未加保兑的转开保函的基本业务流程如图11-9所示。

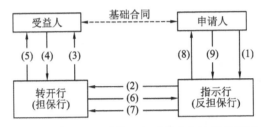

11-9 未加保兑的转开保函的业务流程示意图

未加保兑的转开保函的业务流程说明如下:
(1)申请人向指示行(反担保行)申请开立反担保函;
(2)指示行审查合格后开立反担保函,并要求转开行转开保函;
(3)转开行(担保行)转开保函;
(4)申请人违约后,受益人向转开行(担保行)索偿;
(5)转开行审单相符后赔付受益人;
(6)转开行向指示行(反担保行)索赔;
(7)指示行(反担保行)赔付转开行(担保行);
(8)指示行(反担保行)向申请人索赔;
(9)申请人赔付指示行(反担保行)。

21. 通过转开行转开保函对受益人有什么好处?

以这种方式开立的保函,对受益人最为有利,具体表现在以下方面。
(1)便于了解担保行的资信。转开行是受益人所在地银行,受益人比较了解和信任,解决了受益人对国外担保行不了解和不信任的问题。
(2)保函的真伪易辨。受益人接到的保函是经过转开行验明真伪后的保函。
(3)索赔方便。受益人与转开行处同一国家或地区,不存在语言、风俗习惯、制度和法律方面的差异,因此索偿比较方便。

22. 什么是备用信用证?

备用信用证(standby letter of credit,SLC),是在商业信用证的基础上发展起来的一种担保文件,也是一种特殊形式的光票信用证,又称商业票据信用证(commercial paper L/C)或担保信用证(guarantee L/C)。

1977年,美国联邦储备银行管理委员会对备用信用证的定义是:不论其名称描述如何,备用信用证是一种信用证或类似安排,构成开证人对受益人的下列担保:

(1)偿还债务人的借款或预支给债务人款项;
(2)支付由债务人所承担的负债;
(3)对债务人不履行契约而付款。

因此,备用信用证可以解释为:开证行根据申请人的请求向受益人开立的承诺某项义务的凭证,保证在申请人未能履行其义务时,凭受益人提交的相符文件或单据对其支付一定的金额。

备用信用证通常用作投标、还款、履约保证金的担保业务。

23. 备用信用证有哪些类型?

《国际备用证惯例》(ISP98)将备用信用证划分为履约备用信用证、预付款备用信用证、招标/投标备用信用证、对开备用信用证、融资备用信用证、直接付款备用信用证、保险备用信用证、商业备用信用证八种类型。

24. 备用信用证有什么性质?

备用信用证是一个不可撤销的、独立的、跟单的、具有约束力的承诺。

(1)不可撤销性。

除非备用信用证另有规定或经对方当事人同意,开证人不得修改或撤销其在备用信用证项下的义务。

(2)独立性。

ISP98规定,备用信用证项下开证人义务的履行不取决于以下情况:
①开证人从申请人那里获得的偿付权利或能力;
②受益人从申请人那里获得的支付权利;
③在备用信用证中对任何偿付协议或基础交易的援引;
④开证人对任何偿付协议或基础交易的履约或违约的了解与否。

(3)跟单性。

开证人的义务取决于单据的提示和所要求单据的表面审查。

(4)强制性。

备用信用证及其修改一经开立便具有约束力,不管申请人是否授权开立,开证人是否收取了费用,或受益人是否收到或信赖备用信用证,备用信用证对开证行都具有强制性。

25. 备用信用证与跟单信用证有什么不同?

备用信用证与跟单信用证的不同点如表11-3所示。

26. 备用信用证与银行保函有什么区别?

备用信用证与银行保函的不同点如表11-4所示。

表 11-3　备用信用证与跟单信用证差异比照表

名称 不同点	跟单信用证	备用信用证
功能	充当合同价款支付手段	以融通资金为目的,起担保作用
适用范围	主要适用于国际贸易	国际贸易、各种融资,范围广泛
付款责任	第一性,只要受益人提交了与信用证条款相符的单据,开证行必须付款,即受益人履约后银行付款	申请人未能履行其义务时开证人付款,实质上是第二性责任
要求单据	要求正本货运单据,而且多为物权凭证单据,比较复杂	可以是货运单据,也可以不是,一般要求索偿要求和受益人出具的书面声明
转让要求	信用证项下支款权的转让,可转让信用证只能转让一次,允许分割转让	可多次全部转让,不许部分转让,且须经开证人同意,转让限制较多,还有法律规定的转让
开证主体	多为银行,英文名称为 issuing bank	不仅限于银行,可以是自然人、合伙组织、保险公司等非银行机构,英文名称为 issuer

表 11-4　备用信用证与银行保函差异比照表

名称 不同点	备用信用证	银 行 保 函
兑付方式	可在即期付款、延期付款、承兑、议付四种方式中规定一种,因此可指定付款行、议付行等	只能是付款,必须向担保行交单
生效条件	英美法传统理论:不需要对价	必须有对价
融资作用	用于各种用途的融资,银行可自行开立给受益人	除借款保函外,不具有融资功能,不能在没有申请人的情况下银行自行开立
到期地点	开证行所在地或受益人所在地或其他地点	担保行所在地
付款责任	第一性	第一性或第二性
单据要求	受益人索赔时,提交即期汇票和证明申请人违约的书面声明	受益人不需汇票,通常提交书面索偿和证明申请人违约的书面声明及证明自己履约的证明文件
适用的国际惯例	主要有 ISP98 和 UCP600	主要有 URDG758

第五节　国际保理结算

通过本节学习,掌握国际保理的概念与服务内容,理解国际保理在国际贸易中的作用,了解国际保理的常见类型及一般业务流程。

1. 什么是国际保理?

国际保理(international factoring)是在以记账赊销(O/A)、承兑交单(D/A)为支付方式的国际贸易中,由保理商(factor)向卖方/出口商/供应商提供的基于双方契约关系的一种集贸易融资、销售分户账管理、应收账款催收、信用风险控制与坏账担保为一体的综合性金融服务。

2. 在国际保理业务中,保理商可为出口商提供哪些服务项目?

在国际保理业务中,保理商可为出口商灵活提供以下服务项目:
(1)贸易融资(trade finance)。
保理商为出口商提供的贸易融资具有以下特点。
①融资比例较高。一般为发票金额的80%,可即期回收绝大部分货款。
②融资额度灵活。融资额度根据销售额决定。
③融资条件低,手续简便。出口商只需将发票及债权转让书交给保理商即可。
④无追索权融资。保理融资通常为追索权的贸易融资,出口商可将融资款项视为正常销售收入,从而优化其财务指标;出口商还可收汇核销和出口退税。
⑤固定利率外币融资。
⑥融资期限较短。一般不超过180天。
(2)应收账款相关账户(销售分户账)管理(maintenance of sales ledger)。销售分户账是出口商每笔交易的记录。
(3)应收账款催收(collection of receivables)。
(4)买方信用风险控制。
(5)坏账担保(protection for buyer's credit)。为出口商在信用额度内的应收账款提供100%的坏账担保。

3. 利用国际保理服务能给进出口商带来哪些好处?

国际保理服务能给进出口商带来的好处如表11-5所示。

表 11-5 国际保理服务给进出口商带来的好处

好　　处	对 出 口 商	对 进 口 商
增加营业额	对于新的或现有客户提供更有竞争力的O/A、D/A付款条件,可以拓展海外市场,增加营业额	利用O/A、D/A付款条件,以有限资本购进更多货物,加快资金流动,增加营业额
风险保障	进口商的信用风险转给保理商承担,可以得到100%的收汇保障	纯因公司的信誉和良好财务表现而获得进口商的信贷,无须抵押
节约成本	资信调查、账务管理和账款追收都由保理商负责,减轻业务负担,节约管理成本	节省了开立信用证和处理繁杂文件的费用
简化手续	避免烦琐的单证手续及单证不符而遭拒付的风险	在批准信用额度后,购买手续简化,进货快捷
增加利润	由于出口额扩大,管理成本降低,排除了信用风险和坏账损失,利润随之增加	由于资金和货物的流动加快,生意更发达,从而利润增加

4. 什么是国际双保理业务？

涉及进、出口双方保理商(factor)的保理称为国际双保理业务。在国际保理业务运作机制中，双保理机制(two-factor system)是最重要、运用最广泛的组织安排形式。现在的国际保理就是指双保理模式。

在双保理模式下，由出口商与出口国所在地的保理商签署协议，出口保理商与进口保理商双方也签署协议，相互委托代理业务，并由出口保理商根据出口商的需要，提供融资服务。

5. 国际双保理业务对出口商有哪些好处？

出口商通过双保理机制可以享受到以下好处：

(1) 一份出口保理协议可以覆盖其向不同国家的多个买方出口的资信风险；
(2) 与出口保理商打交道时，可以使用自己的语言；
(3) 保理商处理和买方付款有关的所有问题，使得卖方可以与其客户保持良好的商业关系，但是，如有争议，卖方需要介入；
(4) 卖方不需详细了解买方国家的法律和商业习惯；
(5) 通过进、出口保理商，卖方能够获得国外买方的商业信誉、贸易惯例和市场潜力等方面的有价值的信息；
(6) 卖方可以采用赊销的方式交易，避免信用证的费用。

6. 国际双保理业务对进口商有哪些好处？

进口商通过双保理机制可以享受到以下好处：

(1) 可以用本国语言进行所有的沟通；
(2) 可以在当地以最方便的方式支付发票金额，可以最快、最便宜地选择特定的货币来结清资金；
(3) 可以赊购，避免开立信用证的费用。

7. 什么是国际双保理业务的基本流程？

国际双保理业务的基本流程可参见图11-10。

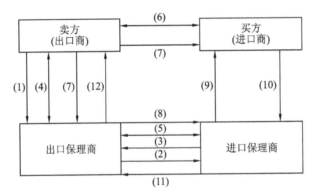

图11-10 国际双保理业务基本流程示意图

国际双保理业务的基本流程说明如下。
(1) 出口商向出口保理商申请办理保理业务并询价。
出口商申请办理保理业务时填写《出口保理业务申请书》(又可称为《信用额度申请书》)，

用于为进口商申请信用额度。申请书一般包括出口商业务情况、交易背景资料、申请的额度情况(包括币种、金额及类型)等内容。

(2)出口保理商选择进口保理商。

出口保理商通常选择已与其签订过《代理保理协议》、参加 FCI 组织且在进口商所在地的保理商作为进口保理商,并通过由国际保理商联合会(简称 FCI)开发的保理电子数据交换系统 EDIFACTORING 将有关情况通知进口保理商,请其对进口商进行信用评估。

(3)进口保理商核定买方的信用额度并报价。

进口保理商在规定的时限内对买方的资信、经营作风、市场行情等进行调查和评估。如果买方资信符合要求,进口保理商为其设立信用额度。按照 FCI 的国际惯例规定,进口保理商应最迟在 14 个工作日内答复出口保理商。

(4)出口保理商报价并与卖方签订保理协议。

出口保理商将被核准的进口商的信用额度以及自己的报价通知卖方。如果卖方接受出口保理商的报价,就可与其签订《出口保理协议》。

(5)出口保理商与进口保理商签订保理协议。

通过协议,出口保理商把出口货物的债权转让给进口保理商,由其负责向买方收款并承担相应责任。

(6)出口商与进口商签订销售合同。

出口商在保理协议规定的信用额度内,以赊销或承兑交单方式与进口商签订贸易合同。

(7)出口商发货并转让应收账款。

出口商按合同发货,然后将正本发票、提单、原产地证书、质检证书等单据寄送进口商,将发票副本及有关单据副本(根据进口保理商要求)交出口保理商。同时,出口商还向出口保理商提交《债权转让通知书》和《出口保理融资申请书》,前者将发运货物的应收账款转让给国内保理商,后者用于向国内保理商申请资金融通。出口保理商按照《出口保理协议》向其提供相当于发票金额 80% 的融资。

(8)出口保理商向进口保理商转让应收账款。

出口保理商在收到副本发票及单据(若有)当天将发票及单据(若有)的详细内容通过 EDIFACTORING 系统通知进口保理商,把发票的应收账款转让给进口保理商。

(9)进口保理商向进口商催收货款。

进口保理商于发票到期日前若干天开始向进口商催收货款。

(10)进口商付款。

进口商在发票到期日向进口保理商付款。如果进口商在发票到期日后 90 天内没有付款,进口保理商必须支付其保理项下的金额。

(11)进口保理商划款给出口保理商。

(12)出口保理商向出口商支付余款。

出口保理商收到货款后,扣除融资本息(如有)及费用,将货款余额支付给出口商。

第六节 福费廷结算

通过本节学习,理解福费廷的概念、特点和作用,掌握福费廷与国际保理的区别,了解福费廷业务的成本构成及业务流程。

1. 什么是福费廷？

"福费廷"一词源于法语"à forfait"，即放弃权利的意思。福费廷业务是指福费廷商（主要为商业银行）从出口商那里无追索权地买断由开证行承兑或由进口商所在地的银行担保的远期汇票或本票的一种出口融资形式。在我国福费廷业务又称买断或包买票据业务。

2. 什么是福费廷业务的基本环节？

福费廷业务主要包括以下六个环节：

询价→报价→签约→交单→审单及付款→到期索偿

具体说明如下。

（1）询价。

为避免利率损失，出口商应尽早向银行联系询价，得到银行正式答复及报价后再核算成本，与进口商谈判并签约。

（2）报价。

银行收到出口商询价后，评估进口商所在国的风险，核定对进口国的信用额度；然后审核担保人的资信及偿付能力，以及出口货物是否属于正常的国际贸易等。审核合格后，银行根据国际福费廷市场情况做出报价。报价内容包括贴现率、承担费、宽限期。

（3）签约。

出口商接受报价，便与银行（福费廷商）正式签署福费廷协议。

（4）交单。

出口商发货后将全套装船单据交包买商，并在经开证行/担保行承兑的本票或远期汇票上背书，注明"without recourse"字样。一般必须提交的单据有：

①本票或银行承兑汇票；

②提单、发票、合同、信用证或保函的副本；

③出口商对其签字及文件真实性的证明；

④出口商债权转让函；

⑤官方授权书或特许证、进口许可证、支用外汇许可证等。

（5）审单及付款。

银行须认真审核出口商提交的单据，尤其要核实出口商签字的真伪。审核无误后向出口商付款。

（6）到期索偿。

票据将要到期前，福费廷商把票据寄付款行索偿。付款行在到期日按福费廷商的指示汇付票款。

3. 福费廷的基本流程示意图是怎样的？

福费廷的基本流程示意图可参见图11-11。

具体说明如下。

（1）询价与报价。为避免承担利率损失，出口商在与进口商签订合同前应尽早向包买商提供有关资料询价，以便核算福费廷融资成本。包买商接到询价后，进行风险评估，核定信用额度，根据国际福费廷市场行情报价。

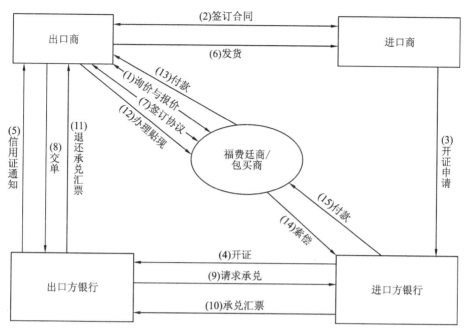

图 11-11 福费廷业务基本流程示意图

(2)出口商根据包买商的报价核算融资总成本,将融资成本核算到商品单价中,与进口商谈判签订销售合同。

(3)进口商在合同规定的期限内向进口方所在地银行(开证行)申请开立信用证。

(4)进口方银行根据进口商的申请开立信用证,发给出口方银行(信用证的通知行,通常又作议付行)。

(5)出口方银行向出口商通知信用证。

(6)出口商按合同规定向进口商发货,并按信用证要求准备有关单据。

(7)出口商与包买商签订福费廷协议。

(8)出口商根据福费廷协议的有关规定,向出口方银行交单。

(9)出口方银行将远期汇票寄开证行/担保行承兑。

(10)开证行承兑汇票,并寄回出口方银行。

(11)出口方银行将承兑的汇票退还出口商。

(12)出口商在承兑汇票上背书并注明"无追索权"字样后,连同其他单据一起提交给包买商办理贴现。这些单据一般包括银行承兑汇票,提单、发票、合同、信用证或保函的副本、出口商对其签字及文件真实性的证明,债权转让书等。

(13)包买商收到单据认真审核无误后向出口商付款。

(14)包买商对出口商付款后,妥善保存远期汇票,在汇票将要到期前寄开证行索偿。

4. 福费廷业务有哪些特点?

福费廷业务适用于以分期付款的资本商品进出口,因此具有以下主要特点。

(1)无追索权。福费廷商(融资商)从出口商处购买的合格票据是没有追索权的,属于买断性质。因此,福费廷商在此业务中承担最大的风险。

(2)中长期融资。福费廷融资的期限一般为 6 个月到 5 年,最长可至 10 年。

(3)批发性融资。福费廷业务主要适用于资本货物的交易,金额较大,一般在50万美元以上。

(4)分期支付货款。由于交易金额大,融资期限长,一般把货款金额分成若干张金额相等的票据分期支付。

(5)固定利率。由于福费廷商购买出口商的票据属于买断性质,出口商卖出票据时的利率是固定的,不随市场利率的变化而变动,便于出口商核算成本和规避利率风险。

(6)需要担保。福费廷商包买的票据通常由进口方银行担保,担保行一般是资信良好的跨国银行。

(7)融资成本高。福费廷商除收取贴息外,还收取选择费和承担费,有时还会收取罚金。

5. 出口商采用福费廷业务结算要承担哪些成本?

出口商承担的费用主要有贴现息、选择费、承诺费和罚金。

(1)贴现息。

贴现息按照事先确定的固定利率收取。贴现率的高低是由进口国的综合风险数、融资期限长短、融资金额、担保银行信用评级和融资货币的筹资成本等决定的。

贴现率通常以 LIBOR 加一个利差表示,LIBOR 反映银行筹资成本,利差反映银行承担的风险和收益。

(2)选择费。

选择费又称选期费,是针对选择期收取的费用。

选择期是指从包买商提出报价到与出口商签订福费廷协议之间的天数。在这段时间内,出口商不能确定是否接受福费廷商的报价。因为出口商将已确定的融资费用打入成本向进口商报价,期间要等待进口商接受报价确认成交。选择期不超过48小时,不收费。如为1~3个月,福费廷商则要收取 1‰~5‰ 的选择费,作为对福费廷商承担利率和汇价风险的补偿。

(3)承诺费。

承诺费又称承担费,是福费廷商针对承诺期所收取的补偿费用。

承诺期也称承担期,是指从福费廷商与出口商签订福费廷协议起至福费廷商实际贴现付款日止的这一段时间,一般不超过6个月。福费廷商在承诺期内根据贴现的面值及向出口商承诺的融资天数计算出来的费用,就是承诺费。一般为年率的 0.5%~2%,通常按月预先支付。计算公式:票面值×承担费率×承诺天数/360。

(4)罚金。

如果出口商未能按期向包买商交出汇票,按规定需要支付给包买商一定金额的罚金,以弥补包买商为准备包买而发生的各项费用。

6. 福费廷结算方式对出口商有哪些好处?

福费廷结算方式对出口商有以下好处:

(1)通过福费廷方式支付,可为买方提供延期付款的信贷条件,从而提高自身出口产品的竞争力;

(2)减少资产负债表上的或有负债;

(3)变远期票据为即期收汇,变延期付款为现金交易,减少资金占压,增强资金的流动性,提高资金的使用效率;

(4)以无追索权的方式卖断远期票据,将与票据支付有关的政治、商业、利率和汇率风险转

嫁给包买商(福费廷商);

(5)发货后不必投保、支付保费、索赔及等待赔偿;

(6)可以将全部或部分远期票据的票面金额用来融资,不受预付定金比例的限制;

(7)福费廷融资不影响出口企业的债务状况,不受银行信贷规模的影响和国家外债规模的影响;

(8)操作简便,融资迅速,在给予出口企业福费廷融资后,即出具出口收汇核销联。

7. 福费廷结算方式对出口商有哪些弊处?

福费廷结算方式对出口商有以下弊处:

(1)出口商必须保证汇票或本票被进口商承兑并经担保行担保;

(2)费用较信用证业务高,对金额小的交易,其优越性不明显。

8. 福费廷结算方式对进口商有哪些好处?

福费廷结算方式对进口商有以下好处:

(1)可获得延期付款的便利,取得100%的融资;

(2)还款计划和利率可灵活安排,不占用其融资额度;

(3)手续及担保简便易行。

9. 福费廷结算方式对进口商有哪些弊处?

福费廷结算方式对进口商有以下弊处:

(1)交易的商品价格较高,因为出口商往往将延期付款的利息和所有的费用均计入货价;

(2)进口商必须向担保银行支付一定的保费和抵押品,增加了交易成本。

10. 福费廷业务与国际保理业务有什么不同?

福费廷业务与国际保理业务的主要区别如表11-6所示。

表11-6 福费廷与国际保理的差异对照表

不同点	福费廷	国际保理
融资的货物及金额	资本性货物出口,金额大	消费品出口,金额小
融资期限	中长期(180天以上)	短期(90~180天)
风险及承担方式	福费廷商承担政治和资金转移风险,风险大,须第三者(进口地银行)提供担保	保理商不承担政治和资金转移风险,风险较小,无须担保,设定信用额度
融资比例	100%票面额	80%~90%的发票金额
信用基础	适用于跟单托收或信用证的交易	只适用于商业信用的交易,如O/A或D/A托收

第十二章
国际信贷融资方式

　　国际信贷来源于国际资本的输入与输出,反映着国家之间借贷资本的活动,是国际金融活动的最为基本的内容。相应地,国际信贷融资方式也就成为最为基本的国际融资方式。通过本章内容的学习,你应该能够:

- 熟悉国际信贷的概念、类型和形成原因；
- 掌握国际贸易短期信贷的概念、特征和形式；
- 掌握政府与金融机构贷款的特点、资金来源和贷款条件；
- 了解出口信贷的基本概念、特点和几种出口信贷的业务流程。

 关键概念

国际商业银行信贷融资方式、外国政府信贷融资方式、国际贸易信贷融资方式

 引导型问题

1. 中国今后应当选择哪种信贷融资方式作为中国接受国际信贷融资的主要方式？
2. 中国今后应当选择哪种信贷融资方式作为中国对外提供国际信贷融资的主要方式？

第一节 国际商业银行信贷融资

通过本节的学习，将帮助您理解国际商业银行信贷融资方式的基本操作流程及其特点。

1. 什么是国际商业银行信贷融资方式？

国际商业银行信贷融资方式是指由一国的商业银行作为债权人，以信贷的方式，向另一国的商业银行、工商企业、政府机构、国际机构等资金需求者借出货币资金的融资方式。

2. 国际商业银行贷款融资的优点是什么？

与国际金融机构贷款、国际贸易融资、政府间贷款等其他国际信贷类型相比，国际商业银行贷款融资具有以下优点。

(1) 银行信贷在资金的使用上比较自由，一般情况下，不受贷款银行的限制，借款人可根据自己的实际需要自由使用。

(2) 贷款方式灵活多样，手续简便。银行信贷的期限可长可短，金额可大可小，贷款货币也可以选择多种，很灵活。银行信贷属民间性质，不需政府有关部门的审批，手续简便易行。

(3) 资金供应充裕，借用方便。在国际金融市场上有大量的闲散资金可借用，只要借款人资信可靠，具有偿还能力，就可以筹措自己所需要的大量资金。

3. 国际商业银行贷款融资的缺点是什么？

与国际金融机构贷款、国际贸易融资、政府间贷款等其他国际信贷类型相比，国际商业银行贷款融资具有以下缺点。

(1) 贷款条件由市场决定，贷款利率较高，且利率随着国际金融市场上资金的供需情况变动较大。

(2) 通常采用浮动利率，借款人无法确定筹资成本。

(3) 常常需要支付除了利息之外的其他费用，如承担费、代理费等，加大了借款成本。另

外,国外商业银行为了规避信用风险,需要提供担保或抵押等,借款人的筹资成本较高。

4. 国际商业银行贷款的类型是如何划分的?

国际商业银行贷款的类型通常可以从以下角度进行划分:

(1)根据贷款期限的长短不同,可分为短期信贷、中期信贷与长期信贷;

(2)根据参与贷款银行的数量不同,可分为独家银行贷款与银团贷款;

(3)根据贷款协议生效后,借款人何时和怎样取得贷款中的资金,以及协议到期后,除对必要信贷条件进行调整,借款人可否重新执行该贷款协议,可分为定期贷款与可展期信贷或循环信贷;

(4)根据贷款期间内贷款利率是否定期调整,可分为固定利率贷款与浮动利率贷款;

(5)根据借款人是否提供担保,可分为有担保贷款和无担保贷款等。

5. 什么是短期信贷?

短期信贷是指借贷期限为1年以下的信贷,短期资金市场也称为货币市场。借贷期限最短为一天,或称隔夜、日拆,还有一周、两个月、三个月、六个月等,其中以三个月或六个月期限为多。短期信贷按当事人来分,有两种情况:一种是银行与银行间的信贷,称为银行间同业拆借,它在整个短期信贷中占主导地位;另一种是银行对非银行客户(公司企业、政府机构等)的信贷。一般来说,商业银行短期信贷是在银行间通过电话、电传成交,事后以书面确认,完全凭银行间的信用来进行的。短期信贷一般不限定用途,由借款人自由支配。

6. 什么是中期信贷?

中期信贷是指1年以上至5年以内的信贷。信贷金额通常在1亿美元左右。这种贷款要由借贷双方银行签订贷款协定。由于这种贷款期限长、金额大,有时贷款银行要求借款人所属国家的政府提供担保。中期贷款利率比短期贷款利率高,一般要在市场利率的基础上再加一定的附加利率。这种贷款称为"双边中期贷款"。

7. 什么是长期信贷?

长期信贷是指5年以上的信贷。金额在1亿美元以上。这种贷款通常由数家银行组成银团共同贷给某一客户。银团贷款的当事人,一方面是借款人(如银行、政府、公司、企业等),另一方面是参加银团的各家银行(包括牵头银行、经理银行、代理银行等)。

8. 什么是独家银行贷款?

独家银行贷款是指在一笔贷款交易中,一国的一家贷款银行向另一国的政府、银行或公司企业等借款人提供的贷款。

9. 什么是银团贷款?

银团贷款是指在一笔贷款交易中,由本国或者其他几国的数家甚至数十家银行组成贷款银团,共同向另一国的政府、银行或企业等借款人提供的长期巨额贷款。根据贷款银团组织形式的不同,银团贷款包括辛迪加贷款和联合贷款两种主要形式。辛迪加贷款是指在一笔贷款交易中,由一家银行牵头,本国或其他几国的数家甚至数十家银行,按照严格的法律程序组成的贷款银团所发放的贷款;联合贷款则仅指在一笔贷款交易中,有两家以上的银行,或银行与国际金融机构联合共同提供贷款,贷款人之间并未形成一种严谨的法律关系。

10. 什么是定期贷款？

定期贷款是国际商业银行信贷传统的资金贷放安排形式。定期贷款就是在贷款协议签订时，贷款银行就对借款人贷款资金的总额、贷款资金的提取和贷款本息的偿还确定一个固定的时间表，一般是在贷款协议生效后的若干个工作日完成贷款资金的提取。若借款人超过该期限后仍有尚未提取的本金，则按自动注销处理。因此，贷款人对借款人的实际贷款数额不可能超过贷款协议所约定的数额，有时还小于贷款协议所约定的数额，即取决于借款人的提款情况。对于贷款本息的偿还，同样要按照约定的时间表来进行。事实上，在循环信贷产生之前，银行贷款都是以定期贷款的形式出现的，在国际商业银行贷款中，这种形式不仅适用于欧洲货币市场，同样适用于传统的国际金融市场。

11. 什么是循环信贷？

循环信贷是指在贷款协议签订时，在约定的贷款期限内，贷款银行对借款人提供一个最大的信用限额，只要是在该信用限额规定的幅度内，借款人可根据需要，自行决定是否使用这一额度以及实际使用这一额度的频率。当借款人可以在信用限额幅度内不断地提取并偿还贷款，其实际使用的银行贷款总额就有可能超过这一额度。

12. 什么是可展期信贷？

可展期信贷是指贷款银行在与借款人初次签订贷款协议时就约定，在该贷款协议到期后，贷款银行除对必须依市场变化而需调整的信贷条件如利率进行调整外，不再与借款人就其他信贷条件进行谈判，贷款银行也不需再进行资信审查，而重新与借款人执行该贷款协议。

13. 什么是固定利率贷款？

固定利率贷款，是指在贷款协议签订时所确定的利率水平，以用于整个贷款期限。换言之，借款人的筹资成本，在贷款协议签订时就被固定了。

14. 什么是浮动利率贷款？

浮动利率贷款，是指在整个贷款期限内，贷款利率以预先约定的浮动周期可以选择从1个月到12个月不同的计息期限，并且，在整个贷款期限内，计息期可以是均等的，视借款人的要求而定。无论怎样安排，对贷款银行并无不利之处。因为，贷款银行总是动用与借款人要求相符（或经调整后的）的存款用以贷款。而每期实际使用利率的计算方法通常采用基础利率加附加利率的方法来确定。其中，基础利率，主要是指国际金融市场的各国际金融机构的银行同业拆放利率，一项具体的贷款协议究竟采用哪一种金融中心的银行同业拆放利率，由借贷双方依贷款货币协商而定。附加利率是贷款银行在基础利率上，依期限、借款人资信状况而定。

15. 什么是物的担保？

物的担保又被称为物权担保，是指借款人或担保人以自己的有形财产或权益财产为银行债务的履行设定的担保物权。根据担保受益人（债权人）所拥有的对担保物的处理的权利不同，包括抵押、质押和留置三种形式。

16. 什么是人的担保？

人的担保是指担保人和债权人约定，担保人以自己的资信向债权人保证，当债务人不履行债务时，该担保人保证履行债务或承担责任。根据担保承诺方式的不同，人的担保可主要包括

17. 国际银行担保贷款通常采用哪种担保方式？

由于物权担保的处置要受到抵押国政治和法律方面的影响，国际融资中债权人对债务人违约时对抵押物的处置难度较大，因此，国际银行担保贷款往往不采用物权担保方式，而采用人的担保方式。

18. 国际中、长期银团贷款通常会包含哪些除了利息之外的费用？

除了利息之外，国际中、长期银团贷款通常会包含的费用有管理费、代理费、杂费等。对于借款人来说，若想降低借款成本，除考虑利率水平高低外，还应考虑费用的多少。费用的多少视借贷资金状况、借贷金额和信贷的期限不同而不同。

19. 什么是中、长期银团贷款中的管理费？

管理费也称经理费或手续费。在中、长期银团贷款方式下，借款人须向贷款银团的牵头银行支付管理费。管理费在贷款总额的 0.5%～1.0% 之间。管理费的具体支付时间有以下三种情况：签订贷款协议时一次支付；第一次支用贷款时一次支付；在每次支用贷款时，按支用额等比例地支付。对于借款人来说，以第三种支付方法为最好；对于贷款人来说，以第一种支付方法为最好。

20. 什么是中、长期银团贷款中的代理费？

银团贷款方式下，多家银行联合向一个借款人提供贷款，不可能每一家银行都直接与借款人经常发生联系，因此要推选其中的一家作为代理行，与借款人进行日常的直接联系，代理行在联系中发生的各种费用开支，如电报费、电传费、办公费等，均应由借款人负担。代理费就是借款人付给代理行的报酬。其收费标准视贷款金额的多少和事务繁简而定，代理费一般按每年商定的固定金额付给代理行，在整个贷款期内，直至贷款全部偿清以前，每年支付一次。

21. 什么是中、长期银团贷款中的杂费？

杂费也是中、长期银团贷款方式下发生的费用，主要指签订贷款协议前所发生的费用，包括牵头银行的车马费、律师费、签订贷款协议后的宴请费等。这些费用均由借款人负担。杂费按牵头银行提出的账单一次付清。杂费收费标准不完全相同，多者可达 10 万美元。

22. 国际商业银行贷款的基本流程是怎么样的？

以中国地方政府借用国际银行贷款为例，其基本流程可参见图 12-1。

流程说明如下。

(1) 取得利用贷款项目的批复。国内项目要借用国际银行贷款，首先要根据项目的规模取得国家或者地方、企业计划管理部门的批准，在批复中明确项目建设的部分资金来源为国际银行贷款。

(2) 取得国际银行贷款指标。各地方、企业计划管理部门将准备使用国际银行贷款的项目初审后，报国家发展和改革委员会审批，如果符合国际银行贷款的条件，国家发展和改革委员会将同意该项目使用一定数量的国际银行贷款，即取得国际银行贷款指标。

(3) 委托金融机构对外筹资。目前，国内筹措国际银行贷款主要通过中国银行、交通银行、中国建设银行、中国工商银行、中国农业银行、中信银行，以及经国家批准的省市级国际信托投资公司等银行和非银行金融机构对外筹措。

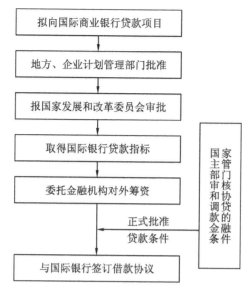

图 12-1　中国地方政府借用国际银行贷款基本流程示意图

（4）金融条件核准。国家为避免各筹资窗口在市场、时机和条件等方面发生冲突，在筹资窗口筹措国际银行贷款前，由国家主管部门对其贷款的金融条件，即贷款期和利息、筹资市场、筹资模式等进行审核和协调。筹资窗口在国家主管部门正式批准贷款条件后，才能与国际银行签订借款协议。

23. 国际银团贷款的基本流程是怎样的?

借用国际银团贷款，其基本流程可参见图12-2。

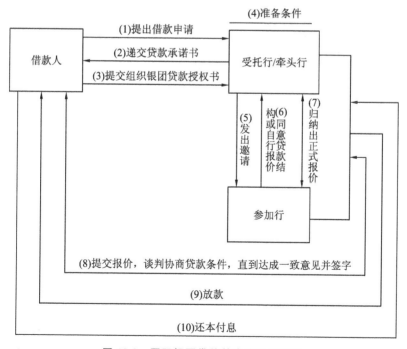

图 12-2　国际银团贷款基本流程示意图

流程说明如下。

(1) 提出借款申请。借款人向受托行提交委托书及有关的证明文件和审批文件,如合同、营业执照、政府批件。委托受托行代表借款人组织银团贷款。

(2) 接受委托借款申请。受托行向借款人递交贷款承诺书,表示愿意接受借款人委托,帮助组织银团贷款,但需要借款人正式授权。

(3) 授权。借款人向受托行正式提交授权书,授权其为牵头行,负责组织银团贷款,并起草有关法律文件。

(4) 准备条件。牵头行得到借款人的正式授权后,即可开始聘请律师,根据借款人提供的有关资料起草备忘录、贷款条款结构、贷款协议和其他法律文件。

(5) 组织银团。贷款结构条款和资料备忘录准备好后,牵头行就可以向其选择的参加行发出邀请。

(6) 各银行收到邀请后,或同意牵头行的贷款结构,或提出自己报价。

(7) 牵头行接到各银行的报价后,经过研究协商,归纳出一份正式的报价向借款人提交,并提出意见。

(8) 谈判、签字。借款人接到牵头行代表银团提出的报价后,要对每项条款认真考虑。如果有异议,就与牵头行进一步谈判。一般为了使谈判有回旋余地,在谈判前应准备好几个方案,根据谈判的进展情况和对方的态度决定哪些条款可以让步及让多少,哪些条款必须坚持,直至借贷双方达成一致意见。届时,牵头行即可委托律师正式起草贷款协议文本。

贷款协议文本出来以后,借贷双方还要就协议文本逐条进行讨论谈判,直到达成完全一致的意见为止,然后双方就贷款协议进行签字。

(9) 提款。贷款协议签字以后,贷款的所有工作都由代理行来负责,借款人可在贷款协议规定的提款期内,根据工程进度和资金需求情况向代理行申请提款。

(10) 还本付息。银团贷款协议一般对贷款本金偿还期限、次数、金额和方式都有具体规定,有些贷款可以到期一次归还,有些则须在宽限期后分若干次偿还,后一种方式使用更为普遍。贷款偿还次数和每次还款的金额要根据项目的回收情况,由借贷双方在谈判时商定。

第二节 外国政府信贷融资

通过本节的学习,将帮助您理解外国政府信贷融资方式的基本操作流程及其特点。

1. 什么是政府信贷融资方式?

政府贷款融资方式是指一国政府利用本国财政资金向另一国政府提供的优惠贷款融资。政府贷款是以国家政府名义提供的官方贷款,属于政府的财政资本输出,反映了国家政府之间的政治、经济、外交关系,在国际资本的流动中占有重要的地位。

政府贷款一般是由各国政府经过一定的立法手续予以批准的。国际上的通行做法是将政府贷款总额的25%以上以赠予形式提供给借贷国。

2. 外国政府贷款具有什么优点?

与其他形式的贷款相比,外国政府贷款具有以下优点。

(1) 以良好的政治关系为基础。由于政府贷款具有一定的援助性,因此必须在两国政治外交关系较好的情况下才可以取得。

（2）具有相当的优惠性。这主要表现在利率的优惠、期限的优惠和较大的赠予成分上。政府贷款可以是低息，甚至无息，政府贷款的期限较长，贷款的利率越低，偿还期越长，其赠予成分就越大。贷款期限一般从10年到30年，有的甚至长达50年，利率一般在1%至3%。除贷款利息外，有的贷款国政府规定借款国须向其支付费用很低的手续费，因此属优惠性质的贷款。

3. 外国政府贷款具有什么缺点？

与其他形式的贷款相比，外国政府贷款具有以下缺点。

（1）通常有附加条件。据前所述，政府贷款往往是限定性的，因此，一笔政府贷款往往要被指定具体建设项目，要被限定具体用途，还要被限定使用贷款的采购方式，并将这些限定在政府贷款的协议中作为附加条款。贷款目的与政治、外交关系紧密联系，为一定的政治目的服务。

（2）程序复杂。一般来说，由于政府贷款资金来源是国家预算资金，因此政府贷款要遵循从申请、审查、认可，直到签订贷款协议这样一整套贷款申请的程序。

（3）金额一般不大。它受到贷款国的国民生产总值、财政收支及国际收支的制约。

（4）大多数与项目相联系。例如，美国政府贷款主要是专项贷款，要求用于协议指定的动力、交通、工矿、农业、粮食、卫生等大型开发项目。

（5）受国际因素的影响较大。西方发达资本主义国家为了稳定国际政治经济形势，稳定某一地区或国家政治经济形势，不让它影响世界经济和政治形势，有时提供紧急的无偿援助或贷款。

4. 外国政府贷款通常有哪些种类？

外国政府贷款从不同的角度可以划分为以下几种类型。

（1）按政府贷款的用途划分，分为项目贷款和商品贷款。项目贷款是一国政府对另一国政府确定的建设项目所提供的援助性贷款，主要用于交通、运输、能源等建设项目方面；商品贷款是一国政府对另一国政府用于购买机器、工具、物资、材料等商品提供的援助性贷款。

（2）按政府贷款是否计付利息，划分为无息贷款和计息贷款。

（3）按政府贷款有无附加成分，划分为混合贷款和单一贷款。

5. 外国政府贷款通常由什么机构进行管理？

外国政府贷款一般都由国家的财政部主管或通过财政部由政府设立的专门机构办理，如美国的"国际开发署"、日本的"海外经济协力基金会"、科威特的"阿拉伯经济发展基金"、德国经济合作部设立的"复兴信贷局"等。各贷款引入国为更加合理地引入和更加有效地使用外国政府的贷款，也根据各自的国情特点制定了不同的管理规定。

6. 中国由什么机构对外国政府贷款进行管理？

中国利用外国政府贷款的对外窗口是商务部，该部下设外国政府贷款管理局，负责具体组织管理工作；使用外国政府贷款进行的招标工作，主要是委托中国技术进出口总公司负责。但是各招标、评标、合同和采购文件都要提交贷款的执行机构审议批准。

7. 中国如何管理外国政府贷款的收付账户？

中国通过专业银行贷款机构的代理银行开立专门账户对外国政府贷款的收付账户进行管

理,贷款机构根据有关协定把我国银行要提取的款额存入该账户,各项目的筹建者再从我国银行提取。具体支付程序因各国要求不同而有所不同。

8. 中国如何对外国政府贷款的使用环节进行监督管理?

利用政府贷款时,必须在建设项目按规定程序及审批权限经过批准后,才可向国外借款,由项目的筹建者按计划规定的建设进度,负责建设和生产管理。

为确保贷款项目的顺利实施并取得预期效果,贷款机构在项目建设执行阶段要参与管理,包括项目的经济技术、组织、财务等方面。根据贷款协议要求,实施部门每半年或一年向贷款机构提交一份项目进度报告,并报送商务部。在项目竣工后半年内向贷款机构提出竣工报告,报送商务部。项目经正式验收合格、交付使用才算结束。

9. 在贷款使用过程中,贷款机构参与监督管理的内容主要有哪些?

在贷款使用过程中,贷款机构参与监督管理的内容主要有以下五个方面。

(1)对拟建设项目进行评估。一方面对贷款文件进行研究、审查和评估;另一方面派专家小组进行实地考察。

(2)审核贷款用途。主要是对招标文件、采购合同和贷款资金的支付进行审批。

(3)项目进度检查。贷款机构要求实施部门定期或不定期地报送项目执行进度报告。

(4)在施工过程中,派专家小组实地检查。其目的是一方面了解实际施工情况,另一方面帮助解决施工中产生的困难和问题。

(5)项目竣工了解。贷款人一般要求实施部门在项目建成后半年内提交项目竣工报告,以了解项目建设的全面情况。

10. 外国政府贷款的基本流程是怎样的?

在中国使用外国政府贷款的基本流程可参见图12-3。

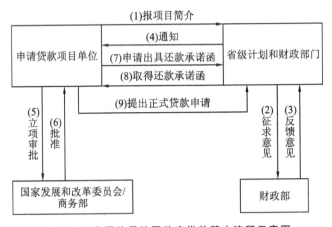

图12-3 中国使用外国政府贷款基本流程示意图

11. 利用外国政府贷款的项目是如何征集的?

根据国家发展和改革委员会利用外国政府贷款计划和国家财政部年度可用的外国政府贷款额度和条件,拟申请贷款的项目单位可编制"项目简介",报省级计划和财政部门,"项目简介"应包括项目概况、拟使用贷款国别及金额等内容;由省级财政部门汇总后征求财政部初步意见,探讨项目建设和利用外国政府贷款的可行性,根据财政部的反馈意见,通知项目单位是否进行下一步工作。

12. 用款机构正式提出申请前需要做好哪些准备工作?

用款机构正式提出申请前需要做好以下准备工作。

(1)编制"项目建议书"。由项目单位自行编制或委托有资格的公司编制。

(2)立项审批。项目单位按项目性质和审批权限分别报上级主管部门审批或转报国家发展和改革委员会、商务部审批。

项目应在以下两方面获得立项批准:一是归口审批部门应批准建设该项目;二是归口审批部门应批准该项目申请利用外国政府贷款引进部分设备。立项批准后,项目单位可进行一般性的技术考察和技术交流,以及初步的商务询价,并可着手准备可行性研究报告。

(3)取得"还款承诺函"(地方财政投资项目)。立项批准后,项目单位应向计划或财政部门等申请出具"还款承诺函"。

(4)委托采购。限额以上项目,采购公司由财政部统一指定;限额以下项目,项目单位报主管部门同意后,可委托有资格的采购公司对外采购。

上述工作完毕后,方可提出正式申请。

13. 用款机构正式提出申请时,需要提交什么文件?

项目单位向财政部门正式提出使用贷款申请时应提交如下文件:申请报告(含配套资金来源及落实情况的有关说明);项目建议书或可行性研究报告(含设备清单、中英文本);立项批复文件;还款承诺函;采购委托书(限额以下项目);财务报表(非地方财政投资项目,备案)。

14. 国家发展和改革委员会如何选择利用外国政府贷款的备选项目?

利用外国政府贷款的备选项目是根据各国政府贷款提供情况分批选择下达的,国家发展和改革委员会通常综合考虑以下因素选择备选项目:

(1)项目是否符合国家中长期发展计划、行业发展规划、产业政策和技术装备政策,是否已批准立项;

(2)优先安排国家重点项目以及国家优先发展产业(农业、水利、交通、通信、能源、主要原材料等)的项目和增加出口创汇的项目;

(3)项目配套资金能够落实,并具有一定的经济效益和还贷能力;

(4)贷款偿还责任是否能够落实;

(5)各地方、部门已有的贷款项目实施情况和债务状况以及贷款偿还信誉是否良好;

(6)对中西部地区实行优惠政策;

(7)结合贷款的特征和要求,尽可能符合贷款国的有关规定和要求,对限制采购的贷款还要考虑贷款国的技术水平和供货能力。

15. 在外国政府贷款项目的执行过程中,需要注意什么问题?

在外国政府贷款项目的执行过程中,需要注意以下问题。

(1)贷款备选项目是国内有关部门对外开展工作的依据,也是贷款国审查、选择项目的基础。各对外窗口部门、银行及外贸公司必须按国家发展和改革委员会下达的备选项目对外开展工作,未经国家发展和改革委员会统一列入备选项目的不得对外提出。

(2)国家发展和改革委员会下达的备选项目不得随意变更。如因国内原因出现变更(如更换贷款渠道)或撤销(如推迟建设)的情况,需由各地方或部门按程序报经国家发展和改革委员会同意。例如,在对外工作中,需对备选项目进行调整(如更换项目或补充备选项目),由国家发展和改革委员会和窗口部门统一办理。

(3)原本按限额以下(小于500万美元)办理的项目,在对外工作中变为限额以上(超过500万美元)项目,需由各地方或部门按程序报经国家发展和改革委员会批准后方可对外签约。

(4)由若干子项目组成的"打捆"项目,对外作为一个项目提出的,其贷款金额超过500万美元的,须按限额以上项目办理。

第三节 国际贸易融资方式中的国际信贷融资

通过本节的学习,将帮助您了解国际贸易融资方式中的国际信贷融资方式的基本操作流程及其特点。

1. 国际贸易融资方式与国际信贷融资方式是什么关系?

国际贸易融资方式是指在国际贸易的基础上,由银行提供给进出口商的,或者进出口商之间相互提供的信贷融资方式。部分国际贸易融资方式属于国际信贷融资方式。如果贸易融资的信贷双方属于居民与居民的融资交易(如进口国银行提供给进口商的贸易融资、出口国银行提供给出口商的贸易融资),就属于贸易融资中的国内融资方式;如果贸易融资的信贷双方属于居民与非居民的融资交易(如出口商提供给进口商的贸易融资、出口国银行提供给进口商的贸易融资),则属于贸易融资中的国际融资方式。

2. 什么是出口信贷?

出口信贷(export credit)是一国为鼓励本国商品出口,增强本国商品的国际竞争能力和创汇能力,安排银行向本国出口商或外国进口商提供的中长期贷款。由于国际贸易中长期信贷着重以扩大出口为基本目标,所以,国际上习惯将国际贸易中长期信贷统称为出口信贷。

3. 出口信贷适用于哪些国际贸易?

出口信贷适用于那些金额大、使用周期长的成套大型设备、船舶和飞机等机电产品出口的重要政策性金融工具。由于大型机械设备或成套项目单件套产品的价格高、资金占用和回收周期长,而国际贸易短期信贷期限一般在1年以内,需要中长期的出口信贷的支持。因此,第二次世界大战后,在机械和成套设备贸易中,各出口商所在国的商业银行和政策性对外贸易银行,常根据项目的性质、进口商的资信状况及当时国际金融市场的具体情况,直接向本国的出口商、国外的进口商或进口商所在国银行,发放期限在1~5年或5年以上的各种形式的对外贸易中长期信贷,以资金融通扶持本国大型机械设备和成套项目的出口。

4. 出口信贷有哪些特点?

出口信贷作为扶持出口的国际贸易中长期信贷,具有以下特点。

(1)贷款期限长,风险大。一般来说,短期贸易信贷期在1年或1年以内,资金回收周期短,资金风险较小。出口信贷期限通常长于1年甚至达5年以上,资金回收周期长,相应资金本息风险也较大。

(2)贷款对象主要侧重于扶持大型机械和机电设备出口。出口信贷针对进口商购买大型机械和机电设备一次性使用资金额多、期限长、风险大的特点,通过融资扶持、分期偿还来减轻进口商的资金压力和风险,吸引其采购进口的兴趣,为推动本国大型机电设备及技术出口提供直接或间接的融资服务。

(3)贷款利率优惠。出口信贷利率一般低于同等条件贷款的市场利率,利差由政府财政补贴。大型机电设备制造业在各国经济产业中占有重要地位,其产品价值高、交易金额大,作为资本性货物出口,不仅能创造外汇收入,扩大本国在国际经济领域的影响,还对国内的经济增长与稳定就业影响重大。为加强本国机电设备的国际竞争能力,各国政府给予政策性利息补贴,商业银行或政策性进出口银行给予优惠利率,对外国进口商或本国出口商提供信贷支持。

(4)出口信贷通常与信贷保险结合。由于国际贸易中长期出口信贷的贷款期限长、金额大,导致贷款风险较大。为确保银行信贷资金安全,保护银行发放出口信贷的积极性,许多国家都由国家出资专设出口贸易信贷的保险机构,当贷款本息不能按期收回或出现坏账时,由信贷保险机构利用国家资金给予风险补偿,利用国家财力资源来加强本国出口商在国际市场上的竞争力,促进资本性货物的出口。

(5)出口信贷具有国家政策性资助管理的性质。各国的出口信贷通常要制定专门政策,成立进出口银行或专门的出口信贷机构来管理与分配、发放出口信贷资金,以弥补私人商业银行资金的不足,改善本国的出口信贷条件。即便有些国家委托商业银行代理发放,也要由国家专设的出口信贷机构予以资金支持和监管。

(6)出口信贷的金额只能占合同金额的85%左右,其余部分要支付现汇。

5. 出口信贷有哪些主要形式?

第二次世界大战后,在银行、进出口商间普遍推行的有卖方信贷、买方信贷、中长期票据收买业务和混合贷款四种主要的出口信贷形式。

6. 什么是卖方信贷?

卖方信贷(supplier credit)是由出口国银行向出口商提供的扶持其以延期付款方式出口机电设备的信贷方式。在卖方信贷下,出口商与进口商签订出口合同后,进口方需预付一定比例定金,在分批交货、验收和保证期满时再分期支付一定比例货款,剩余货款则由出口商在设备制造或交货期间向本国银行申请贷放出口信贷。在进口商按合同规定的分期付款期内归还本息后,出口商再向本国银行偿还所借款项本息。所以,卖方信贷实质是出口商从本国银行取得中长期贷款支持后,再转向进口商提供商业信用的方式。

7. 申请和发放卖方信贷的条件是什么?

申请和发放卖方信贷必须符合各国政府规定的特定条件。由于卖方信贷具有政府贴补优惠和支持本国出口的特定目的,因此,并非所有本国的出口商都能享受银行的卖方信贷。申请发放卖方信贷的条件,除经济合作与发展组织(OECD)实施的国际惯例外,各国也大都有切合自身实际的规定。例如,我国规定:只有在中国注册并经国家主管部门批准有权经营机电产品和成套设备出口的中国法人企业,才能申请出口卖方信贷;要求出口的机电产品和成套设备在中国境内制造的部分一般应占总货值的70%以上(船舶占50%以上);要求提供出口卖方信贷融资的最低出口合同金额为50万美元,进口商支付的最低现金比例不低于合同金额的15%,同时出口商投保出口信用险;贷款还款期一般不超过10年。

8. 卖方信贷的业务流程是怎样的?

卖方信贷的业务流程如图12-4所示。

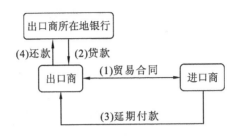

图 12-4　卖方信贷业务流程示意图

(1)出口商(卖方)与进口商(买方)签订出口协议,确定以延期付款或赊销方式向进口商(买方)出售大型机械装备或成套设备。在赊销方式下,出口商和进口商签订合同后,进口商先行支付 5%～10% 的定金,在分批交货验收和保证期满时,再分期支付 10%～15% 的货款,剩余的 75%～85% 的货款在全部交货后若干年内分期偿还本金,并支付贷款利息。

(2)出口商以出口协议为依据,与本国银行签订贷款协议,借入相当于剩余的 75%～85% 货款的资金。

(3)双方完成交易,进口商按贸易协议分期偿还出口商货款余额后,出口商根据贷款协议,再分期(通常每半年偿还一次)偿还银行出口信贷本息。

此外,出口商向银行借取卖方信贷,除按出口信贷利率支付利息外,还须支付信贷保险费、承担费、管理费等费用。但出口商一般要将费用附加于出口成套设备货价中回收,因而,卖方信贷下进口商延期支付的货价要高于一次性现汇支付的货价。

9. 什么是买方信贷?

买方信贷(buyer credit)是出口国银行直接向进口商提供贷款,或向进口商所在国银行提供贷款后再转贷给进口商的贷款形式。在买方信贷下,出口商与进口商交易一般采取即期付款方式,即根据贷款合同规定,出口国银行凭出口商提供的货运单据,及时向出口商支付货款,同时记入进口商的借款账户内,到期后由进口商按照贷款合同分期偿还贷款本息。所以,买方信贷实质是出口国银行向进口商提供的银行融资信用。

10. 进口商买方信贷的业务流程是怎样的?

进口商买方信贷的业务流程如图 12-5 所示。

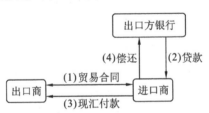

图 12-5　进口商买方信贷业务流程示意图

(1)进口商(买方)与出口商(卖方)洽谈贸易,签订贸易合同后,进口商(买方)先缴相当于货价 15% 的现汇定金。现汇定金在贸易合同生效日支付,也可在合同签订后的 60 天或 90 天支付。

(2)在贸易合同签订后至预付定金前,进口商(买方)再与出口商(卖方)所在地银行签订贷款协议。这个协议是以上述贸易合同作为基础的。如果进口商不购买出口商的设备,则进口商不能从出口商所在地银行取得此项贷款。

(3)进口商(买方)用其借得的款项,以现汇付款条件向出口商(卖方)支付贷款。

(4)进口商(买方)应向出口商(卖方)所在地银行偿还的贷款,按贷款协议条件分期偿付。

11. 进口地银行买方信贷的业务流程是怎样的?

进口地银行买方信贷的业务流程如图 12-6 所示。

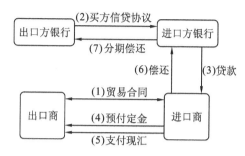

图 12-6　进口地银行买方信贷业务流程示意图

(1)进口商(买方)与出口商(卖方)洽谈贸易,签订贸易合同,进口商(买方)先缴 15% 的现汇定金。

(2)签订合同至预付定金前,进口方(买方)银行与出口商(卖方)所在地的银行签订贷款协议。该协议虽以前述贸易合同作为基础,但在法律上具有相对独立性。

(3)进口方(买方)银行以其借得的款项,转贷给进口商(买方),后者以现汇条件向出口商(卖方)支付贷款。

(4)进口方(买方)银行根据贷款协议分期向出口商(卖方)所在地的银行偿还贷款。

(5)进口商(买方)与进口方(买方)银行间的债务按双方商定的办法在国内清偿结算。

12.《官方支持出口信贷指导原则协议》对买方信贷的贷款条件做了哪些方面的规定?

1978 年西方工业国共同拟定的《官方支持出口信贷指导原则协议》,为形成买方信贷下公平合理的国际贸易特别是大型成套机电设备贸易秩序,对各国从事买方信贷业务做了以下方面的规定:

(1)使用国与使用标的物;

(2)进口资本货物的国产比重;

(3)贷款额度和申请买方信贷的起点额度;

(4)信贷起始日期;

(5)信贷还款期限;

(6)本金偿还方式、利息支付方式与利息计算方式;

(7)信贷的利率;

(8)当地费用的使用;

(9)使用的贷款货币;

(10)费用;

(11)申请手续。

13.《官方支持出口信贷指导原则协议》对买方信贷使用国与使用标的物做了什么规定?

由于贷款国政府补贴利差使出口信贷利率较低,为确保贷款资金合规使用,防止扰乱国际金融市场的正常利率秩序,规定接受买方信贷的进口商只能以其所获贷款向提供买方信贷国家的出口商、出口制造商或在该国注册的外国公司支付采购货款,不能对第三国厂商支付。进口商只能将买方信贷资金用于进口单机、成套设备和相关的技术与劳务工程等资本性货物,一般不能以贷款资金购买进口原材料、消费品等。

14.《官方支持出口信贷指导原则协议》对买方信贷进口资本货物的国产比重做了什么规定?

为保证买方信贷促进本国机电设备制造业发展,维护国际贸易公平竞争环境,要求提供买方信贷国家出口的资本货物应是本国制造的,如出口资本货物系为多国部件组装,则本国产部件应占50%以上。个别国家规定外国产部件不能超过15%的比重,有的国家规定只对资本货物本国制造的部分提供信贷支持。

15.《官方支持出口信贷指导原则协议》对买方信贷贷款额度和申请买方信贷的起点额度做了什么规定?

为了控制信贷风险,买方信贷的贷款额度最高占出口贸易合同金额的85%,船舶为80%。剩余的15%~20%货款要支付现汇。贸易合同签订后或贸易合同生效前要先行预付5%的定金,一般贷款资金要在支付结清15%~20%的货款现汇后才能发放使用。为保证出口信贷主要用于扶持本国大型成套机电设备出口,各国对进口商利用买方信贷购买资本货物都规定最低贷款起点,未达贷款起点的不予放贷。

16.《官方支持出口信贷指导原则协议》对买方信贷起始日期做了什么规定?

买方信贷起始日指偿还贷款的起始日,正式还款日期一般在信贷起始日后的6个月开始。信贷起始日的确定随出口信贷标的物的不同而有区别:凡进口单机的,以进口商进口单机收货之日为信贷起始日,如分批收货的,以分批收货日期的平均值为信贷起始日;凡进口成套设备的,如出口商不负责组装,以进口商进口成套设备(不包括零部件)收货之日为信贷起始日,如出口商负责组装,在出口商组装完成,经调试正常运转使用之日为信贷起始日;凡承包工程的,如出口商(承包商)不负启用责任的,工程竣工之日为信贷起始日,如出口商负责启用责任的,工程项目经调试正常运转之日为信贷起始日。

17.《官方支持出口信贷指导原则协议》对买方信贷还款期限做了什么规定?

买方信贷起始日后的6个月起借款人就应开始进入贷款偿还期。发达国家买方信贷的最长还款期一般为5年,中等发达国家最长还款期一般为8.5年,发展中国家买方信贷的最长还款期一般为10年,电站设备出口信贷的还款期可延长为12年。如超过此贷款期限,当事国在做出贷款承诺前应通知经济合作与发展组织(OECD)的有关成员国。

18. 《官方支持出口信贷指导原则协议》对买方信贷本金偿还方式、利息支付方式与利息计算方式做了什么规定?

买方信贷本金应按等期还款方式,每隔 6 个月或不到 6 个月偿还一次,每次偿还金额均等,首次偿还本金日期不迟于信贷起始日后的 6 个月内。

买方信贷首次支付利息日期不迟于信贷起始日后 6 个月内,每次支付利息的间隔期不能超过 6 个月。如贷款不按上述规定支付利息,应在签订信贷协议前通知经济合作与发展组织(OECD)的成员国。

关于买方信贷的利息计算方法,各国不尽一致。如美元买方信贷每年按 360 天计算,欧元和日元买方信贷每年按 365 天计算。另外,国际通用的买方信贷计息时间"算头不算尾",即借款当日计息,还款当日不计息。

19. 《官方支持出口信贷指导原则协议》对买方信贷的利率做了什么规定?

买方信贷使用的利率除少数国家外,一般都低于市场利率,但在实际中各国有以下利率确定方式可供选择:

(1)经济合作与发展组织国家的利率方式;
(2)按照伦敦银行同业拆放利率(LIBOR)计收买方信贷利息的方式;
(3)介于前两种利率水平之间的利率方式(如加拿大买方信贷利率水平高于商业参考利率水平,但低于伦敦银行同业拆放利率水平);
(4)政策性优惠利率与商业性利率相结合方式。

20. 什么是经济合作与发展组织国家的利率?

经济合作与发展组织国家的利率具体参考 OECD 各成员国政府债券利率形成的商业参考利率(commercial interest reference rate,CIRR)确定,每月 15 日调整一次。商业参考利率实行固定利率,是最主要的买方信贷利率形式。商业参考利率具体还有各种实施形式,如不论还款期限长短,商业参考利率统一以各国 5 年期政府债券的收益率计算,如英国按此种方式计收买方信贷的利息;或者依据不同标准尺度计算,如美国的做法是还款期限不超过 5 年(含 5 年)的买方信贷按 3 年期政府债券的收益率计算;还款期限为 5~8.5 年(含 8.5 年)的买方信贷,按 5 年期政府债券的收益率计收;还款期限为 8.5 年以上的买方信贷,按 7 年期政府债券的收益率计收等。

21. 什么是伦敦银行同业拆放利率(LIBOR)?

LIBOR 是英文 London inter-bank offered rate 的缩写,中文译为伦敦银行同业拆放利率,这是国际金融市场上一种起基准作用的浮动的市场利率,其利率水平要明显高于商业参考利率水平。如日本发放买方信贷即采用此类利率方式,政府不予贴息。

22. 什么是政策性优惠利率与商业性利率相结合方式?

如美国买方信贷的部分资金来源于专门的进出口银行,采用较低的利率;部分资金由商业银行提供,按照市场利率计收。利率总水平按照两种资金来源比例变化调整确定,总体利率水平也高于商业参考利率水平。

23.《官方支持出口信贷指导原则协议》对买方信贷中当地费用的使用做了什么规定？

买方信贷资金可用于进口商为完成机械设备进口而必须在本国或第三国购买的商品或劳务支出，以及出口商为完成机械设备的出口而必须购买的商品或劳务支出等当地费用。但当地费用使用的最高额度，不能超过设备贸易合同价款的15%，发达国家的当地费用使用仅限于支付保险费和担保费，不得用于其他费用。

24.《官方支持出口信贷指导原则协议》对买方信贷所使用的贷款货币做了什么规定？

各国提供买方信贷所使用的货币不尽相同，既可使用提供买方信贷国家的本币，也可将买方信贷国家的本币与美元结合使用，不同货币采用不同利率；还可使用美元作为买方信贷的贷款货币。

25.《官方支持出口信贷指导原则协议》对买方信贷的费用做了什么规定？

使用买方信贷除支付利息外，还需要支付相关的管理费、承担费和信贷保险费等。管理费率一般为贷款金额的1‰~5‰，有的国家规定在签订买方信贷协议后一次付清，有的国家规定按每次支取的贷款金额分次付费。承担费率为贷款金额的1‰~5‰，每季或每半年按未支取的贷款余额计付一次，但有的国家不计收买方信贷的承担费。信贷保险费率一般为贷款金额的2.5‰，根据各国规定既可由进口商或进口商银行支付，也可由出口商支付。

26.《官方支持出口信贷指导原则协议》对买方信贷的申请手续做了什么规定？

实施买方信贷首先需要政府背景下的出口国银行与进口国银行达成意向性贷款的总协议，规定贷款总额和具体贷款条件。当进口商与出口商达成贸易合同需要使用买方信贷时，贷款申请人只要持贸易合同向进口国银行申请，经批准后签订贷款协议即可使用贷款。

27.买方信贷与卖方信贷的区别有哪些？

买方信贷与卖方信贷的区别可参见表12-1。

表12-1　买方信贷与卖方信贷差异比照表

差异项目	买方信贷	卖方信贷
直接受贷对象	出口商	进口商或进口商所在国银行
贷款银行承担的风险	高	低
贷款费用是否计入交易货价	不计入	计入
贷款是否影响出口商财务状况	影响	不影响
贷款使用的货币	出口国本币	可自由兑换货币

28.买方信贷较之卖方信贷有哪些优越性？

（1）对于出口商来说，采用买方信贷可以较快地收回货款，减少汇率风险，不仅可以省去联系信贷的手续，还可避免卖方信贷形成的大量负债对其资产负债产生的负面影响，同时避免了对于上市公司的股票价格的消极作用。

(2) 对于出口方银行来说,采用买方信贷,贷款给进口方银行的风险要比贷款给企业的风险小,因为银行的资信一般要高于企业。这要比卖方信贷业务中贷款给国内出口商更为保险。

(3) 对于进口商来说,采用买方信贷,在与出口商的贸易谈判中避免了对价格构成缺乏了解的问题。进口商或进口方银行直接承担贷款手续费,比卖方转嫁这笔费用更为合适。

29. 目前出口信贷的主要方式是什么?

从各国出口信贷的发展历程看,其早期都以卖方信贷为主要形式。随着各国经济发展,出口产品结构中资本性货物出口比重提高,贸易融资需求逐渐由短期、小额资金转向长期、巨额融资,买方信贷形式的优势日益显现,占出口信贷的比例也快速增长。目前在西方发达国家中,买方信贷额已占全部出口信贷总规模的90%以上,成为出口信贷的主要方式。

30. 什么是中长期票据收买业务?

中长期票据收买业务的英文原词为 forfeiting,译为福费廷,意指放弃某种权利。这种业务是指在延期付款的大型成套设备贸易中,出口商把经进口商承兑的期限在0.5~6年的远期汇票,无追索权地卖给出口商所在地的银行或大金融公司,提前取得现款的一种资金融通形式。从实质上看,这种业务也是出口信贷。

31. 中长期票据收买业务的业务程序是怎样的?

(1) 出口商与进口商在洽谈设备、资本物品交易时,如要使用福费廷融资方式,应事先和其所在地银行或金融公司约定,以便做好各项信贷安排。

(2) 出口商与进口商签订贸易合同,出口商向进口商索取远期汇票,要取得出口商往来银行的担保,保证在进口商不能履行支付义务时,由其最后付款。

(3) 出口商卖断给银行或金融公司的票据既可以是经进口商承兑的汇票,也可以是进口商开出的本票。为进口商担保的银行必须得到出口商所在地接受福费廷业务的银行同意和认可。

(4) 出口商发运设备后,将全套货运单据通过银行的正常途径,寄送给进口商,以换取经进口商承兑的附有银行担保的承兑汇票(或本票),单据的寄送办法按合同规定办理,可以凭信用证条款寄单,也可以跟单托收。

(5) 出口商取得经进口商承兑的并经有关银行担保的远期汇票或本票后,按照与买进这项单据的银行或大金融公司的原约定,依照放弃追索权的原则,办理该项票据的贴现手续,取得现款。

32. 中长期票据收买业务与贴现业务有什么不同?

(1) 一般票据贴现,如果票据遭到拒付,银行对出票人能行使追索权,要求汇票的出票人付款;而福费廷业务所贴现的票据,不能对出票人行使追索权。出口商贴现票据是一种卖断(outright sell),以后票据遭到拒付,出口商概不负责,从事福费廷业务的银行承担风险。

(2) 贴现票据一般为国内贸易或国际贸易往来中的票据,而福费廷则多为与设备出口相联系的有关票据。

(3) 贴现票据一般不须银行担保,而办理福费廷业务的票据必须由信誉较高的银行担保。

(4) 办理贴现的手续比较简单,而办理福费廷业务则比较复杂。贴现的费用负担一般仅按当时市场利率收取贴现利息,而办理福费廷业务的费用较高,除按市场利率收取利息之外,一般还收取管理费、承担费、罚款等。

33. 什么是混合信贷？

混合贷款(mixed credit)是将出口信贷与政府信贷或赠款混合贷放的融资方式。混合贷款是在出口信贷的基础上发展起来的，一些发达国家为扩大本国大型成套设备的出口，加强本国设备出口的竞争力，在进出口银行发放出口信贷的同时，出口国政府还从公共预算中列支资金提供低息的政府贷款或无偿赠款，并按一定比例与出口信贷一并发放，以激励出口商和进口商，利用出口信贷资金扩展进出口业务。政府贷款或赠款占混合贷款全部贷款金额的比重根据实际情况变化调整，一般最多占贷款总金额的30%～50%。在同一个项目融资的混合贷款中，既可分别签署政府贷款或赠款与出口信贷的贷款协议，并规定各自不同的贷款利率、费率和贷款期限等融资条件，也可签署总的信贷协议，按政府贷款或赠款与出口信贷的各自比例，计算出混合利率并规定统一的费率、贷款期限等融资条件。

34. 混合贷款有哪些显著的特点？

混合贷款作为国际金融中重要的优惠贷款种类，具有以下特点。

(1) 混合贷款中必须有不少于一定比例的政府贷款或赠款。混合贷款中如果政府捐赠或政府贷款的比例不大，就无法以优惠来鼓励出口本国商品。因此，经济合作与发展组织曾规定凡以优惠条件提供的混合贷款，政府优惠或赠与成分不应低于30%。目前，各国混合贷款中政府出资部分的比例有的高达50%。但由于政府贷款受本国财力和财政预算的约束，混合贷款发放的数量与规模都有一定限制，各国主要用于扶持本国的重点出口产业和产品。

(2) 混合贷款的贷款条件优惠。由于混合贷款中政府赠与和低息或免息贷款部分占相当比重，因此混合贷款的利率水平相对较低，一般为1.5%～2.5%，期限可长达30～50年，贷款金额最高可达出口贸易合同金额的100%，贸易商可全部利用政府贷款资金进行项目建设，贷款条件远比出口信贷优越。

(3) 混合贷款申请审查严格，放贷手续复杂。由于混合贷款中政府公共预算资金占相当比重，优惠度大，因而贷款的政策要求高，申请审批缜密，贷款国银行对出口建设项目甄别筛选、评估和资金使用规定特定的操作程序和规范要求，实行严格的跟踪监管。

第十三章
国际证券融资方式

国际证券融资方式是指通过发行国际债券、国际股票的方式进行国际融资的方式。无论是在国内金融市场上,还是在国际金融市场上,通过发行债券和发行股票的方式进行融资,都是非常重要的融资方式。通过本章内容的学习,你应该能够:

- 了解和掌握国际债券融资方式的基本操作流程和其特点;
- 了解和掌握国际股票融资方式的基本操作流程和其特点。

关键概念

国际债券融资、国际股票融资

引导型问题

1. 中国今后利用国际证券市场进行融资应当以哪种方式为主?
2. 中国的证券市场应当如何进一步对外开放?

第一节 国际债券融资

通过本节的学习,将帮助您进一步了解国际债券融资方式的基本操作流程及其特点。

1. 发行国际债券进行融资的好处是什么?

通过发行国际债券的方式进行融资的好处有:
(1) 可以筹集到较长期限的资金;
(2) 筹资可以有多种货币的选择和权衡;
(3) 可使债券的资金来源和汇率风险分散化;
(4) 国际债券通常是固定利率;
(5) 欧洲债券市场不受当地政府的金融法规管制,因而发行速度较快;
(6) 欧洲债券没有利息预扣税;
(7) 通过发行国际债券和信誉评级,可提高发行者的知名度;
(8) 投资者购买国际债券可获得利息等收益,并拥有国际债券的较强流动性。

2. 外国债券的发行有哪些主要的环节?

(1) 选择牵头经理人。外国债券发行的牵头经理人及其他中介服务机构只能是债券面值货币发行国的银行、证券公司及其他金融机构。
(2) 进行评级。不同国家对其评级的要求不一样。
(3) 公募发行需向当地有关政府部门登记注册。这是外国债券发行过程中不可缺少的环节。
(4) 确定发行的主要条件。不同面值货币的外国债券在确定发行主要条件(比如发行额、发行级别、利率等方面)上都有一些差别。
(5) 发行。向债券的购买者销售债券。

3. 欧洲债券融资具有哪些特点?

(1) 以无记名方式发行,它是一种无国籍债券,转让起来极为方便。
(2) 不在标价货币发行国政府的管辖范围内,不必向面值货币发行国和销售市场所在国证券主管部门登记,但每笔发行都必须遵守它所在销售国的法律和规则。债券发行中应注明一旦发生纠纷,应以哪国法律为准。

(3)对利息收入不征收预扣税。

(4)一般由国际包销团(辛迪加)联合承销,再联合其他银行和金融机构组成承销团对债券进行全球配售。

(5)债券的标价货币对于大多数投资者而言是外国货币。欧洲债券的投资者主要是个人,近年来机构投资者也纷纷参与进来,它们在市场的投资地位正日趋重要。

(6)欧洲债券的利率随标价货币发行国国内资本市场利率变化而变化。多数情况下,欧洲债券的收益率要比相应国内资本市场利率低,且其差额一直在变动。

4. 欧洲债券有哪些种类?

欧洲债券分为普通欧洲债券、创新欧洲债券和浮动利率债券。普通欧洲债券主要是固定利率债券;创新欧洲债券主要有零息债券、高折扣债券、展债券、延期付款债券、符合货币债券;浮动利率债券主要有上限锁定债券、下限锁定债券、上下限锁定债券、自由浮动利率债券及附卖出期权的浮动利率债券。

5. 欧洲债券与外国债券有什么区别?

欧洲债券与外国债券的区别参见表13-1。

表13-1 欧洲债券与外国债券区别比照表

债券名称	发行市场	发行货币的选择性	税收政策	发行方式	所受约束
欧洲债券	发行人和面值货币所在国以外的第三国	有利于发行人的一种货币	发行人不需要交税,投资者利息收入免征税	牵头行联合全球配售,公募发行,可申请上市流通	无国性,可使发行人绕过种种限制
外国债券	债券标价货币发行国	仅限债券发行地国家的货币	必须根据其债券市场所在国法律纳税	承销团承购,公募和私募发行	一般受所在国相应的法规法令的限制

6. 什么是国际债券发行的主要条件?

国际债券发行的主要条件通常包括以下七个。

(1)发行额。发行额的多少,除了受信用级别的限制外,还要根据发行人的资金需要和市场销售的可能性确定。

(2)偿还期限。债券的偿还期限的长短,由发行者的需要、债券市场的条件和发行债券的种类所决定,一般短则5年,长则10年、20年以上。

(3)票面利率。一般采用固定利率,也有采用浮动利率的。发行债券的种类不同,利率也不同。对于发行债券者来说,利率越低越好。银行存款利率和资金市场行情的变化对债券利率影响较大。

(4)发行价格。债券的发行价格以债券的出售价格与票面金额的百分比表示。100%的票面价格发行的叫等价发行;以低于票面价格发行的叫低价发行;以超过票面价格发行的叫超价发行。

(5)偿还方式。国际债券的偿还方式主要有定期偿还、任意偿还、购回偿还。

(6)认购者收益率。它是指所得的偿还价格和发行价格的差额利润率及票面利息率的总和。

(7)费用。发行债券的费用,包括债券印刷费、广告费、律师费、承购费、登记代理费、委托费、支付代理费等。

7. 什么是国际债券发行的主要文件?

国际债券发行的主要文件通常包括:

(1)有价证券申请书;

(2)债券说明书;

(3)债券承购协议;

(4)债券受托协议;

(5)债券登记代理协议;

(6)债券支付代理协议;

(7)律师意见书。

8. 什么是有价证券申请书?

有价证券申请书是发行人向发行地政府递交的发行债券申请书。其主要包括以下内容:发行人所属国的政治、经济、地理等情况;发行人自身地位、业务概况和财务状况;发行本宗债券的基本事项;发行债券集资的目的与资金用途等。

9. 什么是债券说明书?

债券说明书是发行人将自己的真实情况公之于众的书面材料。它的主要内容与有价证券申请书相似。

10. 什么是债券承购协议?

债券承购协议是由债券发行人与承购集团订立的协议。它包括以下几个方面的内容:债券发行的基本条件;债券发行的主要条款;债券的发行方式;发行人的保证和允诺;发行人对承购集团支付的费用;承购人的保证和允诺等。

11. 什么是债券受托协议?

债券受托协议是由债券发行人和受托机构订立的协议。它的主要内容除受托机构的职能和义务外,基本与债券承购协议一样。

12. 什么是债券登记代理协议?

债券登记代理协议是债券发行人与登记代理机构订立的协议。它的主要内容除登记代理机构的职能和义务外,基本与债券承购协议一样。

13. 什么是债券支付代理协议?

债券支付代理协议是债券发行人与支付代理机构订立的协议,主要内容除债券还本付息地点、债券的挂失登记和注销外,基本与承购协议一样。

14. 什么是律师意见书?

律师意见书是债券发行人和承购集团各自的律师就与发行债券有关的法律问题表示的一

种书面意见书。

15. 什么是发行国际债券的基本流程?

不同的国际债券发行程序虽然不尽相同,但是大体上都包括以下几个步骤。具体流程说明:

(1)发行人确定主干事和干事集团;
(2)发行人通过主干事向发行地国家政府表明发行债券的意向,征得该国政府的许可;
(3)在主干事的帮助下,发行人申请债信评级;
(4)发行人通过主干事,组织承购集团,设立受托机构、登记代理机构和支付代理机构;
(5)发行人与以主干事为首的干事集团商议债券发行的基本条件、主要条款;
(6)发行人按一定格式向发行地国家政府正式递交"有价证券申报书";
(7)发行人分别与承购集团代表、受托机构代表、登记代理机构代表和支付代理机构代表签订各种协议;
(8)发行人通过承购集团,向广大投资者提交"债券说明书",介绍和宣传债券;
(9)承购集团代表(一般是主干事)组织承购集团承销债券,各承购人将承购款付给承购集团代表;
(10)承购集团代表将筹集的款项交受托机构代表换取债券,随后将债券交给承购人;
(11)各承购人将债券出售给广大的投资者;
(12)登记代理机构受理广大投资者的债券登记;
(13)受托机构代表将债券款项拨入发行人账户。

第二节 国际股票融资

通过本节的学习,将帮助您进一步了解国际股票融资的基本操作流程及其特点。

1. 发行国际股票融资具有哪些特点?

与其他融资方式相比,国际股票融资通常具有以下特点:

(1)根据多数国家的公司法和证券法,国际股票发行人仅限于资本业已股份化的特定类型的公司组织,通常为股份有限公司或特定类型的有限责任公司;
(2)国际股票发行人与投资人分属于不同的国家或地区,其股票发行或上市交易行为受到不同国家法律的支配,由于其法律适用较为深入地涉及不同国家的公司法、财产法和证券法,故其法律冲突问题的解决较为复杂;
(3)国际股票本质上是一种可自由流转的股东权利凭证,它具有权利无期限性,采取记名证券形式,其权利内容又具有复合性与复杂性;
(4)国际股票融资通常不以单纯的一次性股票发行为内容,发行人往往追求国际股票发行与上市的双重后果,其目的在于提高发行的效率,建立某种长期稳定的国际融资渠道;
(5)国际股票融资具有较强的技术性和复杂的程序性。

2. 国际股票融资有哪些类型?

国际股票融资依照其发行与上市结构可分为不同的类型,其中中国的境外股票融资中较为普遍采用的类型主要包括境内上市外资股结构、境外上市外资股结构、间接境外募股上市结构和存托证境外上市结构等几种。

3. 什么是境内上市外资股结构？

境内上市外资股结构是指发行人通过承销人在境外募集股票（通常以私募方式），并将该股票在发行人所在国的证交所上市的融资结构。我国证券法规将依此类结构募集的股份称为"境内上市外资股"，俗称 B 股。

4. 什么是境外上市外资股结构？

境外上市外资股结构是指发行人通过国际承销人在境外募集股份，并将该股票在境外的公开发售地的证交所直接上市的融资结构。此类募集常采取公开发售与配售相结合的方式。在我国实践中常称的 H 股、N 股、S 股等均属于此类。境外上市外资股结构充分利用了市场所在国的外汇制度、法律制度、证券交易制度、信息披露制度，采用国际股票融资实践中惯用的组织方式，故其发行效率和股票流动性均优于境内上市外资股。

5. 什么是间接境外募股上市结构？

间接境外募股上市结构是指一国的境内企业通过其在境外的控股公司向境外投资人募集股份筹资，并将该募集股份在境外公开发售地的证交所上市的股票融资结构。该结构依其公司重组方式，又可分为通过境外控股公司申请募集上市和通过收购境外上市公司后增募股份两种。

6. 什么是存托证境外上市结构？

存托证是由一国存托银行向该国投资者发行的一种代表其他国家公司证券所有权的可流转证券，是为方便证券跨国界交易和结算而创制的原基础证券的派生工具。存托证所代表的基础证券通常为其他国家公司的普通股股票，但目前已扩展于优先股和债券，实践中最常见的存托证主要是美国存托证 ADR、英国存托证 EDR。

存托证境外上市结构是指一国发行人公司通过国际承销人向境外发行的股票将由某外国的存托银行代表境外投资人统一持有，而该存托银行根据该基础证券向该国投资人或国际投资人发行代表该基础证券的存托证，并且最终将所发行的存托证在该国证交所上市的国际股票融资方式。

7. 国际股票融资的一般流程是怎样的？

国际股票融资的一般流程可参见图 13-1。

国际股票融资的结构类型不同，其工作程序也有很大差别。但对于我国和发展中国家的发行人来说，典型的境外上市外资股融资程序通常包括以下几个工作阶段。

（1）中介机构选择与整体方案确定。拟募股企业得到境外募股的计划额度或被许可进行境外上市工作后，通常须进行的首要工作即选定主承销人和国际协调人。其中境内上市外资股的主承销人通常由有外资股承销资格的中国证券金融机构担任，境外上市外资股的主承销人和国际协调人通常由市场所在国有实力的投资银行担任。此选择过程通常采用类似于国际债券融资的议标方式。在主承销人和国际协调人得到确定的情况下，拟募股企业应及早聘请财务顾问（不同于审计师）和发行人律师，以推动整体方案的准备；此后应依项目进程聘请资产评估机构、土地评估机构、中外审计师和承销商律师参与工作。

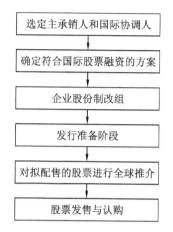

图 13-1 国际股票融资的一般流程简图

(2) 拟进行国际股票融资的企业组织通常不具备境外募股公司的主体资格，某些业已进行股份制改组的公司往往也存在着不符合拟上市国家财务法律要求的情况，因此在进行股票发行准备之前，通常要进行原有企业的公司化或公司重组工作，实践中又称为"企业股份制改组"。

(3) 发行准备阶段的基本任务是准备股票境外发行与上市的各种招募文件和相关文件，使此类文件得到应有的法律文件和政府批准文件的支持，同时使此类文件符合股票上市地法律的要求并使之得到上市地监管机构应有的核准或承诺。

(4) 根据国际股票融资惯例，在股票发行开始之前，主承销人通常需根据发行方案组织对拟配售的股票进行全球推介，即所谓"路演"，并根据路演后的预订单确定发行价格。在市场状况无不可预见情势的条件下，股票发行的主承销人将组织全部拟发行股票的发售与认购，并在规定的终结日(closing day)停止认购过程，剩余的股票将由承销人根据承销协议包销或退还发行人。

第十四章
国际特殊融资方式

　　国际特殊融资方式是指除了信贷融资、证券融资方式以外的,具有某种特定操作及流程要求的国际融资方式。它们是重要的国际融资方式的补充。通过本章内容的学习,你应该能够:

- 了解和掌握国际租赁融资方式的基本操作流程及其特点；
- 了解和掌握国际项目融资方式的基本操作流程及其特点；
- 了解和掌握国际BOT融资方式的基本操作流程及其特点；
- 了解和掌握国际风险投融资方式的基本操作流程及其特点。

关键概念

国际租赁、国际融资租赁、国际项目融资、国际BOT融资、国际风险投融资

引导型问题

1. 中国应当如何发展国际融资租赁？
2. 中国应当如何发展国际项目融资？
3. 中国应当如何发展国际BOT融资？
4. 中国应当如何发展国际风险投融资？

第一节 国际租赁融资

通过本节的学习，将帮助您了解国际租赁融资方式的基本操作流程及其特点。

1. 什么是租赁？

租赁是出租人在租赁期内，将租赁财产使用权转移给承租人使用并收取租金的资产有偿使用的交易行为，其实质是资产使用权的借贷关系，租金即为借贷利息。因此，租赁也是一种信用形式，是物品的所有人以收取报酬为条件，让渡一定时间内物品使用权的信用交易。

2. 什么是国际租赁？

国际租赁是现代租赁业务由国内向国外发展的结果。国际租赁(international lease)又称跨国租赁(cross border lease)，是指分属不同国家的出租人与承租人之间发生的租赁交易行为。

3. 什么是国际租赁的广义解释？

广义的国际租赁不仅包括跨国租赁，还包括离岸租赁(off-shore lease)。离岸租赁又称为间接租赁(indirect lease)，是指租赁公司以合资或独资方式设立的海外法人公司在注册所在国经营的租赁业务。

间接租赁对于母公司而言，不管承租人是否为子公司的注册国用户，其海外子公司经营的租赁业务就属间接对外租赁。但对于母公司的海外子公司而言，如果承租人为注册国企业，租赁交易应属国内租赁；如果承租人为非注册国企业，租赁交易即属跨国租赁。

4. 中国是如何区分国内租赁与国际租赁的？

中国根据交易三方当事人的国别属性及合同所使用的计价货币来区分租赁业务的国内或

国际属性。当三方当事人均为我国公司并以人民币作为合同计价货币时,即为国内租赁业务;若三方当事人中有一方为外国企业,并以外币为合同计价货币,即属国际租赁业务。我国的国际租赁业务中承租人通常为国内公司,出租人或供货商为境外公司并以外币为合同计价货币。

5. 国际租赁有哪些作用?

现代国际租赁是20世纪中期国际金融市场出现的以租赁物为媒介,将融物与融资结合的新型金融业务,也是世界各国实业投资大量采用的融资方式,对国际经济贸易和金融发展有着多方面的作用,具体表现在国际租赁的投资作用、融资作用、促销作用与资产管理作用上。

6. 国际租赁的投资作用表现在哪些方面?

国际租赁的投资作用指租赁带动跨国投资和促进世界经济发展的作用。租赁是先使用设备,后分期支付租金,并且租金仅是租赁设备新创造价值的一部分。对资金紧缺尤其是发展中国家的承租人而言,利用财务杠杆效应的租赁方式获得资本性实物设备资产的使用权,减轻一次性巨额投资的压力和大量借款承受的财务风险,能有效扩大投资规模,加快建设项目投产,形成产能促进经济和就业增长。此外,企业投资结构应随市场需求和产品结构的变化而调整,但由于设备的专用性以及购置费昂贵等原因,企业要随市场需求变动而频繁淘汰旧设备,采购新设备往往进退两难。通过租赁业务,企业既可租入所需新设备,又可将调整的设备出租,实现资本、技术和产品结构调整的目的。

7. 国际租赁的融资作用表现在哪些方面?

国际租赁的融资作用指租赁跨国融通资金的信用中介作用。现代租赁的典型业务是融资性租赁,其融资额最高可达租赁物的全价,企业相当于获得全额的分期付款的设备贷款。承租企业既可在不投资或少投资的情况下扩大生产经营规模,加快技术进步和产品升级,迅速提高企业的国际竞争力,又可使融资租赁物的价值额在会计处理上不计入企业负债,不增加负债比例,无形中提高了企业的信用等级,为企业后继融资创造了有利条件。同时,企业在国际租赁中还可获得许多国家给予租赁交易税收减免的优惠,以及出租人或租赁公司将其享受的投资减免和加建折旧的优惠以低租金的形式转让给承租人,降低筹资成本的益处。从国际租赁发展看,其已成为许多国家新建企业和中小企业固定资产融资"借船出海"的重要途径。

8. 国际租赁的促销作用表现在哪些方面?

国际租赁的促销作用指以租赁带动生产资料投资品销售的作用。租赁方式提供设备能减少承租人自购设备一次性付款的资金压力,还可避免因技术更新导致的设备陈旧过时的无形损耗风险,激发潜在客户的购买力。并且,国际租赁中双方不转移租赁设备所有权,可规避国际贸易中的关税和贸易壁垒,有助于开拓产品的国际市场。

9. 国际租赁的资产管理作用表现在哪些方面?

国际租赁的资产管理作用指以租赁方式购买使用生产资料产品对企业技术进步与经营管理的促进作用。国际租赁有利于承租人充分利用出租方出租设备附带的技术和管理服务,学习国外先进技术和企业经营管理经验。而且,对使用率低而价格高的设备,租赁既能满足生产经营对设备的需求使用,又可大量减少企业的资金投入与占用,提高资产的流动性和资金使用效益。通过租赁处置企业闲置的设备与物资,也可提高资源利用率和企业的经济效益。

10. 国际租赁有哪些主要形式?

国际租赁自产生以来,已成为仅次于银行信贷的国际金融市场直接投融资的第二大融资方式,在国际资本市场中占有极为重要的地位。国际租赁的主要业务形式有金融租赁、经营租赁、衡平租赁与回租租赁。

11. 什么是金融租赁?

金融租赁(financial lease)又称融资租赁或资本租赁,指出租人向生产商或销售商购买承租人选定的设备,并将该设备的使用权出租给承租人,通过分期收取租金方式回收购置设备投资本息的租赁形式。融资租赁具有明显的固定资产购置特点,实质是承租人从出租人处获得分期还款的全额设备贷款,是采用融物与融资结合形式进行的中长期融资活动。融资租赁是现代租赁的典型形式,也是跨国设备制造企业凭借先进技术和金融实力渗透国际市场的重要销售模式。

12. 什么是经营租赁?

经营租赁(operating lease)又称为服务性租赁,是由出租人购买设备出租给承租人使用,并提供设备维修保养服务,在出租期内分期收取租金或租赁期结束收取租金的租赁行为。经营性租赁是传统意义上的租赁形式,属直接"融物"的信用活动,承租人需要短期或临时使用租赁设备,但由于成本高、设备利用率低等多种因素考虑不适宜自购,便通过支付租金方式向出租人租借使用。

13. 什么是衡平租赁?

衡平租赁(leverage lease)又称为杠杆租赁或借贷租赁,是出租人利用财务杠杆原理,以小额自有资本投资组织带动高额资本集约型设备购置出租的长期租赁业务。杠杆租赁是金融租赁派生的租赁形式,出租人仅需投资租赁设备购置款 20%～40% 的资金,就能获得设备所有权并对外出租,购置租赁设备其余的 60%～80% 资金,出租人以设备所有权和承租方承诺支付租金的收款权作抵押向银行贷款。

14. 什么是回租租赁?

回租租赁(sale and leaseback lease)又称为售后回租,指资产所有者将拥有的设备、房屋等资产出售给租赁公司后再通过租赁继续使用资产的租赁形式。在回租租赁中,承租者是租赁物原所有人,出租人是租赁物现在的产权人,通过产权变化和以支付租金为代价,承租人获得与租赁物等值的资金融通而又未影响其正常的生产经营活动。

15. 国际融资租赁业务有哪些特点?

(1)租赁双方要签订租赁合同,租赁关系的建立必须以租赁双方的协议或合同为依据。租赁业务一般有两个合同,即购货合同和租赁合同。这两个合同相互联系、不可分割,是租赁业务能够成立并且正常进行的法律性文件。

(2)租赁物的所有权与使用权分离,在整个租赁期间,出租人始终拥有资产的所有权,承租人在租期内支付租金,拥有资产的使用权。租赁业务体现了资产所有权与使用权的分离。

(3)融资与融物相结合,租赁将融资与融物结合起来,是集金融信贷(借钱)与物资信贷(借物)于一体的业务。出租人将租赁资产租给承租人,相当于承租人获得贷款和购买设备这两个过程。因此,以商品形态和货币形态相结合提供信用,是租赁业务的主要特征。

(4)租金分期回流,租赁资产的本息由承租人以租金的形式分期支付,到租赁期满,租金的总额相当于设备价款和该项资金在租期内应收的利息。在租赁期间,承租人分期支付租金,同出租人商议交付租金的次数和每次支付的租金额。对于承租人来说,租金的分期支付可以保证资金的流动性,加速资金周转,提高资金的使用效率。

16. 国际融资租赁业务的基本程序是什么?

在国际租赁中,大型机械设备或运输工具的融资租赁最为普遍。国内承租人向国际租赁市场租进设备,一般有以下几个步骤。

(1)准备阶段。当承租人决定采用国际租赁方式进行设备投资时,应首先做可行性研究,并报请有关部门批准。在此基础上,承租人要选择租赁公司,选定设备,包括确定设备的型号、品种、规格、数量和质量等。

(2)委托阶段。承租人根据自己选定的设备,向国内租赁公司提出租赁委托申请,由租赁公司购进设备并租给承租人使用。

(3)谈判阶段。承租人与国外设备供货商就技术和贸易两方面进行租赁设备的购买谈判。谈判一般由国内租赁公司组织,承租人、国内租赁公司和国外供货商三方参加。谈判的内容主要是设备选型、技术服务、设备价格、供货方式、运输方式和安装调试等具体问题。

(4)签订合同阶段。这一阶段要同时签订购货合同和租赁合同:国内租赁公司与国外供货商签订供货合同,租赁公司与承租人签订租赁合同。购货合同也可以由承租人与国外供货商直接签订,然后再转让给国内租赁公司。

(5)设备引进阶段。合同签订后,承租人负责办理设备的报关。国内租赁公司负责筹措外汇资金,以支付设备货款。在收到国外供货商提交的装船单据后,租赁公司要将单据与合同和信用证进行核对,确认各项内容无误后再进行付款,并将租赁业务的开始日期通知承租人。

(6)支付租金阶段。这个阶段也称租赁阶段。承租人取得了租赁设备的使用权,按照租赁合同,按时向租赁公司交付租金。租赁期满,租赁设备按合同规定处理,租赁双方的合同关系即告解除。

第二节 国际项目融资

通过本节的学习,将帮助您了解国际项目融资方式的基本操作流程及其特点。

1. 什么是项目融资?

项目融资(project financing/project loan)是指为了特定项目而发放的贷款,也称为工程项目筹资,实际上是为交通、能源、农业等大型工程项目筹措资金的一种融资方式。

2. 项目融资有哪些特点?

(1)主办方为营建某一工程项目组建项目公司,贷款人发放贷款时考虑的不是主办方的资产与信誉,而是项目公司的资产状况,以及该项目完工后所创造出来的经济效益。因为项目所创造的经济效益是偿还贷款的基础。

(2)对项目贷款进行担保的不仅是一两家单位,而是多家与项目有利害关系的单位共同对贷款可能发生的风险进行担保,以保证项目按计划完工、营运,有足够的资金偿还贷款。

(3)项目所需资金来源多样化,除项目公司获得的贷款外,还要求外国政府、国际金融组织给予援助,参与资金融通。

3. 项目融资有哪些类型？

对于项目融资的分类一般主要是从贷款人是否有追索权分为无追索权的项目融资和有限追索权的项目融资。

4. 什么是无追索权的项目融资？

无追索权的项目融资又称纯粹的项目融资，在这种方式下，贷款人收回本息的唯一来源是项目所产生的收益，除此之外，贷款人无任何保障。如果该项目中途停建或经营失败，其资产或收益不足以清偿全部贷款，贷款人也无权向该项目的主办人追索。由于这种融资方式风险太大，贷款人一般不愿采用。

5. 什么是有限追索权的项目融资？

有限追索权的项目融资是指贷款人要求项目公司以外的第三人对项目的还款来源提供担保的项目融资，这些第三人包括项目的主办人、项目产品的未来购买者、东道国政府等。当项目不能完工或经营失败，项目本身的资产不足以清偿债务时，贷款人有权向担保人进行追偿，以它们各自提供的担保金额为限。目前国际上一般都采用这一项目融资方式。

6. 项目融资有哪些参与者？

项目融资的参与者主要有以下几类：
(1) 主办单位(sponsors)；
(2) 承办单位(project entity)；
(3) 贷款人(lender)；
(4) 设备供应人(supplier)；
(5) 工程商品的购买人或工程设施的用户；
(6) 保险机构。

7. 什么是主办单位？

主办单位又称主办人，它是项目的主管单位和部门，它从组织上负有督导该项目计划落实的责任。贷款虽不是根据主办单位的保证而发放，但若发生意外情况导致项目所创造的收入不足以偿付债务时，主办单位在法律上负有拿出差额用以偿债的责任。因此，贷款人发放贷款时，对主办单位也要进行资信调查。

8. 什么是承办单位？

承办单位是指为工程项目筹措资金并经营该工程的独立组织。承办单位有独资的，也有与外商合资的，其职责是筹措工程项目所需资金、经营该工程、负责到期偿还贷款等。

9. 什么是贷款人？

根据工程项目的具体情况，国内外的信贷机构、各国政府、国际金融组织均可成为贷款人。

10. 什么是设备供应人？

设备供应人主要指为项目提供各种材料、机械和运输设备的公司、厂商。它们的资信与经营作风也是贷款人发放贷款时要考虑的因素。

11. 国际项目融资有哪些作用？

国际项目融资作为国际中长期资本的特殊融资方式，有以下四个方面的积极作用：

(1) 有利于投资人扩大资产负债表外的融资;
(2) 有利于借款人以较高债务比例融资,扩大融资来源;
(3) 有利于实现风险隔离和分散风险的目的;
(4) 有利于降低跨国筹资成本。

12. 如何理解国际项目融资方式有利于投资人扩大资产负债表外的融资?

对于项目主办人而言,如果以其自身名义直接从银行贷款,公司会因负债率大幅提高而恶化资产负债比,提高其未来的融资成本和融资难度。国际项目融资专门成立具有法人地位的项目公司,由项目公司负责项目的融资与建设,只要项目主办人在项目公司中的股份不超过一定的比例,项目公司的融资就不会直接反映在项目主办人公司的资产负债表上,从而确保不会因项目建设融资影响主办人公司的正常经营活动。

13. 如何理解国际项目融资方式有利于借款人以较高债务比例融资,扩大融资来源?

国际项目融资允许项目主办人初期投入较少股本,发挥财务杠杆效应进行高比例的负债,这是其他融资方式所不具备的融资优势。融资项目规模主要受项目所在国的经济政治稳定性、项目的预期经济收益、项目融资规模及项目当事人的股本投入额等因素的影响,一般的债务比例在70%～80%之间。并且,由于项目融资是以项目未来预期收益作为还本付息的根本保证,只要项目可行度高,未来预期收益有保证,项目建设国就可"借船出海",扩大建设项目的资金来源,加快本国的发展步伐,并通过借贷资本运营提高项目公司自有资本的净收益水平。

14. 如何理解国际项目融资方式有利于实现风险隔离和分散风险的目的?

项目主办人通常希望将项目债务和项目失败的风险与自身公司隔离,尤其是对于小规模公司而言,其本身的资产负债规模不足以承担大型建设项目的负债和风险。国际项目融资要求项目主办人在包括贷款人在内的所有参与者之间分配资金风险,形成各方分担的风险分配结构,既隔离了项目主办人与项目之间的风险,使项目主办人不至于因项目失败而破产,又使各参与方分担风险压力而积极关注项目建设,充分调动各方的建设积极性。

15. 如何理解国际项目融资方式有利于降低跨国筹资成本?

国际项目融资享受的税收优惠,在一定程度上降低了建设项目的融资成本。由于许多国家贷款利息允许在税前抵扣,国际项目融资高比例负债支付的大额利息在税前扣除缩小了应纳税基数,无疑减轻了投资人的税负。此外,国际项目融资一般规定项目工程建设和设备、材料采购必须实行公开的国际竞争性招标,并对项目建设实行质量监理和成本监管,有助于减少资金浪费,节约建设资金成本。

16. 国际项目融资有哪些风险?

国际项目融资与一般贷款相同,也存在风险,但其除有普通贷款的风险外,由于其要以项目建成后经营产生的现金流量作为偿还本息的经济来源,因而项目建设和建成后经营过程中任何环节的失误,都可能导致贷款资金面临风险。归纳起来,主要有:不按期完工导致的不能按期回收贷款本息的风险;项目中途暂停建设导致延长还款期限的风险;项目建设预算费用超支引起还款额超过项目预算收益,加重借款人债务负担的风险;项目停建引起投资人丧失还款资金来源的风险;项目建成后市场需求有限,设备开工不足致使预算盈利歉收,还贷资金来源不足的风险;项目经营不善导致成本上升,收益下降无法按期还本付息的风险。为此,贷款人需要事先与项目主办人、合伙人、项目单位、项目建设人,以及项目供货商、项目用户和保险机构分别签订担保或保证合同,以防范风险。

17. 国际项目融资贷款人如何防范风险?

(1) 设定各种担保权益,主要包括项目所使用的工地与设施的抵押,无论取得货物与否均须付款项下权利的转让、库存与设备的抵押,保险合同项下权利的转让等;

(2) 力求避免政治风险,包括将各项担保置于东道国管辖之外,投保政治风险等;

(3) 规定支付贷款的条件,主要是在借贷协议中详细订立贷款人支付贷款的先决条件,如项目公司提供的有关项目的情况必须真实等。

18. 国际项目融资的常见形式有哪些?

国际项目融资常见的五种形式是产品支付、BOT 项目融资、远期购买、融资租赁、以资产未来收益作保证的证券融资。融资租赁已在上一节阐述,BOT 项目融资将在下一节单独阐述,远期购买与产品支付极为相似,因此重点介绍产品支付与资产收益证券化融资。

19. 什么是产品支付?

产品支付是针对项目贷款的还款方式而言的,是指借款方在项目投产后直接用项目产品来还本付息,而不以项目产品的销售收入来偿还债务的一种融资租赁形式。在贷款得到偿还以前,贷款方拥有项目的部分或全部产品,借款人在清偿债务时把贷款方的贷款看做这些产品销售收入折现后的净值。产品支付这种形式在美国的石油、天然气和采矿项目融资中应用得最为普遍,其特点是:用来清偿债务本息的唯一来源是项目的产品;贷款的偿还期应该短于项目有效生产期;贷款方对项目经营费用不承担直接责任。

20. 什么是资产收益证券化融资?

资产收益证券化融资是指以项目资产可以带来的预期收益为保证,通过一套提高信用等级计划在国际资本市场发行债券来募集资金的一种新的项目融资方式。资产收益证券化融资是通过资本市场发行债券募集资金的,因而需要对发债方进行信用评级,以揭示债券的投资风险及信用水平。

长期债券的信用等级 aaa、aa、a、bbb 四个等级具有投资价值,能在市场上发行债券募集资金。aaa 级和 aa 级属高档投资级债券,信用高、风险小、筹资成本低,但不是所有的都能获得高档信用等级。资产收益证券化融资运作的独到之处就在于,通过信用增级计划使得没有获得信用等级或信用等级较低的机构,照样可以进入高档投资级证券市场来募集资金。

21. 资产收益证券化融资的基本流程是怎样的?

资产收益证券化融资的基本流程如图 14-1 所示。

基本流程的具体说明如下。

(1) 组建一个特别目标公司(special purpose corporation,SPC),该机构可以是一个信托投资公司、信用担保公司、投资保险公司或其他独立法人,该机构应能获得权威性资信评估机构较高级别的信用等级(aaa 级或 aa 级),并能成功地组建目标公司,这是资产收益证券化融资能够成功运作的基本条件和关键因素。

(2) 特别目标公司选择能进行资产证券化融资的对象。原则上,投资项目所依附的资产只

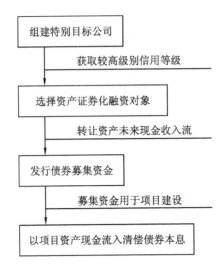

图 14-1 资产收益证券化融资基本流程示意图

要在未来一定时期内能带来现金收入,都可以进行这类融资。

(3)以合同、协议等方式将原始权益人所拥有的项目资产的未来现金收入的权利转让给特别目标公司,目的是使原始权益人的风险与未来现金收入的风险分离,目标公司只承担未来现金收入风险。为确保风险的分离,目标公司一般要求原始权益人或有关机构提供充分担保。

(4)特别目标公司直接在资本市场发行债券募集资金或者由目标公司信用担保,由其他机构组织发行,并将募集到的资金用于项目建设。由于目标公司一般具有 aaa 级或 aa 级的高等级信用,其债券也自动具有相应的等级信用。因此,可以使项目能够在高档投资级证券市场上以较低的资金成本募集项目建设所需资金。

(5)特别目标公司通过项目资产的现金流入清偿债权的债券本息。

第三节 国际 BOT 融资

国际 BOT 融资方式属于国际项目融资方式中的特殊融资方式。通过本节的学习,将帮助您了解国际 BOT 融资方式的基本操作流程及其特点。

1. 什么是 BOT 融资方式?

BOT 是英语 build、operate、transfer 三个单词的缩写,即建设、经营、转让的简称,指东道国政府通过同招标选择的国际商业资本或私人资本建立的项目公司签订合同,由该公司进行筹资、设计和建设政府指定的基础设施或公共项目,项目建成后在双方约定的特许经营期内,由项目公司负责项目经营并收取项目运营的全部收益,公司以取得的收益偿还债务本息和形成投资利润。特许经营期满后,由项目发展商将项目产权无偿转让给政府。

2. BOT 融资方式有哪些特点?

BOT 融资方式有以下特点。

(1)无追索的或有限追索的,举债不计入国家外债,债务偿还只能靠项目的现金流入。

(2)承包商在特许经营期内拥有项目所有权和经营权。

(3) BOT 融资项目的收入一般是当地货币,若承包商来自国外,对于东道国来说,项目建成后将会有大量外汇流出。

(4) BOT 融资项目不计入承包商的资产负债表,承包商不用暴露自身财务情况。

(5) 在名义上,承包商承担了项目全部风险,因此融资成本较高。

(6) 与传统方式相比,BOT 融资项目设计、建设和运营效率一般较高,因此,用户可以得到较高质量的服务。

3. BOT 项目融资的参与主体有哪些?

BOT 项目融资的参与主体比较复杂,其基本当事人有项目发包人、承包人和国际顾问咨询公司。

4. 什么是 BOT 项目融资的发包人?

BOT 项目融资的发包人为东道国政府,通常由政府专业投资公司担任,其职责是负责整个项目的决策和总体实施工作,包括通过招标和授权形式确定项目承包人,对项目营运过程予以监督和支持,对项目经营权的收回等。

5. 什么是 BOT 项目融资的承包人?

BOT 项目融资的承包人通常是一个国际承包集团,包括一个或多个投资商、工程建设公司、设备供应商、国际银团等。承包人获得政府授权后,通常以股本投资的方式建立项目公司,也可吸收少量政府资金入股。BOT 项目所需的资金大部分通过项目公司从商业融资渠道获得,一般采取无追索权或有限追索权贷款的形式,由国际银团负责提供。建设公司负责按照项目公司的要求承担项目的一揽子规划和建设,设备供应商则按照合同为项目建设提供所需设备和技术等。

6. 什么是 BOT 项目融资的国际顾问咨询公司?

BOT 项目融资的国际顾问咨询公司是对国际工程项目提供各种咨询服务的民营性国际组织。在 BOT 项目中,承包人和发包人均聘请自己的顾问公司,顾问公司的职责十分广泛,主要包括决策咨询、工程监理和纠纷仲裁三项。

7. BOT 项目融资的基本流程是怎样的?

一般来说,BOT 项目融资都要经历确定项目、项目招标、评标和决标、谈判、建设、运营和移交等几个阶段。

(1) 确定项目。BOT 项目的确定可以是政府直接确定或者是私营部门提出再由政府确定两种方式。

(2) 项目招标。在 BOT 项目招标阶段,政府的主要工作包括对投标人进行资格预审、准备及发出投标邀请书。

(3) 评标和决标。评标是政府根据招标文件的要求,对所有的标书进行审查和评比的行为。

(4) 谈判。在确定了项目的发展商后,政府必须和发展商进行实质性谈判,包括项目的技术、经济、法律等方面。通过谈判,正式形成涉及项目建设、经营及转让的所有法律文件。

(5) 建设。BOT 项目的建设一般是发展商在取得政府的授权后,通过项目建设总承包协议,规定由建设总承包者负责项目的规划、设计、建筑施工、设备安装等,直到项目建成投产且有关工程质量、产品质量符合政府的有关要求为止。

（6）运营和移交。项目建成后，发展商即拥有了经营项目取得收益的权利。在经营过程中，必须向政府提供特许权协议中规定的有关资料，直到经营期结束。

8. 东道国政府和 BOT 项目发展商在项目无偿转让前需要做什么工作？

在项目无偿转让前的若干年，东道国政府和发展商应分别指派代表组成转让委员会，制定项目转让的具体标准和办法。发展商在将项目转让给政府时应提交的东西包括以下内容：备品、备件；维修、库存、保管记录等方面的资料；可转让的许可证、执照、证明文件；专用的资料，如软件、经营手册、商业机密等；债权债务资料；各类人员的工资及福利情况；其他转让所需的资料。

第四节　国际风险投资

国际风险投资方式属于国际股权式的特殊融资方式。通过本节的学习，将帮助您了解国际风险投资方式的基本操作流程及其特点。

1. 什么是风险投资方式？

风险投资方式又称创业投资，是指投资者出资协助具有专门技术而无自有资金或者自有资金不足的企业家进行创业，并承担创业阶段的失败风险的投资方式。从接受投资方的角度，风险投资方式可以被看做是一种融资方式。

2. 什么是国际风险投资方式？

国际风险投资方式是指某国投资者出资协助具有专门技术而无自有资金或者自有资金不足的另一国的企业家进行创业，并承担创业阶段的失败风险的融资方式。

3. 风险投资方式有什么特点？

风险投资方式具有以下特点：
（1）属于股权式投资，需参与被投资企业的经营管理；
（2）风险投资方需承担创业阶段的失败风险；
（3）投资目的是将来能"上市出售"，以获取多倍的溢价收益；
（4）投资失败的可能性高。

4. 风险投资业是什么时候兴起的？

风险投资业最先在美国兴起。1961 年，硅谷得到第一笔风险投资。硅谷的投资成功，促使了新的风险投资公司产生。据美国风险资本杂志统计，1979 年到 1985 年美国风险投资从 25 亿美元增加到 115 亿美元，1995 年达 400 亿美元，其中 70% 投向了高技术产业。1972—2000 年，美国的风险企业中有 2 180 家上市，占全部上市公司的 20%。

1985 年 9 月，国务院正式批准成立了中国第一家风险投资公司——中国新技术风险投资公司。据统计，目前中国有 200 多家风险投资公司，风险投资的资金总量估计在 500 亿元至 600 亿元人民币。

5. 风险投资与企业的生命周期有什么关系？

风险投资与企业生命周期的关系可参见表 14-1。

表 14-1 风险投资与企业生命周期关系对照表

企业生命周期	阶段	风险	风险投资期
种子期(seed stage)	技术的酝酿与发明阶段	技术风险;产品的市场风险;企业的管理风险	尝试介入期
导入期(start-up stage)	技术创新和产品试销阶段	技术风险;产品的市场风险;企业的管理风险	主要介入期
成长期(expansion stage)	技术发展和生产扩大阶段	产品的市场风险;企业的管理风险	准备退出期
成熟期(mature stage)	技术成熟和大批量生产阶段	产品的市场风险;企业的管理风险	退出期

6. 风险投资流程可分为哪些阶段?

风险投资要经历投资机构的组建、风险资本的筹措、风险项目的选择、风险资本的投入及风险资本的退出五个阶段。

7. 风险投资有哪些模式?

风险投资可以采取两种投资模式:直接投资于风险投资领域;投资设立风险投资公司,再由该风险投资公司进行风险投资。

8. 参与风险资本运作的主体有哪些?

参与风险资本运作的主体有供给资本的风险投资者、管理资本的风险投资公司、使用投资资本的风险企业。

9. 风险投资的组织形式有哪些?

目前,在风险投资业最为发达的美国,风险投资机构的法律组织形式主要有公司制、有限合伙制、信托基金制,其中有限合伙公司是目前美国风险投资业中最主要的组织形式。

10. 风险投资的决策流程是怎样的?

风险投资的决策流程一般包括以下环节:①初审;②面谈;③调查;④评估;⑤协商、谈判投资条件;⑥签署投资协议或合同;⑦投资生效后的监管;⑧投融资双方的目标调整;⑨风险投资退出。

11. 风险投资的退出方式有哪些?

根据优劣的选择顺序,风险投资有以下退出方式:
(1)公开上市退出;
(2)执行偿付协议(企业回购)退出;
(3)兼并与收购退出;
(4)破产清算退出。

第十五章
国际收支理论

国际收支理论是国际金融学的基础理论,它起源于15—16世纪的重商主义时期,到20世纪30—40年代形成了较为系统的研究国际收支不平衡的原因及其调节机制的理论方法。自20世纪40年代以后,国际收支理论不断发展并趋于完善,相继出现了弹性论、乘数论、吸收论、货币论等各种理论学说。这些理论学说为各国政府调节国际收支、维持经济的均衡与协调发展提供了理论指导依据。通过本章内容的学习,你应该能够:

- 了解国际收支变动的前因及后果关系;
- 理解弹性论的前提、基本结论;
- 理解吸收论的前提、基本结论;
- 理解货币论的前提、基本结论;
- 理解政策搭配论的政策搭配主张。

 关键概念

弹性论、吸收论、货币论、政策搭配论、J 曲线效应、马歇尔-勒纳条件、米德冲突、丁伯根法则、支出转移政策、支出增减政策

 引导型问题

1. 影响中国国际收支平衡的主要因素是什么? 为什么?
2. 试分别用弹性论、吸收论、货币论和政策搭配论对中国的国际收支状况进行分析,并对其适用性进行评价。

第一节 国际收支变动分析

通过本节的学习,将帮助您了解影响一国国际收支变动的因素和国际收支变动的影响,从而能够对国际收支变动有更全面的认识。

1. 什么是国际收支变动?

国际收支变动是指国际收支综合差额的变动以及各项目差额的变动。国际收支综合差额的变动反映一国国际收支总体状况的变化情形,如顺差增加或减少、逆差增加或减少、顺差转变成逆差、逆差转变成顺差等;各项目差额的变动反映国际收支的结构变化。

2. 影响国际收支变动的因素有哪些?

从宏观经济角度来分析,影响国际收支变动的因素主要有经济周期的变化、经济结构状况、国民收入的变化、货币币值的波动四类。

(1) 经济周期的变化。经济发展具有一定的周期性,在经济周期的不同阶段,社会私人部门的收入不同,企业生产也随之变化,从而导致社会总需求和总供给的变化,这必然会对进出口产生影响,使国际收支发生变动。

(2) 经济结构状况。一国的经济结构决定该国的贸易结构,影响一国在国际贸易、国际投资、国际信贷等活动中的地位和状况,从而影响该国的国际收支状况。一国如果不能根据国际市场对产品需求的变动来调整其生产结构和出口结构,其国际收支状况将会恶化。进口结构也要适应国内经济发展和市场需求,以实现贸易支持的稳定增长。

(3) 国民收入的变化。国民收入变动可以通过贸易支出和非贸易支出两个渠道引起国际收支变动。一方面,当国民收入增加时,进口支出也相应增加,从而引起经常账户顺差减少或

逆差增加;另一方面,当国民收入增加时,对外投资会随着增加,资本流出将导致国际收支顺差减少或逆差增加。

(4)货币币值的波动。货币币值可以分为对内价值和对外价值。在各影响因素既定的情况下,本币对内贬值将不利于出口、有利于进口,本币对外贬值将有利于出口、不利于进口;反之亦然。

经济周期和经济结构导致的国际收支变动具有长期性和持久性的特点,而收入变动和币值波动引起的国际收支变动是暂时性的,政策当局应根据不同情况采取相应措施。

3. 国际收支变动的经济影响有哪些?

就某一个国家而言,国际收支变动主要有以下几个方面的影响。

(1)国际收支变动对外汇储备的影响。当国际收支顺差时,一国的外汇储备会相应增加,从而可以增强该国的对外支付能力和干预外汇市场的能力。若国际收支逆差,将减少一国的外汇储备。

(2)国际收支变动对汇率的影响。国际收支顺差时,一国的国内外汇市场的供应大于需求,本国货币升值,外国货币贬值;反之亦然。

(3)国际收支变动对货币供应量的影响。国际收支顺差会导致一国外汇存款的增加,而外汇存款是货币供给的组成部分,因而导致货币供应量增加,从而影响中央银行货币政策的独立性。

第二节 弹性论

通过本节的学习,将帮助您了解弹性分析理论和J曲线效应,掌握通过贬值手段改善贸易收支状况的充分条件及其应用。

1. 什么是弹性?

在经济学上,弹性是指一个变量相对于另一个变量发生的一定比例的改变的属性。弹性的概念可以应用在所有具有因果关系的变量之间。例如自变量 x 和因变量 y 之间存在因果关系 $y=f(x)$,则 y 的 x 弹性为

$$E_{x,y}=\frac{\Delta y/y}{\Delta x/x}=\frac{\partial y}{\partial x}\frac{x}{y} \tag{15-1}$$

2. 什么是供给价格弹性和需求价格弹性?

供给价格弹性是指供给量相对于价格变化的反应程度,即某商品价格变动1%时,对该商品供给量变动百分比的影响,其值等于供给变化率除以价格变化率;需求价格弹性是指需求量相对于价格变化的反应程度,即某商品价格变动1%时,对该商品需求量变动百分比的影响,其值等于需求变化率除以价格变化率。

3. 什么是弹性论?

弹性论是由英国经济学家马歇尔提出,后经英国经济学家罗宾逊和美国经济学家勒纳加以发展而形成的一种通过对商品进出口供求弹性的分析,研究汇率变动对贸易差额影响的国际收支理论。

4. 弹性论的假设条件有哪些？

弹性分析理论的假设条件主要有以下四点：
(1) 其他条件既定，只考虑汇率变动对商品进出口数量的影响；
(2) 国内外贸易商品的供给弹性无穷大；
(3) 充分就业，收入既定，进出口商品的需求就是这些商品及其替代品的价格函数；
(4) 不考虑资本流动，国际收支等于贸易收支。

5. 弹性论的主要内容有哪些？

在满足弹性论各项假设的情况下，假定本国贸易收支处于逆差状况，可以通过本币贬值手段改善贸易收支逆差的充分条件在于：进出口商品的需求弹性之和大于1，即 $E_x+E_m>1$，其中 E_x 代表出口商品的需求弹性，E_m 代表进口商品的需求弹性。这一充分条件也称为马歇尔-勒纳(ML)条件，是一国是否应该通过本币贬值改善国际收支的重要依据。

在现实世界中，由于就业已经达到充分状态，国内资源已在很大限度上被利用，当本币贬值后，很难保证经济体系中有足够的资源转移到贸易部门。因而，国内外贸易商品的供给弹性无穷大这一假设在现实中是不成立的，即进出口商品的供给弹性是有限弹性，而不是无限弹性。此时，本币贬值可以改善国际收支的充分条件变为马歇尔-勒纳-罗宾逊(MLR)条件，其一般表达式为

$$\frac{E_x E_m(e_x+e_m+1)+e_x e_m(E_x+E_m-1)}{(e_x+E_x)(e_m+E_m)}>0 \tag{15-2}$$

其中：E_x 代表出口商品的需求弹性；E_m 代表进口商品的需求弹性；e_x 代表出口商品的供给弹性；e_m 代表进口商品的供给弹性。

6. 什么是J曲线效应？

在满足马歇尔-勒纳-罗宾逊条件下，本国货币贬值后，最初发生的情况是经常账户收支状况反而比原先恶化，进口增加而出口减少，此后本币贬值的改善效应才逐渐显现，贸易收支逐步改善，这一变化被称为J曲线效应，如图15-1所示。

这是因为汇率变化对贸易状况的影响具有"时滞性"。由于消费和生产存在"黏性"，不能对汇率变动做出即刻反应，因而出口和进口的贸易量没有发生明显的变化，但由于汇率的改变，以外国货币计价的出口收入相对减少，以本国货币计价的进口支出相对增加，从而造成经常账户收支逆差增加或是顺差减少。随着消费和生产的不断调整，进口商品逐渐减少，出口商品逐渐增加，使经常账户收支向有利的方向发展，先是抵消原先的不利影响，然后使经常账户收支状况得到进一步的改善。这一变化过程的时间长度根据各国不同情况而定。

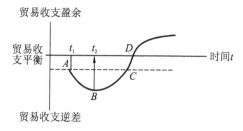

图15-1 J曲线效应

7. 弹性论的结论是什么？

（1）只有满足马歇尔-勒纳条件和马歇尔-勒纳-罗宾逊条件，才能通过本币贬值实现国际收支状况的改善；

（2）由于存在 J 曲线效应，本币贬值初期往往不仅不能改善国际收支状况，反而会进一步恶化国际收支状况，需要经历一段时间之后，才能改善一国的国际收支状况。

8. 对弹性论应如何评价？

弹性分析理论明确给出了借本币贬值改善国际收支必须满足的条件，这对各国政策的选择具有积极的指导意义。然而，由于仅考虑汇率变动对形成进出口相对价格优势的作用，因此这一局部均衡分析受到了众多批评。另外，该理论的假设条件比较严格，现实中很难满足，因而该理论结论的适用范围受到了很大的限制。实证分析也表明，即使满足马歇尔-勒纳-罗宾逊条件，还必须充分考虑到 J 曲线效应、贸易条件、贸易结构等其他因素的制约。

第三节 吸收论

通过本节的学习，将帮助您了解吸收分析理论，掌握本币贬值影响总收入、总支出，进而调节国际收支的机理，并对影响贬值的国际收支效应的因素有全面的认识。

1. 什么是吸收分析理论？

吸收分析理论是从国民收入的产出与支出关系的角度来阐释国际收支差额的理论。"吸收"即支出，指一国居民购买商品和劳务的总支出。1952 年，亚历山大（S. S. Alexander）在《贬值对贸易差额的影响》中首次系统地论述了国际收支吸收分析法。他把国际收支作为重要的国民经济总量的构成部分，认为调节总收入、总支出或者进出口的宏观经济政策都会引起国民经济调整，而总收入、总支出和进出口之间存在一定的关系，因此只有从国民收入和国民支出两个方面进行着手，才能全面理解国际收支的失衡和调节。

2. 吸收分析理论的假设条件有哪些？

（1）假定其他一切条件（利率、国民收入等）不变，只考虑汇率变化对进出口商品的影响。由此可见，该理论运用的是局部均衡的分析方法。

（2）假定存在非充分就业，贸易商品的供给具有完全弹性。

（3）假定没有劳务进出口和资本流动，国际收支完全等同于贸易收支。

3. 吸收分析理论的主要内容是什么？

根据国民收入恒等式，有 $Y=C+I+G+X-M$，移项得 $X-M=Y-(C+I+G)$，其中 Y 代表国民收入，C、I、G、X、M 分别代表消费、投资、政府支出、出口、进口。

假定国际收支经常账户差额 $B=X-M$，并以 $A=C+I+G$ 为国内吸收，即国内总支出，则可得到表达式

$$B=Y-A \tag{15-3}$$

式(15-3)表明国际收支不平衡的根本原因是总收入与总支出的失衡。总收入大于国内吸收时，就会出现国际收支顺差；反之，总收入小于国内吸收时，就会出现国际收支逆差。基于该

表达式,还可以得出两个重要推论:一是国际收支是由国内经济状况决定的,可以通过调节国内经济的路径调节国际收支;二是调节国际收支,可以通过改变总收入或国内吸收水平的方式。

在维持总收入不变的前提下,要减少国际收支逆差,减少政府支出从而降低国内吸收水平是较好的政策措施。如果维持国内吸收不变,则增加总收入的措施成为政策选择。要纠正严重的国际收支逆差,则应该在采取增加收入的政策的同时,严格控制政府支出。

吸收论的政策含义是:当国际收支逆差($B=Y-A<0$)时,根据经济是否处于充分就业水平分两种情况分析:①充分就业下,只能通过对吸收的调整来改善国际收支,降低国内吸收(支出)水平,使 A 变小;②非充分就业下,就可以通过提高产出来改善国际收支,提高国民收入水平,使 Y 变大。

4. 吸收分析理论中通过本币贬值调节国际收支的传导机制是什么?

本币贬值对国际收支的调节机制主要由收入效应和吸收效应来实现。如果进出口供给弹性满足 MLR 条件,本币的贬值将导致出口增加,进口减少。通过乘数效应,这种变动将引起国民收入总量的数倍变动,产生贬值的直接收入效应 ΔY。收入增长之后必然带来消费、投资的增加,这部分引致的吸收被定义为贬值的间接吸收效应 $\alpha\Delta Y$,可以部分冲销直接收入效应。所以,国际收支变动量为

$$\Delta B = \Delta Y - (\alpha\Delta Y + \Delta D) = (1-\alpha)\Delta Y - \Delta D$$

其中,ΔD 为货币贬值对吸收的直接影响。

5. 货币贬值的效应主要有哪些?

当经济尚未实现充分就业、资源配置尚未优化、吸收倾向小于 1 时,货币贬值主要产生收入效应;相反,当经济已经达到充分就业、资源实现优化配置、吸收倾向大于 1 时,货币贬值主要产生吸收效应。

收入效应由闲置资源效应、贸易条件效应、资源配置效应组成。

吸收效应由现金余额效应、收入再分配效应、货币幻觉效应组成。

6. 影响通过货币贬值有效地调节国际收支的因素有哪些?

货币贬值能否有效地调节国际收支取决于贬值后总收入、总支出的变动情况,其影响因素有以下三个:

(1)货币贬值对收入的直接影响 ΔY;

(2)货币贬值后收入对吸收的引致程度,取决于边际吸收倾向 α;

(3)货币贬值对吸收的直接影响 ΔD。

7. 吸收分析理论的结论是什么?

根据国际收支吸收分析理论的观点,一国发生了国际收支不平衡,一定是由于该国的市场总供求失衡。在采取措施实现国民经济总量平衡的过程中,国际收支平衡的目标也将会达到。

因而,对国民经济失衡的调节方法也即是调节国际收支不平衡的方法。比如当一国出现国际收支逆差时,总可以从增加收入和减少支出两个方面进行调节。

8. 什么是支出转移政策?

从国际经济的视角看,支出转移政策是指那些导致支出在国外商品(劳务)和国内商品(劳

务)之间发生转移的政策。支出转移政策可以划分为一般性政策和选择性政策。一般性政策是指汇率政策；选择性政策主要指贸易管制政策，包括关税、出口补贴、进口限制等，直接限制居民对商品和劳务的选择自由。

9. 什么是支出增减政策？

支出增减政策是指那些通过增加或减少本国居民的投资和消费支出来调节国内经济、国际收支的政策。主要包括财政政策和货币政策两大类，根据性质的不同，可以分为扩张性的政策(支出增加)和紧缩性的政策(支出减少)。以支出减少政策为例，它有三种政策措施：紧缩性货币政策、紧缩性财政政策和收入管制政策。紧缩性货币政策指提高存款准备金率、提高再贴现率和在公开市场卖出国债等货币数量控制政策；紧缩性财政政策有减少政府支出和增加财政收入两方面；收入管制政策包括最低收入保障制度、收入分配政策、工资管制政策等。

10. 对吸收分析理论应如何评价？

与弹性分析理论相比，吸收分析理论的贡献在于把国际收支当做宏观变量，把国际收支与整个国民经济联系起来进行分析，从而比较清楚地指明了国际收支调整政策的条件。该理论的缺陷是它把国际收支差额仅仅看成是贸易差额，从而忽视了资本流动在国际收支中的作用。

第四节 货币论

通过本节的学习，将帮助您了解国际收支的货币分析理论和从货币调节方面解决国际收支失衡的方法。

1. 什么是货币分析理论？

货币分析理论是认为货币供求决定一国国际收支状况的国际收支理论，强调国际收支本质上是一种货币现象，决定国际收支的关键是货币需求和供给之间的关系。货币分析理论在其正式形成过程中分成两个学派。一派以国际货币基金组织为基地，代表人物是丹麦经济学家 J. J. 波拉克。该学派所建立的模型可用于宏观经济管理，在只能得到有关货币统计的最基本信息的情形下尤为适用。这种货币分析理论被广泛应用于国际货币基金组织对其成员国的业务之中。另一派是在 R. A. 芒德尔和 H. G. 约翰逊的领导下，于 20 世纪 60 年代在芝加哥大学发展起来的。该学派沿用了 M. 弗里德曼的现代货币主义理论，但他们又否认同弗里德曼领导的国内货币主义有任何联系。货币分析理论在 20 世纪 70 年代中后期盛极一时，至今仍是分析国际收支问题的一种重要理论。

2. 货币分析理论的假设条件有哪些？

货币分析理论的假设条件有以下三点：
(1)在充分就业均衡状态下，一国的实际货币需求是收入和利率等变量的稳定函数；
(2)从长期看，货币需求是稳定的，货币供给变动不影响实物产量；
(3)贸易商品的价格是由世界市场决定的，从长期看来，一国的价格水平和利率水平接近世界市场水平。

3. 货币分析理论的主要内容是什么？

在满足各项条件下，货币论的基本理论可用以下公式表达

$$MS = MD$$

其中，MS 表示名义货币的供应量，MD 表示名义货币的需求量。从长期看，可以假定货币供应与货币需求相等。

$$MD = Pf(Y, i)$$

其中，P 为本国价格水平，f 为函数关系，Y 为国民收入，i 为利率（持有货币的机会成本）。$Pf(Y, i)$ 表示对名义货币的需求；$f(Y, i)$ 表示对实际货币存量（余额）的需求。

$$MS = m(D + R)$$

其中：D 指国内提供的货币供应，主要指国内银行体系的存款货币供应；R 是来自国外的货币供应，通过国际收支盈余获得，体现为国际储备；m 为货币乘数，又称货币基数、强力货币。若将 m 忽略，可得

$$MS = D + R$$
$$MD = D + R$$
$$R = MD - D \tag{15-4}$$

表达式(15-4)即是货币论的最基本方程式。这个方程式告诉我们以下三点。

(1) 国际收支是一种货币现象。

(2) 国际收支逆差，实际上就是一国国内的名义货币供应量 D 超过了名义货币需求量。由于货币供应不影响实物产量，在价格不变的情况下，多余的货币就要寻找出路。对于个人和企业来讲，就会增加货币支出，以重新调整它们的实际货币余额；对于整个国家来讲，实际货币余额的调整便表现为货币外流，即国际收支逆差。反之，当一国国内的名义货币供应量小于名义货币需求量时，在价格不变的情况下，货币供应的缺口就要寻找来源。对于个人和企业来讲，就要减少货币支出，以使实际货币余额维持在所希望的水平；对于整个国家来说，减少支出维持实际货币余额的过程，便表现为货币内流，国际收支盈余。

(3) 国际收支问题实际上反映的是实际货币余额（货币存量）对名义货币供应量的调整过程。当国内名义货币供应量与实际经济变量（国民收入、产量等）所决定的实际货币余额需求量相一致时，国际收支便处于平衡。

4. 货币分析理论的结论有哪些？

在对国际收支失衡及其调节的研究方面，认为导致国际收支失衡的原因是货币因素，特别是货币供应量。一国要保持国际收支的均衡与稳定，就必须使货币供给的增加与真实国民收入的增长保持在相一致的水平上。货币供应与需求之间的不协调导致国际收支的失衡。国内货币需求过度或供给不足，导致国际收支顺差或国际储备增加；国内货币供给过度或货币需求不足，导致国际收支逆差或国际储备减少。强调国际收支是能够自动调节的。

固定汇率制度下的自动调节过程：一国货币供应量过多（少）→国际收支逆（顺）差→国际储备外（内）流→货币供给恢复正常→国际收支重新平衡。

浮动汇率制度下的自动调节过程：货币供应量的变化→国际收支失衡→汇率变化→国内物价变化→名义货币需求量变化→国际收支重新平衡。

5. 货币论的政策主张有哪些？

(1) 所有国际收支不平衡，在本质上都是货币失衡导致的。因此，国际收支的不平衡都可

以由国内货币政策来解决。

(2)所谓国内货币政策,主要指货币供应政策。因为货币需求是收入、利率的函数,而货币供应则在很大程度上可由政府控制,因此,膨胀性的货币政策(使 D 增加)可以减少国际收支顺差,而紧缩性的货币政策(使 D 减少)可以减少国际收支逆差。

(3)为平衡国际收支而采取的贬值、进口限额、关税、外汇管制等贸易和金融干预措施,只有当它们的作用是提高货币需求尤其是提高国内价格水平时,才能改善国际收支,而且这种影响是暂时的。如果在施加干预措施的同时伴有国内信贷膨胀,国际收支不一定能改善,甚至还可能恶化。

6.对货币论应如何评价?

(1)从假设前提来看,货币论认为货币需求是收入和利率的稳定函数,但如果它不是稳定的,那么国际收支就不能仅仅从货币供应的变化中预测出来。另外,货币论假定货币供应对实物产量和收入没有影响,也不尽切合实际。

(2)从对贬值效应的分析来看,货币论认为贬值仅有紧缩性影响,贬值能暂时性地改善国际收支,是因为它减少了对实际货币余额的需求和增加了对名义货币的需求。这是货币论与弹性论和吸收论的一个明显区别。实际货币余额需求减少,意味着消费、投资、收入的下降,这无法解释为什么许多国家把贬值作为刺激出口和经济增长的手段。

(3)从其政策主张来看,货币论认为:国际收支逆差的基本对策是紧缩性的货币政策。这个政策结论的一个重要前提是价格不变。然而,事实上,当名义货币供应大于货币需求时,价格必然会上升,从而名义货币需求 $Pf(Y,i)$ 也会上升。在这种情况下,降低名义货币供应,在价格刚性的条件下,只能导致实际货币余额需求的下降。另外,货币论还提出当采用贬值来改善国际收支时,必须结合紧缩性的货币政策。因此,无论从哪个方面看,货币论政策主张的含义或必然后果,就是以牺牲国内实际货币余额或实际消费、投资、收入和经济增长来纠正国际收支逆差。这一点,曾受到许多国家尤其是发展中国家的经济学家的严厉批评。

第五节 政策搭配论

通过本节的学习,将帮助您了解国际收支的政策搭配论及其政策搭配主张。

1.什么是内部均衡?

内部均衡是指经济增长、物价稳定、充分就业。

2.什么是外部均衡?

外部均衡是指国际收支的平衡。

3.什么是米德冲突?

在开放经济条件下,当政府采取措施(支出增减型政策或需求管理政策)努力实现某一均衡目标时,这一措施既可能造成另一均衡目标问题的改善,也可能对另一均衡目标造成干扰或破坏。前者称内外均衡一致,后者称内外均衡冲突。1951 年,英国经济学家米德提出了固定汇率制下的内外均衡冲突,如表 15-1 所示。

表 15-1　固定汇率制下内部均衡与外部均衡的矛盾

种类	内部经济状况	外部状况	为实现内部均衡目标采取的措施	结果
1	经济衰退/失业增加	国际收支逆差	增加社会总需求	冲突
2	经济衰退/失业增加	国际收支顺差	增加社会总需求	一致
3	通货膨胀	国际收支逆差	减少社会总需求	一致
4	通货膨胀	国际收支顺差	减少社会总需求	冲突

4. 什么是丁伯根法则？

一国政府要实现一个经济目标，至少要使用一种有效的政策工具；要实现 N 个独立的经济目标，至少要使用 N 种独立且有效的政策工具。比如，对于米德冲突而言，运用一个工具来实现两个目标，势必有可能会造成冲突。

5. 什么是政策搭配论？

第二次世界大战后世界经济日趋一体化，随着西方国家经济内部均衡与外部均衡矛盾的日益突出，英国经济学家詹姆斯·米德和罗伯特·蒙代尔分别于 1951 年和 1962 年提出了将两种独立的政策相互搭配来共同解决内外均衡问题的理论。

6. 政策搭配论的主要内容是什么？

政策搭配论认为，政府的政策目标是多方面的，其中最主要的目标是维持经济的持续增长、实现充分就业、保持物价稳定以及实现国际收支平衡。与其他三个目标相比，实现国际收支平衡并不是唯一的也不是最高的目标，政府的职责是同时实现这四个目标。而同时实现上述四个目标，就必须把整个经济当做一个整体来考虑，同时实现内部平衡与外部平衡的协调。因此，该理论主要是从整个国民经济出发，通过分析国内收支平衡与国际收支平衡之间的关系，以期采取合理的对策，调节各经济变量之间的关系，达到国内收支和国际收支的双平衡。

7. 蒙代尔提出的政策搭配论的主要内容是什么？

蒙代尔提出的政策搭配论的主要内容包括如下几个方面。

(1)政策指派与有效市场分类原则。有效市场分类原则——每一目标应指派给对这一目标有相对最大影响力因而在影响政策目标上有相对优势的工具。

(2)蒙代尔政策分配理论。①财政政策与货币政策具有不同的政策效力。两种政策的决策者不同，作用机制不同，作用对象也不尽相同。②财政政策对内部均衡更有效，货币政策对外部均衡更有效。因此，应该将财政政策分配给内部目标、货币政策分派给外部目标来解决内外均衡的矛盾。

(3)蒙代尔政策搭配。每种政策工具应当用于最具影响力的政策目标之上，以财政政策实现内部均衡、货币政策实现外部均衡的搭配，符合有效市场分类原则。

表 15-2 所示为蒙代尔政策分配论的内容。

表 15-2 蒙代尔政策分配论内容简表

区域	经济失衡状态	最佳政策搭配方式
I	通货膨胀＋国际收支顺差	紧缩性财政政策＋扩张性货币政策
II	失业＋国际收支顺差	扩张性财政政策＋扩张性货币政策
III	失业＋国际收支逆差	扩张性财政政策＋紧缩性货币政策
IV	通货膨胀＋国际收支逆差	紧缩性财政政策＋紧缩性货币政策

8. 根据政策搭配论,可以采取哪些政策对国际收支进行调节?

作为政府来讲,它可以通过采取各种不同的政策来调节和控制各个经济变量,使之达到平衡。通常,政府主要采取以下三个方面的政策来调节这些变量。

(1) 支出调整政策,包括:第一,财政政策,主要调节政府收支;第二,货币政策,主要调节货币供求,同时兼带调节资本输出和资本输入。

(2) 支出转换政策,主要是指汇率政策,用于调节进出口和劳务收支。

(3) 直接管制政策,包括外贸管制和外汇管制两个方面,可用于调节几乎所有的变量。政府可以单独采取某一种政策或某一方面的政策,以达到某种效果,也可以同时采用几种政策或几个方面的政策,以收到综合效果。

9. 对政策搭配论的评价如何?

国际收支内外均衡协调理论综合了凯恩斯的国民收入均衡理论和希克斯的一般均衡理论,把国际收支平衡理论从只涉及贸易账户或经常账户的平衡扩大到包括了资本国际流动的总平衡,把国际收支平衡与国内的平衡联系起来,同时,提出了调节这种平衡的经济政策手段及政策目标。这一方面使得国际收支的理论更趋于完善,而且,政策目标和政策手段的确立,使得该理论的可操作性得到大大加强。

但是,内外均衡协调理论的前提条件是所有贸易国在国内都成功地奉行自由竞争的政策,在国际贸易中都成功地奉行自由贸易政策,这在当今世界上几乎是不可能的,目前几乎所有的国家都采取或多或少的政府干预,而且或多或少地实行一定的贸易保护政策。

知识链接

知识链接 15-1　其他国际收支理论简介

一、乘数论

国际收支调节的乘数理论是由马克卢普、哈罗德等经济学家在运用凯恩斯乘数原理的基础上创建的。乘数论的理论核心是考察收入变动对国际收支状况的影响,认为在不充分就业、价格稳定、不存在资本跨国移动的假定前提下,进口支出是国民收入的函数,自主性支出的变动通过乘数效应引起国民收入的变动,进而影响进口支出,且影响程度取决于一国边际进口倾向和进口需求弹性的大小以及开放程度的高低。其公式如下:

$$\Delta Y = \frac{1}{s+m}\Delta X$$

其中，ΔY 为国民收入变动量，ΔX 为出口变动量，s 为边际储蓄倾向，m 为边际进口倾向，$\dfrac{1}{s+m}$ 称为对外贸易乘数。由此可以看出，出口增加，国民收入将成倍增加。

国际收支变动量为

$$\Delta B = \frac{s}{s+m}\Delta X - \frac{s}{s+m}\Delta A$$

其中，ΔB 为国际收支变动量，ΔA 为自主性支出的变动量。因而，出口增加的直接效应是改善国际收支，而间接效应是恶化国际收支。

二、结构论

结构论认为，国际收支不平衡是由经济结构问题引起的，主要分析经济结构对国际收支的调节。国际收支不平衡的原因有：

(1) 国内经济结构老化→国内生产产品在国际市场上竞争力不足→出口下降、进口增加→国际收支逆差；

(2) 经济结构单一→出口产品结构单一或进口产品替代品结构单一→外汇收支易受国际金融市场影响；

(3) 经济结构落后→出口商品需求的收入弹性低、进口商品需求的收入弹性高。

因而，改善国际收支状况的方式是：增强产品的竞争力，出口商品多样化，以及通过引进外资、先进生产技术等调整和深化产业结构。

第十六章
汇率理论

汇率理论研究汇率是如何决定的,是货币经济理论在国际金融领域的延伸。早期的汇率理论可追溯到中世纪的"公共评价理论"。几百年来,随着国际经济的发展,人们在汇率理论研究方面不断取得突破,形成了种类繁多、各具特色、相互补充、相互替代的汇率理论体系。这些理论分别从货币因素和实际市场因素等各个角度对汇率的决定和汇率的变动进行了研究。汇率理论目前仍然在继续发展之中。通过本章内容的学习,你应该能够:

- 了解汇率变动的前因及后果关系；
- 理解铸币平价理论的前提、基本结论；
- 理解购买力平价理论的前提、基本结论；
- 理解利息率平价理论的前提、基本结论；
- 理解资产市场选择论的前提、基本结论；
- 熟悉不同货币本位制下汇率的决定基础；
- 科学地评价和吸收西方经济学新的汇率理论；
- 熟悉技术分析法的依据和方法。

铸币平价、购买力平价、利息率平价、资产组合平衡理论、技术分析、K线图、趋势理论、波浪理论

1. 设英镑、美元的法定含金量分别为10克纯金和8克纯金，求美元兑英镑的汇率应为多少？

2. 假设即期美元/日元汇率为 USD/JPY＝123.30/40，3个月远期汇水为58/49，美元、日元的年利息率分别为8%和6%，试用两种方法计算某贸易公司购买3个月日元的远期汇率是多少？

3. 年初纽约外汇市场上美元兑换瑞士法郎的即期汇率为 USD/CHF＝1/1.508 6，年末美国和瑞士的通货膨胀率分别为10%和15%。根据相对购买力平价，(1)计算美元兑换瑞士法郎的理论汇率；(2)计算瑞士法郎兑换美元的理论汇率。(计算结果保留小数点后4位)

4. 若英国伦敦市场的利息率(年利)为7%，美国纽约市场的年利息率为9%，即期汇率为 GBP/USD＝1/1.964 0。求:(1)6个月英镑兑美元的远期汇率。(2)3个月美元兑英镑的远期汇率。(3)4个月美元兑英镑的远期汇水。(4)4个月英镑兑美元的远期汇水。(5)5个月英镑兑美元的远期汇水年率。(计算结果保留小数点后4位)

第一节 汇率变动分析

通过本节的学习，将帮助您了解影响汇率变动的因素，并对汇率变动对经济的影响有比较全面的认识。

1. 影响汇率变动的因素有哪些？

在不同的货币制度下，影响汇率变动的因素有所不同，这里分别对金本位制度、纸币制度下的汇率变动因素进行简单介绍。

在金本位制度下,两种货币之间的含金量之比,即铸币平价,是决定两种货币汇率的基础。汇率在外汇供求关系的作用下,围绕铸币平价,以黄金输送点为上下界波动。

在纸币制度下,影响汇率变动的因素有国际收支差额、利息率水平、通货膨胀因素、财政政策、货币政策、投机资本、政府的市场干预、一国经济实力等。

2. 汇率变动产生的影响有哪些?

汇率变动主要对国际收支、贸易收支、国内物价水平、国际资本移动、外贸企业、国际经济关系等产生影响。

3. 汇率变动是如何影响国际收支的?

汇率变动最主要是通过影响贸易收支和影响国际资本流动进而影响国际收支的。

4. 汇率变动是如何影响贸易收支的?

一国货币对外贬值,有利于本国商品出口,不利于外国商品的进口。因为,一国货币对外汇价降低,出口商品价格按外币计算要相应下降,从而增强该国商品在国际市场的竞争能力,导致出口增加。而一国货币对外升值,不利于本国商品出口,有利于外国商品的进口。因而,汇率的变动会对贸易收支产生影响。

5. 汇率变动是如何影响国际资本流动的?

本币贬值后,外国投资者用外币到该国投资能换到更多的该国货币,因而有利于该国资本的流入。但在预期贬值(升值)时,会引起资本外逃(流入)。资本流动除了受汇率变动的影响外,还受到诸如一国政府的资本管制状况、资本投资的安全性等因素的影响。

6. 汇率变动是如何影响国内物价水平的?

汇率变动对通货膨胀的影响是间接的。一方面,一国货币汇率下跌造成的出口商品增加和进口商品减少使国内市场商品供给减少;另一方面,汇率下跌带来的资本流入,会使本币供给增加,其结果会导致本币对内贬值和通货膨胀压力。相反,一国货币汇率上涨,则有利于该国货币对内价值的稳定,减轻通货膨胀的压力。

7. 汇率变动是如何影响外贸企业的?

汇率频繁波动将增加企业进出口贸易的计价结算在对外债权债务中的风险。进口商计价货币升值或应偿还借款货币升值,都会增加债务方的实际支付额。因此,对于进口商和外债债务方来说,货币升值都是不利的,应争取使用软货币进行计价。这就要求企业对汇率的变动有一个较为准确的预测,否则,汇率变动的风险将给企业带来损失。

8. 汇率变动是如何影响国际经济关系的?

若一国通过贬值的方法来促进出口,改善贸易逆差,可能会引起其他国家的反抗甚至报复,进而引发"汇率战"。不仅如此,货币汇率的持续坚挺也会引起国际经济矛盾。例如,20世纪90年代初德国马克的升值,给整个欧洲货币体系造成了巨大压力,其他国家货币相对马克大幅贬值,西欧联合浮动汇率机制不得不扩大了浮动界限。这使欧共体之间原有的经济矛盾进一步加深。

第二节 铸币平价理论

关于铸币平价的相关概念等内容本教材已在第五章中做了介绍。通过本节的学习,将帮助您进一步了解铸币平价理论,掌握黄金输送点的概念和金本位制度下汇率的形成机制。

1. 铸币平价理论的假设条件有哪些?

(1)黄金可以自由地输出、输入各国;
(2)金币可以自由兑换黄金,以保证金币的币值与其所含黄金的价值保持一致。

2. 什么是铸币平价的计算公式?

铸币平价的计算公式为:铸币平价等于基准货币法定含金量与折算货币法定含金量之比。相应地,对于外汇汇率而言,在直接标价法下,铸币平价等于外国货币法定含金量与本国货币法定含金量之比;在间接标价法下,铸币平价等于本国货币法定含金量与外国货币法定含金量之比。

设 R_a 为甲国货币对乙国货币的铸币平价,R_b 为乙国货币对甲国货币的铸币平价,R_A、R_B 分别为甲国、乙国货币的法定含金量,则有

$$R_a = R_A \div R_B \tag{16-1}$$
$$R_b = R_B \div R_A \tag{16-2}$$

3. 铸币平价理论的内容是什么?

在金本位制度下,根据外汇市场的供求状况,汇率围绕铸币平价,以黄金输送点为界波动,波动范围不会超过黄金输送点。

黄金输送点之所以能限制汇率的波动幅度,原因在于:进行国际结算时,若汇率突破黄金输送点的范围,则持有外币债权或负有债务的当事人便倾向于采用直接运送黄金而不是收付外汇的方式来进行清算债权债务。通过黄金的跨国流动,抵消外汇汇率继续上升或下降的压力,从而将汇率维持在一个确定的波动幅度内。

4. 铸币平价理论的结论是什么?

在金本位制度下,汇率的波动界限是黄金输送点,汇率比较稳定。这一机制可表现为:

(1)如果当一国由于贸易收支逆差导致其以汇票支付的成本高于黄金输送点时,该国就会转而输出黄金;
(2)如果当一国由于贸易收支顺差导致其以汇票收入的收益成本低于黄金输送点时,该国就会转而输入黄金;
(3)这种金本位制度之下,各国货币的自动调节机制使得汇率保持了比较稳定的状态。

5. 对铸币平价理论应如何评价?

铸币平价理论提出了金本位制度下汇率的决定基础,即铸币平价,并确定了汇率波动的上下限,对现实状况有较好的解释。该理论的局限在于,其仅适用于金本位制度下的汇率决定分析,不适用对纸币制度下的汇率形成及波动原因进行分析。

第三节　购买力平价理论

通过本节的学习,将帮助您了解购买力平价理论,掌握绝对购买力平价、相对购买力平价的概念及其在现实中的应用。

1. 什么是购买力平价?

购买力平价指的是纸币流通条件下,两国货币的购买力之比。

2. 购买力平价理论产生的背景是什么?

瑞典经济学家 Gustav Cassel 于 1916 年提出,并在 1992 年出版的《Money and Foreign Exchange After 1914》一书中阐述了购买力平价的主要思想:货币的价格取决于它对商品的购买力。

从 20 世纪 60 年代后半期开始,联合国统计司、世界银行、美国宾州大学研究组吸取了多年的研究成果,提出了购买力平价计算方法。联合国统计委员会决定采用购买力平价法逐步开展国际生产、收入的支出总量的比较,从而揭开了国际比较项目的序幕。所谓购买力平价法,是指在国际比较项目中,通过价格调查并利用支出法计算的国内生产总值作基础,测算出不同国家货币购买力之间的真实比率,用货币购买力平价取代官方汇率,从而顺利实现国际比较的一种方法。

3. 什么是一价定律?

一价定律指的是在满足商品同质、交易成本为零、商品价格不存在任何价格上的黏性的假设条件和不考虑交易成本的情况下,国际商品套购机制的作用会使得同种商品在世界各地的价格趋于一致。

4. 绝对购买力平价的内容是什么?

绝对购买力平价的含义是:两国货币汇率等于两国货币实际购买力的比率。一般情况下,一国的货币购买力用物价水平来反映,即实际购买力等于物价的倒数,由购买力平价确定的汇率代表一种均衡汇率,当市场汇率偏离购买力平价关系时,套利活动将驱使汇率向均衡水平调整。

5. 相对购买力平价的内容是什么?

认为汇率变动的主要影响因素是不同国家之间货币购买力或物价的相对变化;一定时期内汇率变化受物价因素制约,当两国物价变动幅度不一致时,会使两国货币的购买力变化不一致,从而导致汇率发生变化。通常,物价上升(或下跌)幅度较大的(或较小的)国家的货币会贬值,物价上升(或下跌)幅度较小的(或较大的)国家的货币会升值。当两国购买力比率发生变化时,两国货币之间的汇率就应当调整。

6. 什么是相对购买力平价的基本计算公式?

设:R_A、R_a 分别代表甲国货币对乙国货币的基期汇率和相对购买力平价;R_B、R_b 分别代表乙国货币对甲国货币的基期汇率和相对购买力平价;P_A、P_B 分别代表甲国的物价指数和乙国的物价指数;I_A、I_B 分别代表甲国的通货膨胀率和乙国的通货膨胀率。

根据汇率及相对购买力平价的定义,可得以下公式:

$$R_B = \frac{1}{R_A} \tag{16-3}$$

$$R_a = R_A \times \frac{P_B}{P_A} = R_A \times \frac{1+I_B}{1+I_A} \tag{16-4}$$

$$R_b = R_B \times \frac{P_A}{P_B} = \frac{1}{R_A} \times \frac{P_A}{P_B} = \frac{1}{R_A} \times \frac{1+I_A}{1+I_B} \tag{16-5}$$

其中,式(16-4)为相对购买力平价的基本计算公式,如果用文字描述则为:甲国货币对乙国货币的相对购买力平价等于甲国货币对乙国货币的基期汇率与乙国物价指数除以甲国物价指数之商的乘积。

例如,设美元兑人民币的基期汇率 R_A 为 1∶8.7,报告期美国的通货膨胀率 I_A 为 15%,中国的通货膨胀率 I_B 为 8%,则根据式(16-3),人民币兑美元的基期汇率 R_B 为

$$R_B = 1 \div 8.7 = 0.114\ 9$$

根据式(16-4),美元兑人民币的相对购买力平价 R_a 为

$$R_a = 8.7 \times [(1+8\%) \div (1+15\%)] = 8.170\ 4$$

根据式(16-5),人民币兑美元的相对购买力平价 R_b 为

$$R_b = (1 \div 8.7) \times [(1+15\%) \div (1+8\%)] = 0.122\ 4$$

7. 计算相对购买力平价时,通常会出现哪些错误?

在计算相对购买力平价时,通常会出现以下错误:

(1)将物价指数与通货膨胀率相混淆,未将通货膨胀率还原为物价指数,直接使用通货膨胀率来计算相对购买力平价;

(2)将甲国货币对乙国货币的基期汇率(R_A)与乙国货币对甲国货币的基期汇率(R_B)相混淆;

(3)将基准货币国的物价指数(或通货膨胀率)与折算货币国的物价指数(或通货膨胀率)换错位置。

8. 在计算相对购买力平价时,为什么要把通货膨胀率还原为物价指数,而不能直接使用通货膨胀率来计算实际汇率?

在计算相对购买力平价时,未把通货膨胀率还原为物价指数而直接使用通货膨胀率来计算相对购买力平价,就会犯把通货膨胀率与物价指数相混同的错误。

物价指数与通货膨胀率虽然均是经常被人们用来观测物价水平变动的两个指标,但这两者是既有联系,又不相同的概念。前者是指报告期的物价与基期的物价之比,所反映的内容是物价变动的倍数关系,用公式表达为 $P^* = \frac{P_t}{P_0}$;后者是指物价的变动量与基期物价之比,所反映的内容是物价变动的幅度关系,用公式表达为 $I' = \frac{\Delta P}{P_0} = \frac{P_t - P_0}{P_0} \times 100\%$。两者之间的关系为 $I' = P^* - 1$ 或 $P^* = I' + 1$。

在具体计算相对购买力平价时,可以直接使用物价指数,但不能直接使用通货膨胀率。

当给出的已知条件为通货膨胀率时,需要将通货膨胀率调整还原为物价指数(即给通货膨胀率加上1)后,方可代入算式进行计算。之所以要如此规定,是因为当报告期的物价水平与基期的物价水平持平(即物价水平没有发生变动)时,通货膨胀率为零,如果直接使用通货膨胀

率进行计算将会得出相对购买力平价为零的不合理的结论。而如果使用的是物价指数，那么即使是在通货膨胀率为零的情形下（此时物价指数为1），仍然可以保证相对购买力平价的计算公式是有意义的。

仍以上例数字为例，$R_a=8.7\times(8\%\div 15\%)=4.6400$ 或 $R_b=(1\div 8.7)\times(15\%\div 8\%)=0.2155$，这两个相对购买力平价的计算结果均是错误的。

9. 在计算相对购买力平价时，为什么要留意甲国货币对乙国货币的基期汇率(R_A)与乙国货币对甲国货币的基期汇率(R_B)的区别？

在计算相对购买力平价时，如果不留意甲国货币对乙国货币的基期汇率(R_A)与乙国货币对甲国货币的基期汇率(R_B)的区别，常常会导致计算错误的发生。

在计算相对购买力平价时，基期汇率的标价法必须与所要计算的相对购买力平价的标价法保持一致，如果计算甲国货币对乙国货币的相对购买力平价，就要直接使用甲国货币对乙国货币的基期汇率。换言之，计算直接标价法下的相对购买力平价，就要直接使用直接标价法的基期汇率；计算间接标价法下的相对购买力平价，就要直接使用间接标价法的基期汇率。

例如，设美元兑人民币的基期汇率 R_A 为 8.7，报告期美国的通货膨胀率 I_A 为 15%，中国的通货膨胀率 I_B 为 8%，以下的计算为错误的计算：人民币兑美元的相对购买力平价 $R_b=8.7\times[(1+15\%)\div(1+8\%)]=9.2639$。

10. 在计算相对购买力平价时，为什么要留意基准货币国物价指数（或通货膨胀率）与折算货币国物价指数（或通货膨胀率）的区别？

在计算相对购买力平价时，如果不留意基准货币国物价指数（或通货膨胀率）与折算货币国物价指数（或通货膨胀率）的区别，常常会导致计算错误的发生。

在计算相对购买力平价时，折算货币国的物价指数应当作为分子使用，基准货币国的物价指数应当作为分母使用。换言之，在直接标价法下，本国的物价指数应当作为分子使用，外国的物价指数应当作为分母使用；在间接标价法下，外国的物价指数应当作为分子使用，本国的物价指数应当作为分母使用。

例如，设美元兑人民币的基期汇率 R_A 为 1∶8.7，报告期美国的通货膨胀率 I_A 为 15%，中国的通货膨胀率 I_B 为 8%，以下的计算为错误的计算：美元兑人民币的相对购买力平价 $R_a=8.7\times[(1+15\%)\div(1+8\%)]=9.2639$；人民币兑美元的相对购买力平价 $R_b=(1\div 8.7)\times[(1+8\%)\div(1+15\%)]=0.1079$。

11. 对购买力平价理论应如何评价？

绝对购买力平价理论较好地解释了长期汇率变动的原因，相对购买力平价理论在物价剧烈波动、通货膨胀严重时期具有相当重大的意义。它是西方国家最重要的、唯一的传统汇率决定理论，为金本位制度崩溃后各种货币定值和比较提供了共同的基础。

但购买力平价理论也存在许多受人们批评的地方，主要有以下几个方面：

（1）把汇率的变动完全归之于购买力的变化，忽视了其他因素，如国民收入、国际资本流动、生产成本、贸易条件、政治经济局势等对汇率变动的影响，也忽视了汇率变动对购买力的反作用；

（2）该理论在计算具体汇率时，存在许多困难，主要表现在物价指数的选择上，是以参加国际交换的贸易商品物价为指标，还是以国内全部商品的价格即一般物价为指标，很难确定；

(3)绝对购买力平价方面的"一价定律"失去意义,因为诸如运费、关税、商品不完全流动、产业结构变动以及技术进步等会引起国内价格的变化,从而使一价定律与现实状况不符。

第四节 利息率平价理论

通过本节的学习,将帮助您了解利息率平价理论,掌握抛补利息率平价条件、无抛补利息率平价条件及其应用。

1. 什么是利息率平价定理?

利息率平价理论是由凯恩斯和爱因齐格提出的远期汇率决定理论。他们认为,均衡汇率是通过国际抛补套利所引起的外汇交易形成的。在两国利息率存在差异的情况下,资金将从低利息率国流向高利息率国以谋取利润。但套利者在比较金融资产的收益率时,不仅考虑两种资产利息率所提供的收益率,还要考虑两种资产由于汇率变动所产生的收益变动,即外汇风险。套利者往往将套利与掉期业务相结合,以避免汇率风险,保证无亏损之虞。大量掉期外汇交易的结果是:低利息率国货币的现汇汇率下浮,期汇汇率上浮;高利息率国货币的现汇汇率上浮,期汇汇率下浮。远期差价为期汇汇率与现汇汇率的差额,由此低利息率国货币就会出现远期升水,高利息率国货币则会出现远期贴水。随着抛补套利的不断进行,远期差价就会不断加大,直到两种资产所提供的收益率完全相等,这时抛补套利活动就会停止,远期差价正好等于两国利差,即利息率平价成立。因此,我们可以归纳一下利息率评价理论的基本观点:远期差价是由两国利息率差异决定的,并且高利息率国货币在期汇市场上必定贴水,低利息率国货币在期汇市场上必定升水。利息率对远期汇率的决定作用,主要表现为国际金融市场的套利活动使资金跨国移动,并推动不同国家相似金融工具的收益率趋向一致,被称为利息率平价定理。本质上,利息率平价就是"一价定律"在国际金融活动中的具体体现。

2. 利息率平价理论成立的假设条件有哪些?

(1)货币自由兑换;
(2)资本自由流动,资金在国内、跨国移动没有障碍;
(3)套利资金无限。

3. 利息率平价理论的主要内容是什么?

利息率平价理论可分为无抛补利息率平价和抛补利息率平价两种。此两者的不同之处在对投资者的风险偏好所做的假定上,前者假定投资者是风险中性的,后者未对投资者风险偏好做出假定。

4. 什么是无抛补的利息率平价?

在资本具有充分国际流动性的条件下,投资者的套利行为使得国际金融市场上以不同货币计价的相似资产的收益率趋于一致,也就是说,套利资本的跨国流动保证了"一价定律"适用于国际金融市场,此时无抛补利息率平价成立:

$$1+r=(1+r_f)\frac{S_e}{S}$$

其中,r 表示以本币计价的资产收益率,r_f 表示以外币计价的相似资产的平均收益率,S 表示即期汇率(直接标价),S_e 表示预期将来某个时点的预期汇率。

由上述公式推导可得,预期汇率变动量与两国利息率之间的近似关系为

$$\frac{S_e - S}{S} = r - r_f \tag{16-6}$$

该无抛补利息率平价表达式的含义为:本国利息率高于(低于)外国利息率的差额等于本国货币的预期贬值(升值)幅度。

5. 什么是抛补的利息率平价?

与无抛补利息率平价相比,抛补的利息率平价并未对投资者的风险偏好做出假定,即套利者在套利的时候,可以在期汇市场上签订与套利方向相反的远期外汇合同(掉期交易),确定在到期日交割时所使用的汇率水平。抛补利息率平价的数学表达式如下:

$$1 + r = (1 + r_f)\frac{F}{S}$$

其中,F 表示在即期确定的远期汇率。由该式变形可得

$$\frac{F - S}{S} = r - r_f \tag{16-7}$$

6. 抛补的利息率平价的表达式有什么结论含义?

(1)本国利息率高于(低于)外国利息率的差额等于本国货币的远期贴水(升水)。

(2)高利息率国的货币在远期外汇市场上必定贴水,低利息率国的货币在该市场上必定升水。

(3)抛补利息率平价中,套利者不仅要考虑利息率的收益,还要考虑由于汇率变动所产生的收益变动。

利息率平价理论的结论是:在资本具有充分国际流动性的前提下,抛补与无抛补的利息率平价均表明,如果本国利息率上升,超过利息率平价所要求的水平,本币将会预期贬值;反之,则升值。

7. 对利息率平价理论应如何评价?

与购买力平价不同,利息率平价理论是考察资本流动(而不是商品流动)与汇率决定之间的关系,它从一个侧面阐述了汇率变动的原因——资本在国际上的流动。利息率平价理论同样并非是一个完善的汇率决定理论,对其的批评主要如下。

(1)利息率平价的实现依据是国际金融市场上的"一价定律",但现实中,不仅完善的外汇市场没有普遍存在,而且许多国家实际对外汇实行管制并对资本流动进行限制。

(2)在利息率平价的关系式当中,并未能表明到底是利息率平价决定汇率,还是即期汇率与远期汇率的差距来决定利息率。

(3)忽视利息率结构问题。

8. 如何利用利息率平价公式计算远期汇率?

设:$R_{t(a/b)}$ 为 a 币兑 b 币期限为 t 的远期汇率;$R_{0(a/b)}$ 为 a 币兑 b 币的即期汇率;I_a 为 a 币的年利息率;I_b 为 b 币的年利息率;T 为期限因素,$T = t/12$(月)或 $T = t/360$(天)。则利用利息率平价计算远期汇率的基本公式为

$$R_{t(a/b)} = R_{0(a/b)} \times [1 + (I_b - I_a) \times T] \tag{16-8}$$

例如,假设即期美元/日元汇率为 USD/JPY=141.00/144.90,美元、日元的年利息率分别为 7.35% 和 5.25%,试计算 3 个月美元兑日元的远期汇率和 6 个月日元兑美元的远期汇率。

解:(1)根据题意,如果求 3 个月美元兑日元的远期汇率,则美元被视为基准货币,日元被视为折算货币。

3 个月美元兑日元远期汇率的买入价 $=141.00\times[1+(5.25\%-7.35\%)\times(3/12)]=140.26$

3 个月美元兑日元远期汇率的卖出价 $=144.90\times[1+(5.25\%-7.35\%)\times(3/12)]=144.14$

3 个月美元兑日元远期汇率的中间价 $=142.95\times[1+(5.25\%-7.35\%)\times(3/12)]=142.20$

(2)根据题意,如果求 6 个月日元兑美元的远期汇率,则日元被视为基准货币,美元被视为折算货币。

6 个月日元兑美元远期汇率的买入价 $=(1\div144.90)\times[1+(7.35\%-5.25\%)\times(6/12)]=0.0070$

6 个月日元兑美元远期汇率的卖出价 $=(1\div141.00)\times[1+(7.35\%-5.25\%)\times(6/12)]=0.0072$

6 个月日元兑美元远期汇率的中间价 $=(1\div142.95)\times[1+(7.35\%-5.25\%)\times(6/12)]=0.0071$

9. 在直接标价法下,如何利用利息率平价计算远期汇率?

在直接标价法下,利用利息率平价计算远期汇率的计算公式是

$$R_t = R_0 \times [1+(I_d-I_f)\times T] \quad (16\text{-}9)$$

式中:R_t——直接标价法下期限为 t 的远期汇率;

R_0——直接标价法下的即期汇率;

I_d——本币的年利息率;

I_f——外币的年利息率;

T——期限因素,$T=t/12$(月)或 $T=t/360$(天)。

10. 在间接标价法下,如何利用利息率平价计算远期汇率?

在间接标价法下,利用利息率平价计算远期汇率的计算公式是

$$R_t = R_0 \times [1+(I_f-I_d)\times T] \quad (16\text{-}10)$$

式中:R_t——间接标价法下期限为 t 的远期汇率;

R_0——间接标价法下的即期汇率;

I_d——本币的年利息率;

I_f——外币的年利息率;

T——期限因素,$T=t/12$(月)或 $T=t/360$(天)。

11. 如何利用利息率平价公式计算远期汇水?

设:$R_{t(a/b)}$ 为 a 币兑 b 币期限为 t 的远期汇水;$R_{0(a/b)}$ 为 a 币兑 b 币的即期汇率;

I_a 为 a 币的年利息率;I_b 为 b 币的年利息率;T 为期限因素,$T=t/12$(月)或 $T=t/360$(天)。则利用利息率平价计算远期汇水的基本公式为

$$R_{t(a/b)} = R_{0(a/b)} \times [(I_b-I_a)\times T] \quad (16\text{-}11)$$

第五节 资产市场理论

通过本节的学习,将帮助您了解汇率的货币分析法和资产组合理论,掌握汇率的货币分析法和资产组合理论的内容及其主要观点。

1. 资产市场说的基本框架是怎样的?

资产市场说重视金融资产市场均衡对汇率变动的影响,认为在一个国家的三种市场(商品市场、货币市场、外汇市场)之间,有一个受到冲击后(主要是货币供应增加的冲击)进行均衡调整的速度快慢对比问题。对替代程度和调整速度的不同假设,就引出了各种资产市场说的模型。

其基本的内容框架包括汇率的货币分析法和汇率的资产组合分析法。汇率的货币分析法又包括弹性价格模型和黏性价格模型。

2. 汇率的货币分析法的主要内容是什么?

汇率的货币分析法(monetary approach to exchange rate)假设资产能够充分替代,研究货币市场失衡对汇率的影响,包括弹性价格模型和黏性价格模型。

3. 弹性价格模型的主要内容是什么?

弹性价格模型认为,汇率由两国货币的相对供给量和相对需求量决定。

$E_{a/b}=P_a/P_b$ 汇率取决于两国物价。

$P_a=M_a/L_a(Y,I)$ 货币市场均衡时 a 国的价格决定。

$P_b=M_b/L_b(Y^*,I^*)$ 货币市场均衡时 b 国的价格决定。

在模型的基础上,进一步分析了货币供给、国民收入、利息率变化等冲击对汇率的影响。以本国货币供给增加为例:商品价格具有弹性,增加的货币会迅速被商品价格上涨吸收,本币贬值,外汇汇率上升。

4. 黏性价格模型的主要内容是什么?

黏性价格模型认为,货币市场失衡后,商品市场的价格具有黏性,价格的变化比较缓慢,而外汇市场反映极其灵敏,汇率将立即变化,发生过度调整。此后,过多的货币会逐渐被证券市场和商品市场吸收,从而使货币市场恢复均衡。

5. 汇率资产组合分析法的理论基础是什么?

汇率资产组合分析法的理论基础是:理性的投资者会将其拥有的财富按照风险与收益的比较,配置于可供选择的各种资产上。随着各自资产的预期收益率的变化而变化,资产组合平衡不断被打破,又不断得到重新建立。

6. 汇率资产组合分析法的基本假定是什么?

汇率资产组合分析法的基本假定是:国外利息率是给定的;本国居民持有三种资产,三种资产之间不能完全替代;在短期内不考虑持有本国债券及外国债券的利息收入对资产总量的影响,即资产总量只受本国货币、本国债券及外国资产的影响。

7. 汇率资产组合分析法的主要演变过程是怎样的?

资产组合理论产生于 20 世纪 70 年代中期,由勃莱逊(W. Branson)、霍尔特纳(H. Halttune)和梅森(P. Masson)等人提出并完善。该理论认为,各种资产之间(本国资产和外国资产之间)并不是可以完全替代的,因此,存在着资产收益率的差别。人们一般最愿意选择的是三种资产:本国货币、本国债券、外国债券。这三种资产在各投资者财富总额中所占的比例大小取决于各种资产收益率的大小和财富总量的大小。汇率是在两国资本相对流动过程中,有价证券市场达到均衡时决定的,一切影响资产收益率的因素都会通过影响证券市场上资产的组合而决定汇率水平及其变动。

8. 汇率资产组合分析法的主要结论是什么?

在国际资本完全流动的前提下,一国居民所持有的资产包括本国货币、本国债券及外国资产。用公式表示为 $W=M+B+e^*F$,其中 e^* 表示直接标价法下的汇率。

私人部门会将净财富在本国资产和外国资产之间进行分配,分配的比例视各种资产的预期收益而定。本国资产的收益率为零,本国债券的预期收益率就是国内利息率 i,外国资产的预期收益率是国外的利息率 i^* 与预期外汇汇率上升率之和。各种资产的选择与自身预期收益率成正比,与其他资产预期收益率成反比。

$$M=\alpha(i,i^*,E_e)W$$
$$B=\beta(i,i^*,E_e)W$$
$$e^*F=\gamma(i,i^*,E_e)W$$
$$\alpha+\beta+\gamma=1$$

其中,α,β,γ 分别为各种资产在总财富中所占的比例。

当某种资产的供给发生变化,或者其预期收益率发生变化影响私人部门对各种资产重新调整时,就会使得资产市场供求存量发生失衡。因此,私人部门就会调整手中的资产以恢复资产市场的均衡,在调整过程中,会产生本国资产与外国资产之间的替换,从而引起外汇市场上供求关系的变化,外汇汇率随之变化。

9. 资产组合分析法的核心观点是什么?

资产组合分析法把汇率水平看成是由货币供求和经济实体等因素诱发的资产调节与资产评价过程所共同决定的。它认为,国际金融市场的一体化和各国资产之间的高度替代性,使一国居民既可持有本国货币和各种证券作为资产,又可持有外国的各种资产。一旦利息率、货币供给量以及居民愿意持有的资产种类等发生变化,居民原有的资产组合就会失衡,进而引起各国资产之间的替换,促使资本在国际的流动。国际的资产替换和资本流动,又势必会影响外汇供求,导致汇率的变动。

10. 对资产组合分析法的评价如何?

资产组合分析法是资产组合理论的运用,在现代汇率研究领域占有重要的地位。它提出的假定更加贴近现实,因而更具有现实意义。但该理论也存在以下明显的问题:

(1)在论述经常账户失衡对汇率的影响时,只注意到资产组合变化所产生的作用,而忽略了商品和劳务流量变化所产生的作用;

(2)只考虑目前的汇率水平对金融资产实际收益产生的影响,而未考虑汇率将来的变动对金融资产的实际收益产生的影响;

(3) 它的实践性较差,因为有关各国居民持有的财富数量及构成的资料,是有限的、不易取得的。

第六节 技术分析理论

通过本节的学习,将帮助您了解 K 线图理论、趋势理论、波浪理论等技术分析理论,掌握汇率的技术分析。

1. 什么是技术分析?

技术分析是指通过分析某个证券以往的市场行为,对该证券未来的价格变化趋势进行预测的行为。

2. 技术分析的要素有哪些?

技术分析有四大要素,即价格、成交量、时间、空间,简称价、量、时、空。价格是指在证券市场上股票、债券、基金和期货等证券商品的货币表现。成交量是指证券商品在单位时间内交易成功的总数量或总金额。时间是指某一种证券在其价格波动中,某一价格波动轨迹或称走势所需要、所经历或所持续的时间间隔。空间是指在某一时间段内证券价格波动幅度的大小,某一证券价格波动趋势可能达到的极限高点或极限低点。

3. 技术分析的理论基础是什么?

技术分析的理论基础包括以下三大假设。

(1) 市场行为包括一切信息。技术分析认为,任何与股价有关的因素,其影响都已经反映在证券的价、量、时、空这四大要素的市场行为之中,这些行为已经涵盖了所有影响证券价格的信息,因而对证券价格未来走势的分析不必再对其他因素进行分析,而只需要分析价格、成交量等市场行为即可。

(2) 价格沿趋势移动。技术分析认为,股价的波动是沿着其自身的趋势移动的,在没有外力的作用时,股价将沿趋势进行下去,直到外力改变这一趋势为止。该假设的含义是股价的变动是有规律可循的。股价的变化由市场供求关系的变化所决定,供求关系一旦确定,证券价格的变化趋势就会一直持续下去。只要供求关系不发生根本性变化,证券价格的走势就不会发生根本性的改变。

(3) 历史会重演。这一假设是建立在对投资者心理分析的基础上的,即当市场出现和过去相同或相似的情况时,投资者会根据过去的成功经验或失败教训做出同样的反应,市场行为和证券价格走势会历史性地重演。

4. 什么是 K 线图?

K 线就是指将各种股票每日、每周、每月的开盘价、收盘价、最高价、最低价等涨跌变化状况,用图形的方式表现出来。K 线最上方的一条细线称为上影线,中间的一条粗线为实体,下面的一条细线为下影线。当收盘价高于开盘价,也就是股价走势呈上升趋势时,我们称这种情况下的 K 线为阳线,中部的实体以空白或红色表示。这时,上影线的长度表示最高价和收盘价之间的价差,实体的长短代表收盘价与开盘价之间的价差,下影线的长度则代表开盘价和最低价之间的差距。当收盘价低于开盘价,也就是股价走势呈下降趋势时,我们称这种情况下的

K 线为阴线,中部的实体以黑色表示。这时,上影线的长度表示最高价和开盘价之间的价差,实体的长短代表开盘价与收盘价之间的价差,下影线的长度则代表收盘价和最低价之间的差距。

5. 按交易周期划分,K 线有哪些种类?

根据交易周期的不同,通常把 K 线划分为分时 K 线、日 K 线、周 K 线、月 K 线、年 K 线等。

6. 按 K 线的形状划分,K 线有哪些种类?

根据 K 线的形状分类,K 线主要有大阳线、大阴线、小阳线、小阴线、带上影线的阳线、带上影线的阴线、带下影线的阳线、带下影线的阴线、上下均带影线的阳线、上下均带影线的阴线、十字线、T 字线、倒 T 字线、一字线。

每种 K 线都代表一定的市场情况,比如,出现大阳线一般表明多头发挥最大力量、占据绝对优势。昨天是大阳线,今日若开盘后不久,买方力量强大,屡次出现新的高价,表明多头主力介入,高价收盘的可能性大。若开盘后,股价回跌至阳线实体内,表明买卖双方短兵相接,多头虽暂受卖压,但并不意味着卖方占优势。若开盘后多空作战区域发生在阳线实体下端,卖方利用突发利空压低行情,而多方驻足不前,表明今日空头已控制局面,极可能出现大阴线。

7. 什么是趋势线?

趋势线是指在股价波动轨迹中,用划线的方法将股价的波动低点或者股价的波动高点相连,利用已发生的事例来推测未来股价大致走向的一种直线。根据趋势的周期长短,可将趋势线分为长期趋势线、中期趋势线和短期趋势线。根据趋势的方向,可将趋势线分为上升趋势线和下降趋势线。

8. 什么是趋势理论?

根据趋势理论,股票价格运动有三种趋势,其中最主要的是股票的基本趋势,即股价广泛或全面性上升或下降的变动情形。这种变动持续的时间通常为一年或一年以上,股价总升(降)的幅度超过 20%。对于投资者来说,基本趋势持续上升就形成了多头市场,持续下降就形成了空头市场。股价运动的第二种趋势称为股价的次级趋势。因为次级趋势经常与基本趋势的运动方向相反,并对其产生一定的牵制作用,因而也称为股价的修正趋势。这种趋势持续的时间从 3 周至数月不等,其股价上升或下降的幅度一般为股价基本趋势的 1/3 或 2/3。股价运动的第三种趋势称为短期趋势,反映了股价在几天之内的变动情况。修正趋势通常由 3 个或 3 个以上的短期趋势所组成。

在三种趋势中,长期投资者最关心的是股价的基本趋势,其目的是想尽可能地在多头市场上买入股票,而在空头市场形成前及时地卖出股票。投机者则对股价的修正趋势比较感兴趣。他们的目的是想从中获取短期的利润。短期趋势的重要性较小,且易受人为操纵,因而不便作为趋势分析的对象。人们一般无法操纵股价的基本趋势和修正趋势,只有国家的财政部门才有可能进行有限的调节。

9. 什么是波浪理论?

波浪理论是由美国人拉尔夫·纳尔逊·艾略特首先提出的。他提出了一套相关的市场分析理论,精炼出市场的 13 种形态(pattern)或谓波(waves),在市场上这些形态重复出现,但是出现的时间间隔及幅度大小并不一定具有再现性。尔后他又发现了这些呈结构性形态之图形可以连接起来形成同样形态的更大图形,这样就提出了一系列权威性的演绎法则用来解释市场的行为,并特别强调波动原理的预测价值,这就是久负盛名的艾略特波段理论,又称波浪理论。

10. 波浪理论的三大要素是哪些?

(1)形态,即股价的波动轨迹所呈现的各种各样的形状。
(2)比率,即高低点比率。
(3)时间,即价格变动所需要的时间,比如股价完成某个形态所经历的时间长短。

11. 数浪的基本规则有哪些?

数浪的基本规则有两条,另外还有两条补充规则。
(1)两条基本规则:第三浪永远不允许是第一浪至第五浪三大推动浪中最短的浪;第一浪不允许与第四浪重合。
(2)两条补充规则:交替规则,即在整个八浪循环中,如果第二浪以简单的形态出现,则第四浪多数会以复杂的形态出现;高级别的第四浪多数会在较低一级的第四浪内完成。

第十七章
汇率制度与货币危机理论

　　汇率制度又称汇率安排，是指一国货币当局对本国汇率水平的确定、汇率变动方式等问题所作的一系列安排或规定。货币危机会导致固定汇率制度的崩溃和国际金融市场的动荡。汇率制度是国际货币体系的核心内容，1973年以后，世界主要西方发达国家实行的是浮动汇率制度。由于汇率的高低与调整对经济有着重大的影响，各国都未完全放弃对汇率的管理，都把汇率的稳定性和灵活性作为现代汇率制度改革寻求的目标。对外汇市场的干预已经成为各国影响和干预汇率水平的重要方法，选择合理的汇率制度对于一国乃至国际货币制度都是重要问题。从汇率制度的发展历程来看，没有哪一种汇率制度是完美无缺的，对汇率制度的选择往往取决于当时的国内实际情况和国际经济环境。通过本章内容的学习，你应该能够：

- 了解固定汇率制的特点;
- 了解浮动汇率制的特点;
- 了解影响汇率制度选择的主要因素;
- 理解最适度通货区理论的前提、基本结论;
- 理解货币危机理论的基本结论。

关键概念

固定汇率制、浮动汇率制、三元悖论、最适度通货区理论、货币危机

引导型问题

1. 中国现行的人民币汇率制度应当如何进一步改革和完善?
2. 影响人民币汇率制度选择的主要因素是什么?为什么?

第一节 汇率制度比较

通过本节的学习,将帮助您了解固定汇率与浮动汇率的优缺点、三元目标理论及汇率制度选择时所要考虑的因素等相关内容。

1. 什么是汇率制度?其主要内容有哪些?

汇率制度(exchange rate regime or system),又称汇率安排(exchange rate arrangement),是指一国货币当局对本国汇率变动的基本方式所作的一系列安排或规定。汇率制度制约着汇率水平的变动。

汇率制度的基本内容:确定汇率的原则与依据;维持与调整汇率的方法;管理汇率的法规、制度和政策;管理汇率的官方机构。

2. 什么是固定汇率制度?

固定汇率制度是指政府用行政或法律手段确定、公布、维持本国货币与某种参照物之间固定比价的汇率制度。充当参照物的可以是黄金、其他货币或某一组其他货币。

固定汇率制度先后经历了金本位制下的固定汇率制、布雷顿森林体系下的固定汇率制、目前的固定汇率制(联系汇率与钉住汇率)等几个阶段。

3. 固定汇率制度有哪些优点?

固定汇率制度的优点有:汇率具有相对稳定性,这使进出口商品的价格确定、国际贸易成本计算和控制、国际债权债务的清偿都能比较稳定地进行,减少了汇率波动带来的风险。此外,汇率比较稳定,也在一定程度上抑制了外汇投机活动。因此,固定汇率制度对世界经济发展起到了一定的促进作用。

4. 固定汇率制度有哪些缺点?

固定汇率制度的缺点有:在固定汇率条件下,要维持汇率不变,必须处理好内外平衡问题,

即保持国际收支平衡以便能够使汇率维持不变和控制总需求以便接近没有通货膨胀的充分就业的状态,然而往往这些内外目标是相互冲突的。实行真正的固定汇率制度需要各国付出很大的调整代价。

5. 什么是浮动汇率制度?

浮动汇率制度是指一国货币的汇率并非固定,而是由自由市场的供求关系决定的制度。按照不同的分类方式,浮动汇率制度可以分为不同的类型。浮动汇率制度根据政府对汇率是否干预,分为自由浮动汇率和管理浮动汇率;按照汇率的浮动方式,可分为单独浮动、联合浮动、钉住浮动。

6. 浮动汇率制度有哪些优点?

浮动汇率制度的优点有:可以防止国际金融市场上大量游资对硬货币的冲击;可以防止某些国家的外汇储备和黄金流失;有利于国内经济政策的独立性。

7. 浮动汇率制度有哪些缺点?

浮动汇率制度的缺点有:不利于国际贸易和国际投资,使进出口贸易不易准确核算成本或使汇率管理成本增加,因此影响长期贸易合同的签订;助长了国际金融市场上投机活动,使国际金融局势更加动荡;可能导致竞争性货币贬值。

8. 什么是三元悖论?

三元悖论是由美国经济学家保罗·克鲁格曼就开放经济下的政策选择问题所提出的,其含义是:本国货币政策的独立性、汇率的稳定性、资本的完全流动性不能同时实现,最多只能同时满足两个目标,而放弃另外一个目标。其理论关系如图 17-1 所示。

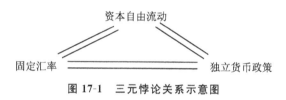

图 17-1　三元悖论关系示意图

9. 选择汇率制度应考虑的因素有哪些?

汇率制度的选择主要考虑四个方面的因素:经济规模和发展程度、对外开放程度、金融市场发展程度、金融管理状况。

(1)经济规模和发展程度:经济规模、人均 GNP。

(2)对外开放程度:贸易开放程度,对外贸易的分散化程度,资本控制、实际资本流动的开放程度。

(3)金融市场发展程度:金融市场的种类、金融市场运行、金融市场的深度等。

(4)金融管理状况:政府的宏观金融管理水平等。

第二节　适度通货区理论

通过本节的学习,将帮助您了解适度通货区理论,从而对现实中的通货区实践有更深入的认识。

1. 什么是通货区?

通货区指的区域是,区内各成员国货币相互间保持钉住汇率制,对区外各种货币实行联合浮动。理论上说,任何一个国家都会面临最适度货币区的问题,即本国是适宜单独组成一个货币区,还是与其他某些国家共同组成一个货币区。如果对于某一国家而言,本国单独组成一个货币区,那么就意味着本国实行的是浮动汇率制或弹性汇率制。问题的关键在于,究竟依据什么准则来确定什么样的国家之间适合共同组成一个货币区。

2. 什么是最适度通货区理论?

最适度通货区理论又可以叫作最适度货币区理论,最早于1961年提出最适度货币区理论的罗伯特·蒙代尔主张生产要素流动性准则,"货币区"内的汇率必须被固定,"最佳"的标志就是有能力稳定区内的就业和价格水平。最佳货币区不是按国家边界划定的,而是由地理区域限定的。他认为生产要素流动性与汇率的弹性具有相互替代的作用,这是因为,需求从一国转移到另一国所造成的国际收支调整要求,既可以通过两国汇率调整,也可以通过生产要素在两国间的移动来解决。在他看来,生产要素流动性越高的国家之间,越适合组成货币区;而与国外生产要素市场隔绝越大的国家,则越适合组成单独的货币区,实行浮动汇率制。

随后,不同的学者又提出了不同的标准来衡量不同国家之间是否适合构成一个货币区。

罗纳德·麦金农则强调以一国的经济开放程度作为最适货币区的确定标准。他以贸易品部门相对于非贸易品部门的生产比重作为衡量开放程度的指标,并认为如果一国的开放程度越高,越应实行固定汇率制,反之则实行浮动汇率制。在开放程度高的情况下,如果实行浮动汇率制,国际收支赤字所造成的本币汇率下浮将会带来较大幅度的物价上升,抵消本币汇率下浮对贸易收支的作用。还有一些学者提出了不同的最适货币区的确定准则。如彼得·凯南(Peter Kenen)主张采用出口商品多样化准则,詹姆斯·英格拉姆(James Ingram)强调国内外金融市场一体化准则,等等。

实行浮动汇率制后,根据有关最适货币区理论,罗伯特·赫勒(Robert Heller)对汇率制度选择的影响因素进行了总结。他认为,一国汇率制度的选择,主要是由经济方面因素决定的。这些因素是:①经济开放程度;②经济规模;③进出口贸易的商品结构和地域分布;④国内金融市场的发达程度及其与国际金融市场的一体化程度;⑤相对的通货膨胀率。这些因素具体与汇率制度选择的关系是:经济开放程度高,经济规模小,或者进出口集中在某几种商品或某一国家的国家,一般倾向于实行固定汇率制或钉住汇率制;经济开放程度低,进出口商品多样化或地域分布分散化,同国际金融市场联系密切,资本流出入比较可观和频繁,或国内通货膨胀与其他主要国家不一致的国家,则倾向于实行浮动汇率制或弹性汇率制。根据赫勒对一些国家汇率政策的比较,浮动汇率制度明显趋于同一国进出口对GNP的低比率(即开放程度低)、进出口贸易商品结构和地域分布的高度多样化、相对较高的通货膨胀率及金融国际化的高度发展相联系。

3. 最适度通货区理论的优点有哪些?

最适度通货区理论有以下四个方面的优点。

(1)有利于促进本区经济一体化,并极大地提高区内总的经济福利。区域货币一体化的前提之一,就是实现人力、资本及商品等要素在区内的自由流动与统一共享。区内要素的自由流动,不仅有利于促进区内贸易自由化,从而极大地提高区内贸易效率,而且它还有利于充分利用区内人力、物力及财力,实现资源整合与优化配置,进而在宏观经济政策制定上易于达成一致,并直接推进本区经济一体化进程的发展。

(2)有利于降低货币汇兑成本,规避区内货币之间的汇率风险。区域货币一体化的初级形式是:区内成员间货币实现可自由兑换,且比价固定。这一规则无疑将会锁定区内成员间的汇率风险,并大大便利区内成员国之间的贸易结算。当区域货币一体化走向其最高形式——单一货币时,区内各成员国货币退出,取而代之的是"大一统"的单一货币,这样,区内成员国之间的国际贸易就变成了"内贸",也就没有了所谓的成员国之间的货币"兑换成本"。

(3)有利于整合区内金融资源,降低投融资成本与风险。国际投融资不但成本高,而且风险大。区域货币一体化则有利于区内金融资源共享,而且在固定汇率下锁定汇率风险,在共同货币政策下,还可以锁定利率风险。在此条件下,各成员国也无须保留太多的国际储备,从而减少总的资源闲置成本。应该说,在人力、商品及资本等要素的整合上,金融资源的整合处于核心地位,因此说,区域内实现单一货币是区域经济一体化的最高形式。

(4)有利于加强区内一体化协作,并一致对外抵御竞争风险。区域经济一体化是一股强大的国际力量,它不仅有利于经济上的联盟,而且还有利于区内成员国之间结成政治上和军事上的强大联盟,它们一致对外,采用"一个声音说话",往往能获得一种"放大"的效果。

4. 最适度通货区理论的缺点有哪些?

最适度通货区理论主要有以下几个方面的不足:
(1)丧失货币主权;
(2)丧失国家对宏观经济政策的主权;
(3)损失了通货膨胀税;
(4)失去了汇率政策工具。

第三节 货币危机理论

通过本节的学习,将帮助您认识货币危机的概念,使您对货币危机理论有全面的理解。

1. 什么是货币危机?

货币危机,又称国际收支危机、汇率危机。狭义的货币危机是指在一国实行固定汇率制或某种形式的钉住汇率制时,在允许资本进行某种程度自由流动的条件下,由于市场预期本币将贬值,纷纷抛售本币、购买外币,引起资本外逃,造成该国外汇储备剧减、利率上升的经济现象。如果投机攻击耗尽该国的外汇储备,将使该国被迫放弃干预外汇市场,实行汇率的自由浮动。广义的货币危机还包括由于市场对本币升值的预期造成资本大量流入,外汇储备剧增的情况。一般情况下,人们比较关注的是狭义的货币危机。

2. 第一代货币危机模型的内容有哪些?

第一代货币危机模型又称为克鲁格曼模型,是美国经济学家保罗·克鲁格曼于1979年提出的,它是西方关于货币危机的第一个比较成熟的模型。这一模型以小国开放经济为分析框架,以钉住汇率制度或其他形式的固定汇率制度为分析对象,分析了以放弃固定汇率为特征的货币危机是如何发生的。克鲁格曼认为,在一国货币需求处于稳定状态的条件下,国内信贷扩张会带来外汇储备的流失,从而导致对固定汇率的冲击而产生危机。但是,他在分析中采取的非线性形式导致了固定汇率崩溃的时间是难以确定的,后来弗拉德和戈博于1986年完成了这一工作,因此,这一模型又被称为克鲁格曼-弗拉德-戈博模型。

3. 克鲁格曼-弗拉德-戈博模型的内容是什么?

克鲁格曼-弗拉德-戈博模型的内容如下。

以 M_S 表示货币供给,它由国内信贷差额和折合为本币的外汇储备 R 组成;以 M_D 表示货币需求,以 y 表示货币乘数,则有

$$M_D = M_S = yD + yR = y(D+R)$$

整理可得

$$R = \frac{M_S}{y} - D$$

上式表明,在其他条件保持不变的条件下,国内信贷的增长导致外汇储备的流失。出现这种结果的原因是,在一国货币需求处于相对稳定状态时,信用扩张导致通货压力或某种形式的贬值压力,这迫使该国居民通过对外投资、购买外国商品或直接持有外汇资产的形式抵御或转嫁这种压力,从而引起外汇储备的流失并使货币供应与货币需求重新达到平衡。

4. 克鲁格曼-弗拉德-戈博模型有何特点?

克鲁格曼-弗拉德-戈博模型有以下特点。

(1)认为货币危机的发生是由于宏观经济政策与固定汇率制度的不一致引起的,并认为持续的信用扩张政策所导致的基本经济的恶化是货币危机发生的基本原因。

(2)在危机发生机制上,一方面强调信用扩张导致外汇储备流失,另一方面又把投机攻击导致的储备下降至最低限看成是货币危机发生的一般过程。但是,在信用扩张、外汇储备流失和货币危机之间的相互关系上,有些过于公式化和简单化了。

(3)把政府的行为过于简单化,实际上,货币危机的发生过程通常是政府与其他经济主体之间的博弈过程,第一代货币危机理论对此重视不足。

5. 什么是第二代货币危机模型?

1992年欧洲汇率体系危机和1994年墨西哥金融危机的爆发,为货币危机理论的发展提供了现实的基础。1996年奥波斯特菲尔德又系统提出了第二代货币危机模型,被称为自我实现的货币危机理论。

6. 第二代货币危机模型的主要内容是什么?

第二代货币危机模型认为:即使宏观经济基础没有进一步恶化,由于市场预期的突然改变,使人们普遍形成贬值预期,也可能引发货币危机。也就是说,货币危机的发生可能是预期贬值自我实现的结果。

在第二代货币危机理论中,政府不再像第一代模型中那样是一个简单的信用扩张者,对于货币危机处于一种听之任之的被动地位,而是一个主动的市场主体,它将根据自身利益的分析对是否维持或放弃固定汇率做出策略选择。政府策略不同,预期的实现方式也不相同。在第二代模型中预期的实现方式有多种,如"冲击-政策放松分析"、"逃出条款分析"和"恶性循环分析"。第二代货币危机理论特别强调货币危机的发生过程往往是政府与投机者之间相互博弈的过程。政府根据维持固定汇率和放弃固定汇率之间的收益对比,来决定是否维持固定汇率。

7. 第二代货币危机理论有什么特点？

第二代货币危机理论有以下特点。

(1) 较详细地分析了市场预期在货币危机中的作用，并探讨了预期借以实现的各种机制形式；但它过分夸大了投机商的作用。

(2) 注意到政府的政策目标不是单一的，其决策过程也不是简单线性的，并且引入博弈论的方法，强调货币危机的发生过程往往是政府与投机者以及其他市场主体相互博弈的过程。

(3) 指出了货币危机发生的隐含条件是宏观经济中存在着多重均衡，货币危机的发生实际上就是宏观经济从一种均衡过渡到另一种均衡。

8. 什么是第三代货币危机理论？

亚洲金融危机爆发后，货币危机理论又面临新的挑战。人们普遍对货币危机所表现出的传染性迷惑不解和惊讶不已。泰铢危机爆发后，马来西亚的林吉特和印尼盾也很快陷入危机的泥潭，接着韩元、日元和卢布又相继爆发危机，到1999年元月危机的"病毒"又感染了巴西的雷亚尔。为什么一个国家爆发危机会传染给另一个国家？为什么危机会在全球蔓延？于是，有关这一问题的解释和理论就形成了第三代货币危机理论。

9. 第三代货币危机理论的主要内容是什么？

第三代货币危机理论的主要内容有：

(1) 信息的不对称性和"羊群"效应；

(2) 警示效应；

(3) 流动性危机会导致清偿危机。

10. 什么是信息的不对称性和"羊群"效应？

信息的不对称性是指，由于筹资者往往不向投资者提供全部信息，以及现实中信息披露和信息传播等方面的困难，投资者掌握的信息通常是不完全、不充分的，在有关资金的使用和其他投资信息方面投资者与筹资者处于不对称状态。这会使投资者对自己掌握的信息缺乏信心，使其行为具有盲目随从的性质，迫使他们去效仿另外一些可能掌握更多信息的投资者的做法，于是便形成"羊群"效应。例如，当泰铢发生危机后，人们便担心韩元可能也会出现问题；当日本银行开始停止对韩国提供贷款并收回贷款时，欧美银行便纷纷效仿，因为后者认为日本人可能更了解韩国的实际情况；既然银行已开始行动，其他投资者也会纷纷效仿，于是"羊群"效应形成了。

11. 什么是警示效应？

当一国发生货币危机后，人们便对其他相类似的国家产生警惕，形成警示效应。以这种方式进行的危机蔓延通常是基于在其他国家观察到的新问题，而这些问题又与危机发生国所存在的问题相类似。当泰国爆发危机后，人们注意到印度尼西亚和韩国的经济也不健康，它们存在着银行系统薄弱、信用膨胀，国内资本形成质量下降，出口增长变慢，外汇储备相对较少等问题，而泰国也存在着相类似的问题；尽管这些问题未必能够引发货币危机，或者尚未达到足以引发货币危机的程度，但警示效应的发挥促使人们纷纷收回投资，最后终于导致这些国家也爆发了货币危机。

12. 为什么流动性危机会导致清偿危机？

在货币危机的蔓延中，流动性危机的蔓延并导致其他国家也陷入严重的外币债务危机，是推动货币危机向其他国家蔓延的又一个重要因素。一个借款人缺乏清偿力,是指他目前及未来的全部收益不足以偿付所欠债务;一个借款人缺乏支付能力即流动性,是指他当前没有足够的现款支付到期债务。一个借款人也许具有清偿力,但他很可能因无法从金融市场上筹借到足够的资金用于偿付到期债务,而陷入流动性危机之中。这是一种债务危机,是因支付能力不足而引发的债务危机。在这种状态下,债务人很可能会被迫低价转让资产以偿付到期债务,而如果其价格低到使其资产总额小于债务总额的水平,那么,债务人就会因缺乏流动性而失去清偿能力,使其陷入真正的债务危机。

知识链接

知识链接 17-1 现行人民币汇率制度的主要内容

1994 年我国施行外汇体制改革,重要措施之一是实行汇率并轨,并建立了以市场供求为基础的、单一的、有管理的浮动汇率制度。自 2005 年 7 月 21 日起,我国开始实行以市场供求为基础、参考一篮子货币进行调节、有管理的浮动汇率制度。2008 年 8 月 1 日制定的《中华人民共和国外汇管理条例》中规定:"人民币汇率实行以市场供求为基础的、有管理的浮动汇率制度。"(第 27 条)

人民币汇率主要实行直接标价法。自 1994 年 1 月 1 日以来,中国外汇交易中心先后公布了美元、港币、日元、欧元、英镑、澳大利亚元、加拿大元、新西兰元兑人民币的直接标价汇率和人民币兑马来西亚林吉特、俄罗斯卢布的间接标价汇率。

在银行间即期外汇市场上引入询价交易方式(以下简称 OTC 方式),同时保留撮合方式。银行间外汇市场交易主体既可选择以集中授信、集中竞价的方式交易,也可选择以双边授信、双边清算的方式进行询价交易。同时在银行间外汇市场引入做市商制度,为市场提供流动性。

中国人民银行授权中国外汇交易中心于每个工作日上午 9 时 15 分对外公布当日人民币兑美元、欧元、日元、港币、英镑、马来西亚林吉特、俄罗斯卢布、澳大利亚元、加拿大元和新西兰元汇率中间价,作为当日银行间即期外汇市场(含 OTC 方式和撮合方式)交易汇率的中间价。中国人民银行授权中国外汇交易中心公布的当日汇率中间价适用于该中间价发布后到下一个汇率中间价发布前。

人民币兑美元汇率中间价的形成方式为:中国外汇交易中心于每日银行间外汇市场开盘前向银行间外汇市场做市商询价,并将做市商报价作为人民币兑美元汇率中间价的计算样本,去掉最高和最低报价后,将剩余做市商报价加权平均,得到当日人民币兑美元汇率中间价,权重由中国外汇交易中心根据报价方在银行间外汇市场的交易量及报价情况等指标综合确定。

人民币兑欧元、港币和加拿大元汇率中间价由中国外汇交易中心分别根据当日人民币兑美元汇率中间价与上午 9:00 国际外汇市场欧元、港币和加拿大元兑美元汇率套算确定。人民币兑日元、英镑、澳大利亚元、新西兰元、马来西亚林吉特和俄罗斯卢布汇率中间价由中国外汇交易中心根据每日银行间外汇市场开盘前银行间外汇市场相应币种的直接交易做市商报价平均得出。

每日银行间即期外汇市场人民币兑美元的交易价可在中国外汇交易中心对外公布的当日人民币兑美元汇率中间价上下 2% 的幅度内浮动。人民币兑欧元、日元、港币、英镑、澳大利亚元、加拿大元和新西兰元交易价在中国外汇交易中心公布的人民币兑该货币汇率中间价上下3%的幅度内浮动。人民币兑马来西亚林吉特、俄罗斯卢布交易价在中国外汇交易中心公布的人民币兑该货币汇率中间价上下5%的幅度内浮动。人民币兑其他非美元货币交易价的浮动幅度另行规定。

银行可基于市场需求和定价能力对客户自主挂牌人民币对各种货币汇价，现汇、现钞挂牌买卖价没有限制，根据市场供求自主定价。

第十八章
外汇管理与国际收支管理

　　一方面,国际收支不平衡,特别是长期的、巨额的不平衡,无论是逆差还是顺差,都会对国民经济产生不良影响,因此世界各国都十分重视国际收支的调节工作;另一方面,外汇管理是当今世界各国调节外汇和国际收支的一种常用的强制性手段,其结果直接影响国际商品与资本的自由流动。各国政府根据自身的国情和发展国民经济的需要制定松紧程度不同的外汇管制措施。通过本章内容的学习,你应该能够:

- 熟悉外汇管理的概念、类型和内容；
- 知道国际收支不平衡的原因及其影响；
- 熟悉国际收支的调节机制；
- 掌握国际收支不平衡的调节措施以及各种调节措施的局限性。

国际收支管理、外汇管理、贸易外汇管理、非贸易外汇管理、兑换管理、账户管理

1. 如何进一步完善中国的外汇管理？
2. 中国应当如何保持国际收支的平衡？

第一节 外汇管理概述

通过本节的学习，将有助于您了解外汇管理的概念、目的、内容，以及外汇管理的机构和对象等基本知识。

1. 什么是外汇管理？

外汇管理是指一国政府授权给货币金融当局或者专设某一机构，运用经济、法律和行政等手段对外汇收支、买卖、借贷、转移，以及国际结算、外汇汇率和外汇市场进行的管理活动。

2. 外汇管理的目的是什么？

实施外汇管理的根本原因是为了促进国际收支平衡和维持本币汇率的稳定，以利于本国经济金融稳定发展。具体而言，实施外汇管理的目的有：一是防止资本外逃和外汇投机，稳定外汇汇率和平衡国际收支，促进本国对外贸易的发展；二是限制外国商品的输入，促进本国商品的输出，扩大国内生产；三是稳定国内物价水平，避免国际市场价格变动对本国经济的影响，保障经济有序健康发展。

3. 什么是外汇管制？

外汇管制是指一国政府机构为了某种目的，运用行政、法律等手段对外汇收支、买卖、借贷、转移，以及国际结算、外汇汇率变动所进行的限制性的管理活动。如限制货币的兑换、限制携带货币出境的数量等。

4. 外汇管理机构的类型有哪些？

实施外汇管理的国家一般设有外汇管理机构，外汇管理机构设立有以下三种类型：

(1)国家授权货币当局即中央银行直接负责外汇管理,如英国是由英格兰银行进行外汇管制工作的;

(2)国家设立专门的外汇管理机构,如法国、中国和意大利等;

(3)国家行政管理部门直接负责外汇管理工作,如美国是由财政部负责,日本是由大藏省负责。

5. 外汇管理的对象是如何划分的?

外汇管理的对象分为对人、对物、对地区的管理。

(1)对人的管理,在外汇管理中,把人的概念分为"居民"和"非居民"两类。

(2)对物的管理,包括外币、外币支付凭证、外币有价证券以及在外汇收支中使用的其他外汇资产,同时大多数国家将黄金、白银等贵金属以及本币的出入国境也列为外汇管理的范围。

(3)对地区的管理,包括划分经济特区、保税区、制裁区等。

第二节 外汇管理的内容与方法

通过本节的学习,将帮助您了解外汇管理的基本内容和方法。

1. 什么是汇率管理?

汇率管理有两种,即直接管理和间接管理。直接管理汇率是指一国政府专设某一部门制定、调整和公布汇率,这一汇率对整个外汇行市起着决定性作用,即各种外汇交易都是以此汇率为基础的。间接管理方式,是运用外汇平准基金买卖外汇干预供求关系,或者直接利用外汇储备干预外汇市场。

2. 什么是贸易外汇管理?

贸易外汇也称实物贸易外汇,是指因商品的进口和出口而发生的外汇支出和收入,包括对外贸易中因收付贸易货款、交易佣金、运输费和保险费等发生的那部分外汇。贸易外汇管理包括两个方面:出口外汇收入管理和进口付汇管理。

3. 什么是非贸易外汇管理?

非贸易外汇是指贸易外汇收支和资本输出入外汇收支以外的各项收支,主要包括劳务收支和转移收支两个方面。对非贸易外汇的管理一般采取的方式有直接限制、最高限额、登记制度、特别批准。

4. 什么是资本外汇管理?

资本外汇管理包括对资本输出管理和资本输入管理两个方面。资本输出管理包括禁止有价证券、黄金等的输出,对本国货币、投资利润汇出、对外国公司提供信贷等进行管理;资本输入管理包括对银行吸收非居民存款设定较高存款准备金或者不支付利息,对非居民购买本国有价证券等进行管理。

5. 兑换方式管理有哪些?

货币兑换管理是外汇管理最基本、最主要的内容。实施货币兑换管理的原因主要有外汇短缺、金融秩序混乱、国内外经济体制不同、国内外价格体系存在差异等。货币按其兑换性分为不可兑换货币、可兑换货币和自由兑换货币。不管是在经常账户下还是在资本账户下,都严格限制本币兑换成外币和外币兑换成本币,该国货币就称为不可兑换货币;按照国际货币基金组织的定义,若一国能实现贸易账户和非贸易账户下的货币自由兑换,即经常账户下的自由兑换,则该国的货币被列为可兑换货币;自由兑换货币是指在外汇市场上能自由地用本国货币兑换成某种外国货币或用某种外国货币兑换成本国货币,即实现了经常账户和资本账户的自由兑换。

6. 什么是账户管理?

账户管理是指为规范外汇账户的开立和使用,加强外汇账户的监督管理,由外汇账户的管理机构对外汇账户所进行的管理。根据《中华人民共和国外汇管理条例》和《结汇、售汇及付汇管理规定》,国家外汇管理局及其分、支局为外汇账户的管理机关。

7. 什么是外汇出入境管理?

外汇出入境管理是对携带现钞、外币支付凭证进出境的管理。

第三节 国际收支管理

通过本节的学习,了解国际收支、国际收支失衡的概念,调节国际收支失衡的必要性,以及调节国际收支失衡的手段和方法。

1. 什么是国际收支的自主性交易?

自主性交易(autonomous transaction)又叫事前交易(ex-ante transaction),是个人和企业为某种目的而自主从事的交易。

2. 什么是国际收支的调节性交易?

调节性或补偿性交易(accommodating/compensatory transaction)又叫事后交易(ex-post transaction),是指为弥补国际收支不平衡而发生的交易。

3. 国际收支失衡的调节手段和方法有哪些?

主要有以下三种调节机制。

(1)金本位制度下自动调节机制,也就是"价格-铸币-流动"机制。基本思想是一国国际收支失衡可以通过黄金自由输出与物价涨跌自动达到平衡。

(2)纸币流通制度下自动调节机制,包括固定汇率制度下的自动调节机制和浮动汇率制度下的自动调节机制两个方面。

(3)国际收支政策调节,包括财政政策、货币政策、汇率政策以及直接管制政策等。

对于各种调节国际收支失衡的措施和手段,大体可归纳如表 18-1 所示。

表 18-1 国际收支调节方式汇总表

政策性质及类型	政策、措施名称		操作方向	
			顺差	逆差
需求管理型	支出增减政策	财政政策 税收	减税	增税
		财政支出	增加	削减
		货币政策 利率	降低	提高
		准备金率	降低	提高
		公开市场业务	买入债券	卖出债券
	支出转换政策	外汇汇率	降低	提高
		直接管制	从宽、从松	从紧、从严
供给管理型		产业、科技政策		向出口业倾斜
融资(外汇缓冲)型		官方(外汇)储备	积累、增加储备	使用、减少储备
		国际借贷	贷出资本	借入资本
其他类型		国际合作	加强合作	加强合作

4. 为什么要对国际收支失衡进行调节?

国际收支失衡表现在两个方面:持续顺差或者持续逆差。

一国国际收支持续处于顺差的影响:首先,持续顺差增加了外国货币对本国货币的需求,导致本国汇率上升,这样就可能对本国出口企业产生影响;其次,破坏国内总需求与总供给平衡,持续顺差会使本国国际储备大增,国内货币供应量增加,可能引发通货膨胀;再次,影响了其他国家经济发展,导致贸易摩擦。

一国国际收支持续处于逆差的影响:首先,持续逆差会使本国外汇短缺,本币汇率下降,一旦下降过度,会削弱本国货币的地位及信用度,同时会影响本国发展所需要的生产资料的进口,进而影响本国经济增长;其次,导致外汇储备流失,使得本国金融实力下降;再次,可能使该国陷入债务危机。

知识链接

知识链接 18-1 中国《国际收支统计申报办法》节选

《国际收支统计申报办法》(1995 年 8 月 30 日国务院批准,1995 年 9 月 14 日中国人民银行发布)内容:

第一条 为完善国际收支统计,根据《中华人民共和国统计法》,制定本办法。

第四条 本办法适用于中国境内所有地区,包括在中国境内设立的保税区和保税仓库等。

第五条 国家外汇管理局按照《中华人民共和国统计法》规定的程序,负责组织实施国际收支统计申报,并进行监督、检查;统计、汇总并公布国际收支状况和国际投资状况;制定、修改本办法的实施细则;制发国际收支统计申报单及报表。政府有关部门应当协助国际收支统计申报工作。

第六条 国际收支统计申报实行交易主体申报的原则,采取间接申报与直接申报、逐笔申报与定期申报相结合的办法。

第七条 中国居民应当及时、准确、全面地申报其国际收支。

第八条 中国居民通过境内金融机构与非中国居民进行交易的,应当通过该金融机构向国家外汇管理局或其分支局申报交易内容。

第九条 中国境内的证券交易商以及证券登记机构进行自营或者代理客户进行对外证券交易的,应当向国家外汇管理局或其分支局申报其自营和代理客户的对外交易及相应的收支和分红派息情况。

第十条 中国境内的交易商以期货、期权等方式进行自营或者代理客户进行对外交易的,应当向国家外汇管理局或其分支局申报其自营和代理客户的对外交易及相应的收支情况。

第十一条 中国境内各类金融机构应当直接向国家外汇管理局或其分支局申报其自营对外业务情况,包括其对外资产负债及其变动情况,相应的利润、利息收支情况,以及对外金融服务收支和其他收支情况;并履行与中国居民通过其进行国际收支统计申报活动有关的义务。

第十二条 在中国境外开立账户的中国非金融机构,应当直接向国家外汇管理局或其分支局申报其通过境外账户与非中国居民发生的交易及账户余额。

第十三条 中国境内的外商投资企业、在境外有直接投资的企业及其他有对外资产或者负债的非金融机构,必须直接向国家外汇管理局或其分支局申报其对外资产负债及其变动情况和相应的利润、股息、利息收支情况。

第十四条 国家外汇管理局或其分支局可以就国际收支情况进行抽样调查或者普查。

第十五条 国家外汇管理局或其分支局有权对中国居民申报的内容进行检查、核对,申报人及有关机构和个人应当提供检查、核对所需的资料和便利。

第十六条 国家外汇管理局及其分支局应当对申报者申报的具体数据严格保密,只将其用于国际收支统计。除法律另有规定外,国际收支统计人员不得以任何形式向任何机构和个人提供申报者申报的具体数据。

第十七条 中国居民违反本办法的,国家外汇管理局或其分支局可以根据情节给予警告、通报批评或者罚款。

第十八条 各类金融机构违反本办法的,国家外汇管理局或其分支局可以根据情节给予警告、通报批评、罚款或者吊销经营外汇业务许可证。

第十九条 国际收支统计人员违反本办法第十六条规定的,由国家外汇管理局或其分支局依法给予行政处分。

第二十条 国家外汇管理局根据本办法制定《国际收支统计申报办法实施细则》。

第二十一条 本办法自1996年1月1日起施行。

第十九章
国际储备与外债管理

一方面,国际储备和外债,是关系到一国调节国际收支和稳定汇率能力的重要的金融资产;另一方面,国际储备和外债,也是国际货币体系的核心问题之一,它对世界货币供应和国际贸易的发展具有重要影响。因此,对国际储备和外债的管理便成为一国重要的政策手段,成为一国货币当局重要的管理内容之一。通过本章内容的学习,你应该能够:

- 熟悉国际储备管理的原则与内容；
- 熟悉外债管理的原则与内容；
- 掌握特别提款权的分配方式与用途；
- 结合中国的实际探讨中国适度外汇储备水平和适度外债规模。

国际储备管理、适度国际储备规模、一级储备资产、外债管理、外债新增规模、外债剩余规模、偿债率、债务率、负债率、短期债务比

1. 如何进一步完善中国的国际储备管理？
2. 如何进一步完善中国的外债管理？
3. 登录中国国家外汇管理局网站（http://www.safe.gov.cn/model_safe/index.html），查阅近3~5年中国的最新主要外债数据，分析中国是否会出现债务危机？为什么？

第一节 国际储备管理

通过本节的学习，将帮助您理解国际储备的基本概念，掌握国际储备管理的基本原则，了解影响一国最适度国际储备规模的因素，掌握常用的确定适度国际储备规模的定量分析方法，熟悉国际储备结构管理的原则、内容与方法。

1. 什么是国际储备管理？

国际储备管理是指一国政府及货币管理当局根据一定时期内本国的国际收支状况和经济发展的要求，对国际储备的规模、结构及储备资产的运用等进行计划、调整和控制，以实现储备资产规模适度化、结构最优化和使用高效化的整个过程，是国民经济管理的一项重要内容。国际储备管理的最重要的内容是国际储备的规模管理和结构管理。

2. 什么是国际储备水平？

国际储备水平是指一国在某一时点上持有的国际储备额同某些相关经济指标的对比关系。例如，在某一时点上一国的国际储备额与该国的国内生产总值的比例；国际储备额同国际收支总差额的比例；国际储备额同外债总额的比例；国际储备额相当于几个月的进口额，等等。

3. 国际储备管理应遵循哪些原则？

国际储备管理应遵循的基本原则有：
（1）保持适度的储备量；
（2）兼顾安全性、流动性、盈利性。

4. 国际储备总量管理要解决的是什么问题?

国际储备的总量管理就是要合理地控制一个适度的量,使持有国际储备的成本最低而又能达到最佳的使用效果。

5. 影响一国最适度国际储备规模的因素有哪些?

影响一国最适度国际储备规模的因素有:
(1)一国的对外贸易状况及对外开放程度;
(2)持有国际储备的机会成本;
(3)短期国际融资能力;
(4)预期国际收支逆差的规模和类型;
(5)金融市场的发育程度;
(6)外债规模;
(7)本币是否为国际储备货币;
(8)国际货币合作状况;
(9)汇率制度;
(10)外汇管制;
(11)国际收支调节政策的效率;
(12)意外事件发生频率。

6. 一国的对外贸易状况及对外开放程度是如何影响国际储备规模的?

一国的进出口规模越大,表明一国的经济开放程度越大,因此该国所需的国际储备量就越多;反之,对外开放程度低、经济封闭的国家所需的国际储备量就比较少。

7. 持有国际储备的机会成本是如何影响国际储备规模的?

一国持有国际储备就意味着要放弃一部分投资或消费。持有国际储备的机会成本就是进口资本品或技术的投资收益率(和消费效用)与持有储备资产的净收益率(利息收益减去黄金保管费、通货膨胀代价)之差。差额越大,持有储备的机会成本越大。因此,持有量应较低。

8. 短期国际融资能力是如何影响国际储备规模的?

一般而言,一国的资信等级越高,其短期内获得国际融资的能力就越强,因此,持有的国际储备量就越低;反之,一国的资信等级较差,其短期内获得国际融资的能力就较低,因此,应持有充足的国际储备量。

9. 预期国际收支逆差的规模和类型是如何影响国际储备规模的?

一国预期国际收支逆差的概率和规模越大,说明该国国际收支状况越不稳定,所需动用的国际储备就越多。此外,如果预期国际收支逆差属于短期性的,而且期限越短,所需持有的国际储备量就越多。

10. 金融市场的发育程度是如何影响国际储备规模的?

一国金融市场越发达,其所需国际储备量可相应越少,因为发达的金融市场能提供较多的诱导性储备。反之,金融市场越落后,一国对国际收支的调节主要依赖国际储备,因此应持有较多的国际储备。

11. 外债规模是如何影响国际储备规模的?

一国外债规模越大,将来还本付息的金额越大,为避免发生信用危机和国家风险,该国需保有的国际储备量就越大;反之,外债规模越小,需持有的国际储备量越小。

12. 本币是否为国际储备货币是如何影响国际储备规模的?

如果一国是储备货币发行国,就可直接用本国货币来支付国际收支的短期逆差,因此不需要持有太多的国际储备量;反之,如果一国是非储备货币发行国,则要持有较多的国际储备量。

13. 国际货币合作状况是如何影响国际储备规模的?

如果一国政府与外国货币当局和国际货币金融机构有良好的合作关系,签有较多的互惠信贷协议和备用信贷协议等,或该国国际收支出现逆差时,其他国家能协同干预外汇市场,互为支持帮助,则该国可持有较少的国际储备量;反之,需要持有较多的国际储备量。

14. 汇率制度是如何影响国际储备规模的?

国际储备的一大作用就是干预外汇市场,稳定本币汇率。实行固定汇率制的国家,为稳定本币汇率,要经常干预外汇市场,以应付国际收支可能出现的巨额逆差或外汇市场上突发的大规模投机,因此需要持有较多的国际储备;反之,实行浮动汇率制的国家,需要持有的国际储备量较少。

15. 外汇管制是如何影响国际储备规模的?

实行严格外汇管制的国家,可持有相对较低的国际储备量;反之,无外汇管制或外汇管制较松的国家,需要持有的国际储备量较高。

16. 国际收支调节政策的效率是如何影响国际储备规模的?

一个国家发生国际收支逆差时,其调节政策的调节效率越高,对国际储备的需求量就越小;反之,调节效率越低,则对国际储备的需求量就越大。

17. 意外事件发生频率是如何影响国际储备规模的?

一个国家意外事件发生频率越高,需要持有的国际储备量就越多;反之,则越少。

18. 外汇储备是否是越多越好?

外汇储备并非越多越好。理由如下:
(1)一国外汇储备的增加,要相应扩大本币的供应量,会增加通货膨胀及货币均衡的压力。
(2)外汇储备表现为持有一种以外币表示的金融债权,相应的资金存在国外,并未投入国内生产使用。所以,外汇储备过大,等于相应的资金"溢出",对于资金短缺的国家来说是不合算的。
(3)储备的货币贬值会使外汇储备短期内遭受巨大损失。

19. 确定适度国际储备规模的定量分析方法有哪些?

确定适度国际储备规模的定量分析法主要有比例分析法和成本-收益分析法。

20. 什么是确定适度国际储备规模的比例分析法?

确定适度国际储备规模的比例分析法是指采用国际储备量与某种经济活动变量之间的比例关系来测算储备适度规模水平的方法。

(1)特里芬进口比率法(R/M 比例法)。这是目前国际上普遍采用的一种简便易行的衡量方法,由美国耶鲁大学的经济学家罗伯特·特里芬教授在其 1960 年出版的《黄金与美元危机》一书中提出的。特里芬认为,一国最适度的国际储备量应为该国年进出口总额的 20%~50%。实行外汇管制的国家,储备可少一些,但不能低于 20%;不实行外汇管制的国家,储备应多一点,但不能超过 50%。对于大多数国家而言,保持储备额占年进口总额的 30%~40% 是比较合理的。

(2)IMF 的适度指标法。国际货币基金组织确定适度国际储备量的指标主要有三个(见表 19-1)。

表 19-1　IMF 适度国际储备量指标

指标名称	含　义	具体指标值
过去实际储备的趋势	过去一年一国的国际储备量与其国内生产总值的比率(国际储备/GDP),该指标反映一国的经济增长对国际储备的需求量	一般为 10%
过去国际储备对国际收支综合差额趋势的比率	过去一年一国的国际储备量与其国际收支综合差额之间的比率(国际储备/国际收支综合差额),该指标反映一国国际收支不平衡对国际储备的需求量	
过去国际储备与进口额的比率	过去一年一国的国际储备量与其年进口总额之间的比率(国际储备/年进口总额),该指标反映一国对外贸易对国际储备的需求量	通常为满足该国 3 个月的进口支付额,即国际储备量与当年进口额的比率为 25%

(3)其他比率指标法,如国际储备对外债总额的比例。为保证一国能够支付其外债的本息,该国的国际储备量应与其对外债务之间保持一定的比例关系。这一比例反映一国的对外清偿能力及国际信誉。通常,一国对外债务越高,所需的国际储备就越多。通常认为该比率为 50% 比较适宜。

以上比率分析指标中,进口比率法简单易行,是各国衡量该国国际储备是否充足的最常用指标。

21. 什么是确定适度国际储备规模的成本-收益分析法?

确定适度国际储备规模的成本-收益分析法又称机会成本分析法。这是 20 世纪 60 年代以来,以海勒、阿加沃尔为首的经济学家,将微观经济学的厂商理论(边际成本等于边际收益)运用于外汇储备总量管理而得出的,即当持有储备的边际成本等于边际收益时,所持有的储备量是适度的。一般情况下,国际储备的需求量与持有储备的机会成本成反比,与持有储备的边际收益成正比。持有储备的机会成本是运用外汇进口资源要素以促进国内经济增长的边际产出(可采用国内投资收益率来计算)。持有储备的边际收益则是运用储备弥补国际收支逆差、避免或推迟采用政策性调节措施,减少和缓解对经济造成不利影响的好处,以及运用外汇购买国外有息资产的收益。只有当持有储备的边际收益等于持有储备的机会成本,从而带来社会福利最大化时,才是最适度储备规模。

成本-收益分析法具有测算的准确性高于比例分析法的优点,这种方法采用多元回归和相关分析的技术建立储备需求函数,克服了比例分析法采取单一变量的片面性。但成本-收益分析法的计算方法比较复杂,涉及的经济变量较多,有的数据难以获得,只能凭经验主观选择或采用其他近似指标替代,影响了计算结果的准确性,因而很难在实际生活中采用。

22. 什么是国际储备的结构管理?

国际储备的结构管理是指各国货币当局对储备资产所进行最佳配置,使黄金储备、外汇储备、普通提款权和特别提款权四种形式的国际储备资产的持有量及其构成要素之间保持合理比例,以期获得最大收益或最小风险。

由于在 IMF 的储备头寸和特别提款权的持有数量主要取决于国际货币基金组织的政策,成员国不能主动增减,因此,各国政府在国际储备结构管理中主要是调整黄金储备和外汇储备的比例。

23. 国际储备的结构管理应当遵循哪些原则?

国际储备的结构管理应当遵循安全性、流动性和盈利性原则。
安全性要求储备资产的价值要保持稳定。
流动性要求储备资产在必要的时候能够迅速变现并用于支付。
盈利性要求储备资产能够增值、获利。

24. 国际储备结构管理的安全性、流动性和盈利性原则之间有什么矛盾? 如何正确处理这些矛盾?

安全性原则、流动性原则往往会与盈利性原则产生矛盾:储备资产的安全性、流动性越高,其盈利性越低;储备资产的安全性、流动性越低,其盈利性越高。

国际储备的结构管理应当是在优先考虑安全性、流动性要求的基础上,去追求尽可能高的盈利性,即必须是在保证安全性和流动性的前提下,去争取储备资产的最大限度的盈利。

25. 为什么黄金储备管理不是国际储备结构管理的重点?

黄金储备的管理最重要是控制黄金储备的数量及其在国际储备总额中的比重。相对外汇储备而言,虽然黄金的安全性较高,但是黄金的流动性和盈利性较差,其价格波动频繁,并且还要支付保管费,因此,在国际储备中适量的黄金储备是必要的,但不宜过多,而且也不宜做过多的调整。此外,通常情况下,一国出现国际收支逆差或干预外汇市场时,首先使用的是外汇储备。因此,一国国际储备结构管理的重点在于外汇储备,而不是黄金储备。

26. 外汇储备的结构管理主要包括哪些内容?

外汇储备的结构管理主要包括对储备币种的结构管理和外汇储备资产流动性的结构管理。外汇储备币种的结构管理是指合理选择储备货币的币种并确定各种储备货币在一国外汇储备中所占的比重。

27. 选择储备货币时应考虑哪些因素?

在选择储备货币时,还应考虑下列因素。

(1)储备货币的币种和数量要与对外支付的币种和数量保持大体一致。即外汇储备币种结构应当与该国对外汇的需求结构保持一致,或者说取决于该国对外贸易支付所使用的货币、当前还本付息总额的币种结构和干预外汇市场所需要的外汇,这样既便于国际经贸往来,又可降低货币兑换的成本和汇率风险。

(2)实行以坚挺货币为主的多元化货币结构。外汇储备中多元化货币结构,可以分散外汇风险,保护外汇储备购买力相对稳定,以求在这些货币汇率有升有跌的情况下,大体保持平衡,做到在一些货币贬值时遭受的损失,能从另一些货币升值带来的好处中得到补偿,提高外汇资产的保值和增值能力。在外汇头寸上应尽可能多地持有硬货币储备,少持有软货币储备,并且根据软硬货币的走势,及时调整和重新安排币种结构。

(3)各种储备货币的收益率。一种储备货币资产的收益率＝汇率变化率＋名义利率。要根据汇率和利率的走势,选择收益率较高的储备货币。

(4)一国经济政策的要求。

28. 什么是外汇储备资产结构?

外汇储备资产结构是指外币现金、外币存款、外币短期证券和外币长期证券等资产形式在外汇储备中的比重和地位。

29. 按照流动性的不同,外汇储备资产可以划分为哪些类型?

外汇储备资产按照流动性的高低(即变现能力的大小)可以划分为以下三个档次。

(1)一级储备资产,指流动性最强但盈利性最低的储备资产,如现金、活期存款、短期存款、短期债券、短期商业票据等,期限不超过3个月。主要用于满足弥补国际收支逆差和干预外汇市场等交易性的需要。

(2)二级储备资产,指流动性较高、收益率高于一级储备的资产,如各种中期债券等,期限为2～5年。必要时,用于弥补一级储备不足,以应付对外支付的需要。

(3)三级储备资产,指流动性最低但收益率最高的资产,如各种长期债券,期限为4～10年。主要用于长期投资,以弥补一级储备资产收益的不足。

第二节 外债管理

通过本节的学习,将帮助您理解外债管理的基本概念,熟悉外债管理的内容及方法,重点掌握三个外债总量指标的计算公式和国际上通行的警戒线,了解影响外债规模的因素。

1. 什么是外债管理?

外债管理是指一国政府通过法规、政策和技术措施实行外债结构优化的管理行为,并对外债及其运行加以控制和监督,以减少风险,保证偿债能力。

2. 什么是外债总量?

外债总量也称外债规模,是指举借外债的总数量。理论上,一国对外债的需求量取决于该国的国内储蓄和投资的差额,其中扣除可利用的直接投资外,就是需要借用的外债规模。

要控制外债的规模,必须通过科学的定性和定量分析,寻找最佳规模的数量界限。

3. 什么是外债总量管理?

外债总量管理也称外债规模管理,是指在一定时期内,确定举借外债的数量界限,即适当的外债规模。外债总量管理的核心是使外债总量适度,不超过债务国的承受能力和消化吸收能力。外债的吸收能力取决于债务国的负债能力和偿债能力两个方面。前者决定债务国能否将借入的外债消化得了,使用得起;后者决定债务国对外债能否偿还得起。偿还能力取决于投资收益、出口增长和国内储蓄水平三个要素。

4. 外债总量管理涉及哪三个重要的基本变量？

外债总量管理涉及三个重要的基本变量：新增规模、新减规模和余额规模。

新增规模是指当年新增加的外债总量；新减规模是指当年到期需要偿还的外债本金总量；余额规模是指在某一时点上尚未到期，尚未需要清偿的外债余额总量。

5. 外债的新增规模、新减规模和余额规模三者之间有什么关系？

外债的新增规模、新减规模和余额规模三者之间有以下关系：

上期余额规模＋本期新增规模－本期新减规模＝本期余额规模

6. 国际上常用的衡量一国偿债能力和债务负担的指标有哪些？

国际上常用的衡量一国偿债能力和债务负担的主要指标参见表 19-2。

表 19-2 衡量一国偿债能力和债务负担的常用指标

指　　标	计　算　公　式	警戒线比例
偿债率	（当年还本付息额÷当年货物和服务出口外汇收入）×100％	≤20％
债务率	（当年末外债余额÷当年货物和服务出口外汇收入）×100％	≤100％
负债率	（当年末外债余额÷当年 GDP）×100％	≤10％
	（当年末外债余额÷当年 GNP）×100％	≤20％

以上有关外债指标处于警戒线以下时，外债总量是适度和安全的；反之，当有关指标超过警戒线时，则外债总量超过吸收能力，需要进行调整。

7. 衡量一国偿债能力和债务负担的其他指标有哪些？

衡量一国偿债能力和债务负担的其他指标可参见表 19-3。

表 19-3 衡量一国偿债能力和债务负担的其他指标

指　　标	计　算　公　式	警戒线比例
GDP 偿债率	（当年还本付息额÷当年 GDP）×100％	≤5％
黄金外汇储备债务率	（当年末外债余额÷当年黄金外汇储备额）×100％	≤300％
外汇储备短期债务率	（当年短期外债余额÷当年外汇储备）×100％	≤100％

衡量一国外债是否安全时，需综合考虑各项债务指标和多种因素，而非某单一指标，否则容易导致偏差。

8. 影响一国外债规模的因素有哪些？

一般而言，外债规模主要受三方面因素影响：一是经济增长对外债的需求；二是国际资本市场的可供量；三是本国对外债的承受能力（指当前的外债消化吸收能力和未来的偿还能力；外债消化吸收能力是指基础设施的完善程度、国内资金的配套、原材料和资源供应，以及适用技术的吸收能力）。对外债的承受能力是确定外债规模最重要的因素。

9. 什么是外债结构？

外债结构是指外债各组成要素的排列组合与相互地位。外债结构从不同的角度可分为外债种类、外债期限、外债利率、外债币种、外债地区及外债投向等六种结构。

10. 什么是外债结构管理？

外债结构管理是指一国政府通过法规、政策和技术措施实行外债结构优化的管理行为，即在确定的总规模范围内，通过对国际资本市场的预测分析，结合国内建设对资金需求的特点，对构成总量的各个债务要素，即利率、期限、币种和融资形式等进行最优组合，以降低成本，减少风险，保证偿债能力。

11. 衡量一国外债期限结构是否安全合理的指标是什么？

通常用短期债务比率来衡量一国外债期限结构是否安全合理，该比率是指当年短期外债规模与当年外债余额之比，即短期债务比率＝（当年短期外债余额÷当年外债余额）×100%。短期外债对当年到期需要清偿的外债本息额影响很大。这一比率的警戒线为25%，超过该比率表明短期债务比重过大。

12. 外债管理主要有哪些内容？

外债管理主要包括外债借入和外债使用两个方面的管理。具体包括以下内容：
(1) 外债的规模管理；
(2) 外债的结构管理；
(3) 外债的投向管理；
(4) 外债的风险管理。

13. 如何管理好一国的外债规模？

借入适度的外债并把它运用好，可以促进一国的经济增长。但是，如果一国负债过多，超出其承受能力和消化吸收能力，缺乏有效的管理，有可能导致该国到时无力还债，出现债务危机。因此，确定适度的外债规模是有效管理外债的关键。

确定适度的外债规模时：首先，要考虑本国对外债的承受能力和消化吸收能力；其次，参考国际通用的衡量一国偿债能力和负债负担是否安全的各项指标，如偿债率、负债率及债务率等，考察该国的外债是否超过安全警戒线；此外，控制好外债的增长速度。

14. 如何优化外债结构？

合理的外债结构可以降低一国的债务成本和债务风险，保证偿还债务的能力。优化外债结构包括：①优化外债的来源结构；②优化外债的期限结构；③优化外债的利率结构；④优化外债的币种结构；⑤优化外债的投向结构。

15. 如何优化外债的来源结构？

优惠性的政府贷款和国际金融组织贷款在总债务中的比重大小是衡量资金来源结构是否合理的一个标准。政府贷款和国际金融组织贷款具有利率较低、期限较长等特点，因此，应尽量争取这类融资，降低商业贷款的占比。此外，不同的市场其资金来源和筹资工具不同，不同的国家对资本流动的管理不尽一致，而且债权国对债务国的政治条件会随时变动，因此要使外债来源稳定，满足国内建设对资金的需求，外债来源要多元化，避免过于集中、单一。

16. 如何优化外债的期限结构？

首先，控制短期外债占外债总额的比例，使其在25%以下。其次，避免短期外债的增速快于中长期债务，防止债务短期化。最后，避免大量借入期限相同的外债，以免还债过于集中，增加还债的负担。

17. 如何优化外债的利率结构？

尽量争取利率相对固定的贷款，避免单一利率，控制浮动利率贷款的占比。

18. 如何优化外债的币种结构？

为避免汇率的风险，应做到：
(1)借、用、收、还四个环节的币种一致；
(2)外债币种与出口收汇和外汇储备的币种一致；
(3)软、硬货币搭配；
(4)避免外债币种过于单一。

19. 如何优化外债的投向结构？

外债的使用是否得当关系到外债资金的效益与外债的偿还。因此，要确保外债的投向正确，提高外债的使用效率。一是把外债资金有效地用于具有生产能力和创汇盈利能力的项目，保证还债资金的来源，避免外债资金流向产生泡沫经济的产业。二是外债的投向要与国内的国民经济发展战略和产业政策相结合，确保资金投向国内最急需发展的产业。

20. 什么是外债风险？

外债风险是指在一定时期内由于外债借用偿还过程中的时间差所产生外债资产的实际价值及债务效益的不确定性损失。由于外债一般用外币计价，因此其风险主要表现为汇率风险和利率风险。

21. 什么是外债风险管理？

外债风险管理是指在符合国家外债外汇管理相关规定的前提下，利用适当的金融工具或产品进行交易，以规避外债风险，降低外债成本，同时，严格控制为偿还外债本息而存放的外汇资金规模和时间，严禁规模过大和存放期限过长。具体而言，外债风险管理就是控制债务的汇率风险和利率风险。

22. 如何管理好外债的风险？

除了外债结构管理和投向管理中提到的风险防范措施外，还可以采用以下方法来管理外债的风险。

(1)预测债务风险。可以采用基本因素分析法和技术分析法，预测汇率的走势，规避汇率波动带来的损失，降低筹资成本。

(2)运用金融衍生工具锁定或降低外债成本。常用的有债务互换(利率互换、货币和利率交叉互换)、远期合约(远期外汇合约和远期利率合约)、期货(利率期货和外汇期货)、期权(利率期权和外汇期权)、货币指数化和负债币种多元化等。

(3)建立偿债风险基金。根据每年逾期本息占应还本息的比例，从每年出口收汇的收入中提取一定的比例建立偿债风险基金，保证呆账部分和偿付困难部分的还本付息。

第二十章
汇率、利率风险管理

在国际经济活动中,从事涉外贸易、投资、融资等经济活动的主体,不可避免地会在国际范围内收付大量外汇,或者拥有以外币计值的债权和债务。当汇率、利率发生变化时,一定数量某种外汇兑换成本国货币的数量就会发生变化,从而为外汇债权债务人带来风险。在浮动汇率制度和利率市场化的条件下,这些风险更加突出。因此,外汇风险和利率风险成为各国政府、银行、企业和居民在外汇经营和管理中需严加防范的重要任务,经营稳健的经济主体更是不愿意让经营成果暴露于有可能遭受损失的风险之中,往往会将外汇风险和利率风险的防范和管理作为经营中的一个重要方面。通过本章内容的学习,你应该能够:

- 进一步了解管理外汇风险的其他方法；
- 掌握管理利率风险的基本方法。

关键概念

BLI LSI 保值条款 货币交叉保值 价格调整 远期利率协议 利率互换 利率期货 利率上限期权、利率下限期权

引导型问题

1. A 银行计划 3 个月后筹集 3 个月短期资金 1 000 万元，为了避免市场利率上升带来筹资成本增加的损失，该银行作为买方与另一家银行签订一份 FRA，协议利率为 8.00%，协议金额为 1 000 万元，协议天数为 91 天，参考利率为 3 个月的 LIBOR。试问：在下面两种情况下，该银行的利息收支的差额情况如何？

(1) 在交割日 LIBOR 为 7.90%；

(2) 在交割日 LIBOR 为 8.10%。

2. A 公司和 B 公司如果要在金融市场上借入 5 年期本金为 2 000 万美元的贷款，需要支付的年利率如表 20-1 所示。

表 20-1　A、B 公司需支付的年利率

公　司	固 定 利 率	浮 动 利 率
A 公司	12.0%	LIBOR+0.1%
B 公司	13.4%	LIBOR+0.6%

A 公司需要的是浮动利率贷款，B 公司需要的是固定利率贷款。请设计一个利率互换，其中银行作为中介获得 0.1% 的利差，而且要求互换双方具有同样的吸引力。

第一节　汇率风险管理

关于利用套期保值交易管理汇率风险的相关内容本教材已在第八章中做了介绍，通过本节的学习，将帮助您进一步了解管理汇率风险的其他方法。

1. 金融风险管理的基本方法有哪些类别？

金融风险管理是指通过实施一系列措施来控制金融风险，以消除或减少金融风险的行为。金融风险管理的基本方法主要有两个类别：分散风险法和转移风险法。

2. 如何分散风险？

可以从投资方向和投资时间两个方面分散风险。

(1) 投资方向分散组合法：投资不宜集中于某一领域、部门或行业，以防出现不景气；更不宜集中于某一种股票，以防该股票的上市公司破产、倒闭，给投资者造成损失。投资者通过购

买不同上市公司的股票可达到分散风险的目的。

(2) 投资时间分散组合法：在不同时期进行投资，以减少风险，即长、中、短期投资的比例要分布适当。

此外，还可以在股票市场、债券市场以及其他市场上进行交叉投资来减少风险。

3. 风险分散方法是如何发展的？

传统的风险分散方法是众所周知的"不要把所有的鸡蛋都放在同一个篮子里"，其实也就是20世纪30年代希克斯(Hicks)提出的："从事若干个独立的风险投资所承担的风险小于把全部资金都投资于一个方向所遭受的风险。当投资足够分散时，全部风险将降到最小。"这一论述虽然表明了投资组合可以降低风险，但并没有告诉人们"把鸡蛋放在多少个篮子里，每个篮子里放几个"。

直到1952年，马克维茨(Markowitz)从规范的角度揭示了如何对风险资产进行组合，如何通过分散投资来降低风险，从而首先系统地提出了现代资产组合理论。

由于资产组合理论无法解决系统风险，到了20世纪60年代，西方经济学家Johnson和Stein采用回归分析方法，提出了使风险最小的套期保值，即套期保值的目的是使现货头寸和期货头寸的总"利润"差的方差最小，即风险最小。当时，这种方法只应用在传统的商品期货上，20世纪70年代金融期货出现以后，Ederington将Johnson/Stein方法扩展到了金融领域。目前，套期保值作为转移风险的有效方法，被广泛地运用到了金融风险的管理之中。

4. 如何利用货币互换合约进行汇率风险管理？

货币互换合约是具有相同身份（同为债权人或者债务人，但所拥有的债权或债务刚好相对称）的企业签订的一种协议，双方相互交换以不同的货币表示，以不同的或相同的利率基础计算的现金流。货币互换合约可以看成是货币期货与远期合约的一种组合，产生的原因就在于互换的双方各自拥有不同币种融资的比较优势，通过互换合约，先将不利于自己的货币交换出去，再按照合约规定的汇率换回来，通过合约规定的汇率使自己的实际成本或者收益固定，从而可以避免汇率波动所带来的不利影响。

【例20-1】 假定英镑和美元的即期汇率为1英镑＝1.500 0美元，A公司想借入5年期的1 000万英镑借款，B公司想借入5年期的1 500万美元借款。市场向它们提供的筹资条件如表20-2[①]所示。

表20-2　A、B两公司的融资比较优势

	美元	英镑
A公司	8.0%	11.6%
B公司	10.0%	12.0%
借款利率差额	2.0%	0.4%

由表20-2可以看出，A公司在美元和英镑两个借贷市场上都具有绝对优势，但相比而言，在美元借贷市场上优势较大，B公司在英镑借贷市场上有比较优势。因此，A公司和B公司可以进行货币互换来满足各自筹资需求，并且能够降低筹资成本。

A公司以8%的利率借入1 500万美元，B公司以12%的利率借入1 000万英镑，之后双

[①] 谭春枝,岳桂宁,谢玉华.金融工程学理论与实务[M].北京:北京大学出版社,中国农业大学出版社,2008:148.

方进行本金交换,然后定期进行利息的互换,A 公司向 B 公司支付 10.8% 的英镑借款利息,B 公司向 A 公司支付 8.0% 的美元借款利息,期满后双方再次进行本金交换。具体如图 20-1、图 20-2、图 20-3 所示。

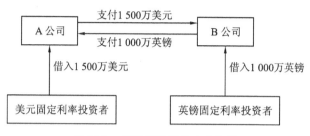

图 20-1　货币互换初始本金交换

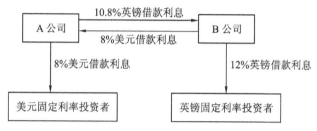

图 20-2　货币互换定期利息交换

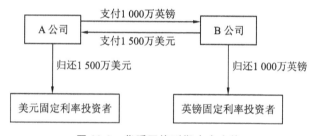

图 20-3　货币互换到期本金交换

5. 什么是 BSI 法?

BSI 法即是借款-即期交易-投资法(borrow-spot-invest),主要应用于当企业拥有以外币计价的应收账款时,先提前借入与应收账款金额相等、偿还期限一致以及币种相同的资金,然后立即将借款以即期汇率兑换成本币进行投资,当应收账款结算时,将回收的账款偿还先前的借款,投资的利息偿还借款的利息,从而起到了防范汇率风险的作用。

6. 什么是 LSI 法?

LSI 法即是提前-即期交易-投资法(lead-spot-invest),即外汇债权方与债务方达成协议,以一定折扣为条件提前回收账款,然后以即期汇率兑换成本币进行投资,投资所获得的收益用来补偿提前回收外汇账款的折扣损失,如此,也可以达到回避汇率风险的目的。

7. 什么是保值条款法?

在企业双方进行进出口贸易时,通常买卖双方都会选择汇率比较稳定的货币作为计价货币。但当汇率波动出现异常波动,导致合同中所采用的计价货币对其中一方不利时,这一方可通过在合同中订立合适的保值条款,把所承担的汇率风险考虑进去。货币保值条款主要是确定一个价值稳定的"参照物"(如黄金、硬货币或一篮子货币),然后将商品价值折算成参照物价值,最后在支付时再以参照物的数量折算回所需要的货币。

8. 什么是货币交叉保值法?

货币交叉保值法就是指选择某种与合同货币不同但一定是相对比较稳定的货币,将合同货币的金额转化成为所选择的货币来表示,在结算时,按照所选货币表示的金额以合同货币完成清算。目前,外汇期货市场上一般只有各种外币兑美元的合约,很少有两种非美元货币之间的期货合约。在发生两种非美元货币收付的情况下,就要用到货币交叉保值,主要思路是利用一种外汇期货合约为另一种货币保值。

9. 什么是价格调整?[①]

在进出口贸易中,出口商通常希望使用硬货币,进口商则刚好相反,希望用软货币,所以在同一笔进出口贸易中,选择硬货币还是软货币计价是一个零和博弈,交易双方只有一方能争取到对自己有利的合同货币,另外一方只能妥协。但是妥协一方可以通过调整价格来减少风险。调整价格方法主要有加价保值法和压价保值法。具体做法如下:假定原来的价格为 P,货币的预期贬值率为 Π,利率为 i,期数为 n。

加价保值法的公式为

即期　　调价保值后的单价 $=P(1+\Pi)$

远期　　调价保值后的单价 $=P(1+\Pi+i)^n$

压价保值法的公式为

即期　　调价保值后的单价 $=P(1-\Pi)$

远期　　调价保值后的单价 $=P(1-\Pi+i)^n$

当出口商不得以用软货币作为合同货币时,可以通过谈判提高出口商品的价格,实行加价保值;当进口商不得以用硬货币作为合同货币时,可以通过谈判降低进口商品的价格,实行压价保值。

第二节　利率风险管理

通过本节的学习,将帮助您了解利率风险管理的一些方法。

1. 什么是远期利率协议?

远期利率协议(forward rate agreements)指的是买卖双方就某一段时间的利率达成协议,用于锁定未来某一时刻开始的短时间内的存贷款利率。锁定的利率只是基于某一名义本金,而不是基于实际的贷款或者存款,不涉及本金的收付,不需要保证金。只是在结算时,协议的一方向另外一方支付利息净额。

2. 远期利率协议的基本术语有哪些?

1983 年,远期利率协议在瑞士市场诞生,随后在英国市场上得到了飞速的发展。1985 年,英国银行家协会与外汇和货币经纪人协会共同颁布了《英国银行家协会远期利率协议》,为远

---

① 陈建梁.新编国际金融[M].北京:经济管理出版社,2002:270.

期利率协议提供了标准化的文本。协议中确定了多项基本术语：

合同金额(contract amount)——名义上借款或存款本金总额。
合同货币(contract currency)——表示合同数额的货币币种。
交易日(dealing date)——远期利率协议成交的日期。
即期日(spot date)——协议成交后，正式开始计算时间的日期。
结算日(settlement date)——名义贷款或存款开始的日期。
确定日(fixing date)——参考利率确定的日期。
到期日(maturity date)——名义贷款或存款到期的日期。
合同期(contract period)——结算日至到期日之间的天数。
合同利率(contract rate)——在远期利率协议中商定的固定利率。
参考利率(reference rate)——在确定日用以确定结算金额的以市场利率为基础的利率。
结算金额(settlement sum)——在结算日，根据合同利率和参考利率之间的差额，由交易一方付给另一方的金额。

图 20-4 直观地表示了远期利率协议中的不同时间点和时期。

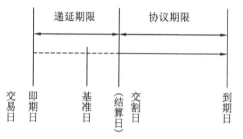

图 20-4 远期利率协议日期示意图

3. 远期利率协议中结算金额的计算公式是什么？

在整个远期利率协议的交易过程中，不会有实际贷款或者存款本金的交易，不存在本金的流动，双方只需要在协议到期日，根据结算日的实际利率与协议确定的参考利率差距与名义金额，计算出双方交易利息差额即可。利息差额的计算公式如下：

$$I=\frac{A\times\frac{(L-R)}{360}\times D_F}{1+\frac{L}{360}\times D_F}$$

式中：I 为交割额；A 为名义本金；L 为参考利率；R 为协议利率；D_F 为协议期限。

4. 举例说明如何利用远期利率协议进行利率风险管理。①

【例 20-2】 甲公司将在 3 个月后收入 1 000 万美元，并打算将这笔资金用做 3 个月的投资，公司预计市场利率有可能下降，为避免投资收益减少，决定卖出一项 3×6，协议利率为 5.00%，名义金额为 1 000 万美元的 FRA 来避免利率风险。具体内容如下：

买方：乙银行
卖方：甲公司
交易类型：3×6

---

① 谭春枝,岳桂宁,谢玉华.金融工程学理论与实务[M].北京:北京大学出版社,中国农业大学出版社,2008:188.

协议利率:5.00%
交易日:3月3日
起息日:6月5日
交割日:6月5日
到期日:9月5日
参考利率:英国银行家协会公布的3个月期的LIBOR
清算账户:甲公司在乙银行的账户

(1)如果6月3日英国银行家协会公布的3个月期的LIBOR为4.5%,那么双方的交割方向如何,交割金额是多少?

题目所给出的信息:$L=4.5\%$,$R=5.00\%$,$D_F=92$,$A=1\,000$万美元。

根据前面所给出的公式,可计算出交割金额为

$$I=\frac{A\times\frac{(L-R)}{360}\times D_F}{1+\frac{L}{360}\times D_F}=\frac{10\,000\,000\times\frac{(0.045-0.05)\times 92}{360}}{1+\frac{0.045}{360}\times 92}\text{美元}\approx-12\,632.50\text{美元}$$

因为该项远期利率协议是由甲公司卖给乙银行,故乙银行向甲公司支付12 632.50美元。

甲公司的资金变为

$$10\,000\,000\text{美元}+12\,632.50\text{美元}=10\,012\,632.50\text{美元}$$

若将这部分资金进行投资,甲公司可获得的收益为

$$10\,012\,632.50\text{美元}\times 4.5\%\times 92/360=115\,145.27\text{美元}$$

甲公司的投资收益率为

$$\frac{12\,632.50+115\,145.27}{10\,000\,000}\times\frac{360}{92}\approx 5\%$$

(2)若6月3日英国银行家协会公布的3个月期的LIBOR为5.5%,那么双方的交割方向如何,交割金额是多少?

题目所给出的信息:$L=5.5\%$,$R=5.00\%$,$D_F=92$,$A=1\,000$万美元。

根据前面所给出的公式,可计算出交割金额为

$$I=\frac{A\times\frac{(L-R)}{360}\times D_F}{1+\frac{L}{360}\times D_F}=\frac{10\,000\,000\times\frac{(0.055-0.05)\times 92}{360}}{1+\frac{0.055}{360}\times 92}\text{美元}\approx 12\,600.67\text{美元}$$

在此情况下,甲公司则需要向乙银行支付12 600.67美元。

甲公司的资金变为

$$10\,000\,000\text{美元}-12\,600.67\text{美元}=9\,987\,399.33\text{美元}$$

若将这部分资金进行投资,甲公司可获得的收益为

$$9\,987\,399.33\text{美元}\times 5.5\%\times 92/360=140\,378.45\text{美元}$$

甲公司的投资收益率为

$$\frac{(140\,378.45-12\,600.67)}{10\,000\,000}\times\frac{360}{92}\approx 5\%$$

由上面的例子可以看出,不论远期利率协议如何变化,远期利率协议都将甲公司的投资收益率固定在协议利率的水平上。

5. 如何利用利率互换进行风险管理？

利率互换(interest rate swap)是交易双方签订的一种合约，双方在合约规定时间内，以一笔名义本金为基础，相互交换不同性质的利率。利率互换最基本的形式就是固定利率与浮动利率相互交换。我们来看下面的例子[①]。

【例 20-3】 A 公司是 aaa 级的大型绩优公司，其长期固定利率融资成本为 7%，短期浮动利率融资成本为 LIBOR+4%；B 公司是 bbb 级中小型公司，其长期固定利率融资成本为 8.5%，短期浮动利率融资成本为 LIBOR+7%。现在 A 公司具有浮动利率的收益，希望以浮动利率支付其债务利息，而 B 公司有固定利率的收益，希望以固定利率支付其债务利息。A、B 两公司如何做才能既满足融资需求又能尽可能地降低融资成本？

首先，我们根据题意可以得出两公司融资成本，具体如表 20-3 所示。

表 20-3　A、B 两公司的融资比较优势

	A 公司	B 公司	利差
信用评级	aaa	bbb	
固定利率筹资成本	7%	8.5%	1.5%
浮动利率筹资成本	LIBOR+0.4%	LIBOR+0.7%	0.3%
比较优势	固定利率	浮动利率	

根据 A、B 公司各自的比较优势，我们可以做如下的利率互换协议。

A 公司以 7%固定利率融资，B 公司以 LIBOR+0.7%的浮动利率融资，然后双方进行利率互换，A 公司支付 LIBOR-0.2%的浮动利率给 B 公司，B 公司则支付 7%的固定利率给 A 公司。具体过程如图 20-5 所示。

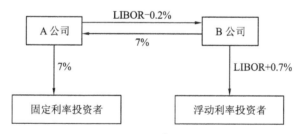

图 20-5　A、B 公司利率互换图

经过利率互换，A 公司的融资成本为 LINBER-0.2%，比直接用浮动利率融资成本 LIBOR+0.4%减少了 0.6%；B 公司的实际融资成本为 7.9%，比直接用固定利率融资成本 8.5%减少了 0.6%。

【例 20-4】 甲、乙两公司都想借入期限为 5 年的 1 000 万美元的款项。甲公司想以浮动利率贷款，乙公司想以浮动利率借款。甲、乙两家公司相互并不是很了解，需要借助中介。因为两家公司的资信情况不一样，甲公司的资信要好于乙公司，因此银行所给的贷款条件也不一样，具体如表 20-4 所示。

[①] 谭春枝，岳桂宁，谢玉华. 金融工程学理论与实务[M]. 北京：北京大学出版社，中国农业大学出版社，2008：145.

表 20-4　甲、乙两公司的融资成本

	固定利率筹资成本	浮动利率筹资成本
甲公司	10.00%	6 个月的 LIBOR+0.3%
乙公司	11.2%	6 个月的 LIBOR+1.0%

根据给出的信息,我们可以做如下的利率互换协议。

甲公司以 10%的固定利率向银行 A 取得贷款,支付 LIBOR 的浮动利率给互换中介,同时收到互换中介支付的 9.9%的固定利率,融资成本为 LIBOR+0.1%,比直接按 LIBOR+0.3%的浮动利率融资成本减少 0.2%;乙公司以 LIBOR+1%的浮动利率向银行 B 取得贷款,支付 10%的固定利率给互换中介,同时收到互换中介支付的 LIBOR 的浮动利率,融资成本为 11%,比直接按 11.2%的固定利率融资成本减小 0.2%;而互换中介在此过程中的收益为 0.1%。利率互换图如图 20-6 所示。

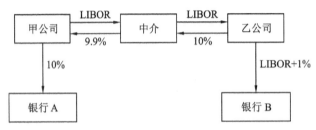

图 20-6　A、B 与中介公司利率互换图

6. 什么是利率期货?

利率期货是指以债券类证券为标的物的期货合约,它可以回避银行利率波动所引起的证券价格波动的风险。利率期货的种类繁多,分类方法也有多种。通常,按照合约标的期限,利率期货可分为短期利率期货和长期利率期货两大类。[①]

7. 利率期货的报价方式?

利率期货一般采用指数报价方式,就是用 100 减去债务凭证的票面利率,便是利率期货的价格。比如某一国库券的贴现率为 3.5%,那么相对应的利率期货的价格便是 96.5。由此可以看出,利率期货的价格与利率走势是相反的:利率越高,利率期货的价格越低;反之利率期货的价格越高。

8. 如何应用利率期货进行风险管理?[②]

(1)利率期货空头套期保值。

【例 20-5】　某公司计划按 3 个月展期的基础借入欧洲美元 1 000 万,公司担心未来利率上升会增加付款成本,想把借入的货币固定在当前的利率水平上。公司可以做欧洲美元期货空头套期,若某年的 6 月 1 日,3 个月的欧洲美元的 LIBOR 是 3.85%,9 月份欧洲美元期货合约价格是 96.22,公司担心到 9 月,欧洲美元的 3 个月 LIBOR 会上升。公司决定在 6 月 1 日按 96.22 的价格出售 10 份 9 月到期的合约,如果到时即期利率上升(如 4.07%),公司在 9 月某

---

① http://baike.baidu.com/view/10589.htm.
② 陈建梁.新编国际金融[M].北京:经济管理出版社,2002:127.

日(或合约的最后交易日)以 96.00 的价格购回合约,不考虑其他成本,平仓后可得 22 个基本点的利润。

由于每百万美元 3 个月合约的每个基本点的价值是 25 美元,公司利润差额是

$$25 \times 22 \times 10 \text{ 美元} = 5\,500 \text{ 美元}$$

该公司 3 个月借款成本是

$$10\,000\,000 \text{ 美元} \times \frac{90}{360} \times 4.07\% = 1\,001\,750 \text{ 美元}$$

公司的实际成本是

$$1\,001\,750 \text{ 美元} - 5\,500 \text{ 美元} = 96\,250 \text{ 美元}$$

公司实际利率成本是

$$\left(96\,250 \times \frac{12}{3}\right) \times 10\,000\,000 = 3.85\%$$

这样公司就将贷款利率成本锁定在今日的期货价格上。具体过程如表 20-5 所示。

表 20-5 利率期货空头套期保值过程

6月1日	计划 3 个月后借入欧洲美元,即期利率:3.85%	出售 10 份 3 个月欧洲美元期货价格:96.22
9月1日	借入美元 1000 万,利率 4.07%	购回 10 份 6 月出售的欧洲美元期货合约,价格:96
	利率上升 22 点	利润 22 点

另外一种情况是,3 个月后利率趋势与前面所述相反,不是上升,而是下降,那么在期货市场上就有损失,但是公司可以以比目前利率还要低的利率借入资金。

(2)利率期货多头套期保值。

投资者担心未来预计的投资收益会因为市场利率下降而遭受损失,可采取多头保值策略。

【例 20-6】 美国某公司预期 1 个月可以收到一笔 2 000 万美元的收入,准备将这笔钱投资于 3 个月的美国国库券,该公司预测未来利率会下降,债券价格因而上升。可以通过购入国库券期货,锁定 1 个月后投资国库券的成本,具体操作过程如表 20-6 所示。

表 20-6 利率期货多头套期保值过程

现货市场	期货市场
5 月 1 日,贴现率 4%,准备 1 个月后投资 2 000 万美元于 3 个月期的国库券	以 95.5 的价格买入 20 份 9 月到期的国库券期货合约
6 月 1 日,收到 2 000 万美元,全部购买 3 个月期国库券,贴现率 3.5%	以 95.8 的价格卖出 5 月 1 日买入的 20 份期货合约
增加成本:$0.5\% \times 2\,000 \times \frac{90}{360}$ 美元 = 25 000 美元	获利:30 点 × 25 美元 × 20 份 = 15 000 美元

由表 20-6 可以看出,公司通过利率期货多头保值,抵消了大部分因利率下降造成的投资损失,但仍有 10 000 美元净损失,主要原因在于过去的一个月内利率下降的幅度要大于期货价格上升的幅度,只能实现不完全保值。

9. 什么是利率期权?

利率期权是指买方在支付了期权费后即取得在合约有效期内或合约到期时以一定的利率(价格)买入或卖出一定面额的利率工具的权利。利率期权合约通常以政府短期、中期、长期债

券,欧洲美元债券,大面额可转让存单等利率工具为标的物。

10. 利率期权的分类有哪些？

利率期权有很多种类型：
(1)场外交易的借方期权与贷方期权；
(2)利率上限期权、利率下限期权和双限期权；
(3)场内交易的利率期货期权。

11. 什么是借方期权和贷方期权？其与远期利率协议的关系如何？

借方期权也就是看涨期权,标的物是未来某一时刻开始的名义短期贷款的利率期权,购买者购买借方期权旨在锁定借款的最大成本。

贷方期权是看跌期权,标的物是未来某一时刻开始的名义短期贷款的利率期权,购买者购买贷方期权旨在锁定借款的最小收益。

借方期权与贷方期权的标的物是远期利率协议。远期利率协议在上一节已经介绍,在此不再复述。实际上,我们可以把借方期权看成是出售远期利率协议的期权,贷方期权可以看成是购买远期利率协议的期权。

12. 如何利用借方期权进行利率风险管理？[①]

【例 20-7】 欧洲某机构预计在 11 月 1 日借入 25 000 万美元,借款利率为 6 个月的 LIBOR+1%,6 个月的 LIBOR 现期水平为 5%,该机构担心 6 个月的 LIBOR 在 11 月 1 日会升到 6%甚至更高,在不考虑期权费的情况下,该机构想把借款成本锁定在 6.25%的水平。那么应该如何操作？

根据题中给出的信息,机构想把借款成本锁定在 6.25%的水平,则期权执行利率可设定在 5.25%。该机构可以购买一份标的物为 2 500 万美元的 6 个月名义贷款的期权,期权的执行利率定为 5.25%。

情形 1:假设期权到期时的 6 个月的 LIBOR 利率为 6.00%。该机构以 7%的利率借入 2 500万美元。实际利率高于期权执行利率,那么期权要求被执行。期权出售者支付给该机构一笔现金,这笔现金的数额为 6%借款成本与期权执行利率 5.25%借款的成本之差。利差为 0.75%。那么该机构实际借款成本为 6.25%,实现了锁定最大借款成本的目标。

情形 2:假设期权到期时的 6 个月的 LIBOR 利率为 4.75%。该机构以 5.75%的利率借入 2 500 万美元。实际利率低于期权执行利率,那么期权不被执行。此时借款成本还要小于锁定的最大借款成本。

13. 如何利用贷方期权进行风险管理？[②]

【例 20-8】 某机构可以按照美元 LIBOR+0.25%的利率贷出资金,并预计在 7 月 15 日贷出 5 000万美元的 3 个月贷款,该机构希望锁定在收益率为 5.5%的水平上。期权费为 45 000 美元,相当于年利率 0.35%,该机构想以购买贷方期权的方式来确保最小收益,那么应该如何操作呢？

根据题中给出的信息,机构想将有效贷款利率锁定在 5.5%的水平,由于该机构能以

---

① 布赖恩·科伊尔.利率风险管理(下)[M].谭志琪,王庆,译.北京:中信出版社,2004:13.
② 布赖恩·科伊尔.利率风险管理(下)[M].谭志琪,王庆,译.北京:中信出版社,2004:27.

LIBOR+0.25%的利率水平将款贷出,在考虑有期权的情况下,期权执行利率可设定在5.6%。

情形1:期权到期日,3个月美元LIBOR为4.75%,低于执行利率5.6%。机构以LIBOR+0.25%的利率贷出5 000万美元,利率为5.0%;期权要求被执行,期权出售者向该机构支付一笔金额,来弥补3个月美元LIBOR与期权执行利率的差额,利差为0.85%。那么该机构的有效利率为5%+0.85%−0.35%=5.5%,达到了锁定最小收益的目标。

情形2:期权到期日,3个月美元LIBOR为6.0%,高于执行利率5.6%。机构以LIBOR+0.25%的利率贷出5 000万美元,利率为6.25%;期权不被执行。那么该机构的有效利率为6.25%−0.35%=5.9%,有效利率高于锁定的最小收益率。

14. 什么是利率上限期权?

利率上限期权又称为利率封顶期权,通常与利率调期组合。交易双方达成一项协议,在一笔名义金额的基础上,以某一种市场利率作为参考,确定一个利率上限水平。在规定的期限内,如果市场参考利率高于协定的利率上限水平,卖方向买方支付市场利率高于利率上限的差额部分;如果市场参考利率低于或等于协定的利率上限水平,则卖方无任何支付义务。买方由于获得了上述权利,必须向卖方支付一定数额的期权费。利率上限期权在实际的操作过程中,只要市场利率高于期权的执行利率,期权将自动执行,现金结算也将自动进行。利率上限期权与前面所述借方期权的区别是:利率上限期权可以看成是一系列在时间上相继的借方期权的组合,是一种长期的利率风险管理工具。

15. 什么是利率下限期权?

利率下限期权又称地面期权或保底期权,交易双方达成一项协议,在一笔名义金额的基础上,以某一种市场利率作为参考,确定一个利率下限水平。在规定的期限内,如果市场参考利率低于协定的利率下限水平,卖方向买方支付市场利率高于利率上限的差额部分;如果市场参考利率高于或等于协定的利率上限水平,则卖方无任何支付义务。买方由于获得了上述权利,必须向卖方支付一定数额的期权费。利率下限期权的购买者就可以通过固定一个最低利率回避利率降低的风险,具体操作办法与利率上限期权大同小异。利率上限期权与前面所述贷方期权的区别是:利率上限期权可以看成是一系列在时间上相继的贷方期权的组合,是一种长期的利率风险管理工具。

16. 什么是利率双限期权?

利率双限期权又称领子期权或者利率上下限期权,是由利率上限期权和利率下限期权相结合而成的。利率双限期权的购买者先购买一个利率上限期权来确定特定的利率上限,同时卖出一个利率下限期权来确定特定的利率下限,这样就把利率波动确定在一个确定的相对较小的范围。利率双限期权的实质是确定了借款的最大成本,同时又保证了投资的最小利息收益。

17. 如何应用利率上限期权?[①]

【例20-9】 某公司有尚未偿还的债务3 000万美元,债务以美元LIBOR+1%浮动利率

---

① 布赖恩·科伊尔.利率风险管理(下)[M].谭志琪,王庆,译.北京:中信出版社,2004:43.

计息,借款期限为 2 年,每 3 个月有一个贷款展期日,该公司担心未来两年内利率上升,从而增大借款成本,并且希望利率成本不超过 8%,于是公司买了一份 3 个月的 LIBOR 为基准利率的利率上限期权,执行利率为 7%。该利率上限合约的条款为:

执行利率　7%

基准利率　3 个月美元 LIBOR

名义金额　3 000 万美元

贷款期限　2 年

利率重设日出现频率　每 3 个月一次

分析:利率每 3 个月重设一次,如果实际 LIBOR 高于 7%,那么公司将以 LIBOR＋1% 浮动利率偿还利息,但公司将会收到利率上限期权出售者的金额补偿,补偿金额就是实际利率成本与执行利率成本之间的差额;如果实际 LIBOR 低于 7%,那么公司将以 LIBOR＋1% 浮动利率偿还利息。假设表 20-7 就是两年内 3 个月美元 LIBOR 的变化情况及相应的补偿金额变化情况。

表 20-7　公司补偿金额表

利率重置日(月末)	3 个月美元 LIBOR(%)	补偿金额(利差)
第一年 3 月	6.75	0
第一年 6 月	7.5	0.5
第一年 9 月	6.0	0
第一年 12 月	7.5	0.5
第二年 3 月	6.6	0
第二年 6 月	7.8	0.8
第二年 9 月	8.0	1
第二年 12 月	7.0	0

利率上限期权的结算方式:到第二年 9 月重设利率时,LIBOR 是 8%,公司可以得到补偿金额,可以根据以下公式计算:

$$I=\frac{(L-R)\times D\times P}{Y\times 100}=\frac{(8-7)\times 92\times 30\,000\,000}{360\times 100}\text{美元}=76\,667\text{美元}$$

式中:I 为补偿金额;L 为基准利率;R 为执行利率;D 为到下一个利率重设日为止的计息天数;P 为名义金额;Y 为一年中计息的天数。

公司将在 12 月 31 日得到这笔金额。

利率下限期权以及利率双限期权的情况,在此笔者就不举例说明,请读者自己思考。

18. 什么是利率期货期权?

利率期货期权是利率期货进一步的衍生,与前面提到的借方期权、贷方期权、利率上限期权、利率下限期权、利率双限期权不同,是在期货交易所内进行交易的。从期货本身的性质来看,期货本身就是标准化了的合约,所以运用利率期货交易的大都是银行、非银行金融机构以及大公司等。利率期货期权从实质上来说是给了期权购买者一种权力,是否按执行价格买入或者卖出期货的一种权利。银行、非银行金融机构以及大公司通常运用利率期货期权来减少利率风险。利率期货期权的商定价格的表示方法是从 100 向下折扣,是以指数

19. 如何应用利率期货期权?[1]

某投资者在9月确信3个月后将收到400万美元,并打算将这笔资金投放于欧洲货币市场进行存款,9月份欧洲美元存款利率为10%,为防止利率下降,他购买4笔欧洲美元利率期货期权,商定价格为90,期权费为0.2。

如果利率下跌了,3个月的LIBOR为8.5%,该投资者净收益为13 000美元,该存款者实际收益为98 000美元,实际收益率为9.8%。

如果利率提高了,3个月的LIBOR为11%,该投资者放弃权利,直接以高利率存款,则存款实际收益为10.8%。

---

[1] http://baike.baidu.com/view/4190845.htm.

参 考 文 献

[1] 岳桂宁,张家寿,等.国际金融实务与理论[M].南宁:广西民族出版社,2002.
[2] 谭春枝,岳桂宁,谢玉华.金融工程学理论与实务[M].北京:北京大学出版社,中国农业大学出版社,2008.
[3] 肖东生,岳桂宁,高小萍.国际金融[M].武汉:武汉理工大学出版社,2006.
[4] 王爱俭.国际金融概论[M].北京:中国金融出版社,2005.
[5] 闫冰.国际金融[M].北京:中国金融出版社,2004.
[6] 刘园.国际金融实务[M].北京:高等教育出版社,2006.
[7] 于波涛,于渤.国际金融[M].北京:清华大学出版社,北京交通大学出版社,2008.
[8] 叶蜀君.国际金融[M].北京:清华大学出版社,2009.
[9] 陈雨露.国际金融[M].3版.北京:中国人民大学出版社,2008.
[10] 陈信华.国际金融学[M].上海:格致出版社,上海人民出版社,2008.
[11] 李克桥,崔喜元.国际金融实务[M].北京:中国财政经济出版社,2007.
[12] 邵学言,肖鹬飞.国际金融[M].2版.广州:中山大学出版社,2004.
[13] 裴平.国际金融学[M].南京:南京大学出版社,1998.
[14] 陈建梁.新编国际金融[M].北京:经济管理出版社,2002.
[15] 马杰.利率与汇率风险管理[M].北京:人民邮电出版社,2006.
[16] 布赖恩·科伊尔.利率风险管理[M].谭志琪,王庆,译.北京:中信出版社,2003.
[17] 于润,张岭松.国际金融管理[M].南京:南京大学出版社,2002.
[18] 涂永红.外汇风险管理[M].北京:中国人民大学出版社,2004.